船山思想研究

——《船山研究》栏目（2018—2022）论文集萃

主编 蒋芳 舒易红

湘潭大學出版社
XIANGTAN UNIVERSITY PRESS

前　言

“万物昭苏天地曙，要凭南岳一声雷。”1619年10月7日，思想家王夫之（世称“船山先生”）在湖南衡阳诞生。他以“六经责我开生面”的浩然气魄汲取百家精髓，于经史子集各部皆深有所思、所著、所成。为了探究和传播王船山的思想，《衡阳师范学院学报》自1982年起开办《船山研究》栏目，刊载研究王夫之的学术论文，至2023年年底，40余年时间刊发文章420余篇。该栏目的开办，不仅为丰富船山研究成果、拓展船山研究领域、扩大船山思想影响作出了突出贡献，而且为弘扬中华优秀传统文化、促进哲学社会科学繁荣发展作出了积极努力。

《船山研究》是《衡阳师范学院学报》编辑部精心打造的颇具地方特色的品牌栏目，自开办以来，获得了学界、业界乃至上级主管部门的一致好评。荣获过“全国社科学报优秀栏目”“全国地方高校学报优秀栏目”“首届湖南省期刊优秀栏目”“全国地方高校学报名栏”等奖项。2011年，该栏目成功入选教育部高校哲学社会科学学报名栏建设工程，2016年获教育部名栏建设优秀奖。近年来，该栏目又获湖南省教育厅主管社科期刊“品牌栏目”（2021年）、全国高校社科学术期刊“特色栏目”（2023年）、湖南省高校学报“特色栏目”（2023年）等称号。为集中呈现栏目的优秀成果，我们曾出版了《船山研究专栏论文汇集（1982—

1997）》《船山研究专栏论文汇集（1998—2005）》《王船山研究论文选集·哲学卷》《王船山研究论文选集·史学卷》《王船山研究论文选集·文学卷》《王船山研究拾遗》《船山研究2015—2016》《船山研究2017》等。这次推出《船山思想研究——〈船山研究〉栏目（2018—2022）论文集萃》《船山思想传播研究——〈船山研究〉栏目（2018—2022）论文集萃》，一是为了凸显该项工作的连续性，二是为了给广大船山爱好者和研究者提供参考资料，为进一步创新船山研究成果奠定根基。

《船山思想研究——〈船山研究〉栏目（2018—2022）论文集萃》共选入23篇文章，涵盖“船山哲学思想研究”“船山政治思想研究”“船山伦理思想研究”“船山诗学研究”四部分。

作为著名的思想家，船山的哲学思想一直是学界关注的重点。在本书中，学者们主要探讨了船山的人本思想、生死观、“生理”观、感应论、心性学、己物之辨等。学者指出，船山人本思想的建构有天道、地道和人道三方面的依据。天道包括乾道、易道和气道。以乾道为依据来建构人本思想，能使人具有遵守大道的使命性、修养仁勇的厚德性和敬德修业的工夫性；易道是指变化之道，意思是阴阳互动和柔刚交错，以易道为依据建构人本思想，其人本原则是以新为本、以仁为本和以吉为本；以气道为依据建构人本思想，以人的生命和生活为根本和以化育为根本，以人为本就是要以人生为本和以生命为本。船山人本思想指向三个方面，即与道统精神的和合，与气用思想的和合，以开新体用的和合。学者认为，船山的生死观为“合两于一”，两端者，生死、寿夭、祸福等，合一者，须以德行而为贯通，处之泰然，亦不废身体、饮食男女等；船山以合两之道强调“为君子谋，不为小人谋”，意为，不论世态如何，人都要以德行面对，不投机取巧，不特别趋吉避凶，以此而来挺立人之道德生命，为全部生命之价值所在！学者认为，船山的“生理”观由气而展开，气之实存为“生理”之基，“虚空皆气”而内具“生理”，气中涵理内蕴“生生之理”，阴变阳合催生“生生之理”，阴阳动几之变坐实“生生之理”，其“生理”观蕴涵着深刻的逻辑机理。学者提出，船山认为，咸为“无心之感”，兼具“始”与“成”二义；“情具而感生”，感应为二气之“相与”，具有“随感随应”的迅捷性。“感”“应”与“思”皆为心之功能，心为万感之主，而其应则有贞淫之别，治心之要须在“思”上用功。君子用咸之道在于观万物之情与行咸临之治道。船山的咸卦阐释体现了“明体达用”“经世致用”的时代关切与理论建构意识。学者强调，唯识心学蕴含离心无物、离物无心，即心即物、非心非物的辩证思维。船山的心性学借鉴、吸取和改造唯识心学的积极成果，成为主客一致、能所结合、现量实证的认识论，破执立志、树立浩然正气的精神导引论，以及转识成智、继善成性、相天造命的成圣论。二者各有侧重，相反相成，并非绝对对立。学者提出，王船山通过对儒家思想中“己”与“物”关系的思考，强调内在关系的实在性。在理解人与自然、人与他人、人与自身的关系时，船山把这些关系看成是内在的、本质的和构成性的，具有循环的生态性、内在他者性、工夫实践性等多重意蕴。

对船山政治思想的研究，学者们重点围绕他的曹魏兴亡论、刘秀雄才大略论、分配公平正义论、美政理想论以及他的史学思想等进行阐释。从他们的论析中，我们获知，在曹魏兴亡上，王船山将东汉末年曹氏集团崛起归因于迎天子于危亡之际、屯田、推心以待智谋之士、扼制宦官与外戚的势力，强调势均力敌是三国鼎立局面形成的条件，并将曹魏灭亡归因于制度之弊、择嗣之失、用人之失、风尚之失四个方面，分析思路独特、认识深刻，对于深化三国历史的研究具有重要的启迪意义。针对光武帝刘秀，王船山在《读通鉴论》中从分析刘秀与刘邦平定天下之难易，刘秀的运筹决胜、平治天下的雄才大略，刘秀处理其他人事关系之得失等方面，给予了他“自三代而下，唯光武帝允冠百王矣”的高度评价。在分配公平正义上，王船山提出了“均之者，非齐之者”的深刻命题，主张保持百姓有恒定的财产，国家收取有所节制，提出要保持差异性与平等性共存，“无大损于民”是通向分配正义的可行性路径。在研究《诗经》中，王船山依托古老的经典，依经立义，阐发义理，他基于对历史积弊的反思与对封建君主制的批判，提出以民为本的君道和以天下为己任的臣道，阐述其重建秩序的美政理想，表现出一代大儒深沉的家国情怀和人文精神。对于历史，一方面，王船山强调历史的连续性、大视域与逻辑性，注重历史的结构性变迁和长期发展趋势，重视历史的制度结构和地理基础，注重历史的借鉴价值与现代反思，具有世界眼光与中国情怀；另一方面，他更重视传统文化的历史嬗变与自我更新，对历史传统既有求真辨伪的精神和理性批判的态度，也有同情之理解，其理性精神、主体意识、道德情感、社会责任兼备，旨在兴灭继绝、救亡图存，实现民族文化和民族政权的复兴。

在探究船山伦理思想上，王船山的人道思想、忠孝思想、家训思想以及君子小人之辩等被学者所关注。从书中可知，船山人道思想是对历代人道思想的赓续与发展。王船山认为，人道的基本特性彰显为“不可损伤”与“合天道”两个层面，具体表现为仁、义、礼，并可落实于孝道文化的践行上，人道衰微的原因在于“厚利而薄德”和“人道圮坏”，人道与孝道之间有着内在必然的关联，只有尽人道方可行孝道。因此，船山的人道思想最终落实在其孝道思想上。王船山的忠孝思想具有很强的批判性与启蒙性，他从行为道德主体出发，深度挖掘忠、孝内部“诚心”“尽己”之义，强调行为主体的道德主体性与自觉性，力求恢复人在伦理关系中所应有的主体地位，赋予了忠孝更高、更广的道义，使忠孝和合，突破了传统忠孝观的狭隘性、绝对性的桎梏，使之更能适应社会发展的需要。王船山的家训思想受明清鼎革社会现实环境、邗江王氏家族家风家训以及明代家谱编修风气的影响而形成，他的家训思想包括以和为贵的家庭伦理观、志存高远的立人观和重视操守的治生观，他的家训思想在当今社会的家庭教育中有着重要的参考价值。王船山的君子小人之辨是结合历史面对现实，围绕着如何解开国家存亡密码提出自己的解决方案，那就是必须做一个“诚”的君子，要重“学”，避免“学”被小人所坏，懂得国家治理的措施并付诸行动，不要陷入与小人纠缠不清的朋党之争。这对于当今共产党人必须具有坚定的信念、忠诚的品性、廉洁的操守等有着重要的现实意义。

从事文学研究的人重视船山诗学的研究。在这里，船山的诗学话语、诗学中的文体要求、诗歌评选批评范畴、诗情论以及他的宋诗观等成为研究者的观照点。有研究者认为，在诗史意识的干预下，船山诗论淡化了对诗学存在本身的微观关注，而聚焦于作家、作品的诗史影响，并以诗史影响作为褒贬扬抑的依据；受纠明代诗坛之弊以振兴民族诗学这一思维原点的羁勒，船山淡化甚至忽略了对明代诗坛没有直接影响的诗学现象，而刻意渲染被其认定为与明代诗坛弊端有渊源关系的诗学现象，这种选择性批评使得船山诗学话语的独特性进一步凸显；在诗史意识影响下的船山，长于对诗歌发展历史轨迹的追寻和诗学规律的揭示，其诗评有着鲜明的现实针对性，但存在高估或夸大某些诗人的诗史影响的缺点。有研究者指出，王船山对文体要求十分严格，在诗歌体裁中，王船山认为古体诗更为经典，将其奉为圭臬，并崇尚汉魏、六朝的审美精神；他认为诗歌在内容上要表现真情实感，在表达方式上需温柔敦厚、蕴藉、中和、含蓄，反对诗法；这是王船山在诗歌内容和抒情方式上的追求，与他整体的诗学观念相统一。有研究者得出，王船山对古今诗歌的批评涉及用字炼句、取典用事、章法结构、写景言情、遣意取势、气度神韵等方面；他论诗能内外结合，谈字法、句法、章法等技术层面的问题，总以诗歌整体的气度神韵为依归，涉及理论层面的问题，一般会以诗歌具体的问题为出发点；就总体而言，他更注重诗歌内在的因素，善于站在更高的审美层次评骘古今诗作。有研究者明确，在船山看来，“情”不可窒，但“情”又不可任，窒则难免落入寂灭之境，障碍生理，任则容易流于浮淫之气，销铄天地之和气。因此，船山认为必须有“情”的功夫:或者以先王之礼法引导、振奋天下之“情”，使之止于正；或者通过“敬”与“贞”之功来治理、安顿“情”，使之回归于“性”。这样，“情”便升华为“裕情”“达情”“白情”“道情”。于是，天下之情皆挚而不滞，气皆舒而不累，最终天下可安，人间可亲。有研究者提出，王夫之承袭了有明一代诗坛尊唐抑宋的诗学观，对宋诗的评价基本持否定态度，具体体现在三个层面:以文为诗，混淆文体；以理入诗，泯灭诗情；以学为诗，颠倒源流。王夫之对宋诗的不满既源于他对明末心学末流、竟陵派及摹拟剽窃、诗社彼此党同伐异等不良文风的反思批评，也与其主情与崇古的诗论主张若合符契。

船山思想丰富而深邃，船山文化深远而流长。新时代，我们在不断探究船山思想内涵和船山精神内核的同时，更重要的是从中阐发出具有现实意义的时代价值，为推动中华优秀传统文化创造性转化和创新性发展服务，为推进中国特色社会主义文化建设服务。只有这样，船山研究才能不断创新，行稳致远。

目　录

第一编　船山哲学思想研究

第二编　船山政治思想研究

第三编　船山伦理思想研究

第四编　船山诗学研究

第一编

船山哲学思想研究

王船山人本思想天道依据的三层逻辑建构

李长泰

船山学有丰富的人本思想，“人本思想是船山哲学的重要组成部分，通过以人为依、珍惜生命、天人相续和以民为本四个方面得到证实”[1] 14。中国古代哲学研究人的问题，都从天地大道中探赜人成为人的原因。张立文教授说：“人在变革天地万物中亦变革了自己，人在发现天地自然中亦发现了自我。”[2] 65船山人本思想的建构包括天道、地道和人道三个方面的依据。船山依据天道理论，建构了个人、社会和国家都应遵循的人本原则。人本思想以天道理论为依据，说明天道是人成为具有主体性、仁义性和生命性的人的理论基础。人本思想的天道论说明人以阳性为本，以阳为本促成人成为一个具有主体性的人和具有天理宗旨的理性的人。天道刚健，体现为阳性的性质，“天行健，君子以自强不息”[3] 14。天道依据凸显了以阳为本，实质上体现了以乾道为本。天道的主要内容包括乾道、易道和气道，船山人本思想的天道依据主要从人本乾道、人本易道和人本气道三个方面展开。船山人本思想的三层天道依据逻辑建构见图1：

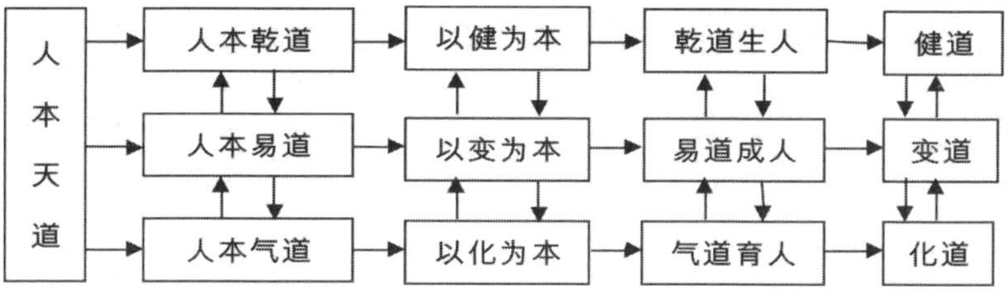

图1 船山人本思想三层天道依据逻辑建构图

从图示可以看出，船山人本思想天道的依据通过乾道、易道和气道三个方面展开。乾道是人本思想建构的首要依据，乾道以健为本而成就人的自强；易道是人本思想形成的重要依据，易道以变为本而使人变化发展；气道是人本思想培育的重要依据，气道以化为本而使人慢慢得到培育。乾道以“健”为特征，易道以“变”为特征，气道以“化”为特征。乾道、易道和气道的思想主要来源于《周易》文本。船山以《周易》中的天道为依据，建构了健强、仁吉和生存为根本的人本思想。

一、以乾道建构健强为本的人本思想

船山人本思想以天道作为理论依据，人依天道而行，天人合一。依据天道的宗旨和原则，就需关照人和爱护人，实现以人为本。天有乾道而刚健，人也应发奋自强，凸显人的主体性。天人一体，天有天德，人也应该有人德，通过德性的彰显达到以人为本。天道包括乾道、易道和气道，天道乾元、天道变化和天道气化。乾道是船山建构人本思想的首要形而上依据。乾在易卦中居于首位，乾是元，从乾道上建构人本思想具有源头上和形而上的意义。船山说：“元、亨、利、贞者，《乾》固有之德，而功即于此遂者也。‘元’，首也；取象于人首，为六阳之会也。天下之有，其始未有也，而从无肇有，兴起舒畅之气，为其初几。”[4] 43乾道为始，从乾道上建构人本思想符合中国哲学的思维逻辑。船山人本思想的天道依据首先是从乾道上展开的，乾道凸显了大德、正德和进德三个方面。船山人本思想建构的乾道依据解析见图2。

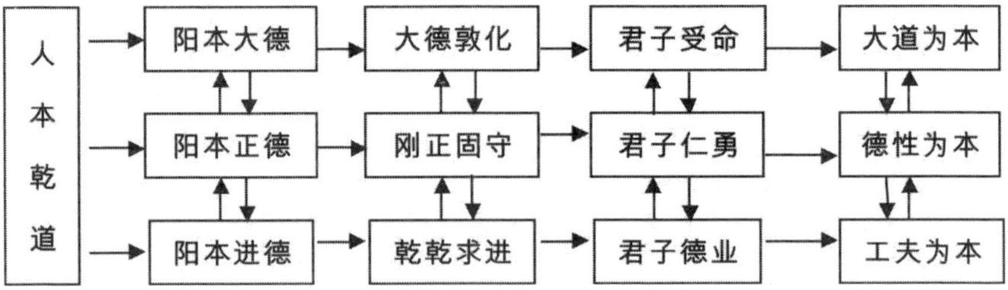

图2 船山人本思想三层乾道依据逻辑建构图

从图示可以看出，船山人本思想的建构以乾道为依据。乾道是人本思想的首要根源，核心是以阳为本，即是说乾道的特征是阳性，它在阳本大德、阳本正德和阳本进德上展开。乾道是大德之道、正德之道和进德之道，具有大德敦化、刚正固守和乾乾求进的特征。以乾道为依据来建构人本思想，能使人具有遵守大道的使命性、修养仁勇的厚德性和敬德修业的工夫性，使人本思想以大道、德性和功夫为根本，让人遵守大德、养成道德和修养德业，通向以人为本的目标。

首先，乾道以阳为根本，是大全之德、源头之德和健行之德。人依据乾道的大德，建构人以大德为根本的德性。大德为本即是确立以主体性的人为根本，践行主体责任，承担天下使命而自强不息，实现以人为本。人依据乾道建构人的行为规范，刚健有为，奋发自强，承担大德使命，以仁为己任，发展仁、义、礼、信。有大德的人能够爱护人和关照人，实现以人为本。第一，船山认为乾道是大全之德，人依据乾道大德建构以人为本的德性和规范。船山说："唯有此至德以敦其化，故广大之生，变通之道，阴阳倡和之义，皆川流而不息。《易》之首建《乾》《坤》以备天道者，以此。"[4]533乾德是天地大德，德性广大，囊括万理，与天地同流，能够敦化。第二，船山认为乾道是源头之德，人依据乾道源头建构以人为本的德性和规范。乾道是源头，人依据乾道而延续乾德，实现天人相续。第三，船山认为乾道是健行之德，人依据乾道刚健的宗旨建构以人为本的德性和规范。"仁、义、礼、信，推行于万事万物，无不大亨而利正，然皆德之散见者，《中庸》所谓'小德'也。所以行此四德，仁无不体，礼无不合，义无不和，信无不固，则存乎自强不息之《乾》，以扩私去利，研精致密，统于清刚大和之心理，《中庸》所谓'大德'也。四德尽万善，而所以行之者一也，《乾》也。故曰'《乾》元亨利贞'，唯《乾》而后大亨至正以无不利也。"[4]59乾德是大德，人以乾德的刚健为依据，推动仁、义、礼、信的德性发展，自强不息而大公至正。

其次，乾道以阳为根本，乾德也是正德、刚德和阳德。人依据乾道的正德坚持正确的发展方向，关注天下人的道德仁义问题，爱护人和关照人。人依据乾道的刚德，坚持正道直行。人依据乾道的阳德，坚持天下正义而关注百姓安宁。乾道是正德，以正德为本即是确立以主体性的人为根本、以固守刚正为本、以天下百姓的安宁为使命责任，自强不息，实现以人为本。第一，船山认为乾道是正道，乾德是正德，正德是建构以人为本的原则依据。乾有元、亨、利、贞四德，贞德即正德。船山说："'贞'，正也。天下唯不正则不能自守；正斯固矣，故又曰正而固也。纯阳之德，变化万有而无所偏私，因物以成物，因事以成事，无诡随，亦无屈挠，正而固矣。"[4]44乾的发展以贞为正，正的方向有利于稳固发展。乾道有大德，形成仁、义、礼、信，它们是正德、大德，是公正无私，符合天下事物的发展方向。乾道是正德，人依据正德而行，推进公正仁义，能够实现以人为本。第二，船山认为乾道是刚道，乾德是刚德。乾德刚正不阿，乾有仁德，推行仁德坚定果断，是刚德。船山说："元在人而为仁，然而人心之动，善恶之几，皆由乎初念，岂元之定为仁哉！谓人之仁即元者，谓《乾》之元也。自然之动，不杂乎物欲，至刚也；足以兴四端万善而不伤于物者，至和也；此乃体《乾》以为初心者也。"[4]51乾德刚毅，向天下推行仁义坚决果断，至大至刚。第三，船山认为乾道是阳道，乾德是阳德，是建构以人为本的原则依据。乾德是阳德，正大光明，公平正义，体现以人为本。乾德以人的德性为根本，不阴暗舞弊，是阳德。既然乾德是阳德，人就可以依据乾道阳德而行，做到光明正大，推行仁的德性，通向以人为本。

最后，乾道以阳为根本，是大德和正德，也是进德。进德是进取之德，包括健德、进德和仁德。其中，健德说明乾德健行，进德说明乾德修业，仁德说明乾德得仁。人依据乾道的进德，确立以主体性的人为根本，不断地考量天人关系和人伦关系：以天道规律和人道规律为依据，确立人积极有为、德业双修和以诚为本的职业态度。人依据乾道而有进取之德，不断增进人的德性，实现以人为本。第一，船山认为乾德是健德，乾德健行，以健德为依据建构人本思想。《周易》说："君子终日乾乾，夕惕若，厉无咎。"船山注："'乾乾'，乾而又乾，健之笃也。'惕若'，忧其行之过健而有戒也。"[4]47乾道的发展方向为健。船山认为，向健的方向发展必须把握规律，时时依规而行，不超过界限，如此，以乾道健行之德为依据，建构人本思想。第二，船山认为乾德是进德，乾德进取，以进德为依据通向以人为本。船山说："龙德皆圣人之德，此言'君子'者，圣不自圣，乾惕之辞也。九二君德已成，九三益加乾惕，故曰'进德'。"[4] 62船山认为，乾德让人前进、进取、修为。乾既是健，又是进，乾卦描述了宇宙的进取特征，乾德必然是进取之德，而进取之德具有自强不息的特征。乾德的进取总体上来说体现为进德和修业，即德性增进和事业兴旺、德性益进和事业日新。谋事在人，成事在天，以进取之德行事，进德修业、修辞立诚、谨言慎行、知天知人，这些都体现了以人为本。第三，船山认为乾德是仁德，乾德得仁，以仁德为依据通向以人为本。船山说："仁圣之道，乾乾不息而已。"[5] 207乾德自强不息，有仁圣进取的德性。人以乾道为依据不断进德，永不停息。德性的进步必须以天人关系、人伦关系为基础，以人心符合道心为宗旨，以天下仁爱为根本，善始善终，兢兢业业。乾道以天下为道，人以乾道为依据增进仁德。从乾道过渡到人道，乾德是仁德，人道也是仁德，以乾德为依据推行仁，建构人本思想。

二、以易道建构仁吉为本的人本思想

船山人本思想在人本乾道建构完成后进入到人本易道建构。易道也是天道，人以天道变化为依据，促使人变化发展，并以变化发展为根据建构以人为本，促进人向利好的方向上发展。船山认为，天道有易，必须善于权衡和施变，使人生得以进步，达到以人为本。船山所说的易道内容首要的和基本的是指变化之道，意思是阴阳互动和柔刚交错。仁义推行，都以动态前进为道理。船山人本思想的易道依据凸显了生生、生德和生利。船山人本思想建构的易道依据解析见图3：

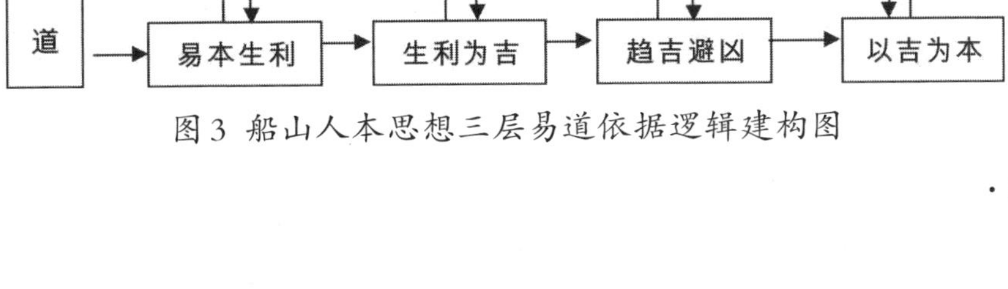

图3 船山人本思想三层易道依据逻辑建构图

从图示可以看出，船山人本思想的易道依据突出了变化发展的宗旨。易道包括生生之道、生德之道和生利之道，即是说易道变化能够生出新的事物，易道使德性不断增进，易道运行使吉利发生。生生的特征是“新”，生德的特征是“仁”，生利的特征是“吉”。生生的结果是日新盛德，生德的结果是大德生仁，生利的结果是趋吉避凶。易道是人行为处事的依据之一。船山以易道为依据建构人本思想，其人本原则是以新为本、以仁为本和以吉为本，即是说人成为人的根本要义是成为新人、仁人和吉人。以人为本要以新、仁和吉为根本。

首先，船山人本思想建构的天道论依据在易道上展开，提出易道生生的人本依据。易道也是乾道，内涵是变化发展，不断生出新事物，体现新特征。易道生生体现为变化之道、生生之道、日新之道。易道生生变化，人则依据生生之道而日新盛德，经权变化，实现以人为本。因为易道生生，国家和社会治理要以易道生生理论为依据，体察民情，关注民生，推动民生向好的方向发展，实现以人为本。第一，船山认为易道是变化之道，依据易道变化建构以人为本的发展之道。船山说：“以化言之谓之天，以德言之谓之《乾》。《乾》以纯健不息之德，御气化而行乎四时百物，各循其轨道，则虽变化无方，皆以《乾》道为大正，而品物之性命，各成其物则，不相悖害，而强弱相保，求与相合，以协于太和，是乃‘贞’之所以‘利’，‘利’之无非‘贞’也。”[4] 52–53易道体现为变化，易道变化蕴藏着天道总体规则，而万物各有规则，各行其是，是其所是，但万物都向有利的方向发展，变化是为了找到有利于自身的发展方向。船山说：“唯其易，故能明天道，而察于民用万变之故；唯其贡，故民皆得与，而以神所告者明其德。”[4] 560掌握了易道变化的根本原因，就能够体察民情，找到百姓发生变化的根源，实现以民为本。第二，船山认为易道是生生之道，依据易道生生建构以人为本的发展之道。易道是指不断产生、生出新事物和不断更新发展之道。船山注释“生生之谓易”时说：“‘生生’者，有其体，而动机必萌，以显诸仁；有其藏，必以时利见，而效其用。鼓万物而不忧，则无不可发见，以兴起富有日新之德业。此性一而四端必萌，万善必兴，生生不已之几。而《易》之由大衍而生数，由数而生爻，由爻而生卦，由卦而生变占，由变占而生天下之亹，有源故不穷，乘时故不悖，皆即此道也。”[4] 529-530 由天地的本体派生出天地万物，由一生万，由体致用，生生不息。易道是天道自然的规律，自本自根。易道生生，人依据生生之道继承天道而成就人生，天下平和，实现以人为本。第三，船山认为易道是日新之道，依据易道日新建构以人为本的发展之道。易道生生，其表现形式是日新发展。易道变化发展，而变化发展就会呈现出新面貌和展现出新形态。船山说：“尽其性而业大者，唯道之富有；一阴一阳，其储至足，而行无所择也。尽其性而德盛者，唯道之日新；一阴一阳，变化之妙，无有典要，而随时以致其美善也。在道为富有，见于业则大，在道为日新，居为德则盛。”[4] 529 生生之道凸显了重要的变化发展的道理，即每天都有新变化，人的德性也不断增进。人道日新，德性日盛。易道生生，日新盛德，人道以生生之道为依据发展变化，推陈出新，使人不断前进，体现了以人为本。

其次，船山人本思想建构的天道论依据在易道上展开，认为易道是产生大德的人本依据。易道是乾道，易道变化发展生出德性。易道生德体现为好生大德、无私仁德和日新大德。易道变化产生大德，人则依据易道生德原理而日新变化，修养大德、仁德，实现以人为本。第一，船山认为易道变化有好生大德，以易道好生大德为依据建构以人为本的原则宗旨。易道有生生之德，以德生德，意思是让天地不断地生存发展，不断地产生新的事物、新的生命。船山解释“天地之大德曰生”说：“天地之间，流行不息，皆其生焉者也。故曰‘天地之大德曰生’。”[6] 1042 天地大德是好生之德。易道有好生大德，人依据易道让天下人人生存发展，关注天下的生命和生活，实现以人为本。第二，船山认为易道变化产生无私仁德，以易道无私仁德为依据建构以人为本的原则和宗旨。乾有元、亨、利、贞四德，四德也是易道运行的顺序，易道运行产生公德，公德是无私之德。乾道的贞德是正德，正德通过变化实现公正无私，成就天下万事万物，万物都得到发展。易道产生正德，正德是无私之德，是仁德，有仁德则以仁为本，通向以人为本。第三，船山认为易道变化产生日新大德，以易道日新大德为依据建构以人为本的原则宗旨。船山说：“‘天地之大德曰生’，统阴阳柔刚而言之。万物之生，天之阴阳具而嘘吸以通，地之柔刚具而融结以成；阴以敛之而使固，阳以发之而使灵，刚以干之而使立，柔以濡之而使动。天地之为德，即立天立地之本德，于其生见之矣。位也，财也，仁也，义也，圣人之立人极不偏废者也，所以裁成辅相乎天地，而贞天下之动者也。”[4] 579天地有大德，大德是生生之德和好生之德，因此易道又产生出新大德。天地的阴阳大德和易道的生生大德产生出仁义之德，推动天下向良性方面发展。易道变化，日生日动，前进发展，不断更新进步，均衡天地日月，均衡天下事业，推进公正仁德的产生，使天人相与、天人合德，有利于事物向良性的方向发展。易道生德，天生仁德，产生仁义礼智之德，通向以人为本。

最后，船山人本思想建构的天道论依据在易道上展开，认为易道是生利的人本依据。易道是通达之道，易道变化发展生出吉利局面。易道生利体现为易道通义、易道通理、易道顺事。易道变化生利，人则依据易道生利原理而和义达利、天人相和，以诚信的规律为根本。易道能够有利于义、理和事，使人产生仁德和大德，实现以人为本。第一，船山认为易道通义而生利，依据易道通义的理论建构以人为本的宗旨原则。易道变化有通达的特性。船山说：“《易》之为位为爻，《乾》《坤》之变通而已。穷极则阴阳互易以相变；变不可久居，则又顺而通之，使阴阳各利其用。变通合，而出入于万变者皆贞其道，乃可万世而无敝，此三圣之创制立法所以利百姓之用而上承天佑也。”[4] 582易道变化发展，产生新事物，产生新道德和新利益。人掌握易道变化的原理，运用天人相和的变化之道，必能逢凶化吉。易道通达义和，运用易道而生利，依据易道通义的理论建构以人为本的宗旨原则，向有利于人的方向发展。第二，船山认为易道通理而生利，依据易道通理的理论建构以人为本的宗旨原则。易道变化的通达特性导致事物向有利的方向发展，趋吉避凶，原因是易道有进退之理。《周易》曰：“变化者，进退之象也。”船山注：“进所宜进，退所宜退，则得；进而或躁或阻，退而或疑或怯，则失。”[4] 515易道有进退之理，依理而行，吉利则自然出现。人掌握了易道，就能趋向吉利，依据易道通理的理论建构以人为本的宗旨原则，向有利于吉的方向发展。第三，船山认为易道顺事而生利，依据易道顺事的理论建构以人为本的宗旨原则。易道变化通达的特性使事物向利好的方向发展。“仁、义、礼皆顺道也，履乎顺，‘自天佑之，吉无不利’：仁而天下归之，义而天下服之，礼而天下敬之。”[7] 370易道顺于事物，运用易道而生利，依据易道顺事的理论建构以人为本的宗旨原则，向有利好的方向前进，关注天下仁义，通向以人为本。

三、以气道建构生存为本的人本思想

船山人本思想建构的天道论依据在乾道论和易道论建构完成后，进入到气道论的建构上，即以天道气化为依据建构人本思想。人依据气道变化发展实现以人为本。气道也是天道，因为天有阴阳之气，气道即是阴阳之道。人禀承了天的阴阳二气形成了人性，气生成人。气道是气化之道，气化成人，推行仁义，气生出人。船山人本思想建构的气道依据解析见图4：

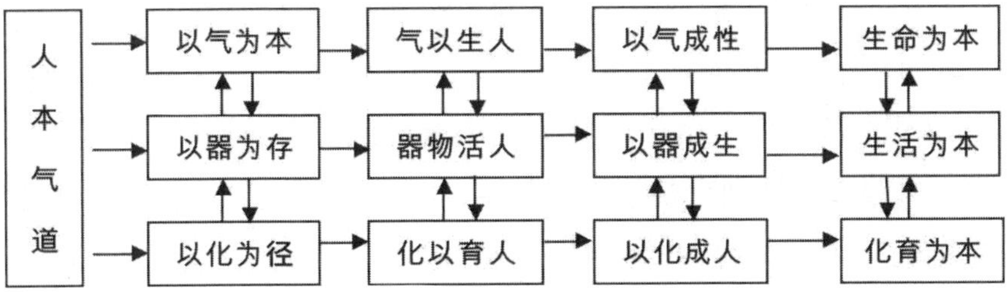

图4 船山人本思想三层气道依据逻辑建构图

从图示可以看出，船山人本思想建构以气道为依据。气道包括以气为本、以器为生和以化为径。气道也是天道，气是宇宙的本体和根源，气构成了世界。以气为本，说明气生成了人；以器为存，说明人有器物才能生存；以化为径，说明人是气道化育的人。以气为本的结果是气生成人性，以器为存的结果是器物体现为人用，以化为径的结果是气化养人。以气道为依据建构人本思想，以人的生命和生活为根本和以化育为根本，以人为本就是要以人生为本和以生命为本。

首先，船山人本思想建构以气为本。人的根本是气，以气为本。秀气是人本之源，人的秀气具有理的特征，在缘绪上不同于物。以人为本在于以秀气为本，注重人的生命根本和人性根源，体现了以人为本。船山说："天以其阴阳五行之气生人，理即寓焉而凝之为性。"[5] 121 人本是气，气构成了人身，气形成了人性。由于人以气而生，则要关注人是气的存在，即以人的生存和生活为本。人以五行秀气为根本，因为秀气而成就人，气生成了人是建构以人为本思想的依据。"气无可容吾作为，圣人所存者神尔。兼体，谓存顺没宁也。神清通而不可象，而健顺五常之理以顺，天地之经以贯，万事之治以达，万物之志皆其所涵。存者，不为物欲所迁，而学以聚之，问以辨之，宽以居之，仁以守之，使与太和絪缊之本体相合无间，则生以尽人道而无歉，死以返太虚而无累，全而生之，全而归之，斯圣人之至德矣。"[5] 20 圣人能够守住仁的神气，达到太和的程度。由于人得到五行秀气，以秀气为本作为理论依据使人成就仁德性质，通向以人为本。"人之初生，与天俱生，以天具人之理也。人之方生，因天而生，以人资天之气也。凝其初生之理而为'复礼'，善其方生之气而为'养气'。理者天之贞常也，气者天地之均用也。"[6] 883-884 天中有气，气构成天，天生人，实质上是气生人。人的气具有"礼"性质，发展方向是贞常方向。由于气在运行中有理的存在，因此气成就了人本性，使人有德性，通向贞常的以人为本。

其次，船山人本思想建构以器物理论作为依据。人本是以器作为存在的根本，以器为根本则要以人为本。船山认为天下惟器，先有器后有道，道也是器；天下治理实质上是治理器物，道指的是德；关注器是为了关注人的实际，以人的生存、生活为本。第一，船山认为先有器后有道，天下惟器，依据以器为本建构以人为本的思想。"天下惟器而已矣。道者器之道，器者不可谓之道之器也。"[6] 1027 人的根本也是器物性的存在。船山认为，天下的根本是器而不是道，天下都是器，器具有普遍性和第一性。世界以器形成道，以器为本，重视和关注人器物层面的生存条件，重视人器物层面的生存发展，不是空谈道体，而要以人的生存为本，重视人本主义的生存。第二，船山认为圣人治理就是治器，依据以器治理建构以人为本的思想。“故古之圣人，能治器而不能治道。治器者则谓之道，道得则谓之德，器成则谓之行，器用之广则谓之变通，器效之著则谓之事业。”[6] 1028治理器物即是关注天下具体的事物，具体而微，从器物上见诸德性的工夫；治理器物，调节人际关系，从而满足人的需求，以器为生存的原则，实现以人为本。第三，船山认为关注器物层面则要关注人生存和生活的实际，依据实际建构以人为本的思想。“故聪明者耳目也，睿知者心思也，仁者人也，义者事也，中和者礼乐也，大公至正者刑赏也，利用者水火金木也，厚生者谷蓏丝麻也，正德者君臣父子也。如其舍此而求诸未有器之先，亘古今，通万变，穷天穷地，穷人穷物，而不能为之名，而况得有其实乎？”[6] 1028水火金木、谷蓏丝麻是器物层面的东西，政治、道德、礼乐都是现实的器物和事物，都是器的体现，是百姓的生存和生活的实际，是国家和天下的实际。因此，关注器物就是关注百姓的日用实际。正因为现实就是器与器之间的关系，日用生活即是以器为生存条件的实际，关注百姓的器物即是关注百姓的生存和生活，以天下器物为人的生存和生活的根本。

最后，船山人本思想建构以气化思想为依据。人是天道气化的结果，气化运行形成人、成为人性。人性的养成需要气的化育，实现以人为本也是以气化为路径。第一，船山认为人性是天道气化神用的结果，人性的养成需要气化过程，日生日成，人性的生成来源于天道气化的精纯。人不是事物，人的形成是气化的过程，因此对待人要有人性，需要慢慢化育，注重培育。船山说：“天以气化，以神用。神气之灵为聪明。今观万物之生，其肢体、筋脉、府藏、官骸，与夫根茎、枝叶、华实，虽极于无痕，而曲尽其妙，皆天之聪明，从未有之先，分疏停匀，以用地之形质而成之。”[8] 782天的阴阳之气生成万物，化成万物。人也是阴阳气化的产物，是天道气化的神用，有虚灵知觉，天道气化的神用形成人。天道生物在于气化，气化形成人，将仁义礼智慢慢气化成人性，形成具有德性的人。人是气化的产物，气化形成德性，人要以人为本。第二，船山认为人性是气化的过程，以气化日新建构以人为本的思想。“故天日命于人，而人日受命于天。故曰性者生也，日生而日成之也。”[9] 300人性的养成是气化的必然结果，日生日成。“生之初，人未有权也，不能自取而自用也。惟天所授，则皆其纯粹以精者矣。天用其化以与人，则固谓之命矣。生以后，人既有权也，能自取而自用也。自取自用，则因乎习之所贯，为其情之所歆，于是而纯疵莫择矣。”[9] 300-301天道气化，达到人性精义，人通过权衡选择，人性越来越纯。由于气化日新形成人性，人性是气化运行的产物，气化形成精纯的德性，因此要以人为本。

参考文献：

［1］李长泰．王船山人本思想的三层和合逻辑确证［J］．衡阳师范学院学报，2021（1）．

［2］张立文．和合哲学论［M］．北京：人民出版社，2004.

［3］阮元．十三经注疏［M］．北京：中华书局，1980.

［4］王夫之．周易内传［M］//船山全书：第一册．长沙：岳麓书社，2011.

［5］王夫之．张子正蒙注［M］//船山全书：第十二册．长沙：岳麓书社，2011.

［6］王夫之．周易外传［M］//船山全书：第一册．长沙：岳麓书社，2011.

［7］王夫之．诗广传［M］//船山全书：第三册．长沙：岳麓书社，2011.

［8］王夫之．周易稗疏［M］//船山全书：第一册．长沙：岳麓书社，2011.

［9］王夫之．尚书引义［M］//船山全书：第二册．长沙：岳麓书社，2011.

（《衡阳师范学院学报》2021年第1期）

船山己物之辨的多重意蕴

王荣翠

王船山在《尚书引义·尧典一》中对“己”与“物”的关系作了深入探讨。他承继儒家的批判性立场，批判明朝末期的空谈心性之风。他在批判中有自己的价值判断，而不是把价值与事实分离，从而把“救天下”落到实处。可以说，“己”与“物”的关系是王船山批判性思想的重要入口。他基于儒家立场对论辩对象的主张展开批判性分析，通过“戏仿”的对话轻而易举地打通了思想的界限。

船山认为，圣人对天道的认识包含着一种“虑”，即在“周物”时有“钦”的精神。这种“钦”是有所“敬”，也即有所“对”，用列维纳斯他者伦理的观点来看是“有他者在场”[1] 37。圣人的“己”，一方面是认知发展到极致的人，另一方面又并不完满，在生活中与“物”、与他人甚至与自己产生联系，这种联系可以理解为“人与他人和他物的关系是外在的、偶然的、派生的”[2] 22。而王船山受“天人合一”思想的影响，颇为注重内在关系的实在性，加之“物”在古代语境中有多重指代意义，于是，“己”与“物”的关系就可以具体化为多重关系，其中人与自然、人与他人、人与自身的关系是多重关系中的重要三维。这些关系是内在的、本质的和构成性的，具有循环的生态性、内在他者性、工夫实践性等多重意蕴。

一、循环的生态性

“物必待”[3] 238是王船山关于“物”的重要思想之一，他的这种思想驳斥了物我之间互动的四种失序状态，一针见血地指出刻意的“无待”导致对话的搁置。王船山高屋建瓴地提出物有对待，即在肯定“物”的同时强调“物”与天地有所对。也就是说，一方面，他是针对晚明不务实、空谈心性的社会氛围，强调“物”的实在性，但并不提倡物欲；另一方面，他又强调“物”有所“对”，避免肆无忌惮。

船山对“物”直截了当的定位，始于他对“形也，神也，物也，三相遇而知觉乃发”[4] 33的认识。他对“物”实在性的阐释离不开“气”论，即物的生成离不开阴阳二气的相荡，“一阴一阳之谓道”[5] 165。阴阳相济的物化是动态的，它彰显出王船山动态性的世界观。这种动态性在《思问录·外篇》中则是“质日代而形如一”[4] 453。他通过讲江河、灯烛、水火、爪发、肌肉的内在变化，采用儒家“远取诸物，近取诸身”[5] 188的类推方法，推至日月乃至宇宙运动的恒常性，进而推出“天地之化日新”[4] 434的发展观。他先从人的生命体的循环过程出发，认为人由“胚胎”始，经由“灌注”到“衰减”，再到最后的“散灭”，经历了阴阳之气由盛转衰的过程。他没有止于个体的新陈代谢过程，而是看到了“生”的非一次性，“生既非一次生，则始亦非一日矣”[6] 750，认识到源源不断的“生”，导致宇宙的生机及人类社会的发展。

船山看到了万物生化的本质规律，“截然分析而必相对待者，天地无有也，万物无有也”[7] 1127，认为凡是相对待的东西都是可以互相转化的。这是自然界万事万物循环转化再生的机制，这种循环具有自然变动系统的基本特征。同时，他主张“虚实交相为体”[8] 16，认为阴阳二气是在显与隐、动与静的循环之中生成转化，进而把气化流行作为世界的根本。进一步说，阴阳二气向对立物进行渗透而非否定，它们在变动中广推至自然之大化，把我们引向对世界本身的关照。

在王船山看来，“物”具有多重面向，既蕴含着“大有”的思想，也蕴含着人与天地万物一体的关系，如此，人心即天地万物之心。他强调，在实现人与物的相对、相融中，并非要以自我意志为核心去建构世界、支配事物，而是主张人在占有“宇宙大本”的前提下，主动与天地融为一体，成为“宇宙大本”的一部分，推动自然的运动。[9] 101在此意义上，

“己”不是西方哲学中与客体完全对立的完满的主体，而是具有限度性和单薄性的主体，需要经由“物”来拓展、充实。就自然而言，“物不可谓无性”[10] 79，“物性”的普遍性为这种拓展的实现提供了可能。

王船山在阴阳相荡中看到彼此相互依存是物的共性，而这一共性是对“现代世界假定事物并不真正相互介入”[11] 57的消解。宇宙中处处充盈着阴阳二气，以致王船山指向总体的自然观包含宇宙共同体意识。今天，人类中心主义盛行，环境危机频频发生，这与西方近现代重要二元对立背景下与客体完全对立的主体极端发展不无关系。王船山对“物”的重视，给我们今天消解近现代西方那个受到极端关注的、与客体相对的“主体”具有重要的启迪意义。王船山不是仅仅将“物”看作客体和工具，也不是主张“物”完全不被干预，而是强调天人之际的对话、物我之间的相生，也即“天地人”的须臾难离。“君子以人合天，而不强天以从人”[12] 1061，这里的“自然之天”是王船山对“天道”认知的一维，体现出人与自然在本体上存在合一性。“己”不时的虚位以待包含着对“物”的自然性的遵循，“己”与“物”的对话构成了王船山物我合一的追求。

王船山的循环转化思想与生态哲学对生命系统循环性的强调不谋而合，蕴含着非人类中心主义的思想，具有生态价值的意义。但现代精神更多地强调个人本位主义，“否认人本身与其他事物有内在的关系”[11] 54，因此，王船山的循环转化思想为他思考人与物的生态性关系提供了基础，也给我们思考人与自然的关系提供了启发。

二、内在他者性

王船山除了关注人与自然的关系，也关注人与他者的关系。王船山认为“气”是宇宙的根本。他在“气”论中有对内在他者性的认识，可与西方进行跨文化对话。

王船山在《张子正蒙注》中认为阴阳二气交相感应，“感者，交相感；阴感于阳而形乃成，阳感于阴而象乃著”[10] 12。阴阳二气是易的两体，两者虽然异质而相对，但能交相感应生成万物。王船山对“气”的这种阐发，继承了《易传》中的阴阳之道与张载的“气”的思想，蕴含着阴阳交感的复数主体思想。这一思想既蕴含着“我之中包含着内在的他者”[8]41，也蕴含着“我”又是“在我们中的我”的“社会我”[8]41。在气的交感中，个体的异质性不是封闭的、凝固的，而是在与他者交感相通中既有所限制又互为内在他者。

王船山这一思想可以与黑格尔的“相互承认”[13]141思想构成对话。黑格尔强调：“我们在自己内部不是片面的，而极愿意在对他物的关系中限制自己，并且在这种限制中明知道自己本身。”[14]19黑格尔的“相互承认”思想是在肯定他者与自我界限分明的基础上来确认自我感受的。具体说来，就是我们的欲望让我们外化、走出自身，让我们的意识变成自我意识，与此同时，我们又渴望他者对自我意识的承认，借此我们的真实性才得到承认，而承认本身又是一个过程，是一个充满了征服与被征服的过程。黑格尔意义上的自我意识具有双重意义：一是我斗争因而我存在，导向的是自我意识被承认的独立性；二是“他者”的存在又必须得到保有，否则自我意识将荡然无存。也就是说，他者既作为异己的力量，又是我们依赖的对象。在此意义上，列维纳斯更进一步，认为他者甚至就是我们自己。

王船山的阴阳二性没有自身的本体，而是在不断生成中互为对方的内在他者——阴中有阳、阳中有阴[8]3，阴阳二气的交感也不是黑格尔式“你死我活”的殊死斗争，而是在肯定自身内在差异性基础上的持续交融与自我转化。这种彼此无法通约的差异性是推动阴阳交感运动的重要原因，同时也使二者在转化中实现自我与他者的互视。在此意义上，非一次性的交相感应的运动不会取消个体性，同时也不会陷入互相无视的片面性中。我们对那些未显之物、隐秘之物、异己之物的承认，也就意味着对“他者”的承认，进而在互为内在他者性的交感中生成“我之中的我们”。

这是王船山对宋明“理”的范式的一种解围，因为宋明儒家思想强调的是“理”——“作为实体所具有的客观性、自在性”[15]25，是“自我容纳自己、自我封存自己的自在客体，不需要主体的参与就可以自为地向主体显现出来”[16]422。王船山敏锐地看到，在“理”的范式下主体与他人及外部实在的关系被弱化，因而通过“知行”来开掘主体间的关系。

王船山关注的不是知行的难易和先后的问题，而是“‘知之非艰，行之惟艰’，行然后知之艰，非力行焉者不能知也”[17]573–574。在这里，“行”成为判断真知的尺度。在实践过程中，知行活动意味着向其他主体开放，主体间就可以实现他者与自我的互动，而不是宋明儒学尤为强调的自我的觉悟。在此意义上，王船山“充分注意到了他人对自我的构成作用，主体是从他者那里返回自身的，是在他人的承认与认可中成为自我的”[16]446。他的这一观点可以与米德（G.H.Mead）“有意义的他者”观点形成对话，即自我通过与自身有关的人进行互动交往，“作为可成为它自身的对象的自我，本质上是一种社会的结构，并且产生于社会经验”[18]125。王船山在对他人认识的基础上实现对自我的展开，这是力图把儒学从自我觉悟的范围内解放出来的一种尝试。

立足于当代社会的分裂困境，我们可以借由“二气交感”互为内在他者性的思维结构与知行间的关系，看到互为内在他者的差异性、否定性，不断与自身决裂以获得某种创新性。同时，“我之中的我们”又蕴含着不同个体能够凝成具有认同感的“我们”，因而在实践中可以成为互构的力量。此时，“己”不再是无归属感的原子式个体，也不会再陷入自我中心主义的漩涡。

个体在与他者相遇、对话、交汇中充盈自身，可以实现人的个体性与社会性的合一。于是，生活世界就不再只是个人的心性道德领域，还包含着与政治历史相结合的道德生活。

三、工夫实践性

王船山除了关注人与他者的关系，也关注人与自我的关系，主张回溯到“道”的范式下通过实践显现存在的意义。他在《尚书引义·尧典一》中对“为物之所待”[3]237与“非物之必待”[3]237进行了辨析，他这样做，不是要构建对世界的理论描述，而是要透过“己”与“物”关系的把握，对现实生活、政治生活等进行工夫性指导。

王船山的思想融合了老庄虚静的工夫以及孟子“万物皆备于我矣。反身而诚，乐莫大焉”[19] 350的思想，具有修身养性的面向。但是他并不主张静坐，而是强调把主体修炼落实到工夫实践上。该工夫可归结为他在《庄子通》中所说的“虚”“静”“推”“通”。王船山肯定虚静中的自我养性、推通中的自我转化，强调在成德修己的“日生日成”[3] 299中养成具有德性的修养主体。在《尚书引义·尧典一》中，他通过对圣王的“知”足以“周物”、“能”足以“从矩”，而不是不学习的分析，引出圣王德性能够“文思安安”而“允恭克让”的观点。这一德性离不开圣人的“钦”，即圣人具备与物打交道的能力。王船山认为“钦”是学习的“大原”，是君子儒者德性修炼的正途。这也是王船山对圣王德性的重新诠释，非常强调“物”的工夫实践与习练。

王船山这一思想与儒学范式在宋代的转换有关：由先秦汉唐时的“道”转化为宋明时的“理”，由“君子动必以道”[20] 88趋向于“静必以理”，使得主体趋向“静观”的体验。这种静观是“不参与的观看，不参与对象本身之中，与之保持着适当的距离，从而使自己不受对象事物的牵引”[16] 554，它是一种非实践性的生活态度。对“静观”的强调使得程朱和阳明后学经常出现脱离感性实践的顿悟，并逐渐发展成为王船山所痛斥的“离行之知”。这种静观的脱离“行”的“知”，在明代晚期造成了不注重实践的严重弊端。在这一背景下，王船山向先秦注重“行”的知行观回溯，对“性日生日成”[3] 299及工夫的实践性的强调可以看成是他对宋明儒者过于偏重内圣工夫的补正。

王船山的工夫实践还颇为重视“礼”。他在《俟解》中甚至将“礼”当成儒者“修养工夫的元气本命所在”[8] 36。这与王船山的理欲观有关。他认为，天理和人欲不是对立的，而是统一的，天理寓于人欲之中，人欲也包含天理。在《读四书大全说·论语·里仁篇》中，船山说：“圣人有欲，其欲即天之理。天无欲，其理即人欲。”[21] 639在社会生活中“理”主要表现为“礼”，于是他强调在礼法之用中践行仁义之体。同时，他认为应该回归孔子所言之“习”，注重习练之功，以实现德性的日生日成。他对“礼”的强调与明代中晚期工商业及早期市民社会的发展有关。当时社会中出现了以“尚情”之说来批判礼教的思想潮流，而王船山则力图重建一种将“生养需求的满足内在于道德伦理生活的礼俗教化体系”[22]4。因此，他在工夫实践中重视礼以及与物打交道，重视精神活动的感性与物质基础。这迥异于陆王心学的“当下即复本体之全的工夫”[8]38，也是对自汉末至宋明以来吸收的佛道的心性论的匡正。王船山基于经世取向的儒学关切否定存天理、灭人欲的理欲观，在追溯儒家的源头性思想中肯定不超礼所规范的欲望。

王船山还认为个人修养需要慎独，独处时心中也要有“物”在，就像有神明在其左右那样，即有所“对”。他认为，“实有”之“诚”“明”，最重要的是“钦”，“钦”也是有所“对”。这一慎独的过程是对人精神的修炼，是为了更好地与现实打交道，更好地成就儒家的理想人生。

王船山重视君子成德修己的为学工夫，但更为注重反省与省察士大夫群体在人格精神状态方面出现的问题。他追溯圣人的成德工夫实践，回应时代问题，力图重构儒家修己治人之学的思想与主张。当在现实中无法承担起治理与教化的政治责任时，王船山通过著书立说的方式表达对现实的关切，寄托胸怀天下的人生理想。

结语

王船山通过对儒家思想中“己”与“物”关系的思考，强调内在关系的实在性。在理解人与自然、人与他人、人与自身的关系时，船山把这些关系看成是内在的、本质的和构成性的，具有循环的生态性、内在他者性、工夫实践性等多重意蕴。他这一思想的提出，与“晚明”三教合一的思想潮流和社会氛围有关。他借鉴易学中“气”的阴阳动静之理来阐释自然现象与人文历史的运作模式，通过追溯原初儒家的价值立场与生活方式来回应时代的问题。同时，他通过理清儒家与道家、佛家之学的内在关联，理清原初儒家及后学的差异，重新建构范式来应对新的思想状况。

参考文献:

[1] 列维纳斯.总体与无限：论外在性［M］.朱刚，译.北京：北京大学出版社，2016.
[2] 格里芬.后现代精神［M］.王成兵，译.北京：中央编译出版社，1998.
[3] 王夫之.尚书稗疏 尚书引义［M］.长沙：岳麓书社，2011.
[4] 王夫之.船山全书：第12册［M］.长沙：岳麓书社，1996.
[5] 刘枫主编.易经［M］.银川：阳光出版社，2016.
[6] 王夫之.船山全书：第6册［M］.长沙：岳麓书社，1996.
[7] 王夫之.船山全书：第16册［M］.长沙：岳麓书社，1996.
[8] 刘沧龙.气的跨文化思考——王船山气学与尼采哲学的对话［M］.台北：五南图书出版社，2016.
[9] 张枫林.王夫之生态哲学思想体系的阐释［J］.自然辩证法研究，2018（11）.
[10] 王夫之.张子正蒙注：第9卷［M］.北京：古籍出版社，1956.
[11] 曾繁仁，格里芬.建设性后现代思想与生态美学：上卷［M］.济南：山东大学出版社，2013.
[12] 王夫之.船山全书：第1册［M］.长沙：岳麓书社，2011.
[13] 黑格尔.精神现象学：上［M］.贺麟，王玖兴，译.北京：商务印书馆.1962.
[14] 黑格尔.法哲学原理或自然法和国家学纲要［M］.范扬，张企泰，译.北京：商务印书馆，1961.
[15] 陈赟.道的理化与知行之辨——中国哲学从先秦到宋明的演变［J］.华东师范大学学报（哲学社会科学版），2002（4）.
[16] 陈赟.回归真实的存在——王船山哲学的阐释.上海：复旦大学出版社，2007.
[17] 王夫之.船山全书：第7册［M］.长沙：岳麓书社，1996.
[18] 米德.心灵、自我与社会［M］.赵月瑟，译.上海：译文出版社，1997.
[19] 朱熹.四书章句集注［M］.北京：中华书局，2008.
[20] 戴震.戴震全书：第六册［M］.合肥：黄山书社，1995.

[21] 王夫之.船山全书：第6册［M］.长沙：岳麓书社，1991.
[22] 陈明.王船山《尚书引义》之德性论与治道思想［M］.北京：中国社会科学出版社，2013.

（《衡阳师范学院学报》2022年第1期）

论王夫之本体论视域下“生理”观之逻辑展开

李相勋

哲学所思考的问题是：宇宙万物从何而来？最后又将复归于何处？于前者而言，即是宇宙万物如何从本体派生出来的问题，故此，必然要考虑的是宇宙万物“生生之理”的问题，简称为“生理”问题。王夫之作为明末清初的哲学家，他的“生生之理”即“生理”观由气而展开：气之实存为“生理”之基，“虚空皆气”而内具“生理”，气中涵理内蕴“生生之理”，阴变阳合催生“生生之理”，阴阳动几之变坐实“生生之理”。王夫之的“生理”观蕴涵着深刻的逻辑机理。

一、气之实存乃“生理”之基

本体论视域下的王夫之哲学，气本论是其哲学思想的前提与基础；王夫之的“生理”观也由其气本论哲学思想而展开。王夫之认为，太极絪缊之气是实有，是本体意义上的有，是天（气）生万物及万物实存的基础。“人之所见为太虚者，气也，非虚也。”[1] 23生命得以化生的本原始于“太虚”，而太虚即气，气是生命化生的本原，气并非虚无。因为，虚无并不能生出实有，而从虚无里生出实有，必然意味着在生化过程之外还存在着一个外在的推动力，以促成生化过程的开始与完成。王夫之认为“气”是实有的，只有“实有”的性命之源，才能生化出实有的生命。“阴阳二气充满太虚，此外更无他物，亦无间隙，天之象，地之形，皆其范围也。”[1] 26本然之气充塞无间且希微不形，天之象、地之形，均为气。

气散则“散而入于太虚则不形”[1]23，为天之象，这是不可见的不形之气；气聚则“聚而出为人物之形”[1]23，气聚而生成有形体，为人、为物、为地之形，这是可见的有形之气。

王夫之发展了张载有关无形之气和有形之气的观点，认为气有不形之气和有形之气并将张载的“无形”改为“不形”，此乃更为根本的以气为实有的主张。“无”对应“有”，有“有”必然会有“无”，从这种思维模式出发，则必然会走向“气无形”以及“气无、不存在、没有”的思维误区，这对于主张气之实有者来说，并不彻底。所以，王夫之说气“不形”和气“有形”，认为气只有人可见和不可见、可知和不可知的区别，而没有“有”和“无”之别。气是实有，不管气的展现状态是天之象，还是地之形，是可见，还是不可见，都始终是一真实的存在。这为由本体之气化生宇宙万物提供了前提与基础，也即气之实有是宇宙万物生生不息的逻辑前提。

王夫之本体之气的存在，是其生命哲学中“生生之理”的逻辑基础与前提。不仅如此，王夫之还认为天地万物的产生，受其所存在的生存环境的影响：诚如因耳目之所见、所闻的局限而对生命的认识有时带有主观偏见一样。费迪南·费尔曼说：“人生活在他的自我盲点中，他离自己太近了，所以意识和生命就不会毫无保留地得到保护。”[2]15人对“生生之理”的认知成为一个难以全知的盲点。个体对“生生之理”的认知必须通过对个体生命以及他所处的社会环境、人文环境、自然环境等外部环境的认识才能实现。所以，对生命形而上之本体的认识，就必然要超越个体生命的存在，并以一种超越的视角，对生命作出统筹性认识，以此摆脱个体生命的局限性，从而对生命主体作出客观的认识。王夫之站在个体生命的视角，又超越个体生命的局限，直接从本体之“气”的固有属性出发，解释“气”自我生生的生命衍生能力。

气之实有性的存在，为“生生之理”的根基，是其前提、基础。为了进一步证明气的实有性，王夫之借用《中庸》中的“诚”字，说“非有一象可名之为诚也”[1]74，以“诚”来解释天道本体之气的真实存在。王夫之说：“诚也者，实也。实有之，固有之也。”[3]353《中庸》说“诚者天之道”，认为太虚一实即为“诚”。从逻辑层面来说，有真，则必然默许了有假的可能性，所以，王夫之只讲诚，而不谈有无与真假，因为“诚者，无对之词也”，“说到一个‘诚’字，是极顶字，更无一字可以代释，更无一语可以反形”[4] 997。王夫之从本体之气的隐显而不从有无来谈生命的真实存在的“诚”，使太虚实有之气完全脱离具象化，进而成为哲学意义上的抽象化的真实存在。正是他关于宇宙万物之本原抽象化溯源，为宇宙万物“生生之理”寻求了合理的逻辑前提。当然，这种形上学的本体之气，气中本身涵理，亦是其“生生之理”逻辑展开的另一面向。

二、气中涵理内蕴生生之理

在王夫之哲学中，气的存在，乃生生之理的逻辑前提。基于此逻辑前提，王夫之认为，生命因气而起，有气有理，理气互涵而资始万物；太虚之气运动变合，万物之所以生的理亦包含其中。在王夫之的“生理”观中，由“道”到“理”的转变，则是对“形而上者谓之道”，也即“道”内之“理”的作用的凸显。怀特说：“一个字从名词用法转变为动词用法这样细微的变化，也会使整个世界的面貌发生改观。”[5] 52-53王夫之的“理”，决不是朱子所说的“不会造作”的“理”，而是由名词性的“不会造作”的条理之“理”，转变为具体运作生化的动词性的生化之“理”，有其能动的“知能”。王夫之的形而上之道，即气之道，也即气之理。只是这个道，或者说是理，隐而不显。王夫之曰：“故夫子赞《易》而阐形而上之道，以显诸仁而藏诸用，而孟子推生物一本之理，以极恻隐、羞恶、辞让、是非之所由生。”[1] 10王夫之的“显仁藏用”，彰显的是形而上之气在气之理的指导下变化生生，即生成之生命所彰显出来的使万物之所以为万物的仁德，也就是人之性与物之性的问题；气中涵理，藏而不露的是气内有知能之理，是气之用之理，即气之动静变化生生的规律、条理。王夫之此处强调所藏的“理”以及理之“用”，从体用一源的角度阐释气和理之间的关系，即气理不离，有气体理用的味道。这种气理之间的辩证关系，催生了王夫之“生生之理”向纵深发展。

气理不离，气中涵理，使“生生之理”的逻辑展开并向前推进。王夫之注重气之变，因气之变动而理变，“气之变动成乎理”[6]407，形而上的太虚之气，变动则理成，理随气之动而生，理是气之理。因为气是升降游行不息，是恒动的，故而可以推出，理亦随恒动之气，是恒存的。因此，随气而动的“生生之理”亦随气而动，因为“理”表面上是抽象化了的“形而上”的哲学范畴，但实际上并非具有形而上的属性；相反，理乃气之所以生化生命的原理及准则，并在气的动静变化中滋生以资其用。事实上，此抽象化的“生之理”必然是弗见、弗闻的，给人造成了理乃形而上学的错觉。王夫之曰：“形而上者，弗见弗闻者也。如一株柳，其为枝为叶，可见矣，其生而非死，亦可见矣。所以体之而使枝为枝、叶为叶，如此而生，如彼而死者，夫岂可得而见闻者哉？”[4]507王夫之以柳树为例，认为气之生理，就好像是在柳树由生到死的过程中虽看不见但却具有指导性的道理、法则。气之生理，恒存却弗见、弗闻，但“理”的确真实存在。王夫之说：“自天而人，自物而事，无不含理”[6]352，有生生之事，则必有“生生之理”。而且“理”随气之“游行”，虽隐而不可见，但理却无处不在，“道之隐者，非无在也……形而上者隐也，形而下者显也”[4]492。“气盛则理达”[1]419-420，理随气之健盛而显达，随气之衰微而隐没。气虽有健盛与衰微之表象，但却是始终恒一，不增不减，诚如王夫之所说：“气自足也，聚散变化，而其本体不为之损益。”[1]21王夫之之子王敔对其父气本体不会损益的主张解释道：“理具阴阳，阴阳具理，理气浑然，是为本体。”[1]21理随气而生，理气浑然，气不会随气之变易而有所损益，理亦恒常存在，始终唯一。王夫之认为：理随气动，是万物之所以化生、人性之所以产生的原因；一事一理，由气而生、而动、而变、而化。

既然如此，那么“生之理”如何作用呢？王夫之认为这表现于气之健顺。“健顺合而太和，其几必动，气以成形，神以居理，性固具足于神气之中，天地之生人物，人之肖德于天地者，唯此而已矣。”[1]17气本身所涵的阴阳二气因健顺刚柔动静的差异性而产生变化交感，是生命之所以生成的原因，是气之用；而气得以用，在于有气之理，即气的“生生之理”，也就是说“生生之理”是气的神妙之处。“神以居理”，阴阳不测则神，神是气之神，“聚而成形，散而归于太虚，气犹是气也。神者，气之灵，不离乎气而相与为体，则神犹是神也”[1]23。神是气之灵，不离乎气并且与之同构，可见，神乃本体之气的本然意蕴。“气有阴阳，推行有渐有化，合一不测谓神。”[7]16气分阴阳，阴阳不测便是神，由此造成了二气动静变化无端。二气交感生化生命，便是气的神妙之处，“非变幻不测之谓，实得其鼓动万物之理也”[1]70。气之神实际上是“鼓动”万物生生之原理、法则，同时也是气之“生生之理”的动力因。“生之理”是气之大用，“御六气，用阴阳，非人之所能测矣；此神之大用也”[1]68；神之大用，表现于阴阳二气及其动静变化。自其变化不测则谓之神；自其化之各成其体而有其条理，以定志趣而效功能者则谓之性。“气既神矣，神成理而成乎性矣，则气之所至，神必行焉，性必凝焉，故物莫不含神而具性，人得其秀而最灵者尔。”[1]359气之高端莫测，谓之神。气无处不在，神必游于其中。从生化的角度来看，气之神妙莫测的变化中又自有其生生之条理，也即是说，“神”与“理”具有贯通性。气健盛，则“生之理”精密。作为最秀最灵的人便是取健盛精微茂美之气，是在精密的“生之理”的作用下而生，所以人禀精气而生，得至善之用；反之，气衰微，气的“生之理”必然隐没无法全然作用，则所生的生命体不够灵秀。天道生生之理具于“太虚一气”之中，理是气之理，是在气生生变化过程中的理。“天之本色，一无色也。无色，无质，无象，无数，是以谓之清也，虚也，一也，大也，为理之所自出而已矣。”[1]457天地之间，气化流行，这就是万物之所以生生的规律及条理的最终由来。理依乎气而存在并得到彰显，并以理展开，最终生成宇宙万物。

王夫之生命观之“理”，是“生之理”，是“气”之“生生之理”。王夫之在讨论生命之所由来时，将气的动静变化与气内阴阳二气的健顺之属性相结合，引导出气的阴阳动静与气的动静变化之理。综上，在天者浑沦一气，阴阳相分，二气交感以化生万物的形体与性命；气之动，即是气中阴阳之动，阴阳变合催生“生生之理”。

三、阴变阳合催生生生之理

王夫之本体论视域下的气之动，乃阴阳静动之结合。阴阳动静之间，由气之阖到气之辟，由动而静；再由气之辟到气之阖，由静而动。阴阳二气交感变合，皆是变动不息的存在。“气”之阴阳动静，决定了气之阖辟，而气之阖辟决定了“气”是否聚而成形以生成生命。概言之，生命生成的始端是“气”，而“气”之所以生生，是因为“和之至”的太和之气。气从“不形”到“有形”，气能够化生有形的万物，则是因为气之动。气之阴阳变合之几催生了“生生之理”。

阴阳动几变合催生“生生之理”，阴阳之气的存在是其根本。王夫之曰：“‘一阴一阳之谓道’，推性之所出而言之。‘道’，天道也。‘阴阳’者太极所有之实也。”[8] 524 此乃王夫之对《系辞上》“一阴一阳之谓道”的发挥。生命之源，正是一阴一阳之气——王夫之谓之为“太极”，此乃道之所出、物之所生、性之所受的最终根源。王夫之又直接指出太虚絪缊之中“阴阳具足”，即阴阳二气具足于气内。太极之中分有阴阳二气，皆是真实存在的天道之本然。在天者，是絪缊浑沦的太虚一气，表现为“不形”。由“不形”的在天之气生成“有形”的生命，这一生化过程在王夫之看来都是“太虚一气”的作用的体现。他说：“在天者浑沦一气，凝结为地，则阴阳分矣。……若其在天而未成乎形者，但有其象，絪缊浑合，太极之本体中函阴阳自然必有之实，则于太极之中，不昧阴阳之象而阴阳未判，固即太极之象，合而言之则一，拟而议之则三，象之固然也。……絪缊太和，合于一气，而阴阳之体具于中矣。”[1] 45-46 本体之气，王夫之名之为“太极”。太极之中阴阳二气具足，但阴阳二气之象还未彰明。合而言之，阴阳二气涵于太极，其中阳气至刚主动，阴气至柔主静，阴阳二气同体而异撰。絪缊太虚之气，合同而不相悖害，浑沦无间。在天者是阴阳二气的融洽太和状态，在地者则是阴阳二气确然分开之对待状态，“故太极有两仪，两仪合而为太极，而分阴分阳，生万物之形，皆秉此以为性”[1] 46。由此可知，在天者的天之象为未聚的“不形”之气，可以转化、生成在地者的地之形的有形万物。在天者“不形”

的太和絪缊，生成在地者有形的生命体，正是气内具足的阴阳二气由阴阳不分到阴阳相分的体现。阴阳二气相分，是万物生成的始动力。“一气之中，二端既肇，摩之荡之，而变化无穷。天地人物屈伸往来之故，尽于此。”[1] 42阴阳二气会相分也正是因为太虚一气中具足阴阳二气，动而生阳，静而生阴，一动一静，相互摩荡，最终造成了气之变化无穷。

王夫之认为，气的一动一静决定了气的变化无穷，而气的变化无穷，正是生命得以生成的原因所在；一阴一阳之谓道，阴阳变合，诱发了其“生生之理”。那么阴阳究竟如何变动，在王夫之看来，此乃阴阳之气动几使然也。

四、阴阳动几坐实生生之理

气的一动一静在于其内具足的阴阳二气，而阴阳之间的变合，则产生其内在之动几，即“动自内”。也正因为气“动自内”，便可以证明“气”为性命之源。阴阳二气之动几，使得生生之理得以呈现。王夫之说：“遍太虚中皆气也。升降飞扬，乃二气和合之动几，虽阴阳未形，而已全具殊质矣。”[1] 27他又说：“升降飞扬而无间隙，则有动者以流行，则有静者以凝止。于是而静者以阴为性，虽阳之静亦阴也；动者以阳为性，虽阴之动亦阳也。[1] 27王夫之对气的“升降飞扬”“动静”“阴阳”三者之间的关系进行了分析。其中所说的“游气”，即气之“游行”，也即王夫之所说的“升降飞扬”，而“升降飞扬”得益于太虚本动。“太虚者，本动者也。动以入动，不息不滞。”[9] 1044太虚之中阴阳未显明时，阴阳二气的动静特质已随着太虚之气的升降飞扬不断作用。“升降飞扬”即气之动静，乃太虚之气的本然属性。气有阴阳、健顺之分，从而构成了化生天地万物之始基。阴阳二气具于太虚絪缊之中，静为阴，动为阳，二者升降飞扬，或动或静，相互交感，彼此摩荡。“盖阴阳者气之二体，动静者气之二几，体同而用异则相感而动，动而成象则静，动静之几，聚散、出入、形不形之从来也”。[1] 23阴阳二气是太虚之气的“一物两体”，动静属性则是气开显生化生命之动几。正因为“一物两体”“体同而用异”，阴阳才能自行交感，“阴感于阳而形乃成，阳感于阴而象乃著”[1] 28。阴阳自行交感，成形著象，气才能“聚而出为人物之形，散而入于太虚则不形”[1] 23。不管是气聚生成生命形体，还是气散重归于太虚，都体现了气的“体同用异”与交感生生。王夫之说的“体同”是指阴阳二气的本质，即太虚一气，“用异”则是指阴阳二气的动静差异。

王夫之关于阴阳动静之几的变化发展，实际上是可归结为“乾坤并建”之说，并以之来解释“体同”。在解释乾坤两卦象辞时，王夫之认为气充塞宇宙天地，这肯定了气为生生本原。本原之气细缊莫测，是为太极，太极分有阴阳二气。其中阳为乾元，由天一统，乃统于天；阴为坤元，厚德载物，乃顺承天命之意。王夫之认为乾元、坤元皆为万物资始，并在《周易内传》的开卷中说：“易者，互相推移以摩荡之谓。周易之书，乾坤并建以为首，易之体也……纯乾纯坤，未有易也，而相峙以并立，则易之道在……”[9] 41他认为“易”是“互相推移以摩荡”，是变，而变的最初动力在于乾坤并建。“乾坤并建”系生生之始端，同时也是动静变易相摩荡之根本。“独乾尚不足以为始”，纯乾与纯坤二者之间没有“互相推移以摩荡”，就没有变易，没有变易就没有生命生成。王夫之说：“乾坤并建于上，时无先后，权无主辅。”[9] 989乾、坤也没有先后次序。依此，他批评了邵雍和朱熹对“乾知大始，坤作成物”的理解。王夫之曰：“天开于子，地辟于丑，人生于寅，其说诎矣。”[1] 989朱熹说：“大抵阳先阴后，阳施阴受。”[10] 138两人都认为乾先坤后，这一认识在王夫之看来是错误的，因为这将会使纯乾作为宇宙生生的始端，而纯乾又是从何而生？这不免陷入了佛家所认为的宇宙万有“生于无”，道家所主张的“道生天地”的二难境地。王夫之主张的是“乾坤并建”，并提出“太极者，乾坤之合撰”[9] 990“乾坤并建以为大始”的乾坤并建之说。乾坤无先后，乾坤并建为变易生生之本，为变易之“元”，为本原，为“一”。乾为阳为刚，主动，坤为阴为柔，主静，动静交感，刚柔相济，二者合而阴阳变易生，太极则为乾坤并建变易生化之始端。生命实体从分有阴阳的气之本体中生出，体现了气之屈伸变化。气本存在，不增不减，不强不弱，不生不灭；气“屈伸而成万化”，并随着阴阳二气的属性，即乾坤刚柔和合，屈伸聚散，化生万物。阴阳二气始交而变易生生，“聚而出为人物之形”，生命生成；气之散没，则阴阳二气“散而入于太虚则不形”，回归本体、阴阳不显的状态。可见，太极生万物的关键就在于乾坤并建的变易之道。

在“生生之理”的实现阶段，王夫之重视的是阴阳合撰。气虽表现为一阴一阳，但实则“一物两体”，“阴气”“阳气”皆是太虚一气，即所说的“体同”。王夫之认为“气”生万物的关键在于“体同”，即阴阳二气的变易之道。阴阳二气变易，是因为阴阳二气属性各异，即王夫之所说的“用异”。动为阳，静为阴，动静是阳气和阴气的属性，也是气之用，二气变易即是气之用，是生生之动力。罗光先生将“易”直接视为生命。阴阳二气交感变易之道确实是生命生成的“创生力”，但并不是罗光先生所说的基督教的“神”，而是阴阳二气动静和合的固有属性。乾坤并建为变易之本，二气变易交感之前，是纯阳、纯阴互不交感的静默状态。这一主张不同于周敦颐所认为的“太极动而生阳、静而生阴”，即阴阳处于动静派生之状态。王夫之认为乾坤并建、动静互涵，“太虚者，本动者也”，动是气之本性，阳为动，是绝对的，阴为动之静，静是相对的。纯阴纯阳，纯坤纯乾，互相静默不交感的状态只是逻辑上的存在。天地之间，流行不息，皆其生焉者也，故曰：“天地之大德曰生。”[9] 579天地对应阴阳，阴阳之大德即是生，在生的过程中，即是阴阳动静之几而生，是阴阳之动几使“生生之理”得以落地。而这种阴阳动静之几，“几”乃微妙之力量，不易察觉的，催生“生生之理”，日用而不知。王夫之说：“生生之谓易。此以下正言易之所自设，皆一阴一阳之道，而人性之全体也。生生者，有其体，而动几必萌，明显诸仁，有其藏，必以时利见，而效其用。……比性一而四端必萌，万善必兴，生生不已之几。”[9] 530天地之间，阴阳二气，一动一静，彼此互涵，气化流行不息，天地生生不息。此“生”是天地大德之外显，是天地存在的价值和根本目的。此“动”乃为本然之气之自为，此“生”为太和细缊之气“自生”。一阴一阳的变化之道，是生命生生的根本，是人性萌发的本体。有此生生的本体，则有生生不已之几。几，即动之微，是阴阳交感之始。

阴阳交感之前，是不显的细缊之气，也即太极；阴阳交感伊始，因阳性发散，阴性聚敛，阴阳交感变合而生万物。气恒常存在，变动不居，气内蕴的阴阳二气互相交感，自为的屈伸隐显，落实天地万物之生。

五、结语

王夫之“生生之理”与其本体之气有着千丝万缕的关系。气之实存乃“生理”之基，气中涵理内蕴生生之理，阴阳变合催生“生生之理”，阴阳动几坐实生生之理。阴阳动静之几使万物得以成形，“一交而成命，基乃立焉；再交而立性，藏乃固焉；三交而成形，道乃显焉。性，命，形，三始同原而渐即于实。……保合充实于人之有身”[9] 904。阴阳始交而命已授之，“天道之本然是命”，再交则“天道之本然是命，在人之天道是性”[4] 532，人受天道之命而成性，有了“性”，三交成形。性，命，形，三者同原，推其本原，皆是太极本然之气。万物之形的彰显，背后凸显的是王夫之的“生生之理”。王夫之关于天地万物的“生生之理”，实际上彰显的是王夫之本体论视域下的“生生之理”的逻辑面向。

参考文献：

［1］王夫之．船山全书：第十二册［M］．长沙：岳麓书社，2011.
［2］费尔曼．生命哲学［M］．李健鸣，译．北京：华夏出版社，2000.
［3］王夫之．船山全书：第二册［M］．长沙：岳麓书社，2011.
［4］王夫之．船山全书：第六册［M］．长沙：岳麓书社，2011.
［5］怀特．文化的科学［M］．沈原，等，译．济南：山东人民出版社，1988.
［6］王夫之．船山全书：第九册［M］．长沙：岳麓书社，2011.
［7］张载．张载集［M］．北京：中华书局，1978.
［8］王夫之．船山全书：第五册［M］．长沙：岳麓书社，2011.
［9］王夫之．船山全书：第一册［M］．长沙：岳麓书社，2011.
［10］朱熹．周易本义［M］．北京：北京大学出版社，1992.

（《衡阳师范学院学报》2018年第1期）

王船山“合两之道”之生死观阐释

——以《西铭》与《太和篇》两篇批注为例

蔡家和

一、前言

（一）贞生死以尽人道

《正蒙》乃张子学问之精髓所在，而《太和篇》与《西铭》又是《正蒙》之核心。《太和篇》为《正蒙》之首篇，《西铭》本为《正蒙》之末篇，《西铭》与《太和篇》，义理可说一致。船山之《正蒙注》，颇能把握张载之精神。本文拟透过船山对此二篇之批注来一窥船山、张子之生死观。

船山将所有对立概念，皆收摄于“乾坤并建”之义理，因此生死亦是阴阳的一种表示方式，此如张子之见。面对生死，船山提出“贞生死以尽人道”，正如张子所言：“圣人尽道其间，兼体而不累者，存神其至矣。”[1] 圣人能尽道于天地、生死、祸福之间，而不觉累，对此两端能一以贯之；一致者，即神也，一以贯之者，则以德性贯通，无论生死、祸福，皆以德性面对。

船山晚年，舍弃程朱义理而归结于张子，其《西铭》一文，更与船山“乾坤并建，两端一致”之义理相符。《西铭》全文之重点，当在末四句，即“富贵福泽，将厚吾之生也；贫贱忧戚，庸玉汝于成也。存，吾顺事；没，吾宁也”。然本文主题为生死观，故仅举最后二句“存，吾顺事；没，吾宁也”作为探讨之对象。[2] 357此二句大意是：无论天道、命运如何加诸于己，吾人都将以德性而为酬复。①若将此义推归为《正蒙》全文结论，亦无不可。

依于船山，《西铭》之指示重点，即在于“贞生死以尽人道”，生与死皆有至道存焉！[1]7生死、散聚皆性中本有，乃生命中真实之一环，并无虚妄；生死之间，皆应尽道，两端虽不同，然殊途而同归。

其中，生与死是一组对立概念，可以用来代表所有的对立概念，诸如聚散、往来、夭寿、穷通、阴阳等；而《正蒙》之精神，即是合两之学，所谓的“一能合异”[1]63，“聚亦吾体，散亦吾体”。“一能合异”的“异”，是指聚散、生死等对立差异；“一”者，则所有差异都在吾人心性中实有，皆为真实不妄之体，皆应平等正视而尽道其中。

（二）《易》《庄》之合两之道

船山在《正蒙注》之《西铭》与《太和篇》二文中，引用《易经》处甚多。张子之《正蒙》，原本即是对“四书”“五经”做一诠释，而《易经》又占首位。张子本身特别喜欢易学。《易经》中都是两两对立之概念，六十四卦即可分为三十二对概念；《易》本是变化之学，于变化中相反或相成，乃至相感、相生、相克、相成等，周流六虚，变化随时，然万变不离其宗，如《易传》言：“天下殊途而同归，一致而百虑。”[3]684意思是，虽处流变，然亦有不异者！而如何把这些变化之殊途，收摄归于“一”？此“一”又是何义？这便是张子与船山易学之课题。

张子有“一能合异”“两不立，一不可见”等语[2]35，即是说在正反不同处，找出一个共同点；又此共同点，并非超越于两端之外、气化之外。张子言：“聚亦吾体，散亦吾体。”聚散两端都是生命中真实不虚妄的一环，故能即气言道②，即气见体，尽性于其间，贞生且安死。

此如《易》之《大象传》③，虽有如此繁多的天道变化、世间万象，然在有德者心中，总能升起一股德行之念来面对。因此，六十四卦即有六十四种取象，但吾人皆须贞德以对，以德行来回复。依此，本文谈论船山之生死观，或曰“生死哲学”“生命哲学”，都与船山“乾坤并建”之易学精神相互一致。

船山所论生、死，乃其大原则之一环——其大原则谓“乾坤并建”，阴中有阳，阳中有阴，而两端一致[4] 34，检视生死、聚散、往返等。这也令人联想到庄子的《齐物论》。《齐物论》一文，意欲破除吾人对于生死、美丑、寿夭等各种执念。人们总习惯追逐享受、美好……厌弃贫困、丑陋……因着如此种种取舍、分别而带来许多烦恼与祸害，然《齐物论》告诉世人：大道既在高也在低，既在美也在丑，此得道者心中常无偏颇，亦毫无忧戚，借由齐物之观，而能优游于一切命运与造化。

若将庄子之齐物论，拿来看待船山之“两端一致”，发现现实人间虽有善恶、美丑、生死等种种不同，但当以道而通合为一，道之所平齐者，即是至道存焉！若能依此至道而贯通两端，则能逍遥其间，不为各种概念、际遇所缚。庄子思想与《易经》之两端并建，具备着形式上之相通；船山之儒家思想以为无论聚散、生死，都应尽道其间，还之以德行；而道家之庄子则谓无论聚散、生死都是道，都是自然，以道贯穿，则能逍遥，皆都能安生安死。[5] 72

船山尝作《庄子解》一书，对于生与死的看法，依于《齐物论》精神而平齐视之，又释《逍遥游》曰：“小大一致，休于天均，则无不逍遥矣。逍者，向于消也，过而忘也。遥者，引而远也，不局于心知之灵也。”[6] 81由此看出船山的小大一致、忘于小大，即是两端一致、生死致于一的意思。这与张子《正蒙》精神相似。庄子认为面对生或死都要逍遥，而船山、张子则谓面对生死都要尽道于天地之间。④

二、《西铭》之生死观

（一）《西铭》之道德创造义

船山之《正蒙注》是以《西铭》为核心通解《正蒙》的著作。而张子《西铭》本身又是如何看待生死呢？如《西铭》结语：“富贵福泽，将厚吾之生也；贫贱忧戚，庸玉汝于成也。存，吾顺事；没，吾宁也。”[2] 357张子认为，生也可以，死也可以，有生必有死，此乃命运之不可违⑤、[2] 20，非吾人所能掌控，要须安之若命，正如《论语》所言“死生有命，富贵在天”[7] 134，不只生死如此，概凡贫富、寿夭等际遇皆然。⑥

然而，安之若命地看待一切，是否只是一种消极地接受呢？犹如道家所言：“无所逃于天地之间，……而安之若命”[5] 86，“安时而处顺，哀乐不能入也”[5] 72，或如“托不得已以养中”等[5] 89。而张子毕竟是儒家，面对生死、际遇等，并非只是消极地接受，尚有其积极之道德创造。

《西铭》一开始，便提到天地父母，曰：“乾称父，坤称母。”除了天地父母之外，还有生身父母，《西铭》共列举了六个孝子的例子[2] 356；亦是说，除了感恩天地父母，吾人亦须报答生身父母。至于报答的方法，可如曾子之全生而全归。曾子曰：“启予足！启予手！《诗》云：‘战战兢兢，如临深渊，如履薄冰。’而今而后，吾知免夫！小子！”[7] 103《西铭》这样形容曾子：“体其受而全归者，参乎！”曾子战战兢兢爱惜身体，不敢做恶以致受刑，保全肢体，不使有所残损，以此报答父母，而为全归。

至于“全归”者，亦非只是物质、身体上之养护，还应当包括精神、道德、心性等。船山在此注曰：“全角以归父母，全性以归天地，而形色天性初不相离，全性乃可以全角。”[2] 356全角以归父母，这是顺着曾子所言“启予足，启予手……”而发。而全角之外，尚有全性，此性是天地之性，亦是程朱学之“性理”、仁、义、礼、智等，乃上天所赋予我，我固有之者。上天，即乾坤父母，授以天命之性，吾人若作恶则使此天性伤残，无法全归，因为后天未能养其潜存之天性。⑦依于船山，此天性之意涵，即是健顺五常之德，而“全归”者，则包括了身体与天性。这在《西铭》亦有根据，其言：“故天地之塞，吾其体，天地之帅，吾其性。”[2] 354张子在此是把“体”与“性”分开来做叙述，含括了气质身体与仁义之性。

船山又言：“形色天性初不相离。”此乃顺着孟子之“形色，天性也”。“性”者，天生本有之义，仁义、性善是吾人天性本有，而身体亦然，形色之小体若能顺乎仁义之大体，则形色莫不是天性之展现。⑧形色与天性是乃一体而观，非分解而为二，此即船山之“即气见道”⑨，即于吾人睟面盎背之身，得见于圣人之正道，故若全性则可全角。船山之论性，包括了气质之性与天地之性⑩[2] 123，也就包括了身体。

由上可知，张子《西铭》中“存，吾顺事；没，吾宁也”一句，不是只有消极、无可奈何地接受，其中更有道德之创生义，即无论生死、祸福等，皆应待以至道、尽道其间，贞生而安死，尽性至于命，如此而使生命挺立，并非一味地趋吉避凶，或任其花开花落、饥食渴饮而已，应当即于气化之中而来表现人道，以君子之自强不息与厚载之德行，而来面对一切顺逆之境，即气见道，至德以归天地！⑪

（二）《西铭注》重视气化世界

以上，是张子《西铭》之生死观，而船山在此基础更做了发挥，于《西铭注》前作一大段序言：

> 然濂溪周子首为《太极图说》，以究天人合一之原，所以明夫人之生也，皆天命流行之实，而以其神化之粹精为性，乃以为日用事物当然之理，无非阴阳变化自然之秩叙而不可违。然所疑者，自太极分为两仪，运为五行，而乾道成男，坤道成女，皆乾、坤之大德，资生资始；则人皆天地之生，而父母特其所禅之几，则人可以不父其父而父天，不母其母而母地，与《六经》《语》《孟》之言相为跖盭，而与释氏真如缘起之说虽异而且同。则濂溪之旨，必有为推本天亲合一者，而后可以合乎人心，顺乎天理而无敝；故张子此篇不容不作，而程子一本之说，诚其立言之奥而释学者之疑。[2] 351–352

船山认为，周子之《太极图说》，虽主张天人合一，即天道、人道一以贯之，但其谈天道论多，而人道论较少。周子“太极动而生阳，静而生阴”之说，容易启人疑窦。⑫此类似佛教之缘生法，重点在于缘起，而生身父母亦是缘起的一部分，故本真/生身父母便不那么重要了。

也就是说，《太极图说》较偏重乾坤阴阳/根源父母，而不重视世间之人伦孝道。因此，张子之《西铭》，便是要填补这个缺憾，强调人论孝道的重要，落实天人合一之理想。就这一点来说，《太极图说》与《西铭》之旨趣，其实是一致的。《西铭》一文，强调天人合一，且重视人成，因此举了六个孝子的故事。孝子不只事奉乾坤之天道父母，对于

本生父母更能尽奉孝道，如此成就天人合一之学。此亦同于程子的一本之说。⑬ [8] 13-15

可见船山之生死观，或生命哲学，乃是守住儒家之本色，重视气化人伦。他也经常顺着张子，批评佛学之不知性、往而不返——指佛教对于涅槃之追求 [2] 20，此与《易经》之生命观“原始反终”之论，并不相同。[3] 521

船山又强调：“性者，生也。”生命者，既是身体形骸，亦包括仁义道德；又说：“饮食男女，皆性也，乌可灭！”[2] 362 身体、食色等，都是生命的真实之一环，并非虚妄，不需鄙弃，但要以大体养其小体，小体合于大体即可。因此，对于儒家“尽性知命”之学，船山以为“尽性”者，除了道德实践，亦不废身体、饮食男女等。此与佛家学说有着根本不同⑭，亦开后来戴震以血气心知论“性”之先河⑮；乃扭转程朱的性即理之说，而回到孟子的本意。

三、《太和篇》之生死观

（一）《太和篇》之兼体不累

《西铭》本为《正蒙》之末篇《干称篇》，乃该书之精要。文中提到，不论生与死、贫与富等，都是生命中真实之一环。而《太和篇》为首篇，在此提出来与《西铭》做一比较，借以说明《正蒙》之生命哲学，亦正是《西铭》之义理。

如《太和篇》谈生命之生死聚散：“太虚不能无气，气不能不聚而为万物，万物不能不散而为太虚。循是出入，是皆不得已而然也。然则圣人尽道其间，兼体而不累者，存神其至矣。”[2] 20 意思是，气化之生死、聚散、往来，非吾人所能控制，如曰“不得已而然”；然圣人所能做的，便是于生死聚散之中尽道其间，兼体而不累。兼体者，即所谓“聚亦吾体，散亦吾体”是也，诸如生或死、聚或散等二体，皆是生命真实之一环，皆应贯通以道德，不能偏废 [2] 22，若有偏废，则为不知性。“知性”指无论生或死都要能尽性，而非只是生时尽性、死时逃避，如此则非君子之学。君子之学，存神至矣！存神则能所过者化——所存者神，则能感化万物，妙万物而成其化，且能有阴阳不测之妙，在阴亦可尽性，在阳亦如此，生死寿夭，无不如此。此即所谓的夭寿不贰、修身以俟，即无论夭寿祸福，皆以道德而贞定之。

（二）船山释《太和篇》

船山对《太和篇》之诠释为：

> 气之聚散……皆理势之自然，不能已止者也。不可据之以为常，不可挥之而使散，不可挽之而使留，是以君子安生安死，于气之屈伸无所施其作为，俟命而已矣。
>
> 圣人所存者神尔。兼体，谓存顺没宁也。神清通而不可象，而健顺五常之理以顺，天地之经以贯，万事之治以达，万物之志皆其所涵。……使与太和絪缊之本体相合无间，则生以尽人道而无歉，死以返太虚而无累，全而生之，全而归之，斯圣人之至德矣。[2] 20

这里，船山是以《西铭》“贞生死以尽人道”之精神解释《太和篇》。由此可见出端倪有二：（1）《西铭》正是整个《正蒙》大意；（2）《太和篇》义理合于《西铭》。而《西铭》与《太和篇》之间，又是如何相合呢？此二篇皆在申议“两端而一致”：生死、祸福等所有对待之两端，君子皆以德行而为贯通。

《太和篇》第一段谈太和之道：“太和所谓道，中涵浮沉、升降，动静相感之性。”[2] 15太和之道就表现在阴阳、乾坤等动静相感之中。而《西铭》中的对待概念，则是采用生与死、富与贫等，其意旨在于，人的一生际遇、命运如穷通祸福等，吾人虽无法选择，但可以做的，便是尽道其间：即不论际遇之祸福、聚散如何，都是吾人尽性之好时机！此所谓的“即器言道”[9]。如《易传·大象传》里谈到天地之垂象，其以君子之德行而为比配，即不管在六十四卦的任何时位，吉凶、祸福等，都应以德行而为面对，以为贞定。

船山释曰：气之聚散等变化，非吾人能力所及，故君子只能安命；

面对无法有所施为之运命，当要无入而不自得，顺任它，接受它；若不知命，而行险徼幸或趋吉避凶，可能只是妄作而惹来祸害。此与《西铭》所主张“存，吾顺事；没，吾宁也”相合：君子当居易以俟命，夭寿不贰以俟之，而足以立命也。

船山于“圣人所存者神”一段认为，圣人面对气化之来往聚散，虽是无可施为而选择安之若命，但所谓安之若命，并非只是消极的无可奈何，而是有其道德生命之创造。此即孟子所提出之“立命”——要去挺立人之价值生命。

人若只是顺着生命之生死寿夭、浮浮沉沉，而没有道德、德行之建立，岂不是如同动物一般，只有生物之本能，只知趋吉避凶？因此，在生物层次之保存上，君子还须学习圣人之尽道其间，使吾人之价值生命能够挺立起来，即能立命！[16]而圣人之用心存主处，便在于能够神化而感通万物。神者，两在而不测，而两在者，在阴法阴，在阳法阳[17]；在生尽生道，在死贞死道，此合两之学也。

又“兼体”者，乃“存顺没宁”之存没两体。从此处可以清楚地看出船山是以《西铭》作为整部《正蒙》之诠释根基。张子之兼体，即“聚亦吾体，散亦吾体”。此聚散往来，船山以存、没表示——“存没者，生死也”：而贞生死则足以尽人道，即活着时做好人、做好事。“尽人道”者，船山训以健顺五常之理，以儒家之德行，用以回报天德父母、亲生父母，而当死亡来临之时，亦是如此。

以德行贞定生死，方能与太和絪缊之本体相合无间，此谓“人法于天”。意思是天道亦有聚、散两端，然皆是道；人也有生死两端，都要尽以德行。这些说法，系本于张子之“天人合一”。而张子之“天人合一”，其实是“以人合天”[18]，因为天道不过是阴阳之曲伸而已，即于气化垂象便是道德之展现，吾人面对气化虽不得已而然、无所施为，但至少能够坦然以对，并尽以人道，此所谓的“贞生死以尽人道”[2] 21。

末句“全生全归”者，意为天地父母既生吾人健顺五常之德，则于返回太虚之体时，亦当实践此般德行而以完归；形色天性，既全而给予，亦将全而还复。

四、船山对轮回观之回应

(一)《大易》不言有无

谈论生死观，也就必须去探究生命之起始与归终。孔子尝言：“未知生，焉知死。”对于不可捉摸、不知如何使力之事项，暂先不做讨论，而把心思用在生命当下，尽心于生命当下。庄子言：“死生，命也，其有夜旦之常，天也。”[5] 此把生死与昼夜相互比配。王阳明亦有言：“知昼夜即知生死。”[10] 而佛家则主张“三世轮回”之说，即凡夫若未能跳脱六道之纠缠，将永远受困于三世轮回之中。“三世”者，指过去、现在、未来等三段接续不断之时空，此亦代表着无止尽沉浮六道之生命途程。

那么，关于生命之始、终，只有佛、老有谈到吗？其实，儒家《易经》中的来往聚散，便是生死之道理：贞下起元，《既济》卦后起《未济》，宇宙生命，终而复始，如《易》言：“原始反终，故知死生之说；精气为物，游魂为变，是故知鬼神之情状。”[11] 597生死一气而已，如同终与始，终而复始，原始返终，死而复生，生而又死。气一旦聚集成形则为物，一旦气散则为游魂，此如鬼神之情状。神者，伸也，气之往外伸展出来；鬼者，归也，气之收敛而为鬼。此鬼、神为二气之良能。[2] 33亦是说，生死情状便是一气之两端回返，聚了又散，散了又聚。

以上乃《易经》之一气流行，一气推行于两端，在此是采张子义理而为诠释，若在程朱，便非如此；程朱之释“形而上者，谓之道”一句，乃称之为理，或为太极，而“形而下者为器”，器即等于气，是为阴阳二气。此乃理气论家之诠释，不同于张子。

在张子“气化二端之流行”中，生死同于聚散，气成形则聚，聚了又散。聚散二端，是理势之必然，非吾人能用力于其中，故张子言：“聚亦吾体，散亦吾体，知死之不亡者，可与言性矣。”[2] 23聚与散，都是吾人生命真实之一环，气散了，并非归于无，若归于无，则是灭断而不存在。

张子又言：“《大易》不言有无；言有无，诸子之陋也。”[2] 272此是以《易经》来往聚散之精神批评诸子的浅陋，即若说存在、不存在，则为浅陋，因为都是存在，只有气聚、气散，或可见、不可见之差别而已，没有所谓的“无”——不存在。

而船山则释曰：“聚而成形，散而归于太虚，气犹是气也。神者，气之灵，不离乎气而相与为体，则神犹是神也。聚而可见，散而不可见尔，其体岂有不顺而妄者乎！”[2] 23此是说，气聚或气散于太虚，都是气，只有可见之气与不可见之气的差别，不能说不可见者就是不存在。神者，即气而见，非离于气外以控制气，否则非为气之自化，而为他化，气外有道。故聚亦是真实，散亦是真实，皆为吾人生命之具体一部分，毫无虚妄。

若如此，则知张子为何言“死而不亡者，可与言性矣”，也就是说，死后不是归于不存在，只是成为不可见之气，如此才是知性；性者，生而本有也，生命之真实的聚散两端，都是吾人之性，当求尽道其间。

（二）张子聚散说乃大轮回?

1. 程朱之批评

续前文，张子、船山如此诠释生命之聚散，似乎面临一个问题，即类于佛家轮回说之嫌。程朱便如此批评张子[2] 21，如朱子言：“《正蒙》说道体处，如‘太和’‘太虚’‘虚空’云者，止是说气。说聚散处，其流乃是个大轮回。”[12] 朱子的这一段话，可分为两个部分来讨论：

（1）前段认为，张子所言“太和”，只是形而下，未达形而上。形而下者，便有对待，如清浊、虚实等；若是形而上者，或不得已，只得以“道”形容。而张子却用“清虚一大”形容太虚，若是“清”者，即与“浊”相对，而此为现实之相对，如虚实、一多、小大等，这些都谈不到道体本身。

程朱如此批评张子，显而易见，是以自家理气论套到张载身上，未必真确。张子重气，即气言道，并非如程朱之二元理气论——先做分解而为形下之气与形上之道二者。而船山则站在张子这一边，继续发挥即气言道之理论，其注《正蒙》时，便将“理气”二字连用，视为一概念，不做二元区别。

（2）关于后段。张子“往来聚散”之说，有佛家之“轮回”意味。其实，张子作《正蒙》，正要纠正蒙昧无知者，特指佛、老二家。然张子的说法，到了朱子这里，竟变成了大轮回。

关于轮回这一点，船山也曾为张子辩驳。然在此之前，程朱自身又是如何避免轮回之说呢？⑲如伊川言：

> 若谓既返之气复将为方伸之气，必资于此，则殊与天地之化不相似。天地之化，自然生生不穷，更何复资于既毙之形，既返之气，以为造化？近取诸身，其开阖往来，见之鼻息，然不必须假吸入以为呼。气则自然生。人气之生于真元。天之气，亦自然生生不穷。……自然能生，往来屈伸只是理也。盛则便有衰，昼则便有夜，往则便有来。天地中如洪炉，何物不销铄了？[8] 148

此乃伊川用以避免轮回说之论述，其以为，呼出之气不同于吸入之气，若是同一气，则为一气之回返而为轮回。近取诸身，可与天地相比配，整个天地是个大洪炉，而人的身体则是个小洪炉，万物销铄于洪炉中，而又从这洪炉中创发出崭新事物，自然而生生不息；然此生生不息，并非同一气之往返，如此则可避开佛教之轮回说。与此类似，吸入之气，到了身体后，便销铄而不见，然后再创发出新的气，以为呼出之气。

此外，朱子在评论胡宏之《知言》中提到“心无死生”时，亦曾批评其流为轮回观。朱子云：

> “心无死生”，则几于释氏轮回之说矣。天地生物，人得其秀而最灵。所谓心者，乃夫虚灵知觉之性，犹耳目之有见闻耳。在天地，则通古今而无坏；在人物，则随形气而有始终。知其理一分殊，则亦何必为是心无死生之说，以骇学者之听乎？[13]

“心无死生”是胡宏的观点，遭到朱子的质疑，认为其流为释氏之大轮回。

那么，朱子又如何避免轮回之说？天地之心，则为“理一分殊”之理一，而分殊者，则为变异坏灭，吾人之心当随分殊者而坏灭，但理一仍是亘古如一；此“理一”正如伊川先生的“天地之大洪炉”一般，生生不息。

且在朱子理论之中，“心者，气之灵”，心为虚灵知觉，气则有生灭，心将随形气而生灭。故可见“心无死生”，在朱子理论而言，自是行不通，因为将沦为轮回之说。

且朱子的“心为气”，气之生并非依着消散之气的再生，若是如此，则为轮回。朱子理论采取“理一分殊”，解决天地万物之生成问题，即是说，天地万物之生成，并非因着所散之气的聚而成形。因为天地之洪炉，如同“理一”，此“理一”乃生生不已，就是说，已灭之气则消散无余，继而再从“理一”生发出新的万物。朱子以此巧妙地避开了轮回之说，而在儒家与佛家之间划清了界线。

2. 船山为张子辩护

船山归宗于张子，自然不同意程朱之论。船山言：“朱子以其言既聚而散，散而复聚，讥其大轮回，而愚以为朱子之说正近于释氏灭尽之言，而与圣人之言异。”[2] 21船山反批朱子更近佛学，认为其说有如佛家灭尽之论。然佛家则是反对断见、常见，主张中道正见，如《大智度论》曰：“见有二种：一者、常，二者、断。常见者，见五众常，心忍乐；断见者，见五众灭，心忍乐。一切众生，多堕此二见中。菩萨自断此二，亦能除一切众生二见，令处中道。”[14]若然，为何船山要说释氏是灭尽说呢?

船山此言，恐是受到张子“彼语寂灭者，往而不反”一语影响[2] 20，而此为批评佛家之涅槃说。而张子既依《易经》天道来往聚散之精神作为衡定，也就没有往而不复的道理；天地间若只有去而没有复回，《易经》也就无法圆说天地之化。而依于小乘佛教，修行者经历四禅四定之后，最后达到“灭尽定”，得罗汉果位，并得进入涅槃，永远摆脱轮回之苦，此“灭尽”，正是指去而不返。船山以此批评朱子之说，即若物灭了，不再回头，如呼出之气不是吸入之气，则吸入之气已灭尽无余，此乃往而不返，反而更接近佛家小乘之论。

船山继续批评，而其方式类似于批评唯物论者。⑳船山言：“且以人事言之，君子修身俟命，所以事天；全而生之，全而归之，所以事亲。使一死而消散无余，则谚所谓伯夷、盗跖同归一丘者，又何恤而不逞志纵欲，不亡以待尽乎！”[2] 22此是基于生命之价值而来论究：依于气化论，人死后，肉体僵坏，精神也随之消散，没有未来、没有来生、没有业报，生命没有延续，赏罚等都将变得不可能，则伯夷、盗跖同归一丘，大善人与造恶者结局一致，亦无需积功累德、乐善好施，倒不如及时行乐，恣意而为？

然船山依于张载之易学观，即以气化之生死聚散、一气往来来做推论则是：必有来生，气散后必聚。虽然这种推论，无法以闻见之知而来确定，但在德行之知的天德良知下，必要如此肯定，肯定生亦吾体，死亦吾体，死而不亡，死只是气之散，散后亦必将再聚。因此，船山之重气思想，不同于唯物论者，唯物论较近于古人说的“人死如灯灭”。

船山强调，张子之生死观、生命观，乃是顺着《易经》而来，非出于佛学，亦不同于佛学；张子提出一气之流行，此一气之中，自有德行之价值。因此，吾人于生死聚散之中，都应尽己本分，全生而全归，且意识与肉体亦无二分。

五、结语

本文以“生死观”之讨论，而来凸显生命哲学之意涵，特以船山之《正蒙注》为核心。船山是以《西铭》之精神，而来通论张子之《正蒙》，其中心思想是为“合两于一”，两端者，生死、寿夭、祸福等，合一者，须以德行而为贯通，处之泰然，如《西铭》语：“存，吾顺事；没，吾宁也。”合两之学，在《西铭》与《太和篇》，可以说被发挥得淋漓尽致。

船山亦以合两之道批注《周易》，强调“为君子谋，不为小人谋”，即是说，不论世态如何，吾人都将要以德行面对，不投机取巧，不特别趋吉避凶，以此而来挺立人之道德生命，为全部生命之价值所在。如船山诠释“干”之六爻：无论吉凶、祸福，皆是吾人尽道之契机，皆有龙德存于其间。㉑[4] 73此即船山贞生安死、尽性知命之所在。

注释：

①“存，吾顺事；没，吾宁也”，其可比配于“天行健，君子以自强不息；地势坤，君子以厚德载物”，即气言道，即气尽道，无论在天、在地、在存、在没，都以德行而来面对。

② 道、气不可分别，否则道于气外，道高于气，则人伦气化不被重视，故只能即气言道（理想性在具体世间中），不能离气言道。

③《大象传》上句讲天，下句讲人，以人法天，然天是什么？天亦不离气化，即此诸般垂象而为天，不是离气化之垂象而为天。

④ 庄子之说，与船山、张子可谓相似，即“合两端而为一”：在形式上，双方相同，但在内涵上，庄子的“一”是逍遥，而船山的“一”则是德行。此可参见施盈佑：“船山以为君子之道是不卤莽以师天，而近思人所自生，德凝实不如修德从人道契入来得真切，遂有对庄学未立人道之极的质疑。”【参见施盈佑：王船山庄学之德凝观——评骘庄学为何通君子之道而又未立人道之极［J］. 国文学志，2009（19）】船山以为，庄子之一气流行可通于两，谓天道之两端，然其逍遥之道，却比不上君子之修德以待，来得更为真切、彻底。

⑤ 用张子的话形容，乃“循是出入，是皆不得已而然也”，指生死、祸福等，盖非人力所能及，是乃性中本有，命之必然者。

⑥“吾人同意‘本末上下，贯于一道’乃是贯穿张载全幅思想的核心精神。”（陈政扬.张载思想的哲学诠释［M］. 台北：文史哲出版社，2007）又由陈政扬教授看法可以推出：“面对富贵、贫贱一以贯之，即以德行通贯之。”

⑦ 船山以为，本有之性，更待后天之扩充，先天与后天同样重要。

⑧“轲氏惜之，故曰：吾此形色，岂容轻视也哉？即所以为天性也。惟是生知安行，造位天德，如圣人者，于此形色方能实践。实践云者，谓行到底里，毕其能事，如天聪天明之尽，耳目方才到家，动容周旋中礼，四体方才到家。只完全一个形躯，便浑然方是个圣人，必浑然是个圣人，始可全体此个形色。若稍稍勉而未能安，守而未能化，则耳必未尽天聪，目必未尽天明，四体动容未必尽能任天之便，不惟有愧于天，

实是有忝于人也。故邵子天根月窟之咏，始之以耳目男子之身，而终之曰：三十六宫都是春。”（李庆龙编．罗近溪先生语录汇集［M］．首尔：新星出版社，2006）此罗近溪之解，是以“一体之仁”而来做出诠释，并与“概念分解，何为性，何为情，何为形的分解”意思不同。近溪之说，类似船山的“形色天性初不相离”，形色与天性不可分别为二，否则导致重天性而贬形色、重理而贬气。但如此一来，是否将造成理想性不够呢？不会。因为理想性即存在于本有之气，此为善，若是后天污染之气，方为恶。近溪或船山的意思是：理想即在世间，不在世间之外。

⑨ 船山言：“阴阳者，太极所有之实，……合之则为太极，分之则谓之阴阳。”此与蕺山之重气思想相近。蕺山认为，太极者，万物之总名；而船山认为，太极者，阴阳之合名。

⑩ 船山言：“因形而发，则有攻取，以其皆为生气自然之有，故皆谓之性。”船山认为，“性”包括“气质之性”“攻取之性”，指口腹于饮食，鼻舌于嗅味等。

⑪ 道、器不可相离，不可分解，否则道于气外，气将被贬低。

⑫ 船山对于《周易内传》之“太极图说”，亦有质疑，故提出自己重气思想而来重新诠释，其言：“其谓动属阳，静属阴者，以其性之所利而用之所著者言之尔，非动之外无阳之实体，静之外无阴之实体，因动静而始有阴阳也。故曰‘阴阳无始’，言其有在动静之先也。……故可谓之静生阴，动生阳，而非本无而始生，尤非动之谓阳、静之谓阴也。”（船山全书：第1册［M］．长沙：岳麓书社，1996）此对《太极图说》之“动生阳、静生阴”做一说明，即在未动以前，阴阳本有；阴、阳不可被生，若被生，则有灭，则阴阳不是最重要、最根本，变成仅追求理而遗弃阴阳。船山重气，故不遗弃阴阳。

⑬“居处恭，执事敬，与人忠，此是彻上彻下语，圣人元无二语。”（程颐，程颢．二程集第1册［M］．台北：汉京文化事业有限公司，1983）“尝喻以心知天，犹居京师往长安，但知出西门便可到长安，此犹是言作两处，若要诚实，只在京师，便是长安，更不可别求长安，只心便是天，尽之便知性，知性便知天，当处便认取，更不可外求。”此云

“天人不二”。

⑭ 程朱批评张子学为大轮回，而船山如何辩护呢？船山言：(1) 张子类似轮回之说，乃源于《易经》，非源于佛家；(2) 张子之气化宇宙论、一气流行等说，与佛家之身心二元说法，并不相同；(3) 船山与张子皆曾指出，小乘佛教之往而不返，与儒家易学之原始反终，亦不相同。

⑮ “性者，分于阴阳五行以为血气、心知、品物，区以别焉，举凡既生以后所有之事，所具之能，所全之德，咸以是为其本，故《易》曰‘成之者性也’。”（戴震. 戴震集［M］. 上海：上海古籍出版社，1980）戴震以血气为性，而人性之血气中有理，并非只有血气而无理。戴震此说似乎源自船山，然未能确定。

⑯ 张子所言：“易为君子谋，不为小人谋。”此与船山相同。如船山言：“而传易者或谓但为筮设，其因象立辞，不过如火珠林之卦影，为学者所不必学，则夫子作传，又何为而加以象外之理乎？此通儒之蔽，不可不辨者也。”船山反对《易传》只是算命或小人谋利之学，否则《易传》所欲彰显的人之立命——道德生命之挺立意义，将被泯没。而如此想法，几乎贯穿船山之《周易内传》，看出船山对此甚为重视。

⑰ “在方法方，在圆法圆”，本是王弼、道家之用语，在此笔者借用而改为：在阴法阴，在阳法阳。王弼之言：“在方而法方，在圆而法圆，于自然无所违，自然者，无称之言，穷极之辞也。”然船山此处所释，与道家之间，只是形式相似，内涵上则不相同。形式相似者，即面对生死、祸福等二端，都要一以贯之。内容不相似者，道家之一以贯之，是逍遥以待；而船山所秉持之儒家义理，则要以贞德、仁义礼信等，尽道于其间，一以贯之，如船山云：“即以木火金水言之，坎之彖曰‘行险而不失其信’，则君子之取于水者，取其不舍昼夜之诚，非取其曲流委顺，遇员而员，遇方而方之诡随也。”（船山全书：第12册［M］. 长沙：岳麓书社，1996）

⑱ 明道反对天人合一，认为天、人本来即是一，不需再多个“合”字。张子“以人合天”之学理，似乎不若明道来得高明。

⑲ 然而，轮回之说是否一定要回避呢？其实，张子与船山都是顺着

《易传》而发言，与佛教本来就有相似之处，应当不用刻意回避；而《易传》与佛学关于生死、精神物质等说，并不相同，简单讲，佛教之神识与身体乃区别为二，而张子之气中有理，并不为二。

⑳ 唯物论者，以物质为终极之本体，如借用康德之定义：“移除物质时，一切思想，甚至思维存有之存在，必被破坏。”物质既是最终之本体，则当物质消散，精神亦随之湮灭，无所谓人死后之灵魂的存在。而佛家则批评此为断灭见，佛家亦不讲“灵魂”，勉强用个“神识”来说，“神识”的意涵，与“相对于身体来说的灵魂”并不相同，“神识”本身亦是瞬息万变，这牵扯到佛家之如何认定“我”；又关于色、心（物质与精神）二法之关系，佛家则以“非一非异”来形容。另外，有人质疑张子之反对有无之论，似乎未先进到西方之唯物论，然而，这种评论乃是站在西方本位来说，并不公平。关于人死后之存在或不存在，中国哲学史上亦有神灭或不灭之论，其脉络与样貌，自然不同于西哲。而船山与唯物主义亦不同，唯物论者认为物质灭后，精神亦不存在，而船山则无所谓物质之灭，物质只有隐显之不同而已。

㉑“忠臣孝子，一往自靖，不恤死亡之极，亦有圣人之一体，虽有悔而固为龙德，时乘之，亦所以御乱世之天也。”（船山全书：第1册［M］. 长沙：岳麓书社，1996）此言亢龙有悔，本不应高昂，适可而止。然船山认为，不恤死亡之极，即是“没，吾宁也”之写照：生时尽道，死时亦然。

参考文献：

［1］张载. 正蒙［M］. 北京：中华书局，2008.
［2］王夫之. 船山全书：第12册［M］. 长沙：岳麓书社，1996.
［3］周易注疏：系辞下传［M］. 王弼，注. 孔颖达，疏. 台北：学生书局，1967.
［4］王夫之. 船山全书：第1册［M］. 长沙：岳麓书社，1996.
［5］郭象. 南华真经注疏［M］. 北京：中华书局，2008.
［6］王夫之. 船山全书：第13册［M］. 长沙：岳麓书社，1996.

[7] 朱熹. 四书章句集注［M］. 台北：鹅湖出版社，1984.
[8] 程颐，程颢. 二程集：第1册［M］. 台北：汉京文化事业有限公司，1983.
[9] 陈启文. 王船山两端而一致之思维的辩证性及其开展［D］. 台北：台北师范大学，2005.
[10] 陈荣捷. 王阳明传习录详注集评［M］. 台北：学生书局，1998.
[11] 王弼，孔颖达. 周易注疏：系辞上传［M］. 台北：学生书局，1967.
[12] 黎靖德. 朱子语类：第7册［M］. 台北：文津出版社，1986.
[13] 胡宏. 胡宏集［M］. 北京：中华书局，1987.
[14] 龙树造. 大智度论：第7卷［M］. 鸠摩罗什，译. 上海：上海古籍出版社，1995.

（《衡阳师范学院学报》2020年第1期）

王船山人本思想的三层和合逻辑确证

李长泰

明末清初思想家王船山的哲学是以气为核、以人道为依的哲学，其目的是拯救社会和人心而达到天下安身立命。船山哲学中是否有人本思想？船山哲学的最终要旨是以人为依和以人为本，人本思想是船山哲学的重要思想。船山哲学的人本思想指向三个方面：与道统精神的和合、与气用思想的和合、以开新体用的和合。由此，逻辑上船山人本思想在体、用、和三个方面得到确证，如图1：

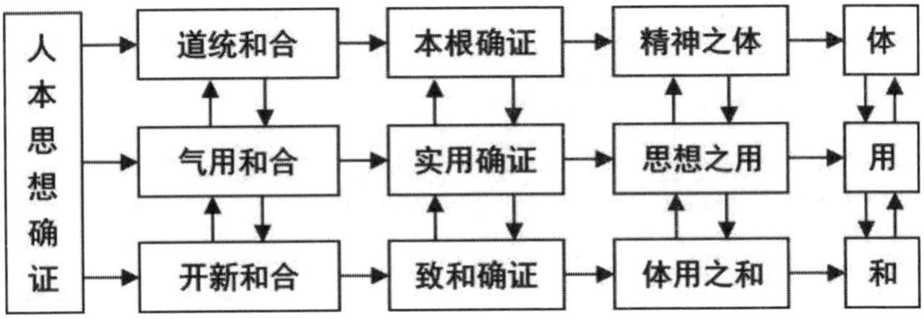

图1 船山人本思想要旨确证逻辑图

船山人本思想的确证从哲学的体、用、和三个视域上展开，即是说这三个方面的意思：船山人本思想是中国传统道体的本根传承和延续，是精神之体；船山人本思想是船山气学思想的运用展现和发用；船山人本思想是时代开新致用的体用合一。本文拟从船山是否有人本思想的视角来确证船山哲学有人本思想的重要内容。

一、船山人本思想的道统本根和合逻辑

船山人本思想得到确证的第一层逻辑是船山人本思想与儒家人学、民本和人本思想一脉相承，实现了人本思想与儒家道统传承的一致性，也即与传统本根保持了逻辑一致性。儒家思想是中国古代哲学思想的主流，儒家思想以人道为依。船山的学术思想依据古圣先贤的经典，又超越圣贤思想，入古建今，古今融合，凸显了人的天理与致用的双层建构。船山哲学对人的思考彰显了古圣先贤的思维趋向，将民本论发展为人本论，从以民为本的思想走向以人为本的思想，“夫功于天下，利于民物，亦仁者之所有事”[1] 826。以人为本的思想是船山哲学的核心要义。中国古代哲学多提以民为本，以民为本思想是基于以民众为中心的理论和人以仁为本的理论，其目的是维护帝王的统治，突出官民等级区分。船山提出以人为本的思想是基于明清时期的启蒙思想而提升人的地位，将民众的地位提升为具有人种的、作为人的地位的人，突出了天下人人平等的思想。民本和人本的核心思想都主张以仁为本，人本是民本的延续。船山人本思想符合中国儒家道统思想的本根，是古代儒家思想的传承和延续，符合儒家精神的本体，体现哲学视域中的“本”与“体”。

人本即是指以人为本，以人为根本。“人”在《说文解字》中是指“天地之性最贵者也”[2] 161，“本”即是指木下的根本。《说文解字》解：“木下曰本，从木，一在其下。徐锴曰：‘一记其处也。’”[2] 118木的下面即是根本，是树木的核心、关键和来源。因此，“本”字是指根本，有原来的、固有的含义，包含本质、本能、本性、本意的意思。“人本”即是指以人为根本，把人作为思维的本质核心和中心；人本论即是以人作为思想和学术的中心和核心，立足于人、关心人和关照人，处处以人作为思考的中心。《管子》述及“以人为本”：“夫霸王之所始也，以人为本。本理则国固，本乱则国危。故上明则下敬，政平则人安，士教和则兵胜敌，使能则百事理，亲仁则上不危，任贤则诸侯服。”[3] 472意思是以人作为政治的根本，国家则稳固。以人为本实际上也指以民为本，《尚书》说：“民惟邦本，本固邦宁。”[4] 156民众是国家存在的根本，以民为本的国

家治理是根本的治理，人民安宁，则国家稳固。

人本论是指以人为本的哲学思想，而不是指西方的人本主义哲学思想。人本主义探讨人的价值和尊严，从生物学的视角进行探讨。人本论主张以人为本的思想，从社会、道德和实践等视角对人的地位、价值和尊严进行探讨和观照，人是社会主体、道德主体和实践主体，而不仅仅是一个生物体。从本原上说，人本主义追求人的生物本性，人本价值是生物意义上的价值。以人为本的人本论更注重人存在的社会意义和道德意义，从人的道德仁爱上探讨人的价值和尊严；人本价值是道德意义和政治意义上的价值，以人为本需要通过社会实践得以实现。

中国儒家哲学的人本论实质上是以人为本的思想，认为天下、国家的根本在于以民为本和以人为本。儒家哲学关注家、国、天下的一体性，它所思考的是人、家、国、天下，而人又是国家、天下的根本，可以从社会、道德、政治等多重意义上思考人本身，这样人既是道德人、社会人，还是实践人。儒家注重君子之道，君子之道是社会、道德、实践三方面结合的道。《系辞》说："一阴一阳之谓道，继之者善也，成之者性也。仁者见之谓之仁，知者见之谓之知，百姓日用而不知，故君子之道鲜矣。"[4] 78君子既是道德主体，还是日用实践主体。"君子范畴是内涵深刻同时具有普世性的古代人物形象，既是内涵本质也是外在形象的名词称谓，君子已经不是一个具体的人，而是儒家形象的化身，既是一个现实的价值目标形象，又是一个意义与美学的形象。"[5] 98因此，以人为本的人本论，以追求社会意义、道德意义和实践意义为根本，不以追求生物意义为根本。

船山是明末清初儒家的重要代表，其思想凸显了儒家的人本论，以人为本为其思想的核心问题之一。这里的人本论不是西方哲学中的生物学意义上的人本主义思想。船山的人本论以儒家的民本论为宗旨，依人建极，解决人、家、国、天下的冲突和矛盾，其核心观点最终凸显了以人为本，推动人、社会、国家的和合生生，以人本的视角推动儒佛、古今、理气、夷夏等矛盾的解决和融合。船山的人本思想是对古圣先贤民本思想的和合，既综罗先儒百代而广博精微，又返本诠释而和合创新，达到人本思想与道统传承的逻辑和合。船山人本思想与儒家道统人本思想一脉相承，实现与道统本根的逻辑相和合，这是船山人本思想得到确证的第一层逻辑。

二、船山人本思想的气学和合逻辑

船山人本思想得到确证的第二层逻辑是船山人本思想与气学思想和合：气的使用凸显了以人为本，人本即是以气为本思想的运用。一般来说，学术界认为船山哲学以理学、气学为中心问题，通过对理气、形神、体用等问题的关系辨证，解析理、气、器、欲等范畴的内涵。船山哲学以气学为本宗，以理学为切入点，兼容理、气、心、性、欲的关系考辩，形成了以气学为大全的哲学思想。张立文教授认为船山学是“气体学的集成”[6] 1395。气学突出了人的地位、人欲的合理和生存的重要性，人本思想是气学思想的运用，体现了人本思想与气学思想运用的和合逻辑。所谓气学提升了人本思想在于人欲是人的根本之气，气本理末，颠倒了理学体系中的理本气末思想，提升了人的合理欲望的合法地位，突出了以人为本的思想，即以人的基本生存、生活为根本。船山气学主张气本理末，无疑彰显了人的基本生存、生活的根本，实现了气学思想与人本思想的和合。

学术界对船山哲学的研究多专注于哲学形而上学的追踪，突出了船山理气关系的探赜和省察。船山哲学中确有人本思想，船山哲学凸显了人本问题的思想研究，经常提到“本者”“本也”“人之本”“立人之本”“仁之本”“义之本”等语辞，即人本思想问题。“仁之经纬斯为礼，日生于人心之不容已，而圣人显之。逮其制为定体而待人以其仁行之，则其体显而用固藏焉。”[7] 9仁既是人的本，又是人的用。“《记》之与《礼》相倚以显天下之仁，其于人之所以为人，中国之所以为中国，君子之所以为君子，盖将舍是而无以为立人之本，是《易》《诗》《书》《春秋》之实缊也。”[7] 9仁是君子成为君子、人成为人的根本，仁是中国成为中国的根本价值思想。船山人本思想的丰富性体现在以下几个方面：

其一，以人为依。船山哲学的人本思想在“人”的问题上可以得到确证，即是船山哲学重视人的主体性问题，强调以人的问题为要本，符合气学思想。船山哲学的指向是要解决人的存在问题，即人的地位问题，也就是人要认识到自己的存在，明白自己是主体、自己是根本。苏格拉底在自然哲学盛行的时代主张先关注人的问题而不是首先关注自然的问题，“认识你自己”[8] 74。船山认为人是世界的根本，一切以主体人为最终的思考对象和依托。苏格拉底与船山在哲学关注问题上具有一致性。船山说：“道行于乾坤之全，而其用必以人为依。不依乎人者，人不得而用之，则耳目所穷，功效亦废，其道可知而不必知。圣人之所以依人而建极也。”[1] 850天地之道是世界的大全，但最终必须以人为用，人运用天地大道，天地才有存在的价值和意义。哲学问题是依人建极，只有人去思考人与世界的关系，没有人则世界的终极存在结果也无从谈起，因为没有主体就没有谁去思考建立终极世界的问题。哲学和思想的中心问题都要以人的问题而建构和展开。显而易见，依人建极的问题就是以人为根本、以人为中心的问题，这是人本论、人本思想的形而上学建构。船山以人为依、依人建极的思想与阳明学思想具有相似性：心外无物，没有主体的存在，客体世界就没有存在的价值和意义，没有主体也就没有客体。正是基于以人为依、依人建极的思想路径，船山认为人为天地定位，即人确立了天地的位置和价值。船山说：“以人为依，则人极建而天地之位定也。”[1] 852以人的问题作为哲学的中心问题，则人的根本问题就得以建立，那么天地在世界中的位置和价值就得到确立。天地之位取决于主体人的需要，人为天地定位，人为自然立法，说明哲学以人为根本。船山说：“自然者天地，主持者人，人者天地之心。”[1] 885天地是自然客体，人主持天地，是主体，人是天地的根本，人是天地的思考者和意识者，以人为依，依人建极。依此而言，船山以人为依、依人建极思想将朱子理学的“理”、阳明心学的“心”统合起来，心统性情，依人建极，达到以人为本的学术思想建构。综合起来看，船山哲学的问题是以人为中心的问题，它解决人本论的指向性问题，从理的层面上说明了人本思想建构的原因：人是至上之理。

其二，珍视生命。船山哲学的人本思想在“生”的问题上可以得到确证，即是船山哲学重视人的生命，强调以人的生命为根本，符合气学思想。以人为中心命题说明人是根本性的问题，人的根本性问题凸显以人为本，这一问题的展开则关乎人的人生、生命、性命和欲情。人的生存、生命和欲情是人的基本要素，也是基本的生存权利，因此关注人的生存、生命和欲情则体现了以人为本。船山说："既已有是人矣，则不得不珍其生。生者，所以舒天地之气而不病于盈也。生，于人为息，而于天地为消。消其所亢，息其所仅，三才胥受成于圣人，而理以流行。阴性柔而德杀，则既反乎其所以生，虽欲弗治，其将能乎？"[1] 869意思是人既然已经生出来，来到世间就必须珍惜其生命，因为有生命之人是天理流行的必然结果，是天地阴阳之气运动消长的结果，必须正视人的存在发展，正视生命是世界发展变化的必然，不能视生命之人如草芥，总之，正视人的生命，以人为本。船山从宇宙天地运行不息的规律视角论证以人为本，突出了"生"的意义，以人的生命为根本。

船山还从人生为贵上论证以人为本。人生不同于禽兽和草木，要以人生为根本。他说："且天地之生也，则以人为贵，草木任生而不恤其死，禽兽患死而不知哀死，人知哀死而不必患死。哀以延天地之生，患以废天地之化。故哀与患，人禽之大别也。"[1] 889人的生命不同于生物的生命，人生有知性意识，生物没有知性意识，因为人生的意识能够认知世界，构建世界大同，延续世界的价值生命，因此人之生比生物之生贵重，更有价值，要以人生为根本。《礼记》曰："故人者，其天地之德，阴阳之交，鬼神之会，五行之秀气也。"船山章句："仁义者，阴阳刚柔之理以起化者也，人道于是而立，以别于万物之生，是'天地之德'也。"[7] 561人形成于天地灵秀之气，仁义是天地之德，一般的物性没有仁义，只有人性有仁义，人生是有仁义之性的人生，是五行灵秀之气的人生，它不同于万物之生，人生比物生更贵重。既然人生有仁义，人生更可贵，就要以人为根本，即以人为本。

船山还从人情调节上论证以人为本。人生有情与理，情与理成就人生，但关键是人生要善于调节情与理，它不同于动物的物性。船山说："夫生理之运行，极情为量；迨其灌注，因量为增。情不尽于所生，故生有所限；量本受于至正，故生不容乖。则既生以后，百年之中，阅物之万，应事之赜，因物事而得理，推理而必合于生，因生而得仁，因仁而得义，因仁义而得礼乐刑政，极至于死而哀之以存生理于延袤者，亦盛矣哉！”[1] 889生物之情的产生是生理运行的结果，情的发展有一定的限量，不能超出正常的限量，这是必然规律，不能违背。人生善于调节人情物理，推广仁义，因此人情以理为重，调节的结果是遵循仁义。既然人生是情与理的结合，人生比万物之生贵重，则要以人为本。

其三，天人相续。船山哲学的人本思想在“天”的问题上可以得到确证，即是船山哲学是重视天人关系的哲学，强调天人关系的延续具有重要性。为了延续天人关系则重视人，以人为本；天人互补，人承天性。船山说：“人物有性，天地非有性。阴阳之相继也善，其未相继也不可谓之善。故成之而后性存焉，继之而后善著焉。言道者统而同之，不以其序，故知道者鲜矣。”[1] 1006天有大道，人继承天道而生成人性，以天道成就人性则是善，天人相继的结果是善。如果没有人，天道不能得到遵循，也就没有天道之说，因此善的形成是人继承天道的结果；天离不开人，没有人继天道也无所谓天。“故成之者人也，继之者天人之际也，天则道而已矣。道大而善小，善大而性小。道生善，善生性。道无时不有，无动无静之不然，无可无否之不任受。善则天人相续之际，有其时矣。善具其体而非能用之，抑具其用而无与为体，万汇各有其善，不相为知，而亦不相为一。性则敛于一物之中，有其量矣。有其时，非浩然无极之时；有其量，非融然流动之量。故曰‘道大而善小，善大而性小’也。”[1] 1006意思是天人相继、天人相续，善成就了道与性和天与人，没有人也就无所谓善与不善。“天人相绍之际，存乎天者莫妙于继。然则人以达天之几，存乎人者亦孰有要于继乎！”[1] 1007天人相继、天人相续的奥妙就在于人继天道，而人继承天道便完成了天人相续。“夫繁然有生，粹然而生人，秩焉纪焉，精焉至焉，而成乎人之性，惟其继而已矣。道之不息于既生之后，生之不绝于大道之中。”[1] 1007天道与人生相续而相继，永远没有停息。船山认为天人是相续的，在天为道，在人为性。人性来源于天道，人依天道而行成就“善”。天人是整体，没有人就没有天，因为没有人就没有谁知道天道。人存在的最大奥妙和功用在于延续了天人一体，能够探索天的无穷本体。正因为天人相续，必须正视人的存在，要以人为本。

其四，以民为本。船山哲学的人本思想在“民”的问题上可以得到确证，即是船山哲学重视民众的生存、生活，强调以民众的生存为根本。要保障民众的基本生命和生活，一是统治者不能断绝民众的生存，二是民众自己要学会自保。船山说：“民之有生也，恃上之不绝其生也；上能保民之生也，必先知自保其生也。”[9] 1123通过统治者和民众自身实现民生的保护，通过民众的生存、生活实现民众的基本生存欲望，以民为本。《尚书》曰：“天视自我民视，天听自我民听。”船山解释说：“征天于民，用民以天，夫然后大公以协于均平，而持衡者慎也。故可推广而言之曰：‘天视听自民视听’，以极乎道之所察；固可推本而言之曰：‘民视听自天视听’，以定乎理之所存。”[10] 327意思是天子以天的旨意治民，天的旨意即来源于民众的旨意，重视天则要重视民，治理天下和国家要将天与民的旨意结合起来以达到平衡，这样天下和国家才会得到有效治理。船山的意思是不能只重视天，不能假借天的旨意而剥夺民众的生存、生活的权利，必须重视天与民的双重统一和双重调节，将民众的地位提升，实现以民为本。“由乎人之不知重民者，则即民以见天，而莫畏匪民矣。由乎人之不能审于民者，则援天以观民，而民之情伪不可不深知而慎用之矣。”[10] 327-328船山反对只重视天而不重视民的情况，因为这样民众就被搁置一边，同时也反对只重视民众而不重视天，因为民众的欲情也不完全可靠，因此，以民为本是对天与民的双重重视和调节。“居民上矣，则有使民之权，而求其酌乎宜以令民者鲜也。君子之道，以定理制定法，必其义之所当为也。”[11] 417意思是说要给民众基本的权利，使他们有适当的生存权利。以民为本是船山人本思想的直接体现，以民众的基本生存、生活为政治的根本是气学思想的运用。

总之，人本思想是船山哲学的重要组成部分，通过以人为依、珍惜生命、天人相续和以民为本四个方面得到证实。船山的人本思想不是西方哲学意义上的人本主义思潮范畴，它远远超出了西方人本主义视角中的生物学意义上的人本思潮。船山人本思想从船山的“人”“生”“天”和“民”四个指向上可以得到证实，船山人本哲学的问题包含了哲学问题、生命问题、宇宙问题和政治问题，囊括了形上和形下、人性和物性、宇宙和人生、伦理和政治等问题，远不只是西方人本主义的视角。因此，船山的人本思想是船山气学思想的运用，这是船山人本思想得到确证的第二层逻辑。

三、船山人本思想的开新和合逻辑

船山人本思想得到确证的第三层逻辑是船山人本思想与气学的经世致用在现实社会中达到开新和合。船山哲学是为了解决现实问题，实现了体用合一而致和。“和”是符合时代的需要，即思想符合时代，思想与现实和合即是理与气的相和。船山哲学确有人本思想，并且人本思想是其哲学思想的重要内容之一，船山人本思想的产生与船山本人和船山所处的时代、时势有重要的关系。船山人本思想是明末清初时代精神的精华，是当时时代大势的反映，也是船山本人个性的体现和展现，还是时代核心话题转换的结果。

其一，经世与时代的需要。船山人本思想的产生与他对时代核心话题的关切有极大的关联。船山是明末清初的儒家，其哲学思想的出现与时代变化紧密相联，可以说船山思想契合了时代发展的需要。船山所处时代的核心话题是民生问题，即民众的生存与生活。船山的学术思想是对明末清初社会动荡、激烈变化的回应，船山人本思想则是其学术思想的一部分。船山的学术思想博大精深、纵贯古今、涉猎广泛。张立文教授说：“纵贯周秦百家和两汉经学，魏晋玄学，隋唐佛、道之学和宋明理学；横摄经学、史学、子学、集学；博通诗、词、歌、赋。其学术思想之广大，成就造诣之高深，在中国学术史上可谓罕有者之一。其学术思想的心路历程，是以救世救心为主旨。”[12] 1船山人本思想贯穿在博大精深的思想中，是时代精神的反映。时代的社会矛盾需要人本思想来解决，主要体现在两个方面：一是官民矛盾的解决需要统治者以人为本，还民以欲。明末清初，封建统治者腐败、腐朽，残酷压迫农民阶级，农民和手工业者基本的生存、生活得不到保障，民不聊生，社会矛盾激化，多地发生农民起义。清兵入关后建立的清朝，对汉人和知识分子采取高压政策，民众不能满足基本的生存欲望。解决官民矛盾和满汉矛盾需要从哲学上推行人本思想，希望统治者还给民众基本的生存、生活权利。二是社会风气的纠正需要以人为本、以德化民。自明代中期以后，封建道德日益腐朽，成为统治鱼肉百姓的工具，封建统治不断强化，同时这个时期一种新的道德关系在萌芽。“在社会道德生活上，王船山生活的时代，也是一个物极必反、风习始变的新旧杂陈的时代。”[13]7士风日下，民风低俗，表现为阳奉阴违、奴颜婢膝、随波逐流、道貌岸然，许多士人人前满口仁义道德，背地里却趋炎附势、唯利是图，失去了士人的基本人格和作风，封建道德的腐朽和虚伪暴露无遗。为了纠正社会的不良风气，需要以人为本，即是说人要成为一个真正的人，成为一个有道德责任感的人，而不是一个伪君子。船山说：“人之所以为人者，仁义而已矣。受之于性，而含之于心，其存其去，而善恶分焉。”[14]727船山认为人的根本是仁义，以人为本则要以仁义为根本。正是基于士风、民风败坏的社会现象，船山提出人本思想，希望以人本思想纠正败坏的社会风气。总之，船山人本思想的产生与时代民生的核心话题息息相关，时代需要以人为本的思想来调解官民矛盾、纠正败坏的社会风气。

其二，转型与开新的必然。船山人本思想的产生与其诠释文本的转换有极大的关联。张立文教授说：“哲学家必须凭借对一定文本的学习、思索和诠释，才能准确提炼时代精神的核心话题，全面融入民族精神及其生命智慧的人文语境，为哲学思想的不断创新打上属于自己的名字烙印。”[15]34船山思想可以说是对明末清初学术界思想的转型与重构。船山思想的文本依据是宋明理学，但没有照着宋明理学的文本讲，而是将“理”朝着“气”的方向上发展，将理学思想逐渐转换成气学思想。船山以气本论为宗旨，论证了气存在的合理性，将理本气末颠倒过来，形成气本理末，为情与欲的存在提供了形而上的哲学依据，说明理不再具有至高无上的哲学本体地位，人欲也是天理，天理不可随便压制人欲，换而言之，世界本体是气，人欲也是气，人欲的存在具有合理性和合法性。

“人之所见为太虚者，气也，非虚也。虚涵气，气充虚，无有所谓无者。”[16] 30以气为根本，证明人欲存在具有合理性。在朱子理学中，理本气末，舍末求本，人欲是气，理气矛盾最终以“存天理、灭人欲”来解决。船山说：“廉耻刓而欲知足，礼乐之实丧而欲知阜，天地之大，山海之富，未有能厌鞠人之欲者矣。故有余不足，无一成之准，而其数亦因之。”[17] 394意思是人有富有贫，判断人欲的标准不一，人人都有基本的需求，不能抑制弱者合理的人欲。船山将“理本论”转换成“气本论”，其所依据的文本也进行了转换，从宋明理学单一文本转换成子学、经学、理学等多种文本。诠释文本的转换使船山对理学思想进行了转型与重构，船山思想“独成一脉”。梁启超说：“非朱非王，独立自成一派，当推王夫之（船山）。船山是湖南人，他这一派，叫湖湘学派，在北宋时为周濂溪，在南宋时为张南轩，中间很消沉，至船山而复盛。他独居讲学，并无师承。”[18] 62船山哲学思想独成一派，是对朱子理学的转型与重构，实现了返本和开新，“六经责我开生面”[19] 84。文本的转换是实现开新的重要原因。自明代以来，吴廷翰、王廷相和颜元等一大批思想家的学术思想都是对宋代理学、阳明心学进行转型和重构，气学成为明清时期的显学。船山人本思想的产生是这一时代诠释文本转换的必然结果，彰显明清哲学的经世致用思路，为清初思想的启蒙起了重要的带动作用，刘宗周、黄宗羲、王船山、顾炎武等明末清初思想家都是这一时期的代表。

其三，文化与责任的催生。船山人本思想的产生与其个人的文化品格和社会道德责任有重大的关联。文化就是责任，个性就是品格。船山著述很多，思想博大精深，哲学、文学、政治、教育等思想丰富，人本思想暗含其中。这些思想的产生与其文化积淀、个性品格有重要关系。曾国藩评价王船山道：“独先生深闭固藏，邈焉无与。平生痛诋党人标谤之习，不欲身隐而文著，来反唇之讪笑。用是，其身长邀，其名寂寂，其学亦竟不显于世。荒山敝榻，终岁孳孳，以求所谓育物之仁，经邦之礼。穷探极论，千变而不离其宗；旷百世不见知，而无所于悔。先生殁后，巨儒迭兴，或攻良知捷获之说；或辨《易图》之凿；或详考名物、训诂、音韵，正《诗集传》之疏；或修补《三礼》时享之仪，号为卓绝。

先生皆已发之于前，与后贤若合符契。虽其著述大繁，醇驳互见，然固可谓博文约礼，命世独立之君子已。”[20] 5船山读书很多，文化功底深厚，其学问无所不窥，深谙天下大道至理和百家学说，这为其人本思想的产生提供了可能条件。知识渊博可以增强致思的能力，文本参照，思想尽显。船山意志坚定，个性独立彰显而直行，风雨不动安于山，人本品格安身立命。船山有坚定的夷夏观，与清政府坚决不合作，穷守衡阳石船山著述立说，体现出知识分子鲜明的个性品格，其行为是人本思想的践行。船山人本思想的产生是一种文化的实践，是一种文人品格的笃行，是社会责任的担当。

总之，船山人本思想确证的第三层逻辑是船山气学思想与现实的和合，即是气学是理气的现实致和，是体用和合，体现了气学在现实中的和以致用，达到“和”。现实之和即是体用之和，表现为经世与时代、转型与开新、文化与责任的现实致和，通过人本思想达到和合。

参考文献：

[1] 王夫之. 周易外传 [M] //船山全书：第一册. 长沙：岳麓书社，2011.
[2] 许慎. 说文解字 [M]. 北京：中华书局，1963.
[3] 黎翔凤. 管子校注 [M]. 北京：中华书局，2004.
[4] 阮元. 十三经注疏 [M]. 北京：中华书局，1980.
[5] 李长泰. 天地人和——儒家君子思想研究 [M]. 北京：人民出版社，2012.
[6] 张立文. 中国哲学思潮发展史 [M]. 北京：人民出版社，2014.
[7] 王夫之. 礼记章句 [M] //船山全书：第四册. 长沙：岳麓书社，2011.
[8] 张志伟. 西方哲学史 [M]. 北京：中国人民大学出版社，2002.
[9] 王夫之. 读通鉴论 [M] //船山全书：第十册. 长沙：岳麓书社，2011.
[10] 王夫之. 尚书引义 [M] //船山全书：第二册. 长沙：岳麓书社，2011.
[11] 王夫之. 四书训义：上 [M] //船山全书：第七册. 长沙：岳麓书社，2011.
[12] 张立文. 正学与开新——王船山哲学思想研究 [M]. 北京：人民出版社，2001.

[13] 唐凯麟，张怀承．六经责我开生面——王船山伦理思想研究［M］．长沙：湖南出版社，1992.
[14] 王夫之．四书训义：下［M］//船山全书：第八册．长沙：岳麓书社，2011.
[15] 张立文．和合哲学论［M］．北京：人民出版社，2004.
[16] 王夫之．张子正蒙注［M］//船山全书：第十二册．长沙：岳麓书社，2011.
[17] 王夫之．诗广传［M］//船山全书：第三册．长沙：岳麓书社，2011.
[18] 梁启超．儒家哲学［M］//饮冰室合集：第十二册．北京：中华书局，1989.
[19] 王夫之．传记之部［M］//船山全书：第十六册．长沙：岳麓书社，2011.
[20] 曾国藩．《船山遗书》序［M］//王夫之．船山遗书：第一册．北京：中国书店，2016.

（《衡阳师范学院学报》2022年第1期）

从“无心之感”到“治心、治民之道”：王船山的感应论论析

——以《周易》咸卦为中心

周广友

在《周易》的结构体系中，咸是极少的六爻皆从人身取象的“近取诸身”之卦[①]，其上下卦的少男少女之象寓意了感应的发生及其情状。明末大儒王船山意借此卦来阐述更具普遍性的万物相感之道。感应之道的普遍性在咸之彖辞中已被明确提揭出来了[②]，如辞彖中的“天地之感”和“圣人之感”均可理解为一种“无心之感”。如此，咸卦之“感应”论便具有了一种普遍而又充沛的理论解释力，它涵摄本体论、工夫论、价值论、境界论等理论维度，是万物化生和人心受化的一种方式和途径，成为理解自然界和人类世界的一种重要视角。船山论述了感应发生的先天条件，同时又对感应之本质与特点进行了阐释。在本体论层面展开讨论的基础上，船山还探索了由感应而来的治理心灵的工夫论，并结合历史和政治之事实探索了用作占卜活动的咸卦所寓意的君子之道。

一、“无心之感”：二气之相与

与程颐认为“感乃心也”的看法不同[1]857，船山在《周易内传》中的彖辞释文中明确提出“咸为无心之感”的命题：

> “咸”，皆也。物之相与皆者，必其相感者也。咸而有心则为感。咸，无心之感也。动于外而即感，非出于有心熟审而不容已之情，

故曰咸。“感应以相与”，谓随感随应，不必深相感而已应之。[2] 276-277

咸虽为男女之象，但其本义不在于男女之相感，而在于“物之相与”。“与”表达的是物与物的接触、相交、相携和共在等内涵，如孔颖达疏此句曰：“是二气感应，以相授与。”（《周易正义》）《正字通》在释“与，赐也”时，认为其本义为“赐予，施予，给予”，突出了“与”的动词属性。此外，“与”含有“跟、和、及、同、给”等义，具备“互相、交往、共同、协同、一道、相处、结交、参与”等含义。从哲学意蕴上来看，“相与”表示的是一种无须中介参与的直接关联性。如此看来，“皆”和“与”字内涵大致相同。“咸”亦为山上有泽之象，可象征二气之感应相与。如此观，咸卦便可通万物之情，成为理解万物发生原因的一种资具。船山从本体论层面对此进行了阐释：

天、地、人，三始者也……道以阴阳为体，阴阳以道为体，交与为体，终无有虚悬孤致之道……人之所自始者，其混沌而开辟也，而其现以为量、体以为性者，则惟阴阳之感。……父母之阴阳有定质，而性情俱不容已于感以生，则天下之大始尽此矣。……故感者，终始之无穷，而要居其最始者也……无有男女而无形气。形气充而情具，情具而感生，取诸怀来，阴阳固有，情定性凝，则莫不笃实而生其光辉矣。故今日卓然固有之身，立乎现前而形色不爽者，即咸之所以为咸。[3] 904-905

“情具而感生”是船山感应论最重要的命题。此“情”与系辞中“情伪相感而利害生”之“情”都具有“情实”之意。“咸何以成为咸”，实质上是在探索感应的本质和发生条件等问题。船山把“道体”作为立论的根基，认为二气的相互作用即二气之“感”是事物生成的原因，故可为万物之“始”，同时也是事物之所以成为事物现在情状的原因，故可为万物之“成”。“咸”呈现了人与万物之“始”与“成”：“义莫重乎亲始，道莫备乎观成”，咸卦二义皆具。“卦以利用”，故亲近人事，进而言之，在咸卦中可见圣人之本天道、观物理、起人事以利用。在这里，船山通过重视现实的物质世界的实存性来批判佛道空无之论，认为咸卦可亲始、可观成，故“非异端之所得而乱也久矣”。船山认为，只有在人之“形色”著成之后才有感应现象的发生，“感应”存在于现象界和经验世界，属已发状态，其发生离不开道体之根源。

在船山看来，卓然有身、形色不爽，昭示着一个笃实而光辉的真实世界。天地、男女、形色、性情皆真实不妄，它们“相感以生”而为“天下之始”；道与阴阳皆为一“实体”，亦为现象之“本体”，推动世界万物运化的原理就是阴阳二气的相互感应。《内传》亦言：“爻之取象于人身者，阴阳感而物生。……形之已成，形开神发而情生焉。感之所生，一因乎成形以后，物之生也类然。”[2] 278-279在此视域下，船山又对“人身”之“成”作出理论分析，昭示出由天到人、从无到有的过渡历程：

> 若其身之既有，则人之于天地又其大成者也。……一交而成命，基乃立焉；再交而成性，藏乃固焉；三交而成形，道乃显焉。性、命、形，三始同原而渐即于实。故乾、坤之道，抵乎艮、兑而后为之性命者，凝聚坚固，保合充实于人之有身……自我有身，而后护情归质，护性归虚，而人道乃正。[3] 905

“人”之“身”为天地之“大成”，天地无人不成其为天地，人类使天地的意义得以彰显和生成。“是故以我为子而乃有父，以我为臣而乃有君，以我为己而乃有人，以我为人而乃有物，则亦以我为人而乃有天地，器道相须而大成焉。未生以前，既死以后，则其未成而已不成者也。故形色与道，互相为体，而未有离矣。是何也？以其成也。故因其已成，观其大备，断然近取而见为吾身，岂有妄哉！”[3] 905此段言论颇有阳明心学的意味：“天没有我的灵明谁去仰他高，地没有我的灵明谁去俯他深”。事实上，高扬人文主义精神本是一以贯之的儒家传统，如《礼记》提出“人者，天地之心也”的观点，《西铭》对人在世界中的意义和价值作了充分阐释。从《周易》的角度而言，乾、坤三索才成艮、兑，“艮”象征人身之“成”，而咸卦正是由艮、兑组成。船山特别提出并重视人身之成，这源于“身”乃是明道崇德、开物成务以践行人道的基础。重视“身”即是重视“形色”，而“形色”之中实有“天性”，形色是天性或道体之外化、具现化和现实化，或者说“形色即为天性”。圣人“实见天性于形色之中”，故生践形色而没存政教，德遍民物而道崇天地。重视“自身”，意味着要自觉承担起自我的社会角色所赋予的伦理责任，在世界之中显明“成己成物”的人道。

船山还论及了感应的一个重要特点：“随感随应”。他说：“咸，速也；恒，久也。天下莫速于感应之机。三上浮出于外，情易动，随感而即应，速矣。”[2] 643 “动于外而即感”，说明有动则有感，而有感则有应（不必经过深思熟审，不必深相感），感与应的发生都是非常迅速的。一般来说，感应需要在一个过程中体现出来，是一个物事的两个方面，有感而无应就不能成为感，如程颐所说“感则必有应”。“感”与“应”之间具有“相与性”，是相互制约和彼此规定的一对关系型存在。从整体上而言，“随感随应”也即感应循环不已才能有万物的生生不已。“相与”说明感应的接连不断与无限延展，正如船山指出的那样：

> 天地万物之情，感于外则必动于内，故不感则已，一感则无有能静者。故君子慎其所感于利害情伪之交，恐一触而不能自持也……而咸之无心，一动而即应，此浅人情伪相感之情，君子之所弗取也。[2] 277

从船山对咸之阐释的易学话语中，我们可以发现咸代表的“无心之感”与“动”密切关联：“动”为“感”之形成的内在条件、基础与表现；“感”要从“动”中求，“动”实为万物存在的方式，有动方有感。程颐认为“凡有动皆为感”，船山的阐释也不离此意：“咸者，易动之情，感焉而即动也。”[2] 282应当指出，“随感随应”体现了神化之道：“然而天地有偶然之施生，圣人有泛应之功化，道大而无忧，则几甫动而无择于时位，故阴阳一相接而万物怒生，无所待也。圣人触物而应，仁义沛然，若决江河，深求之者固感之以深，浅求之者即感以浅……则在天地圣人无心以感而自正。咸之为道，固神化之极致也。”[2] 277圣人只有观其所感并“极深研几”，方能“穷神知化”，即是说，“神”为化之理，“化”为神之迹。

二、“治心之要”：明理、知止、立体起用

“无心之感”是从道体浑然一体的角度来言说咸卦之理的，而“心之

感”和“心之应感”才是人类实施各种现实行为及修养工夫的起点。咸之九四象征“心”之位，九三之“股”为下体屈伸之所由，以感腓、拇而使动，“自股而上，心也……四超出于屈伸之上，而灵明受感”③，故“心之感”在九四之爻象。船山认为，孔子的九四爻辞之论“引伸以极推其贞妄之由，为圣学尽心之要”。针对感以乱思、人心惟危的现象，船山提出了“治心”的几个方面：

（一）明一本万殊、屈伸往来之理

咸之九四爻辞为“贞吉，悔亡；憧憧往来，朋从尔思”。爻辞点出了一个“思”字，而孔子观此爻象后说出了一句具有丰富的形而上意涵的话语：“天下何思何虑！天下同归而殊途，一致而百虑，天下何思何虑!”船山认为孔子此论为“一本万殊之谓”，并释曰“‘天下’，谓事物之与我相感，而我应之受之，以成乎吉凶得失者也”[2] 589。可见，船山把“天下”看作一个因感应而生成吉凶得失诸种现象的存在。如果憧憧往来是人世间的诸多现象，那么如何理解“天下何思何虑”与“憧憧往来，朋从尔思”之间的对立抑或相容的关系呢？孔子的本意不是让人不思不虑，事实上这也是每个人不可能做到的，而是让人在思虑中要无所思无所虑，即是说思来本无思、虑来本无虑。如何理解这一看似矛盾的现象或问题呢？朱熹和王阳明在一定程度上对这一问题作出了较为清晰的解释。朱熹说：“言理本无二，而殊途同归莫非自然，何以思虑为哉!”[4] 139王阳明在《答周道通书》说：“《易》言‘何思何虑’是言所思所虑只是一个天理，更无别思别虑耳，非谓无思无虑也……心之本体即是天理，天理只是一个，更有何可思虑得?”[5] 121朱、王二人的阐释与乾卦中的“乾始能以美利利天下，不言所利，大矣哉”所包含的道理类似，也与“圣人情顺万事而无情”有异曲同工之妙，均为圣人见道之后的极高明、极高见识的论断。

“憧憧往来”本身即“感”，大概率或大多数情况下包含有人类的带着私心之思虑的“感”。程颐就认为，如果“用其私心以感物”，那么其所感应只能及其朋类④，其往来也必因利害得失而引起心绪上的烦扰不宁和过度的思虑。“然则天下之淫思而过虑者，何为也哉？释守性以为己真，老守命以为己宝，以同所异而异所同。”[3] 1048船山认为，作为“异端之说”的佛老之学体现了“思虑之滥”，故必须详尽阐释孔子的同归一致之论，并借此来批驳二说，进而正定人心。船山认为，孔子的同归一致之论与其日月、寒暑之屈伸往来之论具有内在的本质关联：“同而一者，所以来也；殊而百者，所以往也”[3] 1051；“‘归’者，其所自来也；‘致’者，其所自往也”[3] 1049；“往者非果往也，屈而已矣。来者非终来也，信而已矣。”[2] 590明屈伸往来之理也可明一本万殊之理。“往来”是理解生死、古今、昼夜、寒暑、虚实、消长、盈虚等现象的一个认识维度。来，可见，生也，自虚而实也；往，不可见，死也，自实而虚也。来实为今，往虚为古，往来相乘而迭用，交动于太虚之中。万物皆有往来：其来也，因而合之，有受有充，因器而分施，为“理数绍命而使之不穷”；其往也，因往而听合，浑沦而时合，无形无已而流以不迁，以待命于理数。

（二）“止思虑之滥”与“思不出其位”

船山认为，屈伸往来为自然之理势，皆无所容人思虑。过度思虑的产生，一方面因为心具有灵明流动、驰骛不定的特点。“心者，万感之主，贞淫判于一念之应，故又戒以‘憧憧往来，朋从尔思’，言天下之动，吉凶得失相感者无穷，而心以灵而善动，易为往来所摇。”[2] 280-281《礼记》曰：“人心之动，物使之然也，感于物而动。”而人心之思虑亦然，“盖人之思也，必感于物而动……但据往来之迹以为从违而起思虑，则于殊涂百虑之中逐物之情伪，朋而从之，是感以乱思，而其思也，适以害义而已。”[2] 593人心思虑的内容无非是个人及亲朋的得失、进退、利害、从违、贫富、贵贱、生死等。“思其得，虑其不得；吉来则惊，往则忧；凶往则幸，来则患。事物百变于前，与之交驰而内丧其志，物交而引，朋从之所以失其贞也。”[2] 589船山认为，显赫的职位与众多的财富是人们常常思虑、念念不忘的两种物事。“得之思保之，未得思致之，未失思存之，失而思安之：位也，财也。天下之得失尽于此而已矣。”[3] 1034-1035可见，人们在面对职位、财富问题时，既要思虑一个具有现实可行性的行为方案，又要对谋取职位、财富的行为本身进行多方面的考虑和判断。⑤

另一方面，思虑之滥还在于不明往来之理、强知生前身后之事，强用“数”来推知“一物之成毁、一事之利钝……以计瓶花磁枕之兴废”[2] 592。孔子言“过此以往，未之或知”；船山说“过此以往，为殊为同，为一为百，不容知也。……岂强知之哉！亦以明其不可知者而已。殊涂百虑，不胜知矣。稍进而亲始不胜知者，亦可以止思虑之滥”[3] 1051。万千事物有其自身所依赖的“同”和“一”，即理气未形之太虚，而“同”和“一”所以往的地方就在万千事物中。“同而一”可以看作本体界，“殊而百”则是现象界，二者是万物之所以来、之所以往的本原和场域；而“异端”立死此生彼、万法归一之说，尤为思虑生死，“见为往而戚焉，见为来而沂焉，外循物而内失己”[2] 590，故需要“知止”。

船山在艮卦阐释中以山的灵气之发生不止来比拟和象征人心的应感不息。心逐物而动，“思”不知止而妄动，则易使人的行为流入邪僻。“思”是君子察知万物之几的根源，也是其作出行为判断的根据和前提，但过分思虑就会流入淫欲，故“思”要知止，因为只有止了才能定、静、安、虑、得。知止要做到“当位求实”，即《大学》中所言的“为人君，止于仁；为人臣，止于敬”。“思”为心最重要的功能和特点，是“心”主动生发或应对外界的一种状态。大象传之所以为“思不出其位”，正是强调了“思”对于“行”的重要性。“思”是带来“不出其位”之结果的前提，由此船山认为艮卦为“治心之道，非治身之术”。知止要止于可止之地，这就需要根据“时”进行判断。世界是恒动不已的，故要“即行而止”，止后更要有“止得其所”的努力与行动。船山讨论了位与所之关系，“因才而授之以处之谓位，得处而即于安之谓所”，阐发了《中庸》提出的“素位”思想⑥，即是说君子要安于其位，在位上行事不逾越本分⑦。

（三）立体起用、内外交养

“思”与“感”皆有“贞”“妄”之分，故治心需要“去妄存贞”的工夫，也即克制邪思杂感的“减”的工夫和致隆思慕道义与本心的“增”

的工夫，或可称之为“负”的方法和“正”的方法。君子所当思虑者何？船山借用系辞中的“精义入神，以致用也；利用安身，以崇德也”来引申之，认为“君子之思，以思德之何以崇；其虑也，以虑义之未能精。故曰‘君子有九思’，又曰‘虑而后能得’……‘致用’、‘崇德’，君子之所思虑者，此而已矣，以其为同归一致之本也”[2] 589。

“精义入神”的字面义是指精于研究义理，以通乎神妙之极。联系后文的“以致用”，张载认为“精义入神”意指“事豫吾内，求利吾外”。张载又言“利用安身，素利吾外，致养吾内”。朱熹释之曰：“利其施用，无适不安，伸之极也，然乃所以为入而崇德之资。”[4] 140这是与“精研其义，至于入神”的“屈之至也”相对照而言的。如果把张载的内外区分观点与朱熹的解释合看，意思已基本清楚。船山顺承张载的思路并加以发挥，认为“精义入神”言内心静存和涵养义理的工夫，“利用安身”言外用事功中的动察和事上磨炼的工夫，内外之间相互作用，不可割裂，正如《中庸》所言“合内外之道”。

船山认为，“精义”需要察伦明物，审其至善之理，以合于吾心固有之制；“入神”不但需要因事物以择善，而且应该“益求之所以然之化理，而不测之变化皆悉其故”，使内心的“不显之藏昭彻于静存”，使“致之用者有本而不穷”；“利用”需要观物之变而知之明、处之当；“安身”需要在随遇不一的情况下“受其正、尽其道”。素位以行而不忧不惑，动而出应乎天下，由外物之处置以达于心之不忧，物不能乱心，境不能迁心，则德自崇。船山分析说：“此内外交养之功，动为信，静为屈；静而致用，则不穷于往；动而崇德，则益裕其来；故朱子谓‘推屈伸往来之理以言学。’乃精义入神以立体，利用安身以起用，体立而用乃可行。”[2] 592就此处船山提出的立体起用论来看，“体”可解为义理之体，“用”可解为观物处事之用，有此体才能有此用：此体需要从心中或心与事之关系中确立，此用则呈现在心之发用之中。内者心也，外者心之外也，事也，二者交互影响，内外交养，缺一边则不足以见圣：“仲虺云：‘以义制事，以礼制心。’义是心中见得宜处，以之制事；礼乃事物当然之节文，以之制心：此是内外交相养之道。”[6] 745“心”易受外物影响，故需要内外交养、身心合治、知行并懋。

船山的“君子之思”论显然继承了儒家哲学的精髓与精神。治“心”之放荡、骄逸、歆利、逐物不定、嗜欲攻取等“惟危”的弊端，在“思”上用功是必然的途径和必要的工夫。重“思”可以看作儒家在为学、修身和治心等方面的工夫路径。孔子强调学思结合，重在为学；《中庸》言“慎思”，思修身、思事亲、思知人，重在修身；孟子言“耳目之官不思，而蔽于物，物交物，则引之而已矣。心之官则思，思则得之，不思则不得也”（《孟子·告子上》），重在治心。孟子又说“思诚者，人之道也”，强调人要思“贵于己者”和自身固有的“仁义礼智”。荀子曰“心者，形之君也，而神明之主也，出令而无所受令。……仁者之思也恭，圣者之思也乐。此治心之道也”（《荀子·解蔽》），论及孔子所言的君子之三思⑧。

三、“用咸之道”：从“治心”到“治民”

儒者强调修己治人、成己成物。上述治心论侧重个人的安顿，可作为齐家、治国、平天下的内在根基，而只有推及治人、治国方为止于至善。咸卦的彖辞已经涉及物我人己的维度，船山借此卦象并利用历史资源提出了颇具启发意义和智慧之思的治民论。

（一）“观”万物之情

咸之彖辞提出“观其所感，而天地万物之情可见”，此可与贲之彖辞“观乎天文，以察时变；观乎人文，以化成天下”合看。诚然，“观”是以展开人类行为的“化成天下”为旨归的，但这必须以对具体自然现象的考察及以对道的体认为前提，而咸卦的意义正在于为理解“万物之情”进而“穷理通变”提供一种可能的途径，因为“感应”贯通于万物之情实与变化之中，体现了万物之理则。因为无心之感之速动与人心之摇动不定，咸“卦之情才本有所不足”，其辞也多不吉，但彖“推言卦德而极赞之”，原因在于：

圣人穷理通变，以达天则，见阴阳之变化为两间必有之理数，初无不善之几，而但在观察之审，因而善用之尔。……乃善观之者，于此而见道之至足，有触而必通；天地之情，不倦于屈伸。故颀灵淑慝，生成肃杀，甫有所遇，即以其流行之几应之，而灾祥寒暑各得其理。万物之情，著见而易动，甫与御之而即止，甫与绥之而即说，一如男女相感于一旦，初不必有固结之情，而可合以终身。圣人见此情也，则知感以贞而贞即应，感以淫而淫即应，性不知检其心，天下易动而难静，则外之所感即为中之所说而安，而天地万物屈伸之几、情伪之变，在乍动之几，勿忽为无关于神理；则天地变而时中之道即因以成能，万物兴而得失之应即决于一念，此乃以善用夫咸而不忧其德之不固者也。[2] 277-278

“观”的积极意义和重大作用在于：一方面，“观”万物之情可以见“阴阳变化之理数”，可以见“道之至足”。“观”不仅可以得到关于外界的知识和认识，还可以从变化的现象中找出一些恒常不变的东西，如事物自身之所是的本性。“观”不是无目的的、随意而自然的“看”，而是包含着深思洞察和识别的行为。作为洞见的“观”，迥别于“看”或“看法”，“看法”可能只是就事论事，意即由“看”的行为带来的结果。“看”也许仅仅是注意到了某些事物或者事物的某些现象与某些规律，只有“观”才能克服“看”的限制，仰观、俯观、近观和远观都因为视点和距离的变化而成为周观或遍观的有机组成部分。“观”不仅观天地万物，还观人自身；“观”不仅观物之“象”，亦观其“法”“文”。只有这一全面的、面向所有存在的“观”，才可以觉解到最高的真理，即自然的本性在于阴阳的变化。船山亦是从观卦而进入《易》之思想世界。⑨“观”在此意义上成为具有判断是非、洞察真理的一种认识方式，它以整体性或统一性为目的。⑩同时，“观”以“致用”为旨归，故为“行”奠定了基础。正如《易》所言“观其会通以行其典礼”，“观”是为了实现《易》崇德广业、开物成务之大用的目的。《易传》已明言：居则观其象而玩其辞，动则观其变而玩其占，此为圣人用易之道。就咸卦而言，其可以见“天地之情”，亦可见“万物之情”，故圣人借此可以穷神知化、极深研几、见几而作、用时中之道。圣人应物之际，众人中的“深求之者固感之以深，浅求之者即感以浅”，随感随应，皆有所得，故可以使人心和平。

（二）“行”咸临之治道

“感”可以作为圣人感化人心的一种方式，故亦可以用来治心进而治民。临卦正含“治”义，具有“君子以教思无穷，容保民无疆”之德性启示。船山认为，临卦之象为泽上有地，“取地之普载为‘无疆’，取泽之不竭为‘无穷’”，“泽之浃入于地者厚矣”，说司“教”，顺司“容保”，显示出“君子之临民，不尚威而尚德”[7] 708。二阳在下，阳进而临四阴，“时已至而治之也”[2] 193。复卦不言治，“根未固也”；泰卦不言治，“功已成也”[1] 870。以临为道，故阴可得而治，其初九、九二爻辞分别为“咸临，贞吉”和“咸临，吉，无不利”。初九“不以威严相迫，而以德感其心，使受治焉……临者其志，咸者其行。阳长消阴，本君子大正之志而见之行事者，不以威而以德，善其行以成其志，无不正也”[2] 196。船山认为：“临，治也；咸，感也；治之用威，感之用恩。”[1] 870“咸临”是“以感之道临之也”之意，船山分析说：

> “咸临”者，名正而不居，力强而不尚，循其素位，报以应得，无机无形，祸不自己，彼且相忘而示我以所怀矣。因其所示，发其所藏，替其所淫，缓其所害，采入而致功，移风革化而怨不起。如是乃可以临，而无有不顺命之忧矣。故以咸为临，临之道也。[3] 870-871

船山上述的道德规劝之论颇为抽象难解。咸临二卦何以能够给出上述人生启示？在这里，船山把六爻之关系理解为一个攻伐取与的战争画面，进而把卦象的解读和历史事件结合起来，以史解易，以理解易，为我们提供了具象而深刻的阐释。临卦初二爻虽然具阳刚之质，但未处尊位，势力尚弱，况且是下卦为兑、上卦为坤的母女之象，故可以说“以卑治尊，以义制恩”。在此形势下，阳以治阴“不因其情者不足以制，不循其迹者不足以反”[3] 871，要根据时机来行咸临之道。阳已长，“阴疑而战”，而“阴之性贼”，“藉不揣而急犯之”，则“授兵端于人”，阴又“得数多而处位尊”，所以“胜败之数恒存乎彼，而我失其权”。船山紧接着举例分析说：“景延广之拒契丹也，未酬其惠而怒之也轻，故适足以激胡马之狂逞；使知感之乃以治之，而无损于贞吉，邪之不胜正也，自可徐收其效矣。”[3] 871也就是说，延广之败在于不察时势、未行咸临之道。船山又举贾捐之身名俱灭的例子，认为他“知感而不知贞者也，当好遯之时，行咸临之事，德薄而望轻，位卑而权不固”[3] 871。也就是说，捐之所处的情景还未至临卦之势，临“初二同心而无间”，当好遯之时应贞而未贞。上述二人所处时势有异，故应采取不同的应对之道，但因二人都没有察觉和洞观阴阳变化几与势而有损败之伤，故船山感慨地说：“阴阳之际，存亡之大，非天下之至几者，其孰能与于斯！”[3] 871行恩行威皆有其时机：“威不厚者不可以恩，恩不笃者不可以威；知不彻者不可以行，行不慥者不可以知。”[3] 1052 “文质，相承者也；恩威，相倚者也；男女，相谐者也。”[3] 968恩威相倚正如阴阳之互补，是一体之两面。处阴阳之际，行恩行威需要有对时势的深刻、精细和敏锐的洞察。

四、结语

与程颐侧重于从人道层面论说咸卦感应论⑪稍有区别同时更为精彩的是，船山是从恢宏、广阔、深远的天人视域来理解感应问题的，具有浓厚的本体论意味。系辞曾征引咸卦九四爻辞以明理，船山在此基础上进一步阐释了气之往来的本质与情形。他指出，感应的本质乃是“二气之相与”。这应与他的乾坤并建论合看：“相与”的不同方式与“并建”的不同情形，主要体现在不同时机之下以老稚、多寡为主要特征的阴阳二气的多样化组合之中。船山于《外传》中对此已有说明，并且更为全面地勾勒出一幅更为精细的宇宙演化图景。注重本体论和天道观是船山哲学的一个显著特征，在这个似乎不能、不可、不便言说的领域，船山着墨甚多。现在人们只有把他在经典阐释中零散的相关言论系统化、条理化，方可进入船山精深的思想世界。若从宋明理学的整个理论视域来看，感应论处在沟通天道与人道的枢纽位置，天与人均通过感应的方式而存在，换句话说，它们存在的基本方式和状态即是感应。朱熹曾说“天下只有一个感与应”，此为至诚之言。由此亦可以说感应构成了观察世界的一种独特的视角或识度。

船山借助历史事件来阐释卦象与卦义，呈现了以史解易的特色，这在咸卦感应论的阐释中也得以充分体现。船山既注重天人之理的内在贯通，但又如程颐一样，注重以事理解易，因而又呈现出易学社会学的特色。应当说，这两个特色是完全相通的，因为历史就是过去的社会整体，以人类生存的重大事件为演变线索，是冰封的客观存在，但同时又是不断地被言说、被书写和被阐释的存在。人们对历史的认识是以追求真知为基础，研究社会发展变迁的规律以及人类社会之事理，进而资政育人。船山是最富有历史意识的哲学家，其历史评论和经学阐释都充满了哲理。他的《读通鉴论》是寓哲学于历史之中，他的易学阐释又往往借助于历史事件而进行。上文述及的对咸临之道的阐释就利用了历史人物的兴衰成败，并注重它对社会治理的经验启示，这样，船山就把事与理、历史与哲学有机统一起来，使它们相互辅翼、相得益彰，“历史与哲学的关系在他这里体现得最为鲜明”[12]。哲学提供了对历史人物和事件进行评价的立场、观点、价值取向，历史则提供了揭示兴衰治乱之道和人情世故的事实，提供了可借以观照、引申哲理的资料。哲学与历史的关系就是体用关系，就是道与物、理与事的关系，体用一如，道物不二，事理相依。哲理的言明因为史事的介入而生动鲜活、具体可感，历史因为哲学的点拨而更具深度、更具现实性。

此外，相比于程颐咸卦阐释的简明扼要、切于人事而言，船山的咸卦感应论阐释体现出比较鲜明的“辨异端、崇正学”的理论建构意识，尤其是辟“异端”不遗余力。船山对“异端”时时加以提揭，毫不掩饰自己的价值判断，旨在严“正学异端”之别，并严肃地对待君子小人之辩，这与船山所遭遇的家国苦难、社会动荡以及他本人的强烈的家国情怀与文化意识密切相关。如上所述，船山借咸卦之象义描述与分析了二气之往来、圣人之感人心等内容，意在从本体论层面论述咸的普遍性义理。船山对卦爻辞的阐释也以“道”而贯通之，重申他对人和现实世界及社会、历史的理解，从而凸显了其指导君子如何从咸卦中获取实践智慧并提升精神境界的理论面向，足见其卓越的理论思辨力和通透的历史理解力。船山认为明代覆亡与当时儒学之流弊、佛老学说之流行有很大关联，因而自言“六经责我开生面”“希张横渠之正学”，这可视为船山内在心声与历史使命感的高度呈现和凝练概括。正因如此，他遍注群经以存儒家文化之精神于其中，呈现出道义上的自我担当精神。船山咸卦阐释所体现的重视物质世界的现实性以及对形色、器身的强调，与他的整体哲学取向（“尊生”“明有”“主动”“率性”）相一致，体现了他推重儒家中正、健动、务实、宏大的经世致用精神以及治时代之弊的价值关切。

注释：

①《系辞》：“近取诸身，远取诸物，于是始作八卦，以通神明之德，以类万物之情。” 船山认为“独取象于人身者，《易》之有占，为人告而使人反求诸身，以验所感也”。此外，六十四卦之艮卦也是从人身取象，而咸之内卦为艮，有人身之“成”义。船山在《外传》中论说唯有艮足以象身。

② 咸卦彖辞：“咸，感也。柔上而刚下，二气感应以相与，止而说，男下女，是以亨利贞，取女吉也。天地感而万物化生，圣人感人心而天下和平。观其所感，而天地万物之情可见矣。”

③ 船山认为：“不言心者，府藏之官，神志魂魄之舍，下自丹田，上至咽，大体之官，皆灵明之府；其言心者，言其会通之牖耳。四超出于屈伸之上，而灵明受感……”

④“感之道贞正则吉而悔亡，感不以正则有悔也……感之道无所不通，有所私系则害于感通，乃有悔也。……夫贞一则所感无不通。若往来憧憧，然用其私心以感物，则思之所及者有能感而动，所不及者不能感也，是其朋类则从其思也。”

⑤ 参见周广友：《王船山对位财与仁义关系的生存论阐释——以<周易外传>为中心》，《船山学刊》，2016年第1期。

⑥“君子素其位而行，不愿乎其外。素富贵行乎富贵；素贫贱行乎

贫贱；素夷狄行乎夷狄；素患难行乎患难。君子无入而不自得焉。"（《中庸》）

⑦ 参见周广友：《王船山的艮卦阐释与儒家的知止思想》，《孔子研究》，2010年第3期。

⑧ 孔子曰："君子有三思而不可不思也：少而不学，长无能也；老而不教，死无思也；有而不施，穷无与也。是故君子少思长，则学；老思死，则教；有思穷，则施也。"（《荀子·法行》）

⑨ 船山在《周易内传发例》中说："初得《观》卦之义，服膺其理，以出入于险阻而自靖；乃深有感于圣人画像系辞，为精义安身之至道，告于易简以知险阻，非异端窃盈虚消长之机，为翕张雌黑之术，所得与于学《易》之旨也。"（《船山全书》第1册，长沙：岳麓书社，1996年版，第683页。）

⑩ 参见周广友：《王船山的贲卦阐释及其文饰礼政思想》，《周易研究》，2009年第6期。

⑪ 参见周广友：《程颐咸卦阐释中的感应论简析》，《中国文化研究》2018年第1期。

⑫ 参见张学智：《中国哲学与史学——兼论王夫之<读通鉴论>的历史哲学》，《船山学刊》，2021年第5期。

参考文献：

［1］程熙，程颢．二程集：下［M］．北京：中华书局，1981.
［2］王夫之．周易内传［M］//船山全书：第1册．长沙：岳麓书社，1996.
［3］王夫之．周易外传［M］//船山全书：第1册．长沙：岳麓书社，1996.
［4］朱熹．周易本义［M］//朱子全书：第1册．上海古籍出版社、安徽教育出版社，2010.
［5］王阳明．王阳明全集［M］．上海：上海古籍出版社，2011.
［6］王夫之．读四书大全说［M］//船山全书：第6册．长沙：岳麓书社，1996.
［7］王夫之．周易大象解［M］//船山全书：第1册．长沙：岳麓书社，1996.

（《衡阳师范学院学报》2022年第2期）

船山对《礼记》《月令》篇之辨正及其哲学特色

王生云

一、引言

《月令》作为《礼记》中的一篇，历代儒者都非常重视，他们或肯定或批评，王船山则是持批评态度的重要代表之一。一方面，船山非常重视礼，认为礼是显仁之具、藏仁之所，礼贯通天人而为人禽之别之大端[1] 9，并于57岁时完成了对《礼记》之注解，名为《礼记章句》。另一方面，他对《礼记》中的《月令》除了肯定其保存古代一些珍贵资料比如三代田官劝农之政、蚕政等外，多有批评，认为此书为战国后儒与杂流之士依傍先王的礼法拼凑附会而成的书，设计拘牵机械，不足以“宪天宜民”。其主要论述见于其早期（37岁）著作《周易外传传》和中晚期（57岁）著作《礼记章句》。

二、对《月令》的批评

首先，《月令》一篇的成书和性质问题之判定。王船山指出，《月令》非三代之书[2] 181，是战国先秦大道丧裂之后儒者术士杂纂附会之书：吕不韦把它附会于《吕氏春秋》十二纪之前；刘安把它附会于《淮南子》《时则》篇章；戴圣觉得其与《礼》相近之处，故收入《礼记》之中。它自郑玄作注之后进入儒家经典，至唐朝孔颖达在《五经正义》中用它取代《仪礼》和《周礼》而成为五经之一。由于上述种种，后世想把《月令》剔除经书之外皆不能。船山在《周易外传》中说道：

> 然则《月令》之书，战国先秦道丧而施于技，盖非圣人之书，吕不韦、刘安以附会其邪说。戴氏杂之于《礼》，后儒等之于经，道愈烈矣。变复之术，王充哂之，亦知言者夫！[3] 229-230

以上是王船山对《月令》何以进入儒家经典的一个简要说明，而关于吕不韦与《月令》成书问题在《礼记章句》中有更加清晰的辨析。他说：

> 《月令》一篇，旧云吕不韦所作。今《吕氏春秋》十二纪之首具有此文，而管子、淮南子亦皆有之，特其小异，唯《吕氏春秋》与此者不过数字，是以知其所传自吕氏出也。先王奉天出治，敬授民时，盖亦有斯义焉，而《夏小正》及《素问》所记时物亦参差略同。不韦本一贾人由嬖幸于秦相，非能自造一个家之言，且其狙侩奸诡，亦不能依附正道，而此篇所纪亦略髣髴先王之政教，盖战国时教散说殊，九家之儒与杂流之士，依傍先王之礼法杂纂而附会之，作为此书，而不韦权力袭取，掩为己有。戴所知其所自来，非吕氏之独造而往往与礼相近，故采之于《记》，以备三代之遗法焉。至于不韦之所杂以权谋者，盖从删斥，可谓辨矣！[1] 371

《月令》与《吕氏春秋》十二纪之首的文字相差无几，但它并非吕不韦所作，而是来自先王奉天出治、敬授民时的礼法遗迹，被战国儒士或其他士人拼凑杂合并附会而成，虽然经吕不韦的手，难免被其杂入权谋之术，但已经被戴圣剔除。戴圣把与礼相近的部分归入《礼记》，作为三代遗留下来的法度，但明显掺杂着秦代的东西，因此他说“大抵《月令》一篇杂三代及秦礼而错记之，非一王之典，读者勿泥焉”[1] 438。

其次，王船山批评《月令》中刑赏政教之论，认为其“拘牵时数，不足以宪天宜民”[1] 372，最明显的体现是，《月令》“春夏阳，行赏，秋冬阴，行罚”的做法把阴阳四时孤立割裂开来，不足以体现阴阳相错显隐的《周易》精神，这种机械安排的赏罚制度在实际施行中也存在诸多不妥。船山在《周易外传》中批判《月令》道：

> 乃为《月令》之说者曰：“春夏阳，秋冬阴。王者继天而为天子，春夏用赏，秋冬用刑。”是春夏废阴而秋冬废阳也。赏以法阳，刑以法阴，一如日月之悬象，侀一成而不易，昭垂于庶民，使其以昼夜之行为吉凶，则刑赏之法日月是也。变刑而先赏，变赏而先罚，通赏以五等，通刑以三刺，则变通以情理，犹冬无凄阴，夏无酷暑也。赏以劝善而恶者愧，刑以惩恶而善者安，非刑无阳而赏无阴，则上下之进退生积备矣。岂规规然画四时以生杀之乎？如其画赏于春夏，画刑于秋冬，抑无以待人事之变，而顺天命天讨之宜。卒有肘腋之奸，待之数月而戎生于莽；大功既建，而印刓未与，倘其不待逮期而溘先晨露，将无含憾于泉壤哉？故曰：“赏不逾时，罚不旋踵。”[3] 229-230

以上可以看出，船山认为《月令》以春夏秋冬四时之时令安排赏罚的规定，从哲学上讲违背阴阳共存相错显隐的道理，将造成春夏废阴而秋冬废阳的结果，而在实践中也不能实现惩恶扬善之积极效果。他认为，应当赏罚并用，恩威并施，做到“变刑而先赏，变赏而先罚，通赏以五等，通刑以三刺”，可以“变通以情理，犹冬无凄阴，夏无酷暑也”，阴阳协调惩恶而不至于太酷烈，赏善而不至于忽罚，这样宽猛并济，各得其所。赏善可以使恶者感到惭愧，惩恶可以让善者得到更好的安顿。惩罚不是纯阴而无阳，赏善也不是只有纯阳而无阴，怎么能机械地画出四时阴阳来进行赏罚？并且如果遇到春天有造反暴动之类也不讨伐而等到秋冬吗？秋冬时有立大功的人也不行赏而等到春天吗？所以说“赏不逾时，罚不旋踵”，就是要即赏即罚。类似的见解在其史论《读通鉴论》中有重要的应用，并且引证《月令》中“孟夏断薄刑”之说证明四时均可断刑罚，说：“孟夏，正阳之月也，可以断刑，则春夏之余月可知矣。”[2] 180-181

画定一个四时阴阳机械图式来进行赏罚，来行政教，既非效法天地，亦不适合于民众。从天地之运行来看，没有机械一定之数，但寒来暑往、风雨雷电等应当符合一定的秩序和节奏。王夫之说：

> 天之运也，地之游也，日月之行也，寒暑候气之节也，莫不各因其情以为量，出入相互，往来相遇，无一定之度数，杂然各致，而推荡以合符焉。[3] 229–230

圣人效法天地之运行和变化之基本规律作《周易》，广大灵活而不执着于某一特定形式，如果执着于某种形式或者一个角度，一刀切地看其他一切东西，那势必导致天理不能通贯，出现各种矛盾偏差。他说：

> 故圣之于《易》也，各因其材以配之，形象各得，生成各遂，变化各致，而要不相为凌背，则吉凶著而化育成矣。若守其一隅，准诸一切，则天理不相掩，而人事相违，又恶足以经纬乎两间哉？故曰“神无方而《易》无体”，广大之谓也。[3] 229–230

以上就是王船山反对按照一种固定的模式机械地安排赏罚政教类人事的原因。

再次，王船山反对《月令》中“明堂十二室、王者随月居而出政教”的讲法。他在《礼记章句》《月令》篇小序中指出：

> ……谓明堂十二室、王者随月居之以出政，立说舛异，与《五经》不合。而后公玉带之流创为欹侧零星非法之屋，谓之明堂，蔡邕祖而为之说，施及拓拔宏、武曌，缘饰猥媟，盖自此始，其为战国游士设立虚名以警听睹，既无足疑。若夫先王敬授之义，止以为民农桑开敛之计，未尝屑屑然师天之寒暑阴阳，袭取以为道法。[1] 371

王船山认为，明堂十二室的结构和王者随月居之以出政与《五经》皆不合。《月令》按照一年有十二个月安排了十二室和季夏中央明堂的结构。春夏秋冬四季，每季又分孟、仲、季三段，其中春季三个月天子依次居住青阳左个、青阳太庙、青阳太庙，夏季分别居住明堂左个、明堂太庙、明堂右个，秋季分别居总章左个、总章太庙、总章右个，冬季三个月分别居玄堂左个、玄堂太庙、玄堂右个，季夏和孟秋之间的时段居中央大室。然而，船山认为，明堂结构既不符合《五经》，亦不符合建筑学基本原理。他引证《礼记·明堂位》篇和《考工记》中关于明堂的描述，发现它们相互舛异不通。他进而指出，明堂建制和天子随月居之而颁政的说法兴起于吕不韦，流传到汉代，因公玉带徒并用邪说纹饰之而荒诞不经，如同儿戏。他说：

> 自吕不韦之说兴，沿流至汉，谓天子于国之南立一十二月颁政之宫，曰明堂，公玉带之徒又以邪说文之，而上圆下方九室十二庭谶妄之制出，不时规模琐屑，同于儿戏，迁徙避就，等于巫师，且令匠者无所施其结构，小道害正，莫有如此之甚者也。即以此篇考之，曰“天子负斧依，南向而立”，是位定于向明，其不随四时而易面，既有明证，且其序次诸侯四夷之位，固非九筵之广三分去一之所能位置，抑云“大庙天子明堂”，则堂为朝堂，益为可信，而吕不韦、蔡邕之邪说，不待辨而知其诬矣。[1] 773

结合《明堂位》中记载的周公聘诸侯而来诸侯四夷，按秩序排列听候颁政空间布局。首先如果按照《考工记》所载的明堂只有“九筵（81尺）广之三分去一”的建制，肯定是容纳不了那么多人的。其次，上圆下方四周是十二室，中央设置一个太庙大室既没开窗户，也没有门可以进入其中。船山在对《月令》“中央土”一段的注释和发挥中提出了诸如此类的质疑。他写道：

> 其云“天子居大庙大室”，传注以为“中央之室”，则四方十二室周回列墉，而此室者亦从门而入？矧云“上圆下方”，则此室当屋脊之中，何以置牖而异于幽窖耶？是其迂诞拘牵而不成义，审矣。[1] 413–414

从以上的质疑中我们可以看到，王船山把明堂十二室和中央太庙大室的建制与方位的对应，看成是非常严密精致而滴水不漏的关系，并据此指出，如此之建制的四方十二室周密排列之后就没有中央太庙大室的门户位置。既然是中央又是上圆下方的建制，如果严格按照四时十二月的不同而做门户朝向不同的设置的话，在理论上中央之庭是没有开门户的方位的。由此可以看出，此种建制的设想之荒诞了。同样，王者随着月份在十二室之中轮换办公下政令的说法也是拘牵机械而不合理的。他引在《明堂位》序言中讲到的“天子负斧依，南向而立”，是“位定于向明，其不随四时而易面”，由此推测所谓的“太庙天子明堂”是指朝堂而不是《月令》所言的明堂十二室和中央太庙大室。[1] 773他认为王者体天地之全德，敬畏天地按照四时节令来劝农耕种，表现仁民爱物的精神，但并不是把阴阳四时进行机械的定位，进而碍手碍脚地行事。

最后，王船山还反对《月令》中按照四时节候来搭配饮食和器用的讲法。我们现将《月令》所载四时饮食、器用搭配设计简单列表如下：

	春	夏	中央土	秋	冬
饮食	食麦与羊	食菽与鸡	稷与牛	食麻与犬	食黍与彘
器用	疏以达	粗以高	圜以闳	廉以深	闳以奄
颜色	青	赤	黄	白	黑(玄)

据《月令》记载，要按照时令搭配饮食，比如春天“食麦与羊”，夏天“食菽与鸡”，秋天“食麻与犬”，冬天“食黍与彘”，这种饮食搭配和安排与“《素问》四时所饮食之谷畜错见不一，皆与此不同”，因此说“要皆拘牵附会之言，非有理可据也”[1] 376。同时，就王者四时所用的器具来说，要求春天“其器疏以达”、夏天“其器粗以高”等，并且四季所骑的马、衣服的颜色都要严格按照四季的色彩青、赤、白、黑与中央黄来对应。王夫人之认为，“凡此事理穿凿，法制诡异，考之三王之制，皆不合”，以推测这种讲法来源于“周末小道繁兴，以私意比拟而创立之，以成一家之言，谓可俟后王之施行也”。但事实证明，此种拘泥琐屑的规定在秦朝时的吕不韦都不能施行，怎么能成为“圣人创制显庸以体天而宜民者乎”？[1] 376

船山还认为，书中养生类记载有可能成为养生家托经为说之口实。他在注释《月令》中关于仲夏之月的养生类的描述“是月也，日长至，阴阳争，死生分。君子斋戒，处必掩，身欲静无躁，止声色无或进；薄滋味，无致和；退嗜欲，定心气；百官静事无刑，以定晏阴之所成”时说：

> “……养生家谓阳不尽不死，阴不尽不长生，说盖本此……阳生阴杀，德刑所分，而天时物理不能有阳而无阴，唯阳不越而阴不纵，则虽阴之浸长不可遏抑，而循其柔静之性晏安以处，不与阳争，则虽成而不害矣。此节所言与养生家之说有相近者，君子以修身俟命节取之可也；然亦止此而已矣，过此以往，则为魏伯阳、张平叔之邪说矣。”[1] 413

和他的易学主张一样，王船山认为阳生阴杀，天地物理不可能有阳而无阴之时，只是阳不越不纵皆有其一定的节拍，但其慢慢显隐藏消长的变化是不可遏制的，在阳盛之仲夏阴开始回复长而不可遏制，人安居柔静而不与阳争，则阴虽长而不害人也。君子看到此类的讲法时，有选择地把它们用来修身是可以的，但不能过度，过度了就变成养生家如魏伯阳、张叔平之邪说了。我们看到王船山继承孟子修身以俟命的精神，不提倡养生，认为生死是天地之间自然的过程，贪生怕死反而违背了这种死生变化的天地自然运化的规律。他在《周易外传·无妄卦》中讲道：

> 凡生而有者，有为胚胎，有为流荡，有为灌注，有为衰减，有为散灭，固因缘和合自然之妙合，万物之所出入，仁义之所张弛也。……又其既则散灭矣，衰减之穷，与而不茹，则推故而别致其新也。……草木任生而不恤其死，禽兽患死而不知哀死，人知哀死而不必患死。哀以延天地之生，患以废天地之化。[3] 89-90

船山从天地运化生物之过程来解释人不必患死而只要哀死。从出生到死亡的过程都是阴阳二气凝聚和散灭的自然过程：从胚胎开始，胚胎得到阴阳灌注而长大，然后衰老，最后散灭。其间，阴阳妙合万物吸收和排泄显出仁义之张弛，而散灭之后又成为新的变化，因此我们不必有生死之忧患，但是我们可以通过丧礼等仪式表达对死亡的哀伤和追思，这是推迟天地变化（即延续天地生的一面）的一种心理情感，而不是要消灭这种变化，这就是人作为万物之灵，高于植物和动物的地方。与此相反，养生家（仙家）因怕死亡而求长生不死，提出“阴不尽不可得长生”的错误修炼理论。其实，天地之间无纯阴纯阳，废弃天地生生变化之道是不足取的。

王船山还指出《月令》中“中央土”的提法存在矛盾不通之处。他指出，所谓中央是一个相对的概念，若单独设立一个中央难免出现笑话，并且在金木水火对应四时十二月的严整排列中多出一个中央之土，破坏了整个体系的严密性和完整性，值得质疑。他写道：

> 作记者以四时分配四行，而土无所措，乃取历家每季十八日二十六分二十五秒为土王之说，又以四季亦无定属，复用火土金相生之次及夏火秋金不相见之说，割据立秋以前十八日有奇为土王，而不能以日月名之，遂用在地五方之号，冠以“中央”焉。“央”，犹尽也，谓四方尽以此为中也。……割土于木火金水之外，则土滞而木火金水之化亦浮矣。四时无时而离乎土，四方无往而不可以为中。舍东西南北之外而据一以为中央，则东者见之谓之西，南者见之谓之北，中央之名且不足以立，而况拘土于其墟哉。且此篇之制，一岁十二月，时应乎气，斗柄应乎辰，律应乎数，因时行令，有若画一而不可以或违，乃每月之令皆三十日有奇，而季夏之月所正用者割去十八日奇，唯十二日弱而已，其亦自相刺谬矣。以律言之，林钟之应亦止十有二日，而其云“黄钟之宫”者，岂孤行一律而商角徵羽之不备，亦将何施？[1] 43-424

《月令》把土单独列出来的做法，在船山看来，作者是“取历家每季十八日二十六分二十五秒为土王之说”，又发现土在四季中没有固定的位置，加上五行中火土金相生的次序和“夏火秋金不相见”的说法，割据立秋以前十八天，都作为土对应的位置，但又不能用月份来命名，所以加一个五方之号“中央”名之。但他并不同意这种做法，首先，五行中的金木水火四行都需要土作为其资生之媒介，土王于四行之中，如同五常中的仁义礼智四者都离不开信而行乎四常之中而成其德。五行和四季的关系当然就是四季对应四行（木火金水），但土王于四季，不能把土独立出来。其次，中央之名是一个相对的概念。假设将地方X命名为中央，就会造成名实混乱之局面。比如，南方人认为该X属于北方，北方人则认为它属于南方，东方人认为它属于西方，西方人认为属于东方。既然中央之名不成立，又把土设定在所谓的中央位置，那便是把土放在废墟之上的做法。再次，他说《月令》的结构是一年有十二个月，“时应乎气，斗柄应乎辰，律应乎数，因时行令”，近乎严整的设计，一笔一划都不能增改。如果在季夏和孟秋之间出现中央土，分出季夏的十八天多作为中央土所王之日，那么按照一个每个季节分孟仲季三小节，一个月为三十多天的排列，势必造成夏季的第三个月（季夏）只有剩余十二天的情况，这与整个设计是相互乖谬的。从十二律与月份对应的方面看亦不相称。因此，王船山强烈谴责这种安排，认为它违背“天之有五行与四时，互成其用，并行不背”，这种做法是不能把握天地运化之“圆妙不测”的，而只是出于私心之臆测，不足以“体会天地之广大”。最后，王船山非常反对天人感的灾祥之说。根据《月令》，一年十二月每月所应行的政令和活动的安排是非常严整的，如果错行这种政令就会遭致相应的天地人三灾。比如，孟春如果不行本月所当行之令而行其他三季节夏秋冬的政令，那么将导致天地人才的灾难。“孟春行夏令，则雨水不时（天灾），草木早落（地灾），国有恐（人灾）；行秋令则其民大疫（人灾），飙风暴雨总至（天灾），藜莠蓬蒿并兴（地灾）。行冬令，则水疗为败（地灾），霜雪大挚（天灾），首种不入（人灾）”（括号内是根据《礼记正义》孔疏标入的）[4] 626。对此，王船山在《月令》章句小序中写道：

> 且灾祥之至谓为人感者，要以和则致祥，乖则致戾为其大较，至祥沴之致，或此或彼，天造无心，亦奚必以此感者即以此应，拘于其墟而不相移易哉！君子恐惧修省，敬天灾而恤民患，亦尽道于己而天即不违；执一成之应感以逆亿天心，徒为妄而已矣。《易》曰：“天地设位，圣人成能。”设位者天，成能者人，仰干其位为自替其能，固已殊异乎君子之道，而后世变复之邪说，流为谶纬以惑世诬民，皆自此兴焉。[1] 371-372

王船山认为，天造无心即天没有目的性。他在注释《礼运》“故人为天地之心也，五行至端也……”时说：“万物之生，莫不资于天地之大德与五行之化气，而物之生也，非天地欣合灵善之至，故于五行之端偏至而不均，唯人则继之者无不善，而五行之气以均而得其秀焉。”[1] 564他认为天地造物是无心的，人也不是天地故意造就的灵善之长，而是和万物化生一样，资借天地之大德和五行之气化而成，偶然成为五行分配最均而最秀最灵之物。天没有目的性，也就不会出现政令与灾祥一一对应的感应。君子应如《中庸》所言戒慎恐惧以修身，“敬天灾而恤民患”是符合道的，但如果“执一成之应感以逆亿天心”。所谓一成之应感就是执着于一一对应的天人感应说揣测臆度天心，那只是虚妄罢了。天地只是提供一个广大的空间给人们活动，即所谓“天地设位，圣人成能”。如果人们的每个举动都能引起天的相应反应，那么就相当于“干其位为自替其能”，这不是君子之道，而是后世附会谶纬之说惑世诬民了。

三、王船山的哲学倾向

综上，我们可以看到船山极尽其思辨论证之力，力斥《月令》之谬误，这与其哲学思想倾向分不开。关于王船山批评《月令》的原因，台湾学者曾昭旭先生曾指出两点：一是与其整体思想相关[5] 119，二是其认为《月令》无本，说“鄙薄儒行、月令，亦唯在其无本也”[5] 122。笔者认为，曾先生的思路是正确的，然王船山批评《月令》的原因，与其说是因其无本，还不如说因他对本有的理解与《月令》作者不同。

王船山学术体系是以易学为本，其解释《礼记》、批评《月令》的观点多从其易学中来。他认为圣人本《易》以治礼，礼因《易》而生，《易》是模拟天地之道全用而无择，礼慎用而有择。他说礼的兴和《易》的兴都是同时期，就是文王之时，周朝以礼立国而其道始于《易》，就是因《易》以生礼。在《周易外传》中，船山写道：“礼之兴也于中古，《易》之兴也亦于中古。《易》与礼相得以章，而因《易》以生礼。故周以礼立国，而道肇于《易》。韩宣子观《易》象与《春秋》，而曰‘周礼尽在鲁矣’，殆其然也。’……《易》全用而无择，礼慎用而有则。礼合

天经地纬，以备人事之吉凶，而于《易》则不敢泰然尽用之。”[3] 280

王船山易学的首要观点是乾坤并建。他说：“大哉《周易》！乾坤并建以为太始，以为用成，以统六子，以涵五十六卦之变，道大而德高，得盛而与众，故未有盛于《周易》者也。……道盛而不可复加者，其惟《周易》乎！周道尚纯，体天地之全以备于己。”[3] 206-207王船山强调《周易》的乾坤并建，体天地之全而大中至正，不偏于乾亦不偏于坤，不偏于阳亦不偏于阴，认为阴阳相错显隐向背十二位于六十四卦之中，所以无纯乾纯坤之时，也无纯阳之时亦无纯阴之时。周道体现了这种大中至正文质相当的礼制。《礼》生于《易》，然《易》体全而《礼》有择。船山主张乾坤并建、阴阳显隐之说，体现天地的广体平正开阔造物无心，无纯阴纯阳。《礼》是选择从天道中适合于人情的部分凝结为“礼”而“礼”，因此，礼当体现天地之无心灵活、平正豁达、随时变异以从道等特点，而《月令》明堂十二庭和王者随月颁政、饮食器用、“春夏阳，行赏，秋冬阴，刑罚”等做法机械拘泥，养生之说与天地生生变化自然律相矛盾，而失令致灾一一对应之说也与天造无心不相符，而流为后世的谶纬邪说。

这种“大中至正”的要求，只有建立“神无方而易体”这样不执成定局的基础时才能实现。因此，船山将本体之“天”理解为变合神妙之道体流行，曰“天之有五行与四时，互成其用，并行不背，而非有一成之模、限众理以为必出于一辙，此天之所以圆妙不测而非私智之所可度者也”[1] 413。用今天学者的话说，就是其世界观是本体论而非宇宙生成论的，因此对传统形而上学的根源性概念“天”的理解完全有别于汉儒的生成论。船山以天是天之天、地之天和人之天，天人是在分的基础上的合，合是合其德，而不是形体上的亦步亦趋的模仿。他对天道的认识也是从体悟尽人之天，即民见天的方式而实现，反对“臆测乎天，诬民以模仿之”“举天以弹压之”[6] 272。

他反对汉儒们用阴阳五行论机械地比附解释世界万物，将其斥为“配拟牵合”之“汉儒习气”[1] 1528，也反对具有线性铺排性质的《周易·序卦传》。对此，业师张学智先生对此多有论述。[7] 13-19

王船山批评一切不符合大中至正的圣人之道的说法，其解《礼记》的方法就是“一以道断”，即把是否合法这种圣人之道作为其判断得失的最根本标准。比如对《礼记》篇，他说《儒行》“词旨夸诞”，并引吕大临的话说“有矜大胜人之气，无从容深厚之风，与不知者力争于一旦，盖末世儒者将以自尊其教而托为圣之言，有道者不为也”[1]1457。只要不符合他所认为的圣人之道的，就怀疑其是否为圣人之书，对其注释多为简略，这在《礼句章句》中多可见。由此，我们不难发现王船山何以要反复批评《月令》中的机械严整的设计，因其认为这种人为的设计和机械的行事方式不足以体天地之全德，也就是说，用某种固定的模式和角度去看一切的做法就不足以“宪天宜民”。

参考文献：

[1] 王夫之．礼记章句［M］．长沙：岳麓书社，2011.
[2] 王夫之．读通鉴论［M］．北京：中华书局，2013.
[3] 王夫之．周易外传［M］．北京：九州出版社，2004.
[4] 孔颖达．礼记正义［M］．上海：上海古籍出版社，2008.
[5] 曾昭旭．王船山哲学［M］．台北：台湾里仁书局，1983.
[6] 王夫之．船山全书：第二册［M］．长沙：岳麓书社，1988.
[7] 张学智．王夫之“阴阳向背”说的本体意义［J］．周易研究，2012（3）.

（《衡阳师范学院学报》2018年第1期）

船山心性学与唯识心学的辨析会通

徐孙铭

西方心理学以崇科学、重实验为特色，中国儒家心性学则重“情、理、法”“知、情、意”的思考。[1] 77-81而《摄大乘论》、《成唯识论》、王夫之《相宗络索》、太虚《法相唯识学》等佛学著作，“以一心为宗，照万法如镜”，以玄奘唯识心理学为基本架构，以正见觉知、心灵引导、精神慰藉、开启智慧为特色，形成有关心理机制、生理机制、心灵抚慰、心理疏导、转识成智等方面的完整论述。[2] 11-18唯识宗的心性论、心理学、认识论、智慧学，可称为唯识心学。可是，船山入佛老、出佛老、辟佛老，又传佛老，其心性学与唯识心学有不少矛盾之处，似乎“两位船山打架”[3] 3，但也有不少可融通之处。本文以王夫之《相宗络索》《张子正蒙注》《读通鉴论》《思问录》等著作所阐发的船山心性学与唯识心学进行辨析会通，作一些粗浅的解读。

一、破执与立志

（一）第七识能熏的含义

王夫之在《相宗络索》“七识能熏四义”章认为：

> 能熏者，能熏第八识也。前五熏八识相分，成未来一切相。七识熏八识见分，成未来一切见。第六二分通熏。

一、“有生灭”遇缘则生，缘灭则灭，异坚住性，能久持受；而以有生故，生起八识本无之色法以熏八识，是有能熏之资。此义前六显有，第七虽坚持我执，而瞥尔妄生即有生，命终消灭，后有变易即有灭，特不似前六之速迁耳。

二、“有胜用”七识有执持之强力，六识有分别之善巧，前五有觉了之明慧，异无覆性之体虚而作用不行。以我足熏之力，熏彼普受之量，是具能熏之才。

三、“有增减”增则自增，减则自减，善染轻重，皆由乎己；欲熏则熏，不受他熏，异可熏性，是有能熏之权。

四、“与所熏和合”由自阿赖耶，生自末那及前六识，自然此熏彼受，如子依父，故能熏彼而不逢违拒，是有能熏之缘。此义缘兼王所而言，前七王所皆与八识心王相和合也。若八识心所，亦有生灭胜用，应不受熏，还自熏心王，与前七同为能熏；以遍行五心［所］贯彻八位识中，虽各分属，原无二致，非八位中有四十遍行也。[4] 566-567

能熏，是指第七识熏染第八识的原因和能力。前五识熏染第八识所认识、分辨的内容和对象（相分），形成未来一切名相和相状。第七识熏染第八识的认识能力（见分），成为未来的一切认识主体。第六识则对第八识的见分、相分都熏染。第七识决定一个人的认识能力、意志力和精神境界，表现在四方面：第一，有生灭性。就是依缘生起，缘散则灭，且能长久保持，不断生起第八识本无的有质碍之物和名相，以影响、熏染第八识，具有能熏的资质。第二，有特殊功用。第七识有特别强的执持能力，第六识有善于分别的技巧，前五识有直接觉知的功能。第七识由于具备充足的执持力，有普遍熏染的气量，具备了能熏的才性。第三，有善恶、轻重、增减的拣别力，掌握了能熏的主动权。第四，与所熏对象密切配合，具备能熏的因缘，兼及认识主体（见分）与认识客体（相分）的契合、协调。前五识决定直觉、感觉、反应能力，对第八识的认识能力发生作用；第六识决定意识、判断能力，对第八识的主客体都有影响；第七识则有很强的执持力，且有生灭、鉴别、抉择，与认识对象密切发生作用的契合性，所以对第八识的主体认识能力发生巨大的影响。

玄奘《成唯识论》卷五有言："如是染污意，是识之所依。此意未灭时，识缚终不脱。"[5]323七末那识是前六识（眼耳鼻舌身意）的意识、心理功能、心理作用的动力和推动者，是使心理障碍不断产生、克服和心灵解脱的关键。所以，末那识称为染净依。印顺《摄大乘论讲记》说："经中说'无我故得解脱'，并不是破除外道的我见就算了事。这还是不能解脱的；不使第七识执著第八识为内自我，这才是破人我见最重要的地方了。"[2]57指明唯识心学破除自我执着，克服心理障碍，回归清净自性，是走向解脱的关键。

（二）船山对末那识的诠释会通

《相宗络索》"八识"章说："第七末那识，意之识也。……六识缘此而生。……由此坚持之力，一切染品皆从此起。"[3]526第六识为意识，末那识为意之识，即意识之所以产生和发生作用的推动力，由于其"持久恒审思量"的特质，可称为意志、志向。船山说："释氏之所谓六识者，虑也；七识者，志也；八识者，量也；前五识者，小体之官也。呜呼，小体，人禽共者也。虑者，犹禽之所得分者也。人之所以异于禽者，唯志而已矣。不守其志，不充其量，则人何以异于禽哉？而诬之以名曰'染识'，率兽食人，罪奚辞乎？"[6]451前五识是通过思维、心理活动器官获得感性认识，第六识指思虑、意识、分析、判断，属于理性认识，第七识是在前面的认识基础上持久恒审思量，有坚韧不拔的毅力，属于意志、志向，可称为悟性认识。思虑是人与其他动物相区别的一个方面，志向是人禽根本区别之所在，度量总括人的视野、魄力、胸襟、境界。船山认为，理性认识不应泯灭，否则就不成其为人。他从这一点出发，批评释氏说第七识是染污识，认为其泯灭人的意识、精神，并导致"率兽食人"，不人道。然而，佛教认为第七识是染与净之所依，是双刃剑，不是单纯污染人心的。因此，船山这种批评有所误解，是片面的。

船山吸取佛家破执、无我、无求之论，来会通儒家求放心、正心、立志之说。船山说："'欲修其身者，先正其心。'圣学提纲之要也。'勿求于心’，告子迷惑之本也。不求之心，但求之意，后世学者之通病。盖释氏之说，暗中之。（以七识为生死妄本。七识者，心也。此本一废，则无君无父，皆所不忌。）呜呼，舍心不讲，以诚意为玉钥匙，危矣哉！”[6] 412儒家主张修身养性，把正志、树立正确的政治方向作为根本。告子不求于本心，是造成迷惑的根本原因。因为迷惑本心，就会意气用事。佛教把忘记本心而求于意气，称为生死迷误的根本，与儒家正心的道理暗合。唯识心学以第八识为善良本性（种子），船山则以第七识为污染的心、为意，又说善心、诚心、虚心、正心为圣学之本，而意识、意志则有真诚与虚伪、正志与污染之别。船山似乎把度量、意识、心志、毅力的正面熏陶与污染心性的负面作用混为一谈，这是值得商榷的。

（三）末那识的二重性

末那识能熏陶、影响别人，既有熏陶、陶冶性情的正能量，也有偏执、污染的负面作用，其原因有四：第一，有生灭的变动性、主动性；第二，有特别强的执持能力；第三，有判断力，有增减，即对于能熏、善与恶、数量的增减进行拣别与权衡，而且有熏染别人，不受他熏的主动性、独立性；第四，能够与所熏的对象相和合，有亲和力。这与第八识“与能熏和合”恰相一致。这就是说，末那识的特性有四：第一，变动性、主动性；第二，执持力；第三，抉择力；第四，亲和力。《唯识三十论》说末那识“思量为性”，即是思考的主动性。《成唯识论述记》说“恒审思量”，深度思虑、恒常持续的意识力，即是执持能力；又说此识“深而不断”，即是有特殊的深层次的判断力、抉择力。发心、立志、理想是否正确，决定了一个人的迷悟、功过、成败。可见，末那识的主动性、执持力、深层抉择力、亲和力与意志、毅力，各有其正反面作用；而且，“人各有志”，儒家立志、正志，是树立正确的政治方向，佛家破执，是破除对情感、贪欲、迷误的执着，立出世之志，二者既有所分别，又是相互密切联系的。

王恩洋认为：“八识心所熏心王，五个遍行心所遍八个识，皆船山创解。”[7] 183心所自熏心王，即以所认识的道理反过来影响、指导、提升认识主体，这包含在认识、改造世界中改造自己的认识能力的思想。接触、作意、感受、想象、思维这些认识活动，在前五、六、七、八识中都有能认识、所认识的区别，是在科学、理性思维的层面所必需的；到了转识成智、追求解脱回复真如本体的时候，是能认识与所认识泯然为一，不仅要“空”去所认识的一切，而且连“空”也要空掉，即要破除一切执着、冥顽不化的认识、意识、心理。这是唯识心学所独有，船山虽有所论及，如《五位唯识章》说：“唯末那执染障碍人法二空，故有分别相应、不相应法，实则统于真如中本无异同，但因识所计较，判彼与我为不相应耳。”[4] 544但对儒家有分别、有所为的世间法与佛家无为而无不为、无所得又无尽得的辩证法似乎有隔膜，没有完全融通起来。

二、邪见、烦恼、困惑之缘由

（一）邪见偏执的五种表现

王夫之在《相宗络索》“邪见五种”章中列举了人们普遍存在的邪见、烦恼、困惑：“一、身见，执妄身为我，起种种贪着……二、边见，不得中道，堕于一边……三、邪见，妄立魔天神鬼，信为生缘……四、见取，于非果计果，如以无想天为涅槃之类……五、戒禁取，于非因计因，如持牛狗戒，衣草木，食秽恶，拔发熏鼻、卧刺投棘……乃至积薪自焚、跳火坑等，皆其眷属。此见全是六识非量结成，七识痴疑迷，自恼恼他，属烦恼。”[4] 568身见，指对于自身、自我的执着和种种妄见。边见，指主观、绝对地看问题的偏见。邪见，指把妖魔神异视为生命主宰体的荒诞说教。见取见，即把虚妄的因缘果报关系误以为正确的观点。戒禁取见，是把不属于因果报应根本原因的禁戒，作为应当禁戒的妄见。这些偏执，包括错误认识、善恶价值的误判，负面的心理感受及精神障碍，对世界、生命的主宰物的颠倒、错误认识等，全是意识生起的非理性行为，第七识执持不舍，属烦恼障。身见，是对于自身的自我体认、深层自我感觉和错觉。边见是一种偏执、偏爱，“一种本能性的自我保护意识，相当于霍布斯所说生命的自我保存的‘自爱性’”[2] 53–54。邪见是一种本能的狂妄自大和邪恶。见取见是错误的见解，“对诸法无我真实的无知及违背”。戒禁取见是对不与贪嗔等烦恼共起的独行无明的痴迷和心理障碍。正如《大乘密严经》所说：“身中暖触生，运动作诸业，饮食及衣服，随事而受用。腾跃而歌舞，种种自欢愉，持诸众生身，斯由意功力。”[2] 54这些都是离开中道观，违背因果报应规律的自我肯定（我见）、自我保护、自我贪爱（我爱）、自我痴迷（我痴）、自我确认（我慢）、自我贪恋（我贪）的偏执，把诸法无常、无我执为恒常不变的东西，变成自我认知、自我陶醉、自我麻醉、自我欣赏、自我安慰、胆大妄为的推动力、原动力。《成唯识论》卷六说：“云何恶见？于诸谛理颠倒推度，染慧为性，能障善见，招苦为业，谓恶见者多受苦故。”[5] 403认为诸多烦恼、痴迷、执着，属于非理性、违背道德的错误认识和偏见、心理障碍，是产生苦恼、危害身心健康的根源。陈兵认为末那识“可以看作把自我和世界、他人分隔的原始二元分裂力量，及不自觉地维系个体生命和不断新陈代谢和自我复制的根本动力”[2] 54。这是很有道理的。

（二）流转与还灭的不同门径

《相宗络索》迷悟二门章说：“二门皆尽唯识宗旨。”《规矩颂》前八句恭颂流转门，后四句颂还灭门。“流转门”门者，如共一室，内开二门，一门为吉祥之路，一门为凶祸之途，唯人所趋；所趋一异，则安危悬隔。盖生人趣中，同此阿赖耶识，悟者由之证涅槃菩提，迷者由之堕五趣生死，惟自所向往之门，决于发足时耳。流转者，五趣生死之门也。从八识顺其习气瀑流之机，起五遍行，不复回顾真如，一注七六二识，一注前五识，生诸心所，成随烦恼，谓之流　　《成唯识论》以流转显生死因，故顺其缘生之势立三变门，从真如变赖耶为一变，从赖耶变末那为二变，从末那变前六为三变，顺序也。“还灭门”　还灭者，灭妄还真。非灭妄不能还真，还真则妄自灭，此所谓“十方薄伽梵，一路涅槃也”[3] 569。

唯识宗根本宗旨，指破除人我、法我二执，还灭证真，得大菩提，也就是说自然、社会、人生一切现象的呈现，离不开人的认识和意识，必须破除对主体和客体的执着，才能了解、把握、回归事物的真实性，从而得到觉悟和解脱。《成唯识论》卷一："今造此论，为于二空有迷谬者生正解故，生解为断二重障故。由我法执二障具生，若证二空，彼障随断，断障为得二胜果故，由断续生烦恼障故，证真解脱，由断碍解所知障故，得大菩提。"[5] 1

玄奘法师撰《八识规矩颂》，将包藏宇宙、探玄窥微之唯识宗哲学体系，高屋建瓴、提纲挈领式地和盘托出。八识共四十八颂，共十二句。前八句为还灭门，后四句为流转门。流转门，指顺从世间之情欲、习气、不健康心理，在生死中轮回不息之门径。还灭门，指出离世俗之欲望、俗染、习气和种种心理障碍，灭净烦恼之妄，返回真如本体，趋向涅槃成佛的门径，叫还灭门。

涅槃，指断除烦恼，恢复本来清净自性的精神境界："所显得谓大涅槃。此虽本来自性清净，而由客障覆，令不显，真圣道生，断彼障故，令其相显，名得涅槃。"[5] 686菩提，指本来具有及后天克服所知障所证得的觉悟和觉照力："所生得谓大菩提。此虽本来有能生种，而所知障碍故不生，由圣道力断彼障故，令从种起，名得菩提。"[5] 688十方诸佛（薄伽梵），都是顺着还灭门这一路径走向涅槃解脱的："圣凡无二路，汝观交中性，空有二俱非。迷晦即无明，发明便解脱。解结因次第，六解一亦亡。根选择圆通，入流成正觉。陀那微细识，习气成暴流。真非真恐迷，我常不开演。自心取自心，非幻成幻法。不取无非幻，非幻尚不生，幻法云何立？是名妙莲华，金刚王宝觉。如幻三摩提，弹指超无学。此阿毗达磨，十方薄伽梵，一路涅槃门。"（《楞严经》卷五）

关于"迷悟二门"，船山以张载的冰水之喻来加以阐释。《张子正蒙注》卷三云："未生则此理气在太虚为天之体性，已生则此理气聚于形中为人之性，死则此理气仍返于太虚。形有凝释，气不损益，理亦不杂，此所谓通极于道也。""知人，知人道也。知天，知天性也。知性之合于天德，乃知人性之善，明者可诚，而昏皆可明，性尽则无所遇而不可尽吾性之道。由是而知命之通极于性者，与天之命我，吉凶无心而无非顺正者同其化矣。"[8] 119-120

唯识心学从理性与情欲、心意识的清净与污染、本性与修行来论迷悟二门，顺从世间情欲，则流转生死，逆转世间情欲，恢复人人皆有的善良本性，就是走向解脱的吉祥之路。船山心性学从天人、理气、性命、昏明来论迷悟。理气，有先天的天性与后天的习气之别，其实如水之凝结为冰，冰融化而为水一样；知人性之善良，本于天性，顺于天性则吉祥，逆于天性则凶险。这里有两种顺逆的区别：前者是逆转世俗欲望横流之势，破除贪欲、烦恼、障碍和执着，回归善性，属于出世间正法；后者是顺从先天本性（天命之谓性），以理导欲、继善成性，由后天逆返先天（“与天之命我，吉凶无心而无非顺正者同其化”）的觉世间之正道。二者入门途径各异，诠释的理路各有千秋，但都是回归善良本性或天赋本性，提升觉性，可谓殊途同归。

（三）无我与有我的辨析

唯识心学主张破除我法二执，树立无我利他的人生观、道德观和价值观。《相宗络索》“二障”章说：“烦恼障，我执所成。由七识揽八识为自内我，令诸遍行心所染著流注前六，成诸恶业，既以患得患失自恼，还以恼害一切有情。……所知障，法执所成。由七识执八识相分为己见分，生一分别境之慧，建立非法之法，即所知者为障，而还能障蔽所知，迷失妙悟。”[4] 544烦恼障是由末那识包揽第八识为种种恶业所成，所知障是对于认识对象的执着所产生的错误。《相宗络索》“我法二障各二”章说：“须于修道位，行起解灭渐次成熟：至不动地，不劳自己功用，无能观之我， 则此我执摧灭，而犹有道可修，有佛可学，法执未除：至金刚道后，尽舍八识种子，法执方净，然尚未能现大光明，合十方尘刹为一智所摄，尚有微细法执，不能入异类，合四智成一智，息三界苦轮；必至佛位，具四无碍智，俱生法执方得灭尽无余。”[4] 546只有修行到一定阶段，才能破除我法二执、烦恼所知二障，转识成智，灭苦厄，得解脱。因此，唯识心学是基于以下理由论述破执、无我的：第一，针对无知而产生的烦恼和我执而产生的错误认识、知见、心理障碍；第二，针对外部世界的错误认识，提升精神，提高主观能动性，并非因无我而否定主体能动作用；第三，无我利他，是放下，更是担当，是“永断本来一切粗重，顿证佛果圆满转依，穷未来际，利乐无尽”[4] 681；第四，其无我、放下，是彻底的超越，小我化为大我，是一切放下，连放下也要放下。

船山心性学论“无我”与“有我”，是于有我而言无我的。他说：“言无我者，亦于我而言无我尔。如非有我，更孰从而无我乎?于我而言无我，其为淫遁之辞可知。大抵非能无我，特欲释性流情，恣轻安以出入耳。……我者，大公之理所凝也。……万物皆备于我。有我非私，审矣。迭为宾主，亦飨舜、尧之无我也。……无我者，为功名势位而言也，圣人处物之大用也。于居德之体而言无我，则义不立而道迷。……必实有我以受天地之万物之归，无我则无所凝矣。言无我者，酌于此而后不徇辞以贼道。”[6] 417-418

船山论无我与有我，大抵有四层意思：第一，有我与无我相比较而存在。离开我而孤立地谈论无我，是一种逃避实际的谎言、遁词。只有在释放、冲破性情的束缚，才能出入轻安而无我。这种对自我的肯定，包含对私欲的合理性的一定程度的肯定，具有明清之际启蒙思想的萌芽，有其积极意义。第二，个我的欲望、要求的自然满足，须合于大公至正的道理，不同于私欲横流那种罪恶。第三，私利、私欲与大公至正的利益有主次之分，必须摆正位置、主客、先后，不能随意颠倒。第四，无我是对功名势位的看淡，同时是对道德、义务的担当，不是对道德、义务的放弃；必须有道义担当精神，才能立足于天地而有所成就，从而找到自己的归宿。否则，必然使天下大公至正之道无法落实，而且会使核心价值观受到极大的损害。

唯识心学主要是在淡化私欲，追求理性，放下小我，转化为大我，从而无我利他——“穷未来际，利乐无尽”的意义上立论的。佛教出世哲学、唯识心学，其实是讲担当精神的，放下同时即是担当，只不过出世间的担当与入世间的担当各有侧重而已。在一般人看来，放下与担当是对立的、矛盾的，而在唯识心学看来，放下与担当固然有矛盾的一面，也是可以统一的，放下才能担当，放下当下就是担当，同时，放下也不等于担当，真要担当，还需要一定的转化条件，就是转迷为悟，转污染为清净，转识成智。

三、转识成智，相天造命

从放下到担当，其间的关键，是转识成智、转迷为悟。《相宗络索》“迷误二门”章说：

> “还”者，逆八识顺流之波，穷前五之妄，归同时之意识，即还六识妙观，不转前五成妄；穷六识之妄归七识，即还七识本无之体，不染六识具诸惑障；穷八识之染因于七识，而本自无覆，即还本体，不受其染，渐渐舍彼异熟，即还真如。“灭”者，于七识命根一刀斩断，绝灭无余，六识枝蔓随之摧折。七识灭则六识灭，六识灭则七识后念灭，前五同时意识、八识见相二分皆灭。此门唯博地凡夫早悟唯识宗旨，不为二乘根门所惑，及阿罗汉加行成熟，不自骄疑，发大乘心，精进不已；由四资粮至初地入见道位，于六识灭现行二障，于七识灭分别二执；至二地入修道位，渐次成熟；入第七远行地，不假观门，六识灭；尽至第八不动地，七识我执永灭，唯余间起之法执；八识因之将还白净，唯异熟识在；至等觉位一刹那顷，微细俱生法执断尽无余，第八异熟即此顿空，入佛果。位六七二识得复，无妨再用，为利他权法，照大千界，应十地机，而第八转成无垢，即证大圆镜智；前五因其现量，成无漏功德，分三类身，总还圆成实性真如本体矣。[4] 571

回归善良本性，关键是一刀斩断末那识的命根。命根是生命的主宰体和精神本体，决定、制约着生命的普遍性、恒定性、延续性、可复制性。第七识的执持、意志、恒审思量、深层意识，是决定轮回生死与解脱的根本所在。《成唯识论》卷一云：“此识足为界、趣、生体，是遍、恒、续、异熟果故，无劳别执有实命根。然依亲生此识种子，由业所引功能差别住时，决定假立命根。”[5] 62第八识是三界、五趣、四生所依的本体，具有普遍、永恒、延续、引生另一时空果实而成熟的功能。然而，此种子从何而来的？是从种子识而来。如果从本始追究其本始，就会陷入恶性循环，不能自拔。唯识论不承认有造物主创造世界的“第一因”，但由于“业力所引”的驱动，由无意识、本能的业力驱动，它本身就是生命的主宰体，无须其他假设、论证。从无意识、业力驱动，到意识、执着、贪欲横行，再到斩断末那识的命根，是顿悟渐修的长期过程，从资粮位、见道位、修道位、佛果位，通过长远蓄积资粮，反复观照、转识等条件和因素的作用才能完成。

《相宗络索》“八识转四智次第”章说：

> 此约渐教而说。若从相宗悟入，只有径灭七识，余七一齐俱转。相宗显标渐教，密示顿宗，在人自悟耳。“前五识转唯一品”，变相观空，乃同时意识入人空观，虽前五异前心所不立，仍是六识带转，前五未能自得无漏真智，不可谓转。直至佛果，方证即相即空，无观无变，分身无漏，前五之果顿转成智。……“六识三品转”，初三资粮位入初地见道位中，断分别我法二执、现行无明烦恼上品障；自二地至七地修道位，断分别二执中品障；以未能常在双空观，俱生二障犹然间起而成现行，七位后常在观门，俱生二障永不现行，断下品障。……“七识三品转”，初地初心入见道位，以六识无漏智观我执不生，而法执犹恒，此因六识而转，为下品转；至第八不动地，我执永伏，法执间起，染性已空，有覆未泯，觉为有智可得，有佛可乘，为中品转；至等觉位一刹那顷，俱生法执尽灭无余，入佛果位，不妨仍示平等智中差别，应十地菩萨堪受之机，为上品转。虽有三品，而初发心时早识此末那为八识流转根本，一刀斩断，不假六识观门渐次降伏，尤唯识秘密法也。“八识三转异名”，初次凡夫直至远行地，名阿赖耶识，此翻藏识，皆被七识执为内自我，令藏过去末那所熏一类相续种子，亦藏现在前七现行我法二执种子。至远行地入第八不动地，七识俱生我执不起，……至等觉位一刹那顷，七识转尽，从此尽未来际，不受一毫熏染，无始以来原不曾熏动丝毫，还与真如契合无二，名无垢识，一曰白净识。[4] 572

八识转为四智，即是转为成所作智、妙观察智、平等性智、大圆镜智。这四种智慧，有先后、浅深的区别。如果从法相宗的真谛悟入，只有顿悟，其实渐顿全在各人不同根机、不同条件下自悟而已。玄奘《成唯识论》卷十讲人（二乘、菩萨等）的根机钝利各不相同，所缘内外境锐钝有诸多差别，故有顿渐之分。船山也从对不同根机说法的角度，揭示对唯识之理的觉悟有显说、密示之别，是一大创见。

唯识心学的真谛，在于一刀斩断末那而顿悟，同时转识成智须经历长期的渐修过程。船山认为末那识，或称为意之识，即儒家所谓志向。世人或“玩物丧志”[9] 665“玩物而丧德”（也有“玩人丧德”“玩史丧志”），佛家则有“玩空而丧志”[6] 419-420，都是船山所批评的。“玩物丧志”“玩物丧德”，则执着、沉溺于外物，为物所转，不能转物；“玩人丧德”“玩史丧志”则沉溺于人事纷争，或沉溺于历史的兴亡、是非、功过之争而不能自拔；“玩空而丧志”则执着于绝对的空（顽空），而逃避现实。要成佛，必须断末那而顿悟，且要不空而空，空而不空，空有不二，真空妙有，反对对外物和自我的执着，也不赞成把“空”绝对化的顽空；而要成就儒家理想人格，则必须反对沉溺于人事、历史是非，违背世俗道德，必须树立正确的志向，继善成性，相天（遵循自然规律行事）造命（掌握、改造命运）。王夫之《读通鉴论》卷廿四说：“君相可以造命，邺侯之言大矣！进君相而与天争权，异乎古之言俟命者矣。乃唯能造命者，而后可以俟命，能受命者，而后可以造命，推致其极，又岂徒君相为然哉！……修身以俟命，慎动以永命，一介之士，莫不有造焉。祸福之大小，则视乎权藉之重轻而已矣。”[9] 934-935认为君王、将相可以左右国家民族的命运，一介之士同样可以掌握、改造命运，只不过这种掌握程度、贫富祸福，视时势因缘、所处地位各不相同而已。因此，船山入佛老、传佛老确有所悟，深有造诣，出佛老、辟佛老又与佛老思想之精华相融通。明末大思想家、哲学家、佛学家方以智引道盛禅师的教诲说：“杖人（道盛）尝举三参、四与。何谓三参？曰立身当参，处世当参，造命当参。何谓四与？曰与天地立心，与生民立命，与千圣继绝学，与万世开太平。此即四弘愿也。”[10]43“三参”“四与”（道盛将张载《西铭》“四为”改为“四与”）与“君相造命”相通，同为担当使命的崇高境界。这种通过立身、处世、造命的修持，更好地参与顶天立地、改造命运、继往开来的伟业的精神，就是世间、出世间法相协调、相圆融的体现。我们要知明清心性之学，不可不懂此书；要弘扬、改造唯识之学，使传统文化的精华在改天换地、改造命运的实践中发扬光大，尤不可不研究此书。

由上可知，破执立志，提升认识、心理疏导、心理转换和灵性关怀，必须辨别两条根本对立的门径。顺应烦恼、习气则流转五趣生死，逆向而行、灭妄归真、背尘合觉，则是无我利他，走向解脱的根本。佛教主张“一切都无所住而生其心”，同时又不忘求正心、树立坚定正确的政治方向与志向，不忘担当使命，“与天地立心，与生民立命，与往圣继绝学，与万世开太平”，如是，则理想人格由此而立，无上菩提妙果由此而成。

船山心性学与唯识心学的会通，根本义蕴有四点：

第一，一切唯识，破除烦恼、执着，与不忘初心，树立正确的志向相会通。一切唯识，是说觉悟与沉迷，决定于自己的发心、志向是否正确。发心、立志、理想是否正确，决定了一个人的迷悟、功过、成败。同时，立志有儒家正志与出世间报四重恩之别，也有以出世精神做入世事业的会通。

第二，重视修行，克服后天不良习气与恢复善良本性相会通。一个人流转生死之中不能自拔，其原因在于顺从后天的不良习气而做出种种恶业。

第三，修行贵在于我而无我，转小我为大我，自利利他。转迷为悟，关键在于一刀斩断末那识，转八识成为四智，转有我为无我。于有我而言无我，一定程度肯定私欲的合理性，在明末清初具有某些启蒙意义；把抑制私欲与发扬大公至正之理统一起来，无我利他，自度度他，积极进取，才是走向圆满自在的成功之路。

第四，转迷为悟、转识成智，是一个知行统一、渐修顿悟的长期奋斗过程，也是放下执着、担当使命的过程，二者既相区别，又相统一。

船山阐明儒家心性学为什么要与佛家唯识心学相会通。船山《相宗络索》原是应先开上人之要求而作，但绝非应景之作，或抄袭他人之作，而是有其深层原因和意义的。第一，哲学批判的需要。船山以使儒家正学开生面为职志，以佛老为异端，故对佛老之学多有批评，此为儒家哲学家根本定位使然。第二，发展儒家哲学的需要。有比较才能有鉴别，有斗争才能有发展。船山历来主张“入其垒，袭其辎，暴起恃而见其瑕”（《老子衍自序》）。入于佛道，才能了解其内在根据、真伪、精华与糟粕，从而加以扬弃，吸取其精华，去其糟粕，为我所用。第三，成就理想人格，融通世间出世间法的需要。唯识心学主张“三界唯心，一切唯识”，其实不是唯心主义地颠倒客观世界，而是在因缘产生万物和实证的基础上对客观世界的真实把握，是在认识和改造世界的实践中，通过现量实证、破执立志，转识成智、无我利他，相天造命、造福社会。这与船山以天下惟气（器）的素朴唯物论为基础，以心转物，以理导欲，树立正确的志向，修正不良习气，于我而言无我，把人欲之大公与天理之至正结合起来，是殊途同归的。船山既于明末清初“天崩地解”的大变革、大变故时代投身反清起义的救国救民事业，又在现量实证的实践中认识、检验真理，批判地继承历史和传统文化的精华，古为今用，外为中用，开拓创新，别开生面，不愧为具有高度思维辩证性的一代哲学大家。

总之，唯识心学蕴含离心无物、离物无心，即心即物、非心非物的辩证思维，主张在认识和改造世界中发挥主观能动作用，树立正确志向，修正不良习气，转我执为无我，自度度他、自利利他，并非否定客观世界的物质性。船山心性学借鉴、吸取和改造唯识心学的积极成果，成为主客一致、能所结合、现量实证的认识论，破执立志、树立浩然正气的精神导引论，以及转识成智、继善成性、相天造命的成圣论。二者各有侧重，相反相成，并非绝对对立。如此，则壁立万仞，只争一线，高山不辞顽石、沃土，石船山终能成其巍巍船山矣！

参考文献：

[1] 王赐川．中国佛教史论集：下册［M］．北京：宗教文化出版社，2019.

[2] 陈兵．佛教心理学［M］．西安：陕西师范大学出版总社， 2015.

[3] 吴立民，徐荪铭．船山佛道思想研究［M］．长沙：湖南出版社，1992.

[4] 王夫之．相宗络索［M］．长沙：岳麓书社，1993.

[5] 玄奘．成唯识论［M］．韩廷杰，校释．北京：中华书局，1998.

[6] 王夫之．思问录［M］//船山全书：第12册．长沙：岳麓书社，1992.

[7] 王恩洋．相宗络索内容提要［M］//吴立民，徐孙铭．船山佛道思想研究．长沙：湖南出版社，1992.

[8] 王夫之．张子正蒙注［M］//船山全书：第12册．长沙：岳麓书社，1992.

[9] 王夫之．读通鉴论［M］//船山全书：第10册．长沙：岳麓书社，1988.

[10] 方以智．冬灰录 外一种《青原愚者智禅师语录》［M］．北京：华夏出版社，2014.

（《衡阳师范学院学报》2021年第2期）

第二编

船山政治思想研究

王夫之的曹魏兴亡论

刘治立

王夫之在史论中避开前有定论和耳熟能详的道理，注意推究历史演变的深层原因，“推其所以然之由，辨其不尽然之实，均于善而醇疵分，均于恶而轻重别，因其时，度其势，察其心，穷其效”[1] 2544，显示出非凡的史识。梁启超说，“自《船山全书》刻出之后，一般社会所最欢迎的是他的《读通鉴论》《宋论》”[2] 84。这两部史论著作立论迥异流俗，“往往有新解，为近代学子所喜诵习”[3] 28。关于三国的盛衰，特别是有关曹魏的盛衰，王夫之揆之以理、察之以情，力求其实，从中可以窥见其历史兴亡论的特色。

一、曹魏兴起的原因

曹魏能够代汉，并且在三国鼎立中占据优势，是有着多方面的原因的。结合历史事实，王夫之认为原因有以下几个方面：

（一）迎天子于危亡之中而措之安土

东汉末年，群雄蜂起，汉献帝“乘舆时居棘篱中，门户无关闭。天子与群臣会，兵士伏篱上观，互相镇压以为笑”[4] 187。袁绍的谋臣曾提出“迎大驾安宫邺都”，但被袁绍拒绝。稍后，荀彧向曹操建议“奉迎天子都许”，谋臣毛玠提出“夫兵，义者胜，守位以财，宜奉天子以令不臣，修耕植，畜军资，如此则霸王之业可成也”[4] 374-375，曹操敬纳荀彧和毛玠的建议，在政治上取得了优势地位。王夫之认为，这一举措使曹操在政治上占据了先机，地位高出一般的文武大臣，“曹操之篡也，迎天子于危亡之中而措之安土；二袁、吕布、刘表、刘焉群起以思移汉祚，献帝弗能制，而操以力胜而得之”[1] 758。在后来的重大政治事务中，曹操都以皇帝的名义发布命令，显得名正言顺。

（二）屯田之利

曹操实现北方统一的重要因素，是推行屯田政策。王夫之认为，屯田制对于曹操统一北方、魏晋巩固统治后最终一统三国产生了积极的作用，“曹孟德始屯田许昌，而北制袁绍，南折刘表；邓艾再屯田陈、项、寿春，而终以吞吴；此魏、晋平定天下之本图也”，史载“募百姓屯田于许下，得谷百万斛，郡国列置田官，数年中所在积粟，仓廪皆满”[4] 489，“五年中仓廪丰实，百姓竞劝乐业”[4] 339。屯田不仅解决了粮食问题，也解决了流民问题，它将耕、战、守有机地结合起来，有利于社会秩序的稳定。王夫之高度评价曹操的屯田措施，认为这种措施产生了六个方面的积极作用：

> 战不废耕，则耕不废守，守不废战，一也；屯田之吏士据所屯以为己之乐土，探伺密而死守之心固，二也；兵无室家，则情不固，有室家，则为行伍之累，以屯安其室家，出而战，归而息，三也；兵从事于耕，则乐与民亲，而残民之心息，即境外之民，亦不欲凌轹而噬之，敌境之民，且亲附而为我用，四也；兵可久屯，聚于边徼，束伍部分，不离其素，甲胄器仗，以暇而修，卒有调发，符旦下而夕就道，敌莫能测其动静之机，五也；胜则进，不胜则退有所止，不至骇散而内讧，六也。有此六利者，而粟米刍藁之取给，以不重困编氓之输运，屯田之利溥矣哉。[1] 747-748

曹魏组织士兵和经过军事化编制的流民开垦荒地，稳定了民心，大大提高了经济实力。曹操屯田“有其地，有其时矣”，在时间和区域上都把握得比较恰当，这是取得成功的重要条件，“屯之于战争之时，压敌境而营疆场，以守为本，以战为心，而以耕为余力，则释耒耜、援戈矛，两不相妨以相废”[1] 749。一手持耒，一手持戈，耕、战两不相妨两不相废，将屯田的作用完整地发挥了出来，“故唯枣祗、邓艾、诸葛可以行焉，而后此之祖以安插天下之兵，是弭兵养懦之术也，故陵夷衰微而无与卫国。此屯之必以其时也”[1] 749-750。不仅必以其时，还要必以其地，许昌和两淮屯田都是在荒芜的旷土上进行，都是在战乱导致民众流亡失散的条件下推行，“许昌之屯，乘黄巾之乱，民皆流亡，野多旷土也；两淮之屯，魏、吴交争之地，弃为瓯脱，田皆芜废也”[1] 748。如果屯的田不是荒田而是民田，就会激起民怨，导致失败，“非是者，可屯之地，畸零散布于民田之间，而分兵以屯之，则一散而不可猝收矣。夺民熟壤以聚屯，民怨而败速矣”[1] 748-749。王夫之还以其他屯田的得失为参照，论证曹魏屯田所产生的积极效果。

（三）推心以待智谋之士

曹操不拘一格录用贤才，曾经三次发布求贤令，选拔各种有用之才。早在起兵讨伐董卓时，曹操就对袁绍说：“吾任天下之智力，以道御之，无所不可。”[5] 2056王夫之认为，“曹孟德推心以待智谋之士，而士之长于略者，相踵而兴”。曹操推心待士赢得士人们的敬服，使众多的智谋之士归心。这些经由曹操擢拔的身怀特异禀赋的人才，不仅补济了曹操谋略的不足，还为曹丕时代的治国理政打下了基础，立下了汗马功劳，“孟德智有所穷，则荀彧、郭嘉、荀攸、高柔之徒左右之，以算无遗策。迨于子桓之世，贾诩、辛毗、刘晔、孙资皆坐照千里之外，而持之也定”[1] 704-705。曹操招揽的才智之士群体，虽然不太注重君子之道，但大部分还算得上是鲠直清严之人，他们不屑于招权纳贿，“魏氏所任之人，自谋臣而外，如崔琰、毛玠、辛毗、陈群、陈矫、高堂隆之流，虽未闻君子之道，而鲠直清严，不屑为招权纳贿、骄奢柔谄猥鄙之行，故纲纪粗立，垂及于篡，而女谒宵小不得流毒于朝廷，则其效也”[1] 790-791。这些才智之士不屑于招权纳贿，保持了政风的清正，很少祸害朝廷。

曹操的推诚待士不仅成就了自己的功业，也给后来的曹魏基业奠定了人才基础，“魏足智谋之士，昏主用之而不危。故能用人者，可以无敌于天下”[1] 706。正是有了这个智谋群体，才使得曹丕、曹叡等才智平庸的继任者能够在与蜀吴的对峙中占据上风，“故以子桓之鄙、叡之汰，抗仲谋、孔明之智勇，而克保其磐固”[1] 705。

（四）遏制宦官与外戚的势力

宦官与外戚势力是东汉严重的并蒂政治毒瘤，他们轮番控制政权的危害一直延伸到汉末。外戚何进要招引董卓进京打击宦官，曹操很不以为然，认为“阉竖之官，古今宜有，但世主不当假之权宠，使至于此。既治其罪，当诛元恶，一狱吏足矣，何必纷纷召外将乎？欲尽诛之，事必宣露，吾见其败也”[4] 5。何进为了消除宦官势力，引狼入室，招致了更大的祸患。曹操一开始便认为这样做不妥。曹魏政权注意遏制宦官和外戚势力的滋生，对宦官和外戚制定了种种限令，“汉亡于宦官、外戚之交横，曹氏初立，即制宦者官不得过诸署令，黄初三年，又制后家不得辅政，皆鉴汉所自亡而惩之也”[1] 681。曹魏吸取了东汉败亡的前车之鉴，约束宦官和外戚势力的增长，使这种为人诟病的腐朽政治势力无法生长蔓延。

二、三国鼎立的局面乃大势所趋

曹操通过官渡之战击败袁绍，逐步统一北方，后又发动赤壁之战以推进南北统一，但没能达到目标，这是因为当时还不具备统一的条件，“汉、魏、吴之各自帝也，在三年之中，盖天下之称兵者已尽，而三国相争之气已衰也”[1] 695。王夫之认为，在东汉末年争逐中形成的各股势力很难一枝独秀，“曹操知其子之不能混一天下，丕亦自知一篡汉而父子之锋芒尽矣。先主固念曹氏之不可摇，而退息乎岩险。孙权观望曹、刘之胜败，既知其情之各自帝，而息相吞之心，交不足惧，则亦何弗拥江东以自帝邪？权所难者，先主之扼其肘腋耳。先主殂于永安，权乃拒魏而自尊，乐得邓芝通好以安处于江东”[1] 695。三方均知结束鼎立的条件还不具备，于是便各自专心发展自己，巩固自己的统治，“由此观之，此三君者，皆非有好战乐杀之情，而所求未得，所处未安，弗获已而相为格也”[1] 695。

在鼎足而立的局面下，三国各自发挥自己的独特优势，“蜀汉之义正，魏之势强，吴介其间，皆不敌也，而角立不相下，吴有人焉，足与诸葛颉颃，魏得士虽多，无有及之者也”[1] 697。蜀汉打出绍继汉室的旗号，在政治道义上占据高地；曹魏以版图最大、户口最多、兵强粮足而雄踞中原；东吴虽然没有义正和势强的条件，但有江河天堑，又有才具天子大臣的智慧的顾雍等为之效命，也是在短期内无法被撼动。因此，各方都有推进一统的行动，但在总体上无法改变鼎足而立的状况。

三、曹魏灭亡的深层原因

曹魏自220年建立至265年灭亡，共计45年，相对而言，算是短命王朝了。王夫之通过把曹魏与东汉的对比来归述它不足五世而亡的基本状况，“自其亡而言之，汉之亡也，中绝复兴，暴君相继，久而后失之；魏之亡也不五世，无桀、纣之主而速灭；以国祚计之，汉为永矣。乃自顺帝以后，数十年间，毒流天下，贤士骈首以就死，穷民空国以胥溺，盗贼接迹而蔓延”[1] 682。曹魏统治时期，既没有暴君的败政连绵，也没有戕害贤才的人祸横行，更没有四方揭竿而起的民变蔓延，但还是迅速覆亡了，“魏之亡也，祸不加于士，毒不流于民，盗不骋于郊；以民生计之，魏之民为幸矣。故严椒房之禁，削扫除之权，国即亡而害及士民者浅，仁人之泽，不易之良法也”[1] 682。相对于东汉王朝的老百姓而言，曹魏的老百姓还是幸运的，没有遇到改朝换代的杀戮和动荡，但曹魏的衰亡还是值得深思的。

（一）制度之弊

1. 申韩之效

王夫之对申、韩之术持批评态度，认为“古今之大害有三：老、庄也，浮屠也，申、韩也”[1] 1316。他反对申韩的刻薄寡恩，“师申、商之小智，而沿汉末嫉害党锢诸贤之余习尔。曹操师之以杀孔融、夺汉室”[1] 149–150。王夫之认为，曹操喜欢用申韩之术，这是曹魏灭亡的原因之一，“曹操以刻薄寡恩之姿，惩汉失而以申、韩之法钳网天下；崔琰、毛玠、钟繇、陈群争附之，以峻削严迫相尚。士困于廷，而衣冠不能自安；民困于野，而寝处不能自容。故终魏之世，兵旅亟兴，而无敢为萑苇之寇，乃蕴怒于心，思得一解网罗以优游卒岁也，其情亟矣”[1] 759–760。王夫之在《老庄申韩论》中说：“曹操之雄也，申韩术行，而敺天下以思媚于司马氏，不劳而夺诸几席。申韩之效，亦昭然也。”曹操可谓成亦申韩，败亦申韩，“申、韩之术也，曹操终用之以成乎严迫之政，而国随亡”[1] 657。可以说，申韩之术犹如双刃剑，既推动了曹魏的崛起，也动摇了人心，损害了曹魏统治的基础。

王夫之鄙弃申韩之术，他在批评法家时多次以曹操为例，“曹氏始用崔琰、毛玠，以操切治臣民，而法粗立。王道息，申、韩进，人心不固，而国祚不长，有自来也”[1] 697–698，“若申韩，则贼仁义也烈矣。师之者，嬴政也，曹操也，武曌也，杨坚也，其亡也忽也”[6] 905。王夫之认为，相比而言，司马懿抛弃了法家的苛刻，务从宽大，以小恩小惠赢得了士大夫的欢心，“司马懿执政，而用贤恤民，务从宽大，以结天下之心。于是而自缙绅以迄编甿，乃知有生人之乐。处空谷者，闻人声而輾然，栾盈之汰，人且歌泣以愿为之死，况懿父子之谋险而小惠已周也乎！……逆若司马，争法网以媚天下，天且假之以息民。则乘苛急伤民之后，大有为之君起而苏之，其为天祐人助，有不永享福祚者乎？”[1] 760–761 司马懿父子放宽法网以收买人心，使得缙绅和编甿都感受到了快乐，以此受到他们的欢迎，“魏之授晋，上虽逆而下固安，无乃不可乎！”[1] 779 在三国中，蜀汉和曹魏相继灭亡，而东吴最后灭亡，“三国鼎立，曹、刘先亡，吴乃继之。孙氏不师申、韩之报也；曹操不足道，诸葛公有道者也，而学于申、韩，不知其失，何也？”[1] 761 王夫之认为，这种情况的发生是东吴不师法申、韩的福报。

2. 九品官人之失

陈群提出“九品官人”的方案，曹丕予以接纳，并且长期推行。但这种制度“是权时之制，非经通之道”[7] 1058，在实施中很快暴露出了弊端，“魏氏承颠覆之运，起丧乱之后，人士流移，考详无地，故立九品之制，粗且为一时选用之本耳。其始造也，乡邑清议，不拘爵位，褒贬所加，足为劝励，犹有乡论余风。中间渐染，遂计资定品，使天下观望，唯以居位为贵，人弃德而忽道业，争多少于锥刀之末，伤损风俗，其弊不细”[7]1058。九品中正制是战乱时期的产物，对和平时期的人才擢拔来说存在诸多弊端，“九品始于丧乱，军中之政，诚非经国不刊之法也。且其检防转碎，征刑失实，故朝野之论，佥谓驱动风俗，为弊已甚”[7]1309。最初，中正官在评定人才时还能依据德行、才学、家世来进行，但家世的重要性在后来不断得到强调，而德才却被忽略。王夫之对此做出剖析，“魏从陈群之议，置州郡中正，以九品进退人才，行之百年，至隋而始易，其于选举之道，所失亦多矣。人之得以其姓名与于中正之品藻者鲜也，非名誉弗闻也，非华族弗与延誉也”[1]684。这种“所失亦多”的选举之道具有“三难八损”的弊端，造成任人唯亲达到肆无忌惮的地步，行贿受贿也普遍化，非常不利于人才的发现和培养。

（二）择嗣之失

在宗法制时代，选好皇嗣事关国祚长久，但历代曹魏统治者都在择定继位者时出现了失误，造成后继乏人的状况。从曹丕开始，这种失误已初显端倪，“魏之无人，曹丕自失之也。……故魏之亡，亡于孟德偏爱植而植思夺适之日。兄弟相猜，拱手以授之他人，非一旦一夕之故矣”[1]700。曹叡无子，在选择皇储时，本应在宗室子弟中选定年长而聪慧的才俊，却选取了两个婴儿来养育，“既不能然，情系私爱，抚养婴孩，传以大器”[4]154。对选中继嗣的人，本应认真对其传授治国安邦的本领，却依然没有做，“若夫魏主叡，无子而非有适长之不可易也，宗室之子，唯其所择以为后。当其养芳与询为子之日，岂无贤而可嗣者，慎简而豫教之？迨其将殂，芳之为子已三岁矣，可否熟知，而教训可夙，何弗择之于先，教之于后令可君国而勿坠，而使刘放、孙资得乘其笃疾以晋奸雄于负扆哉？”[1]740-741王夫之认为，“为天下得人者，得一人尔。得其人而宰辅百执无不得焉”[1]741。曹叡选嗣不慎，又缺乏对其进行必要的教育，只是寄希望于权臣来扶持，最终导致皇权旁落，“已既无子，唯其意而使一人以为君，不审其胜任与否，而又别委人以辅之，则胡不竟授以天下而免于篡弑乎”[1] 741？皇权旁落的情况在东汉曾经反复出现，主要是因为外戚和宦官轮番作祟所致，“汉之自旁支入继者，皆昏庸之器，母后权奸之为之也，非若叡之自择而养之也。彼愦愦以死，无意于宗社而委之妇人者，无责耳矣，而魏主何为者也！”[1] 741东汉皇权旁落事出无奈，但曹魏的权柄外移则是皇家自身的问题造成的。

（三）用人之失

1. 谏臣易得而忧国之臣短缺

人们崇敬敢于逆鳞指斥君上失误的诤臣，认为他们是难得的国之栋梁。但王夫之认为，直谏之士并不难得，真正难得的是具有远见卓识、忠诚之心并深怀忧患意识的忧国之臣，“得直谏之士易，得忧国之臣难。识所不及，诚所不逮，无死卫社稷之心，不足与于忧国之任久矣。若夫直谏者，主德之失，章章见矣。古之为言也，仁慈恭俭之得，奢纵苛暴之失，亦章章见矣。习古之说而以证今之得失，不必深思熟虑，殷忧郁勃，引休戚于躬受，而斟酌以求宁，亦可奋起有言而直声动天下矣”[1] 727。在王夫之看来，谏臣疾言指摘的君上之失，往往都是章章可见的事物，他们引经据典以古证今，很容易使人闻之动容。

曹明帝曹叡以能够接受大臣犯颜直谏受到赞扬，“容受直言，听受吏民士庶上书，一月之中至数十百封，虽文辞鄙陋，犹览省究竟，意无厌倦。……而优礼大臣，开容善直，虽犯颜极谏，无所摧戮，其君人之量如此之伟也”[4] 115。曹叡具有君人之量，群臣也能够直谏，不缺乏直臣。王夫之列举了直言极谏的旧臣大僚的事迹：“叡之营土木、多内宠、求神仙、察细务、滥刑赏也，旧臣则有陈群、辛毗、蒋济。大僚则有高堂隆、高柔、杨阜、杜恕、陈矫、卫觊、王肃、孙礼、卫臻，小臣则董寻、张茂，极言无讳，不避丧亡之谤诅，至于叩棺待死以求伸；叡虽包容勿罪，而诸臣之触威以抒忠也，果有身首不恤之忧。”[1] 727-728王夫之认为，这些人“触威以抒忠”的行为固然是可敬的，但所关注的问题无关宏旨，对于潜在的祸胎却不能发出忠告。

高堂隆“以义正谏，甚得辅导之节”[4] 708。在构建凌霄阙时，有鹊在上筑巢，高堂隆说：“此宫室未成身不得居之象也。天意若曰，宫室未成，将有他姓制御之，斯乃上天之戒也。夫天道无亲，惟与善人，不可不深防，不可不深虑。”[4] 710高堂隆还借助夏商更替的史实，以“至言”来警告统治者。曹叡心忧社稷，询问陈矫可否以社稷大事委托司马懿，陈矫的回答是：“朝廷之望；社稷，未知也。”[4] 644王夫之认为，高堂隆所谓的“深虑”依然是浮于言表，号称刚断骨鲠的陈矫也是避重就轻，知之不深而言之不力，“高堂隆因鹊巢之变，陈他姓制御之说；问陈矫以司马公为社稷之臣，而矫答以未知。然则魏之且移于司马氏，祸在旦夕，魏廷之士或不知也，知而或不言也。隆与矫知之而不深也，言之而不力也”[1] 728-729。曹叡作此质询时，司马懿还没有权倾天下，而陈矫的回答却有所保留，“当其时，懿未有植根深固之党，未有荣人、辱人、生人、杀人之威福，而无能尽底蕴以为魏主告。无他，心不存乎社稷，浮沈之识因之不定，未能剖心刻骨为曹氏徘徊四顾而求奠其宗祏也。逮乎魏主殂，刘放、孙资延大奸于肘掖之后，虽灼见魏之必亡而已无及矣”[1] 729。刘放、孙资极力推荐司马懿，“深陈宜速召太尉司马宣王，以纲维皇室。帝纳其言，即以黄纸授放作诏”。裴松之说：“本传及诸书并云放、资称赞曹爽，劝召宣王，魏室之亡，祸基于此。”[4] 461

造成这种状况的原因是什么呢？王夫之认为，是这些谏臣缺乏社稷远虑，“以社稷为忧者，如操舟于洪涛巨浸，脉察其碛岸涡之险易，目不旁瞬而心喻之；则折旋于数十里之外而避危以就安也，适其所泊而止。岂舟工之智若神禹哉？心壹于是而生死守之尔。若夫雒阳、崇华铜人土山之纵欲劳民，与夫暴怒刑杀、听小臣毁大臣、躬亲细务而陵下不君，此皆见之闻之，古有明训，而依道义以长言之，则不必有体国之忠，而但有敢言之气，固可无所畏避而唯其敷陈者也。抑岂足恃为宗社生民之托哉？”[1] 729-730仅有敢言之气而没有体国之忠之人，虽然无所畏避，却只是敷陈事实，不能思虑宗社生民的根本问题。对于司马氏的潜在危害，没有人向曹叡提出，“魏主叡之后，一传而齐王芳废，再传而高贵乡公死，三传而常道乡公夺。青龙、景初之际，祸胎已伏，盖岌岌焉，无有虑此为叡言者，岂魏之无直臣哉？”[1] 727虽然号称骨鲠直臣者颇多，但能够剖心刻骨为曹氏徘徊四顾而求奠其宗的忧国之臣则少之又少，“由是观之，直谏之臣易得，而忧国之臣未易有也”[1] 727–728。

2. 托人之失

曹操曾经告诫曹丕：“司马懿非人臣也，必预汝家事。”[7] 20曹丕却将司马懿指定为辅政大臣，“而非但丕之失也，丕之诏曹真、陈群与懿同辅政者，甚无谓也。子叡已长，群下想望其风采，大臣各守其职司，而何用辅政者为？其命群与懿也，以防曹真而相禁制也。然则虽非曹爽之狂愚，真亦不能为魏藩卫久矣。以群、懿防真，合真与懿、群而防者，曹植兄弟也”[1] 700。为了遏制宗室的力量，曹丕临终之际抬高了司马懿的地位，“魏之亡，自曹丕遗诏命司马懿辅政始”[1] 699。这一遗诏为曹魏的灭亡埋下了祸根。

曹叡去世前夕，又将司马懿定为托孤重臣，“魏主叡授司马懿以辅政，而懿终篡也，宜哉！法纪立，人心固，大臣各得其人，则卧赤子于天下之上而可不乱，何庸当危病昏瞀之时，委一二人，锡以辅政之名，倒魁柄而授之邪？”[1] 739南宋陈亮说：“司马氏非有大功于魏也，乘斯人望安之久而窃其机耳。”[8] 144王夫之认为，司马懿虽然抗拒了诸葛亮，但成绩是“仅以不败”，而其主要作为是诛灭曹爽，挟制幼主，为其子孙的基业打下基础，“司马懿之于魏，掾佐而已，拒诸葛于秦川，仅以不败，未尝有尺寸之功于天下也；受魏主叡登床之托，横翦曹爽，遂制孱君、胁群臣，猎相国九锡之命，终使其子孙继世而登天位，成一统之业”[1] 758–759。由于曹叡的钦定，司马懿有机会操纵天下，控制幼主，胁迫群臣，动摇了曹魏的统治。

曹操之后，两代皇帝均指定司马懿为顾命大臣，虽然也有一些限制措施，但最后还是被其操控，“然不再世，而国又夺于权臣”[1] 681–682。一个征战沙场、手握通国之兵的人来辅佐孺子、左右社稷，如何能保证其始终不会有二心？事实恰恰是这样的：司马懿轻易剪灭了曹爽势力，将曹芳控制在股掌中，随意更换皇帝，“其恶在懿，其失在叡，而芳何尤焉”[1] 756。王夫之总结道：“懿之不可托也，且勿论其中怀之叵测也；握通国之兵，为功于阃外，下新城，平辽东，却诸葛，抚关中，将吏士民争趋以效尺寸，既赫然矣。恶有举社稷之重，付孺子于大将之手，而能保其终者哉？”[1] 743

3. 以疑而召乱亡之祸

王夫之将曹操属意曹植与汉高祖、唐高祖、宋太祖确定嗣位做比较，“汉高意移于赵王，唐高情贰于建成，宋祖受母命而乱与子之法，开国之初所恒有也。而曹氏独以贻覆宗之祸”。究其原因，是由于汉唐宋初“不假秉政握兵之异姓，持权以箝束懿亲”，这样就不会将主动权拱手让与权臣，权臣也就没有机会兴风作浪。“汉、唐、宋争于室而奸邪不兴于外，岂有患哉？魏之自取灭亡，天邪？人邪？人之不臧者，天也。”[1] 700-701

曹丕和曹叡担心宗室的威胁，因此压制宗室势力；司马氏吸取曹魏缺乏屏藩而亡的教训，扩大宗室的力量，结果出现八王之乱，严重削弱了统治基础。王夫之将上述概括为“魏削宗室而权臣篡，晋封同姓而骨肉残”[1] 779。曹魏与西晋的夺权方式相似，虽然导致它们衰亡的因素相反，但都有多疑的因素在里面，都是因心怀疑虑而走向极端，“魏之削诸侯者，疑同姓也；晋之授兵宗室以制天下者，疑天下也。疑同姓而天下乘之，疑天下而同姓乘之，力防其所疑，而祸发于所不疑，其得祸也异，而受祸于疑则同也”。无论是疑同姓，还是疑天下，最后都是将精力放在消除疑虑上，结果却是赖以依靠的力量为皇朝掘墓，因疑而招来祸端，“亲亲而以疑，则亲非其亲；尊贤而以疑，则贤非其贤；爱众而以疑，则众非其众；夫何疑哉？”[1] 800-801。认为天下没有可信之人，即为庸人之疑，其危害是人人受疑、人人自忧，“以疑而能不召乱亡之祸者无有。天下皆以为疑己矣，而孰亲之？其假以防疑者，且幸己之不见疑而窥其疏以乘之；无可亲而但相乘，于是而庸人之疑，终古而不释。道不足于己，则先自疑于心；心不自保，而天下举无可信，兄弟也，臣僚也，编氓也，皆可疑者也”[1] 800。以少数统治者去怀疑众多的人，以仅有的智慧来对抗群智群力，实属愚蠢，难免造成严重的恶果，“其愚不可瘳，其祸不可救矣”[1] 800。曹氏和司马氏的覆没都是因疑心太重，偏信一面而导致祸起萧墙。

4. 用人与行政，举一废一

治国之道，宽猛结合，一张一弛，相扶以治，才能使人有所畏有所乐，“用人与行政，两者相扶以治。举一废一，而害必生焉”[1] 790。王夫之分析了执其一端对治国安邦的危害性：“虽无佞人，而亟行苛政以钳束天下，而使乱不起；然而人心早离，乐于易主，而国速亡。政不苛而用佞人，其政之近道，足以羁縻天下使不叛，然而国是乱，朋党交争，而国速以乱。”[1] 790-791 曹魏与西晋在这一点上均各执一端，举一废一，导致严重的后果，“曹孟德惩汉末之缓弛，而以申、韩为法，臣民皆重足以立；司马氏乘之以宽惠收人心，君弑国亡，无有起卫之者”[1] 791。曹魏与西晋两者的殊途同归，是对举一废一的后果的生动验证。

王夫之批评苛刻与纵驰的极端倾向，认为两种倾向都会导致灭亡，“人而苟为治人也，则治法因之以建，而苛刻纵弛之患两亡矣。魏之用人，抑苟免于邪佞尔，无有能立久长之本，建弘远之规者也。孟德之智，所知者有涯；能别于忠佞之分，而不能虚衷以致高朗宏通之士”[1] 792。曹操能够辨别忠与佞，因此能免于邪佞的败政，但其苛政不利于树立恒久的制度、建立弘远的规矩、招致高朗宏通之士，不利于培养居安思危的忧患意识，因此，曹魏的败亡也就不可避免了。

（四）风尚之失

曹操唯才是举、不拘一格，重才不重德，甚至对“不仁不孝而用治国用兵之术”者也不计较。王夫之说：“魏之得天下也，不以道；其守天下也，不以仁，其进天下之士也，不以礼。”[1] 674 曹操的人才政策是在“争乱之余”这种特定的时期制定的，但重才而不重德的习气后来却得到了沿袭，正如傅玄所讲的“魏武好法术，而天下贵刑名；魏文慕通达，而天下贱守节”[7] 1318。这一人才政策不能以道义感化世人、矫正风气，使世风浇漓，“争乱之余，智术兴，道德坠，名世之风邈矣”[1] 792。

东汉中后期，宦官专权，清流之士崇尚名节，抨击逆流，“士以名节相尚，而交游品题，互相持以成乎党论，天下奔走如骛，而莫之能止。桓、灵侧听奄竖，极致其罪罟以摧折之，而天下固慕其风而不以为忌”[1]716。在政治黑暗的东汉时代，虽然屡兴党锢之祸，但不能遏制清议的风气，而曹操担心这种风气会乱政，便以刑名予以钳制，“曹孟德心知摧折者之固为乱政，而标榜者之亦非善俗也，于是进崔琰、毛玠、陈群、钟繇之徒，任法课能，矫之以趋于刑名，而汉末之风暂息者数十年”[1]716。曹操的举措对裁量执政的危言深论产生了压制作用，但到了太和时期，这种风气再度兴起，并且走向了崇虚堕实的极致，“诸葛诞、邓飏浸起而矫孟德综实之习，结纳互相题表，未尝师汉末之为，而若或师之；且刓方向圆，崇虚堕实，尤不能如李、杜、范、张之崇名节以励俗矣。乃遂以终魏之世，迄于晋而不为衰止”[1]716。

曹操抑制危言深论没有产生长久的效果，反而使其蓄势而流溢，“孟德之综核名实也，适以壅已决之水于须臾，而助其流溢已耳。故曰抑之而愈以流也”[1]716。经过曹操的抑之而愈流，务虚之风一发不可收拾，延及数百年，“利者争托焉，伪者争托焉，激之已极，无所择而唯其所滥。夏侯玄、何晏以之亡魏……非崇质尚实者之激而岂至此哉?”[1]718曹操所压制的风气在太和年间出现反弹，夏侯玄、何晏等清谈之士将玄虚浮华发挥到极致，最终酿成了败德败政的祸端。

参考文献：

［1］王夫之.读通鉴论［M］.北京：中华书局，1975.
［2］梁启超.中国近三百年学术史［M］.北京：北京联合出版公司，2014.
［3］梁启超.清代学术概论［M］.北京：中华书局，2016.
［4］陈寿.三国志［M］.北京：中华书局，1959.
［5］司马光.资治通鉴［M］.北京：中华书局，1959.
［6］王夫之.宋论［M］.北京：中华书局，2013.
［7］房玄龄.晋书［M］.北京：中华书局，1974.
［8］陈亮.陈亮集［M］.北京：中华书局，1974.

（《衡阳师范学院学报》2022年第5期）

“自三代而下，唯光武允冠百王矣！”
——王船山论东汉光武帝刘秀

彭大成

在中国古代帝王中，从“秦皇汉武”到“唐宗宋祖”，王船山评价最高的是东汉的开国皇帝——光武帝刘秀。王船山在《读通鉴论》中对光武帝作了这样高度评价：“自三代而下，唯光武允冠百王矣。”[1] 226这就是说，“自三代而下”，在中国有文字记载的历史中，那些最有名的杰出皇帝，从秦始皇、汉高祖、汉武帝、汉光武帝，到唐太宗、宋太祖，再到明太祖，排在冠军之位的皇帝就是东汉光武帝刘秀。船山为何如此高度评价光武帝刘秀呢？请看下面船山对刘秀雄才大略的独特论述。

一、刘秀与刘邦平定天下之难易

刘秀是以西汉皇族后裔的身份，参加推翻王莽篡位所建新朝的农民大起义而登上历史舞台的。他在艰难百战中扫除群雄、荡平天下，恢复刘汉江山，建立新的大一统的东汉王朝，成为东汉的开国英主。船山首先将刘秀与其先祖刘邦平定天下之难易作了精辟的比较分析。他说：“光武之始徇河北，铜马诸贼几数百万；及破之也，溃散者有矣，而受其降者数十万人。斯时也，光武之众未集，犹资之以为用也。已而刘茂集众十余万而降之于京、密；朱鲔之众且三十万而降之于洛阳；吴汉、王梁击檀乡于漳水，降其众十余万于邺东；五校之众五万人降之于羛阳；余贼之拥立孙登者五万人，降之于河北；赤眉先后降者无算，其东归之余尚十余万人降之于宜阳；吴汉降青犊，冯异降延岑、张邯之众，盖延降刘永之余，王常降青犊四万余人，耿弇降张步之卒十余万；盖先后所受降者，指穷于数。战胜矣，威之矣，乃几千万不逞之徒听我羁络，又将何以处之耶？高帝之兴也，恒患寡而亟夺人之军，光武则兵有余而抚之也不易，此光武之定天下所以难于高帝也。”[1] 225船山认为，“光武之定天下所以难于高帝”的第一个原因是：西汉末年农民起义的队伍比秦朝末年农民起义军庞大得多，社会动乱、破坏的程度也大得多。由于王莽建立的新朝是在阴谋篡夺刘汉天下的基础上建立起来的，因此，其合法性与权威性都比秦王朝脆弱得多。而西汉末年多支农民起义军名义上的领袖都是刘汉皇族的后裔（如更始帝刘玄，刘盆子，还有刘秀与其兄刘伯升等），其号召力与影响力都比秦末农民起义军大得多。刘秀能以最初的孤弱之军战胜如此众多的乱世枭雄，先后收服多达几百万甚至近千万的败兵降卒。当年刘邦因为军队人数不足，常常是迫不及待地把降兵编入自己的军队，并用之于作战。而刘秀因为军队有余，如何安置如此众多的降兵，使他们不再作乱、危害社会，就成为当时的一个最大难题。船山为史学家没有详细记录刘秀的安置办法而深感惋惜，说：“所贵乎史者，述往以为来者师也。为史者，记载徒繁，而经世之大略不著，后人欲得其得失之枢机以效法之无由也，则恶用史为？”[1] 225船山认为，历史之所以可贵，就是因为历史能记载过去的经验教训为后人所师法。如果历史只详载那些烦琐的小事，对那些经邦治国的大举措、大谋略不详细记述，后人就不知道“其得失之枢机”而无以效法，这样的史书有什么用呢？

船山认为，千万战俘的安置之所以是个极大的社会难题，是因为“夫民易动而难静，而乱世之民为甚。当其舍耒而操戈，或亦有不得已之情焉。而要皆游惰骄桀者也。迨乎相习于戎马之间，掠食而饱，掠妇而妻，驰骤喧呶，行歌坐傲，则虽有不得已之情而亦忘之矣。尽编之于伍，而耕夫之粟不给于养也，织妇之布不给于衣也，县官宵夜持筹不给于馈运也。尽勒之归农，而田畴已芜矣，四肢已惰矣，恣睢狂荡，不能受屈于父兄乡党之前矣。故一聚一散，倾耳以听四方之动而随风以起，诚无如此已动而不复静之民气何矣！而光武处之也，不十年而天下晏然，此必有大用存焉。史不详其所以安辑而镇抚之者何若，则班固、荀悦徒为藻悦之文，而无意于天下之略也，后起者其何征焉？”[1] 215-216船山认为，天下百姓易动而难静，“乱世之民”尤其如此。当老百姓丢下锄头、拿起兵器起来造反，其中很多人确实有迫不得已而为之，但其中的骨干分子则大多是平时游惰、桀骜之徒，当他们在长期的战乱中过惯了“掠饱而食，掠妇而妻，驰骤喧呶，行歌坐傲”的放荡生活，即使当初有迫不得已之情也忘记了。如果把他们全部编入军队，那农夫辛勤生产的粮食、农妇拼命纺织的布匹、县官日夜筹措征集调运，也不够供应。如果将他们全部勒令回乡归农，但他们已四肢懒惰、不习惯于农业生产，而他们在战争中养成的“恣睢狂荡”的性格，使他们已不甘心受屈于父兄乡党的约束，社会一有风吹草动，他们就会闻风而起，重新参加造反作乱的队伍。而汉光武刘秀却能妥善处理好这一极大的社会难题，“不十年而天下晏然，此必有大用存焉”。他为当时班固、荀悦等史学大家没有详细记述这一“经世之大略”而深感不满。近代杰出的改革思想家谭嗣同在看到船山这段史论时曾深有感触地说：“王船山尝恨史官昧于政体：时承大乱之后，归降动至百万数十万人，其用兵之数，当不止此，皆不农不末无业游民也，一旦归休，如何安置，如何劳来，还定安集之，又操何术，使有执业，足自给而不为乱——当时至大至难之事宁有过于此者？而史官一字不及，真可谓无识焉耳。于古既无所征，后世遂百思不得其故。曾国藩深慨遣散兵卒之难，甚于募练，至于无法以善其后。散勇之溃叛，降人之反复，不一而足，至今为戒。”[2] 83谭嗣同对船山所论深有同感，认为不仅东汉光武帝遇到过这一极大的社会难题，就是1800多年后的曾国藩也同样遇到过这一社会难题，且尚未找到妥善的解决办法，为此深感头痛。如何恢复社会大战乱、大动荡之后的社会秩序、社会生产和生活，不仅是中国历史上的难题，也是世界性的难题。例如，十月革命后的俄国，也曾出现过这样的难题。列宁当年也曾指出：“我国的农民经济在连年战争之后凋蔽不堪；由于播种面积缩减、生产资料损毁、单位面积产量减少、劳动力缺乏等等，必然出现歉收……它可能使我们在最近几个月遇到更大的困难和灾难。”[3] 6特别是大批复员军人，“在农村中遇到了难于置信的困难，这一危机和总的危机使他们得不到劳动的机会，结果出现了一种介于战争与和平之间的局面……几万、几十万士兵早已只习惯于打仗，把打仗几乎当成了唯一的职业，现在复员回到家乡，他们一贫如洗，生活艰难，自己的劳动用不上，结果我们被卷进了一场战争，新类型的战争。这种新形式的战争简言之就是盗匪活动”[3] 6-7。亲历过明末社会大战乱的王船山，深切地感受到长期的战乱与杀戮给人民带来的巨大灾难，也深感解决这一难题是多么不容易。船山对史书没详细记录光武帝解决这一难题的具体方略而深表不满，更对光武帝顺利处理这个难题的“不十年而天下晏然”的雄才大略，表示了高度的肯定和赞佩。

船山认为，光武帝取天下难于汉高帝的第二个原因是：刘秀当时比刘邦面临着更多、更强大的竞争对手，也面临着更严峻、更错综复杂的形势。他指出：“光武之得天下，较高帝而尤难矣。建武二年，已定都于洛阳，而天下之乱方兴。帝所得资以有为者，独河北耳。而彭宠抑叛于幽州，五校尚横于内黄。关以西，邓禹虽入长安，赤眉环绕其外，禹弗能制焉。郾、宛、堵乡、新野、弘农，近在咽颊之间，寇叛接踵而相为牵制，不异更始之在长安时也。刘永、张步、董宪、苏茂，横亘东方，为陈、汝眉睫之患；隗嚣、公孙述姑置而可徐定者勿论焉。其视高帝出关以后，仅一项羽，夷灭之而天下即定，难易之差，岂不远哉！”[1] 222船山认为，汉光武建立东汉、定都洛阳之际，正是天下大乱方兴未艾的时候，他所能实际控制的地区只有河北一小块地方，四周强敌环伺，叛贼蜂起，火烧眉毛，不仅有强大的赤眉军包围着困守长安的邓禹，彭宠反叛于幽州，“五校尚横于内黄”，还有刘永、张步、董宪、苏茂等人，“横亘东方，为陈、汝眉睫之患”。这些还都是近在咫尺、必须首先解决的敌人，且不说，可以留待以后再慢慢解决、远在陇西的隗嚣与四川的公孙述。而刘邦则拥有“天府之国”四川的巩固大后方，有源源不断的粮草、军需物资及兵员的接济，一出关只面临一个强敌项羽，只要灭掉项羽，就可以取得天下。刘秀则面临着一大批强悍的竞争对手，而且自己的军事实力与物质力量非常弱小，面临的困难也非常严峻。这是一方面。另一方面，刘邦争天下时，秦朝已经灭亡，没有什么君臣道义的羁绊，完全可以打出自己的旗子争天下。而西汉末年的农民起义大多是打着恢复刘汉王朝的旗帜为号召的，刘秀作为刘汉皇族的后裔具有一定的政治优势，但具有这种优势的人并非只有他一个，还有更始帝刘玄、刘盆子、刘永、孺子婴等人，且刘玄称帝后刘秀还臣事过他。刘秀在这一批皇族后裔中能最终脱颖而出，成为最后的胜利者，无疑与他本人卓越超群的才能有关。为了说明这一点，船山进一步批驳了一些人所认为的那样：刘邦所面临的项羽是“力能扛鼎”、曾经百战百胜的强敌，而刘秀所面对的敌人都是远不及项羽的弱敌，“或曰：项羽，强敌也，赤眉、五校、刘永、张步、董宪、苏茂、董䜣、苏况、隗嚣，皆非羽论，则光武易。夫寇岂有常哉！项羽之强也而可使弱，弱者亦何不可使强也。曹操虑袁绍之难平，而卒与争衡者周瑜之一隅；苻坚荡慕容、姚氏之积寇，而一败不支于谢玄之一旅。时之所兴，势之所凑，人为之效其羽翼，天为之长其聪明，燎原之火，一爝未灭，而猝已焚林，讵可量邪？且合力而与争者一途，精专志定，无旁挠焉，而恶得不易！分势而四应者杂起，左伏右起，无宁日焉，而恶得不难！使以高帝荥阳之相持，而遇光武丛生之敌，乘间捣虚而掣其后，羽不待约，而人为之犄角，高帝不能支矣。则甚矣，光武之难，而光武之神武不可测也。”[1] 222-223船山在分析刘秀、刘邦定天下之难易时，涉及他们所面临的敌人是“强敌”还是“弱敌”，深刻提出了强弱可以互相转化的军事辩证法思想，即“项羽之强也而可使弱，弱者亦何不可使强也”。例如，曹操曾经最担忧的是“四世三公”、实力雄厚、兵强马壮的袁绍，但在赤壁之战中却以八十三万大军败给了只有三万军队的周瑜；曾经横扫北方的苻坚，却在淝水之战中败给了只有三万多人马的谢玄，充分说明了在战争中强与弱是可以互相转化的，强者可能变成弱者，弱者也可能战胜强者，关键在于战略战术是否正确及作战是否勇敢。刘邦在夺天下时，只需集中精力对付项羽一个敌人，没有其他掣肘与干扰；而刘秀则面临众多敌人，“分势而四应者杂起，左伏右起，无宁日焉，而恶得不难”。如果刘邦在与项羽相持于荥阳时，遇到刘秀所面临的“丛生之敌，乘间捣虚而掣其后”，那他就很难支撑下去了。所以，船山发出这样的赞叹：“则甚矣，光武之难，而光武之神武不可测也。”

二、运筹决胜、平治天下的雄才大略

从王船山论刘秀与刘邦平定天下之难易的比较分析中，我们已可初步看到刘秀是一位具有雄才大略的政治家与军事家。刘秀能明星般崛起于中国历史舞台，与昆阳之战密切相关。船山之论刘秀，也正是从昆阳之战开始的。他说：“昆阳之战，光武威震天下，王业之兴肇此矣。王邑、王寻之师，号称百万，以临瓦合之汉兵，存亡生死之界也。诸将欲散归诸城，光武决迎敌之志，诸将不从，临敌而挠，倾覆随之。光武心喻其吉凶，而难以晓譬于群劣，则固慷慨以争，痛哭以求必听之时也。乃微笑而起，俟其请而弗迫与之言，万一诸将不再问而遽焉骇散，能弗与之俱糜烂乎？呜呼！此大有为者所以异于一往之气矜者也。”[1]215当时王莽的四十二万大军，在王寻、王邑的率领下，“号称百万，以临瓦合之汉兵”，而刘秀率领的汉兵只有九千余人。在强大的敌人面前，刘秀手下的将领都非常恐慌，想分散逃避，而刘秀却决心迎战。在这“存亡生死之界”的危急关头，刘秀并没有对诸将做过多的说服工作，而是“微笑而起”，表现了从容镇定、成竹在胸的宏大气魄与胆略。船山认为，当时刘秀如果为了要说服诸将听从自己的建议与决策，去“慷慨以争，痛哭以求”，效果将适得其反，“知其欲散而弗及，而又迫与之争，以引其喧嚣之口，相长而益馁其气，则不争而得，争之而必不得者也”[1]215。因为这不是口舌争论的时候，而是决心和行动的时候。船山进而指出，刘秀这种“微笑而起”的从容镇定，不仅是建立在藐视敌人的英雄气概上，而且是建立在“知己知彼”的深刻分析与周密筹划上。这是因为刘秀已从敌人表面的气势汹汹中敏锐洞察到其弱点，早已做好战胜敌人的充分准备：“藉令敌兵不即压境以相迫，诸将惊溃而敌蹑之，王邑无谋，严尤不决，兵虽众而无纪，外盛而中枵，则诸将溃败之余，敌兵骄懈，我乃从中起以乘之，夫岂无术以处此？而特不如今此之易耳。”[1]215船山认为，即使当时诸将惊骇溃散，刘秀仍可乘“敌兵骄懈”另找破敌之机。所以说，刘秀“一笑之下，绰有余地”[1] 215，既表现了他在战略上必胜的信念，又说明他在战术上做好了充足的准备，稳定了军心，鼓舞了士气。再加上刘秀能亲做表率，身先士卒，带头冲锋陷阵，因而能以数千之众，一举击溃敌人数十万大军，为后来夺取天下赢得了巨大声威。毛泽东在《中国革命战争的战略问题》一文中，曾把昆阳之战列为中国历史上以弱胜强的光辉战例之一。船山更是高度评价了刘秀这种雄才大略与英雄气概：“天下之大，死生之故，兴废之几，非旷然超于其外者，不能入其中而转其轴。故武王之诗曰：‘勿贰尔心。’慎谋与于未举事之前，坦然忘机于已举事之后，天锡帝王以智，而必锡之以勇。勇者，非气矜也，泊然于生死存亡而不失其度者也。光武之笑起而不与诸将争前却，大有为者之过人远也，尤在此矣。”[1] 216船山认为，刘秀在昆阳之战中就表现出是一位智勇双全、卓越超群的“大有为者”。船山进一步分析了刘秀在平定天下的过程中所采取的主要战略方针，指出：“乃微窥其所以制胜而荡平之者，岂有他哉？以静制动，以道制权，以谋制力，以缓制猝，以宽制猛而已。帝之言曰：‘吾治天下以柔道行之。’非徒治天下也，其取天下也，亦是而已矣。柔者非弱之谓也，反本自治，顺人心以不犯阴阳之忌也。”[1] 223船山认为，刘秀不仅是以“柔道”治天下，而且取天下也是以“柔道”，“以静制动，以道制权，以谋制力，以缓制猝，以宽制猛”。这种“柔”，并不是软弱，而是顺应人心向背，遵循战争规律，抓住时机，因势利导，各个击破敌人，夺取战争胜利。例如，在扫平赤眉军过程中，当赤眉军放弃长安，西走安定，因粮食吃完而“引兵东归”时，刘秀便命大将邓禹坚守长安，不出战，“扼之于险而可制其死命”[1] 224。可是邓禹却违令出战，结果反遭大败。刘秀只得亲自出马，把赤眉军阻截在宜阳城下而“尽降之”。对此，船山分析说：“然光武终能遏之于宜阳而尽降之，曾不恤归师勿掩之戒，塞决河而敛溃痈，则又何也？严阵以待，求战不得，求走不能，弗犯其锋，稍迟之而气即馁矣。帝以持重而挫其方决之势，禹以持重而失之方溃之初，相时之变，定几于顷刻，非智之所能知，勇之所能胜。岳鹏举曰：‘运用之妙，存乎一心。’心不忘而时自应于其会，此未可以一成之论论之也。”[1] 224刘秀能够取胜的战略战术，正是船山所说的“以静制动”“以缓制猝”，同时能抓住战机果断出击，因而能取得“尽降”赤眉军的重大战略胜利。所以，船山称赞刘秀是“运用之妙，存乎一心”的高明军事家。又如，在平定四川割据者公孙述之战中，当时全国已基本平定，只剩下公孙述最后一个割据者。刘秀派大将吴汉出征，出征前，刘秀曾告诫他说：“成都十余万众，不可轻也。但坚据广都，待其来攻，勿与争锋。若不敢来，公转营迫之，须其力疲，乃可击也。”[4] 681但是，吴汉却并没有听从刘秀的告诫，而是分兵冒进。刘秀闻之大惊，立即派人送信给吴汉说，临别告诫你千条万绪，为何临时如此勃乱，既轻敌深入，又与刘尚别营，事有缓急，不能互相救援。若敌兵来攻，以优势军队先攻刘尚，刘尚军队被攻破，你必然失败，如果还没有出现这种情况，赶快退兵回广都。诏书还未到，公孙述果然派其部将谢丰、袁吉等率领十多万人马，集中围攻吴汉，另派一万多人的军队进攻刘尚。吴汉果然大败。对此，船山评论道：“建武十二年，天下已定，所未下者，公孙述耳。三方竞进，蹙之于成都，述粮日匮，气日衰，人心日离，王元且负述而归我，此其勿庸劳师亟战而可坐收也较然矣。触其致死之心，徼幸而犹图一逞，未易当也。吴汉逼成都而取败，必然之势矣。光武料之于千里之外而不爽，非有不测之智也，知其大者而已。”[1]（238）船山认为，刘秀千里之外就料到吴汉会遭到挫败，并非有什么神秘“不测之智”，而是因为吴汉违背了刘秀“以静制动”“以缓制猝”的战略战术。公孙述已经“粮日匮，气日衰，人心日离”，“不必劳师亟战”而可以持重致胜，而吴汉却轻敌冒进，反而招致大败，差点连自己的性命也丢了。船山进一步分析了刘秀当年的昆阳之战、邯郸之战都是“亟战”而取胜，吴汉却以“亟战”而失败，是由于不同的地点、时间、条件等各方面因素决定的。因此，善于“审势”非常重要，这也是后来岳飞所说的“运用之妙，存乎一心”。船山因此高度评价刘秀说：“故善审势者，取彼与我而置之心目之外，然后笼举而规恢之，则细微之变必察；耳目骛于可见之形，而内生其心，则智役于事中，而变生于意外。诗云：‘不出于颎。’出于颎者，其明哲无以复加焉。昆阳之拒寻、邑，邯郸之蹙王郎，光武固尝以亟战得之矣，彼一时也。吴汉效之而恶得不败！”[1] 238 即是说，因为刘秀善于审时度势，根据不同的具体情况，采取不同的作战方式，该急战的时候急战，该缓战的时候缓战，因此能够百战百胜，所以，船山称赞他“其明哲无以复加焉”，而吴汉盲目仿效他的战法却落得“恶得不败”的结局。

船山认为，刘秀不仅具有卓越超群的军事才能，也具有深谋远虑的政治才能。船山以同时期的政治领袖人物更始帝刘玄与光武帝刘秀作比较，认为他们都是刘汉皇族的后裔，都有做皇帝的政治资格与号召力，而且刘玄是最先被推为皇帝的天下共主，刘秀只是刘玄的臣属。刘秀的哥哥刘伯升因遭刘玄的猜忌而被杀掉，刘秀不得不忍辱负重，表面对刘玄表示恭顺服从，在取得刘玄信任后被任命为破虏将军，独领一军去经略河北，逐渐壮大了自己的势力，并最终取得天下；而刘玄最终却落得个兵败被杀的可悲下场（被刘盆子属下所杀）。船山认为，之所以出现这种结局，并不是后来史书所写的那样极力美化刘秀、丑化刘玄，而是他们在关系战略全局上的重大决策的正确与否。刘玄集团的最大战略失策就是没有定都洛阳，而是建都长安。这主要又是因为刘玄集团多是由农民起义军将领所组成，政治文化素质低，贪图长安的富盛生活，而不去积极平定关东、河北的战乱与社会动荡，这就为刘秀集团的崛起提供了极好的机会。对此，船山指出：“当是时，赤眉在濮阳，城头子路、力子都在河、济间，铜马、大彤等贼在燕、赵，李宪在淮南，天下所岌岌未定者东方也。而遽避劳趋逸，欲拥关以自固，则天下深见其不可恃，而竞扼其虚。顾欲长保故宫之富贵以自封殖，是犹狐兔倚窟以安，而韩卢腾掷于外，甫一出而必不免于获也。王莽诛，关中无事，隗嚣委宗族而从己；于斯时也，得一重臣如寇恂者，镇抚长安而安集之，为洛阳之根本，而都洛以弹压山东，光武即解体于河北，其能遽收河内，下河东而无所顾畏邪？赤眉已降之余，不能驰骋任志如践无人之境，必矣。”[1] 213-214 船山认为，当时如果刘玄能定都洛阳，“以弹压山东，光武即解体于河北”，根本不可能如入无人之境，很快占据大片地方以扩大自己的势力。而刘秀集团高层骨干分子大多是知识分子，具有较高的政治文化素质，采取的政策策略也比较正确，同时比较善于约束自己的行为，不致骄奢放纵，故能取得最后胜利。对此，船山进一步指出：“盖更始所任为大臣者，类皆群盗之长，贪长安之富盛，而藉口于复高帝之旧业以为廓清，其诤诤小异如朱鲔、刘嘉、鲍永之流，亦不胜盈廷谄訑之论；则塞颠当之户，耽燕雀之嬉，固其宜也。光武得士于崛起之中而任之，既无盗贼之习气；及天下甫定，复不以任三公，而别用深识之士；虚建西都，而定宅洛阳，以靖东方之寇；皆惩更始之失而反其道。老子曰：‘不善人，善人之资。’更始之失，光武之资也。”[1]214刘秀正是从刘玄之失中汲取了深刻教训，从而反其道而行之，“虚建西都，而定宅洛阳，以靖东方之寇”，即以洛阳为首都去全力平定东方的众多割据势力与战乱，从而奠定了一统天下的基础。也可以说正是刘玄的失败给予了刘秀胜利的机会。对这段历史，著名史学家范文澜也有过与船山相似的分析与评论：“赤眉军的首领只有徐宣一人，曾做过多狱吏，樊崇等人都不识文字，历史知识和政治经验都是很缺乏的。赤眉军的幼稚行动，决定了它必然无成。刘秀本人兼有太学生、贵族、豪强三种身份，它的文武部属也全是这三种人。这个以南阳豪强集团为主体的刘秀军，在政治上有优势，在军事上有谋略，再加上禁止掳掠，争取民心，这就决定了它的必然胜利。”[5]109

王船山在研究中国几千年治乱兴衰的历史时，提出了这样的平治主张：“天下未定，先以驱除；天下已定，纳以文明。”[6]944前面提到，船山认为刘秀不仅是以“柔道”取天下，也是以“柔道”治天下。正是在这一平治天下的过程中，刘秀表现出了“先以驱除”和“纳以文明”的杰出才能。船山指出：“然则光武所以屈群策群力而独伸焉者，舍道其何以哉？天下方割裂而聚斗，而光武以道胜焉。即位未久，修郊庙，享宗祖，定制度，行爵赏，举伏湛，征卓茂，勉寇恂以绥河内，命冯异使抚关中。一以从容镇静结已服之人心，而不迫于争战。然而桀骜强梁之徒，皆自困而瓦解。是则使高帝当之，未必其能耆定如此也。而光武之规模弘远矣。”[1]223刘秀登皇帝位不久，天下战乱未休的时候，就开始了将天下“纳以文明”的进程：“修郊庙，享宗祖，定制度，行爵赏，举伏湛，征卓茂。”也就是说，天下战乱未休的时候，刘秀就开始了国家的制度建设，重用知识分子，大兴文教事业，“一以从容镇静结已服之人心，而不迫于争战”，同时让那些在战乱中涌现的“桀骜强梁之徒，皆自困而瓦解”，表现出他“规模宏远”的政治才华。前面还提到，船山因为史书没有详细记载刘秀如何处理几百万农民起义军退伍归田的安置问题而深表不满，但他根据史书所写的一些大致举措做出了大概分析，指出：“无已，而求之遗文以仿佛其大端，则征伏湛、擢卓茂，奖重厚之吏，以调御其嚣张之气，使惰归而自得其安全；民无怀怨怒以摈之不齿，吏不吝教导以纳之矩矱，日渐月摩而消其形迹，数百万人之浮情害气，以一念敛之而有余矣。盖其觌文匿武之意，早昭著于战争未息之日，潜移默易，相喻于不言，当其从戎之日，已早有归休之志，而授以田畴庐墓之乐，亦恶有不帖然也。”[1] 226船山认为刘秀采取的主要治国方略就是偃武修文，大力征召、提拔、使用以儒家为代表的知识分子，如“征伏湛、擢卓茂，奖重厚之吏”等。这里所说的伏湛，出身于名儒世家，他的父亲伏理，“为当世名儒，以诗授成帝，为高密太傅，别自名学”[7] 893，是当过汉成帝和汉高密王老师的“帝王之师”。伏湛“性孝友，少传父业，教授数百人，成帝时，以父任为博士弟子”[7] 893，当时“天下惊扰，而湛独晏然，教授不废”[7] 893，在天下大乱时始终坚持教书育人，与家乡百姓共食粝米杂粮，同甘共苦。刘秀即位之后，“知湛名儒旧臣，欲令干行内职，征拜尚书，使典定旧制”[7] 894，在建武三年（27）就让伏湛代替邓禹（刘秀最信赖的开国功臣）为大司徒，即宰相之位。《后汉书》记述：“湛虽在仓卒，造次必于文德，以为礼乐政化之首，颠沛犹不可违。是岁奏行乡饮酒礼，遂施行之。”[7] 895卓茂也是当时有名的大儒，早年曾师从博士江生，“习《诗》、《礼》及历算，究极师法，称为通儒。性宽仁恭爱。乡党故旧，虽行能与茂不同，而皆爱慕欣欣焉”[7] 869。刘秀刚即位，就征召卓茂。卓茂当时已七十多岁，刘秀立即封他为太傅，封褒德侯，食邑二千户，赐几杖车马。[7] 871刘秀如此重视、重用、褒赏伏湛、卓茂这样的儒家代表人物，在当时无疑具有风向标的示范作用，将大批儒家知识分子吸引、团聚到自己的周围，并把他们任命为各级政府官员，不仅充分发挥了他们在行政管理方面的能力，也充分发挥了他们的道德教化作用。正是在他们的礼乐教化之下，大乱之后的百姓包括几百万解甲归田的原农民起义军战士，“日渐月摩而消其形迹”，再加上“授以田畴庐墓之乐”，使他们能安心生产，安居乐业。船山对此高度评价说：“天下未定，战争方亟，汲汲然式古典，修礼乐，宽以居，仁以行，而缘饰学问以充其美，见龙之德，在飞不舍，三代以下称盛治，莫有过焉。故曰：光武远矣。”[1] 230

船山对刘秀其他施政方略也给予了高度评价，如刘秀与功臣勋旧的关系就处理得很好，没有像其先祖刘邦那样“鸟尽弓藏，兔死狗烹”，当皇帝后大批诛杀功臣，更没像其后朱元璋那样把功臣诛杀殆尽，而是始终优待功臣，让他们安享荣华富贵。船山说：“光武以支庶之余，起于南阳，与其人士周旋辛苦，百战以定天下，其专用南阳人而失天下之贤隽，虽私而抑不忘故旧之道也。且南阳将吏，功成爵定，亦未闻骄倨侈汰以乱大法，夫岂必斥远而防制之。”[1] 237船山认为，刘秀大量重用南阳功臣勋旧，虽有一些私心，但也含有论功行赏、不忘故旧的合理成分。而且南阳功臣也没有发生居功自傲、骄奢淫逸、横行不法之事。当时有一个叫郭伋的地方官员曾上书批评刘秀说：“当简天下贤俊，不宜专用南阳故旧。”[7] (237) 刘秀虽然没有采纳他的建议，但也没有发怒责怪他；当时满朝南阳勋贵大臣，也没有一个人去打击报复他。可见当时的言论是比较宽松的，政治是比较清明的。对此，船山评论道：“伋固早知其不足畏而言之无尤。诚若是，士恶有不言，言恶有不敢哉？诸将之贤也，帝有以镇抚之也，奖远臣以忠鲠，而化近臣于公坦，帝之恩威，于是而不可及矣。”[1] 237也就是说，郭伋早就知道其忠言进谏并不会给自身带来灾祸。这种敢于讲话的政治空气，正说明作为最高统治者刘秀的高明——“奖远臣以忠鲠，而化近臣于公坦”，使他们各得其所、各安其位，远臣能够忠鲠尽责，近臣能够奉公守法，不敢居功自傲、胡作非为，而不是像历史上有些皇帝那样因君臣猜忌而导致杀罚相寻的悲剧。同时，光武虽然优待功臣，但终究不任用他们担任宰辅之职。船山指出：“歙也、祭遵也、寇恂也、吴汉也，皆出可为能吏，入可为大臣也。然而光武终不任将帅以宰辅，诸将亦各安于鞍韐，而不欲与于鼎铉。呜呼！意深远矣。故三代以下，君臣交尽其美，唯东汉为盛焉。”[1] 236这是因为南阳勋臣多是统兵作战的将帅，他们虽然“出可为能吏，入可为大臣”，但若让他们入朝为宰相，处于一人之下、万人之上的地位，不仅可能造成武人干政，而且有可能形成权臣专政、大权旁落的局面。这不是爱护功臣的好办法，所以，刘秀“终不任将帅以宰辅”，使君臣关系能够善始善终，“交尽其美”。可以，刘秀“三代以下”最值得称道的一代明君。

船山还对刘秀能根据天下大乱之后的客观时势，不失时机、大刀阔斧地省并郡县、裁减官员的改革举措给予了高度评价，指出：“光武建武六年，河北初定，江、淮初平，关中初靖，承王莽割裂郡县、改置百官、苛细之后，抑当四海纷纭、蛇龙竞起之余，徼幸功名之情，中于人心而未易涤，并省四百余县，吏职减损，十置其一，斯其时乎！斯其时乎！”[1] 233-234刘秀在政权建立不久的建武六年（30），就一次“并省四百余县”，官员减少至从前的十分之一，而天下晏然，确实是中国历史上一次力度最大也是一次最成功的精简机构的改革。从这些举措中，我们可以看出光武帝确实是中国历史上最杰出的英主之一。

三、处理其他人事关系之得失

船山对刘秀优待功臣、重用儒生给予了高度肯定，认为这是刘秀最大的成功之处。船山对刘秀在平定天下的过程中，如何处理自己的主要政敌如更始帝刘玄、刘盆子、王郎等，以及其他割据势力重要人物如李轶、朱鲔、隗嚣、彭宠等人的关系，也作出了中肯的评价。其中既有肯定，也有非议，表现了船山对历史人物实事求是、一分为二的分析态度。

刘盆子虽是刘氏皇族的后裔，但他自己已沦落为一个贫穷的牧牛童子，农民起义军为了争夺“正统”旗号而推举他为一个傀儡“皇帝”。而王郎本是妖人乱贼，诈称是汉成帝的儿子，也自立为皇帝，建都邯郸，在河北建立起庞大的势力，成为刘秀经略河北的劲敌。他们被刘秀先后打败时，都曾向刘秀请降。王郎派杜威请降时请封王郎为万户侯，刘秀回答是：“顾得全身可矣。”当刘恭为刘盆子请降时问何以待刘盆子？刘秀回答是：“待以不死耳。”对此，船山高度评价道：“大哉王言！奉天以行赏罚，而意智不与焉。斯乃允以继天而为之子。王郎者，妖人也。妖人倡乱，不可不诛；其降而姑贳之，终拒其降而斩之，以惩天下之妖妄，而天下定。盆子者，愚而为人立者也。愚而贱，而欲干天位也，可诛；非其志而听命于人也，可宥。待以不死，而授之散秩以养之，义正而仁亦裕矣。所尤难者，光武决于一言，而更无委曲之辞以诱之，明白洞达，与天下昭刑赏之正，故曰：大哉王言，体天无私而为之子也。”[1] 217-218船山认为，刘秀这种不用权术诱降敌人，而是明白洞达地告诉对方“待以不死”，并且根据王郎、刘盆子具体情况加以区别对待：王郎，“妖人倡乱，不可不诛”，他拒绝投降后被最终处斩；而刘盆子只是“愚而为人立者”，可以宽恕，“而授之散秩以养之，义正而仁亦裕矣”。实际上刘秀始终善待刘盆子，据《后汉书》记载：“帝怜盆子，赏赐甚厚，以为赵王郎中。后病失明，赐荥阳均输官地，以为列肆，使食其税终身。”[8] 486刘秀对更始帝刘玄也是如此，当他听说更始帝被赤眉军杀害时，“闻而伤焉，诏大司徒邓禹葬之于霸陵”[8] 477，并封刘玄的三个儿子为侯，世代承袭。可见刘秀对同宗后裔的宽宏仁厚。

刘秀对同是举义的旧人，如有杀兄之仇的李轶、朱鲔也采取了不同的处置。李轶本是与刘伯升、刘秀兄弟最早密谋起事的人，他们关系非常密切，后来因忌妒刘伯升而向更始帝进谗言而致刘伯升被杀害。朱鲔与刘秀弟兄本无深交，因愚忠于更始帝而参与谋杀刘伯升。刘秀认为李轶是一个唯利是图、反复无常的小人。当李轶与朱鲔同守洛阳时，李轶见刘秀势大，又想投靠刘秀，并暗中写信给刘秀，表示愿作内应帮助刘秀一举攻下洛阳。刘秀却故意“宣露其书，使朱鲔杀轶”[1] 218。但刘秀在招降朱鲔时，“使岑彭说之曰：‘举大事者不忌小怨。鲔降，官爵可保，河水在，吾不食言。’鲔降而拜将军，封列侯，传封累世。同怨而异报，达于理者之制恩威，非常情之所可测也如此”[1] 218-219。为什么刘秀会如此厚待朱鲔呢？这是因为朱鲔不是李轶那种反复无常的小人，与他虽然同样有杀兄之仇，但是朱鲔能始终忠于更始帝，恪守君臣之道，为更始帝坚守洛阳，“降于赤眉，洛阳孤立无援，且坚壁固守，以杀伯升故而不降”[1]219。如果刘秀因私怨而杀朱鲔，则是“以私怨而废天下之公”，且非劝臣尽忠事主之道。船山认为刘秀用这种“以直报怨”的方式来处理朱鲔，是值得称道的。

但是，船山对刘秀处理彭宠的问题却提出了尖锐的批评，说：“光武之处彭宠，不谓之刻薄而寡恩，不得矣。”[1]221船山为什么这样说呢？是因为刘秀当初经略河北时就遇到势力强大的王郎，在刘秀势单力薄、处境艰难时，彭宠曾派吴汉、王梁带兵大力帮助刘秀打败了王郎，平定了河北。如果没有耿况与彭宠的帮助，刘秀不可能很快取得天下。但“天下粗定，置宠若忘，而以年少骄躁之朱浮位于其上，宠恶能不怨耶？泄浮之奏以激宠，使速反而殪之，诚不知光武之何心？”[1]221刘秀当皇帝后不仅没有给彭宠应有的封赏，反而将“年少骄躁之朱浮位于其上”，彭宠怎能不产生怨望？朱浮不断地向刘秀进谗言，刘秀又故意将朱浮的奏本泄露给彭宠，激起彭宠造反后将他杀掉。当然，彭宠的悲剧也有其咎由自取之处，就是当初虽然决定追随刘秀但并不像耿况那样坚定不移，而有点骑墙观望。刘秀胜利后，彭宠又“自负其功，意望甚高”[8](503)。船山认为，彭宠虽然有这些过失，但刘秀如果能“以不忘患难之初心”来对待彭宠，“则物自顺焉”，彭宠自然会心悦诚服地安于臣位。因此，船山再次指出：“光武之刻薄寡恩也，不得以宠之诈愚而谢其咎也。”[1]222这是船山少有的对光武帝的严厉批评。

另外，船山认为，刘秀在处理与陇西地方割据势力隗嚣的关系上也存在重大失误。这就是刘秀建立东汉政权之后，在与隗嚣的交往中还用“敌国礼”，而不是以“君臣礼”相待。船山指出：“光武报隗嚣书，称字以与颉颃，用敌国礼，失御嚣之道矣，是以失嚣。”[1]226这是因为隗嚣与那些乱世枭雄、“狂狡之徒”不同，他本来是真心拥戴汉室正统的地位。他开始在西州起兵时，就曾歃血盟誓于汉祖之神灵，愿为匡复汉室之功臣，并归顺于更始帝。更始帝后来猜疑并想杀害他，他才重新奔回秦、陇。船山认为，根据隗嚣本人的素质与以往的表现，刘秀对他应该是“达其情，奖之以义，正名之为君臣，而成其初志，嚣将以为得知己而愿委身焉”[1]227，因为隗嚣是很看重名义的。但刘秀以“敌国礼”待之，将他“置之名义之外以相笼络”，反而增加了他的怀疑心：“嚣且谓更始之始尊我而终忌我，今犹是也，奚以委身而相信哉?”[1] 227最终隗嚣始终没有归顺朝廷，而走上联合四川的公孙述与朝廷对抗的分裂道路，最终落得个兵败被杀的可悲下场。这也是刘秀在统一全国过程中的一次重大失误。

与处理隗嚣问题相反，船山认为，刘秀处理河西（今甘肃河西走廊一带）割据者窦融的问题则非常成功。窦融的先祖是西汉的外戚，其高祖父、堂祖父、堂弟都曾在河西地区担任过张掖、武威等地的太守，具有较深的家族根基。所以，窦融乘汉末天下大乱之机，很快在河西建立了自己的地方政权。据《后汉书》说：“河西民俗质朴，而融等政亦宽和，上下相亲，晏然富殖。修兵马，习剑射，明烽燧之警，羌胡犯塞，融辄自将与诸郡相救，皆如符要，每辄破之。其后匈奴惩乂，稀复侵寇，而保塞羌胡皆震亲附，安定、北地、上郡流人避凶饥者，归之不绝。”[4] 797在天下大乱之际，窦融在西北河西地区建立政权不仅能保境安民，发展生产，还能有力地击败外族入侵，是有历史功劳的。当刘秀建立东汉中央政权之后，是归顺中央，维护国家的统一，还是继续割据一方，自立为王？窦融也曾难以决断。当时其部下也有人劝他仿效西汉初期的南越王尉佗（赵佗），利用河西山河之险，中央鞭长莫及，自立为王。当窦融犹疑未决之际，刘秀派人赐书，首先高度肯定、表扬了他守卫、经营河西的功劳，“劳镇守边五郡，兵马强壮，仓库有蓄，民庶殷富，外则折挫羌胡，内则百姓蒙福”[4] 799，同时也指出了他在当时中央与地方割据势力隗嚣、公孙述斗争中所处的重要地位与作用：“今益州有公孙子阳，天水有隗将军，方蜀汉相攻，权在将军，举足左右，便有轻重。以此言之，欲相厚岂有量哉!”[4] 299并明白点出，在这种情况下必然有人劝他仿效尉佗分疆自立，究竟何去何从，由他自己决定。“玺书既至，河西咸惊，以为天子明见万里之外。”[4] 800窦融及其部属们全都决心归顺朝廷。对此，船山高度评价道：“疑信相参之际，人有隐情而我亦与之隐，则疑终不释；豁然发其所疑而示之以信，岂有不测之明威哉？无不可共见之心而已。窦融在河西，怀疑不决，好事者且以尉佗之说进，此融所秘而不敢以告者也。光武赐书，开两端以擿发之，而河西震服。凡光武之诎群雄者，胥此道也。”[1] 228-229船山对刘秀这种光明正大、坦然相告的处事方式，非常赞赏，认为刘秀既公开指出窦融内心的隐情，即有人劝他效尉佗裂土自王，并表示了不会因此而归罪于他，也不强迫他一定要归顺自己，一切由他自己决定，从而更加显示了自己的强大与自信。船山对此称赞道：“此非权术之为也，恃在己而不幸人之弗相害，洞然知合离得失之数，仰听之天，俯任之人，术也而道在其中。此光武之奇而不诡于正者与！”[1] 2296他认为，刘秀光明正大地处理此事，更加体现了他的远见卓识，即使运用权术与谋略也包含在正道之中：“此光武之奇而不诡于正者与！”

正是在刘秀正大光明的感召之下，窦融不仅自己归顺了朝廷，而且还写信劝隗嚣也归顺朝廷。对此，船山评论道：“窦融之责隗嚣曰：‘兵起以来，城郭皆为邱墟，生民转为沟壑，天运少还，而将军重复其难，孤幼将复流离，言之可为酸鼻。’仁人之言，其利溥如此哉！”[1] 234窦融之信指出隗嚣的分裂割据将给人民带来新的巨大灾难，这确实是“仁人之言”。船山认为，窦融的信虽然没有让隗嚣听从，但对他造成了重大心理打击，并对河西军民人心起到了巨大的瓦解作用：“嚣虽不能听，而已怆于心，心怆而气夺矣。秦、陇之民闻之，固将怨嚣而不乐为之死；汉之荷戈以趋，负粮以馈者，亦知上之非忍毒我，而祸自彼发，不容已也。其利溥矣。”[1] 234窦融的“仁人之言”至今仍给人以深刻启迪，而他维护国家统一的行动也给他的家族子孙带来了长远的好处：“而融全河西以归命，实践此言，以免民于死，非徒言也。窦氏之裔，与汉始终，一念之永，百年之泽矣。”[1] 234窦融为了避免战争给人民带来的灾难，主动放弃割据，归顺中央，维护国家的统一，并劝说隗嚣也这么干，确实值得称道。

从以上船山对光武帝刘秀的分析评论中，我们可以看到，刘秀的确是中国历史上一位具有雄才大略、深谋远虑的开国皇帝。船山之论刘秀深刻独到，益人神智。自船山史论公开问世以来，它有如深山奇宝，突放异彩，受到学界后人的高度评价与认真研讨。曾国藩的老师唐鉴，认为船山“理究天人，事通今古，探道德性命之源，明得丧兴亡之故，流连颠沛而不违其仁，险阻艰难而不失其正”[9]155。曾国藩的挚友郭嵩焘更是高度评价说：“国朝王船山先生《通鉴论》出，尽古今之变，达人事之宜，通德类情，易简以知险阻，指论明确，粹然一出于正，使后人无复可置议。故尝以谓读船山《通鉴论》，历代史论可以废。”[9]157曾国藩则在邓显鹤第一次刊刻《船山遗书》150卷的基础上，花费更大精力财力刊刻《船山遗书》320卷，从而使船山遗著以空前规模传播于全国，对中国近现代的维新变法、救亡图存、旧民主主义革命与新民主主义革命都发生了巨大而深远的影响。今天，我们要实现中华民族伟大复兴的中国梦，习近平总书记提出了“文化自信”的伟大思想。他指出，文化自信，是更基础、更广泛、更深刻的自信。在5000多年文明发展中孕育的中华优秀传统文化，在党和人民伟大斗争中孕育的革命文化和社会主义先进文化，积淀着中华民族最深层的精神追求，代表着中华民族独特的精神标识。[10]349他还说，中华民族有着深厚文化传统，形成了富有特色的思想体系，体现了中国人几千年来积累的知识智慧和理性思辨。这是我国的独特优势。[10]323“坐集千古之智”的船山思想，正是这一“富有特色的思想体系”中的一座宝库，集中“体现了中国人几千年来积累的知识智慧和理性思辨”，我们应该更认真、更深入地发掘它、研究它，弘扬它，使之薪火相传、代代相守、与时俱进、推陈出新，为中华民族的伟大复兴放射出更灿烂的智慧之光。

参考文献：

[1] 王夫之. 船山全书：第十册［M］. 长沙：岳麓书社，1995.

[2] 谭嗣同. 谭嗣同全集［M］. 北京：三联书店，1954.

[3] 列宁. 列宁全集：第41卷［M］. 北京：人民出版社，1986.

[4] 范晔. 后汉书：第三卷［M］. 北京：中华书局，1981.

[5] 范文澜. 中国通史简编：第二编［M］. 北京：人民出版社，1965.

[6] 王夫之. 船山全书：第一册［M］. 长沙：岳麓书社，1995.

[7] 范晔. 后汉书：第四卷［M］. 北京：中华书局，1981.

[8] 范晔. 后汉书：第二卷 [M]. 北京：中华书局，1981.
[9] 彭大成. 湖湘文化与毛泽东 [M]. 长沙：湖南人民出版社，2003.
[10] 中共中央党史和文献研究室编. 十八大以来重要文献选编：下 [C]. 北京：中央文献出版社，2018.

（《衡阳师范学院学报》2019年第1期）

论王船山分配正义观的价值维度

谢 芳

分配公平、分配正义既是政治哲学关注的核心命题，亦是经济哲学或者经济伦理学关注的重要议题。如何实现社会分配公平、正义？除了引进西方的分配正义、分配公平理论之外，研究中国传统文化中关于分配公平的思想也有意义。而王船山八百余万言著述中蕴含着极为丰富的分配正义思想，深入挖掘这些思想对当今分配正义或分配公平问题的解决具有重要的视域启示意义，其思考问题的独特视角和敢于剖析现实的精神，更有利于提高人们认识和分析分配公平的理论水平和层次。但王船山分配正义思想在当前船山学研究中尚未引起足够重视，笔者不揣浅陋，以见教于大方。

一、"取民产而定恒制"：财富分配的基本理念

王船山从国家秩序的稳定和人们正当欲望的满足两个角度，论述了合理分配财富的必要性与重要性。

首先，王船山认为，有恒产才有恒心。这是社会合理分配财富的必要性所在。船山的这一思想是对孔孟思想的继承与发展。孔子认为，人们关注社会"贫富之差距"甚于关注"贫与富之本身"。他告诫统治者，一个国家要担心"不均"甚于担心"寡"与"贫"，故曰："丘也闻，有国有家者，不患寡而患不均，不患贫而患不安，盖均无贫，和无寡，安无倾。……邦分崩离析而不能守也，而谋动干戈于邦内，吾恐季孙之忧，

不在颛臾，而在萧墙之内也。”（《论语·季氏》）社会如果一旦出现极度“不均”，则会“谋动干戈于邦内”，国家则会“分崩离析而不能守”。王船山继承了孔子的观点并将之推进一步，认为人们对“贫富差距”的重视甚于对“生死”的重视，故曰：“贫富之于人，甚矣。故人有轻生死而不忘贫富者，思其所以使我贫者而不得，则旷然矣。”[1] 175章士钊先生论“中国传统的社会主义”的基本特征即是“士农工商四民共戴皇帝，五十年至一百年相杀一次以均财产”[2] 484。由此可见，财富分配不均一直是传统社会发生动荡、裂变的最直接也是最本质的原因，彻底摧毁明王朝的明末农民起义军提出的“均田免粮”口号即是对社会贫富两极分化的强烈抗议。王船山毫不夸张地指出了财富、资源等分配问题对于生民之生死的重要性，“财为生民生死之枢机”，“财”也是“人情得失之大端”，统治者务必小心应付。贫富问题不但是个体生存的焦点问题，亦是关系社会稳定、发展的重大问题。因此，要维护社会稳定、保障国家民族安全，关键在于解决社会严重的不平等、贫富差距过大的问题，实现财富分配的公平、正义。

王船山尊孔孟仁学为圣学，所以在“王天下”与“霸天下”两种治平的方式中，他极力主张“王天下”。而实现“王天下”的工具性手段不外乎两端，即先富之，后教之，故曰“王者治天下之大法，井田、学校，二者其大端也”[3] 311。那么，为何要“富之”？为何要先富之？船山回答道“民无恒产，亦无恒心”[3] 311。人们没有固定的财产，便身无所安，心便无所寄。恒产与恒心两者的关系是相因相成的，“两者有相因之理焉，则井田行而后学校可设”[3] 311。那么何谓“有恒产”？船山说：

> 有恒产，则俯仰之计足，而黠者不可取盈，朴者不忧不足，则仰事俯育之下，自不见异而迁。无恒产而身不安者心不固，一念之天良偶动，而饥寒争夺之心又起而间之，无恒心矣。夫心者，一动而不可复静者也。苟以谋私利自全之念间其心，而使无恒，则放僻邪侈，何不可为，而陷乎罪矣。及是而刑不容贷，则是罔民也。焉有仁人在上，罔民而可为也？[3] 312

有恒产就意味着人们的生计无论怎样都能得到保障，纵算是愿朴之民也不用担心不足，而狡猾的人也不可能靠投机取巧获得更多，人们也因此不会有“二心”；没有固定的财产来源，人们就会为争夺更多的生存资源而进行残酷争夺，“放辟邪侈”，什么罪恶的事情都能干得出来，纵算统治者采取残酷的方式进行惩罚，也不能见效，这是“王天下”的仁君不应该做的。所以要想人们有安分守己，具有努力生产的毅力和决心，就必须使人们有“恒产”。

其次，王船山从“天地之产”的价值属性与“饮食男女”欲望的正当性角度论证合理分配财富的重要性。“天地之产皆有所用，饮食男女皆有所贞。君子敬天地之产而秩以其分，重饮食男女之辨而协以其安。”[4] 374 天地之间的物产都有其使用价值，饮食男女的欲望也有符合“天理”的正当性，所以把天地之间的物产按照一定的方式分配给人们以全生人之用，这既是对天地物产的敬畏，使之恰如其用，也是对饮食男女正当欲望的尊重，使之安身安心，只有这样，社会才会呈现出人与自然、人与社会和谐共生的祥瑞景象来。

在论述合理分配财富的必要性及重要性基础上，王船山提出了“取民之产而定其恒制”的基本分配理念。在船山看来，合理分配财产使人们有恒产的正当方式就是“定恒制”，即制定长期有效的制度来保障私有财产神圣不可侵犯，“是故欲求民心而使之有恒，必先取民产而定其恒制”[3] 313。通过“定恒制”的方式既能保证黎民百姓有固定、长久的财富，又能保证社会分配不出现严重的“差距”，实现“均天下”的目的。“均天下”则是“定恒制”的根本目的，也是船山分配正义观的价值取向，但对于什么是“均天下”、如何“均天下”等分配正义的问题，船山有不同于传统的看法和主张。

二、“设政驱之以齐”则“害且无穷”：对传统分配理论的审视与批判

针对社会贫富极度分化所导致的社会动荡，自先秦以来就有学者或者政治家为此提出过解决的对策或方法，出现了不乏理想主义色彩的理论构想，其中以“设政驱之以齐”的理论构想为主要代表。

历代农民起义大多都会提出“均田”“均贫富”等口号，主张社会实现绝对的平均主义，这是对社会极度分配不均的“矫枉过正”，因为实现绝对的“均平”是完全不可能的，正如列宁所说绝对均平“在经济学的形式上是错误的”[5]432。而为了解决这个社会隐患，一些思想家们试图提出实现均平的措施，其中有两种“设政驱之以齐”的方式：一种就是朱熹提出的“通力合作，计亩均收”之复古法。朱熹在潭州任职时就曾经主张（这一主张得到朝廷的批准）通过行政力量推行“经界法”，实施“通力合作，计亩均收”分配方案：人们在一起劳动，干多干少一个样，一概按人均田亩分配，以实现绝对的“齐平”，缓解社会矛盾。另外一种“设政驱之以齐”的方式，就是西汉大臣赵广汉为“刻核得民誉”而实行的“鸷击富强”、劫富济贫的平均大法。

船山对以上“设政驱之以齐”的分配理论进行了深刻的批判。

首先，“绝对平均主义”是违反自然规律的分配法则，因为自然界（包括人类以及社会）本身即是一种差异性存在。因此，作为差异性存在的一种具象，分配及其分配结果存在差异性或者存在贫富的差别是一种必然性的现象。他用自然比附的方式来说明世界存在是一种差异性存在。他以布谷鸟为例：

> 鸤鸠之七子，有长者焉，有稚者焉，有壮者焉，有羸者焉，有贪者焉，有俭者焉，有竞者焉，有柔者焉。我知朝从上下而暮从下上。是以其仪一也。我不知强以多求者之抑而啬之，弱以寡求者之亢而丰之也，是以其仪一也。故曰：天无忧，圣人无为，君子无争。屑屑然取百物之高下而轩轾之，而天困矣。营营然取百官之敏钝而宽严之，而王者惫矣。故裒多益寡者谦也，谦者德之柄也，德之柄虽犹德与，其去术不远矣，操柄以持天下，谦虽吉，君子以为忧患之卦也。[4]380

布谷鸟有七个子女，这七个子女有很大的区别：有长幼之别、羸壮之分、贪俭之差、竞柔之分，这是事实，也是自然界的规律。在自然界，任何事物都有长短、强弱、长幼之分别，绝然同一的事物是没有的。因此，人类社会存在差异现象，比如强弱、贫富等是必然的，这是天道，如果我们“取百物之高下而轩轾之”，则“天困矣”，唯一的办法便是“圣人无为”。

他又说：

> 九州殊壤，穷山纡曲，广野浩漫。……在天，则南北寒燠之异候；在地，则肥瘠高下之异质；在百谷，则疏数稚壮之异种；在疆界，则陂陀欹整之异形；在人民，则强弱勤惰之异质；在民情，则愿朴诡谲之异情。此之所谓利者，于彼为病；此之所欲革者，彼之所因。固有见为甚利，而民视之如荼棘；见为甚害，而民安之如衽席。学不可知也，思不可得也。言之娓娓，行之汲汲，执之愈坚，所伤愈大。以是为仁，其蔽也愚，而害且无穷，久矣！[6] 278-279

不同的地方存在异质、异候、异种、异形等差别，这种差异性存在是一种客观现实。因此，人及其分配也必然存在差异性，故社会上存在“贫富不均”的现象符合自然规律和社会规律。如果试图无视这种客观现实，试图人为地“设政驱之以齐”，则实为“害且无穷”。

船山同时也清醒地认识到，这种差异性存在不宜太大，应该保持在一定的范围之内，这个范围即是“安民”，一旦出现极大差距，则离乱世不远了。他说：

> 空而俟其复生，则未生方生之顷，有腐空焉，故山下有风为蛊，腐空之所酿也。土满而荒，人满而馁，枵虚而怨，得方生之气而摇。是以一夫揭竿而天下响应，贪人败类聚敛以败国而国为腐，蛊乃生焉。虽欲弭之，其将能乎？故平天下者，均天下而已。均物之理，所以叙天之气也。[4] 472

船山认为，世界存在差异性，只要人们不人为地干预它，它便会自然而然地存在一定的范围之内，故曰：“两间之气常均，均故无不盈也。”正是在以上分析基础上，王船山对分配正义要实现的价值目的“均天下”命题作了“开生面”的解读：“均之者，非齐之也。设政驱之以齐，民固不齐矣。”[6] 279均，不等于绝对的齐平，如果通过行政手段强行干预，达到绝对的齐平，那么人们的贫富差距就会越来越大。

其次，船山认为，“绝对平均主义”违背“效率”原则和分配正义中的“应得”原则。一方面，王船山认为分配正义首先需要顾全效率原则，因为社会的发展需要鼓励人们努力劳动，通过正当的方式促进经济增长。朱熹等提出的“通力合作，计亩均收”的复古方式，使人们在一起劳动，按照田亩的数量把收入平均地分配给每一个人，实行干多干少一个样的“吃大锅饭”平均分配原则，最后只能导致社会陷入“共船漏，共马瘦”的共同贫穷境地，严重违反社会经济发展的“效率原则”。《四书训义》中有孟子的一段话：“夫物之不齐，物之情也；或相倍蓰，或相什百，或相千万。子比而同之，是乱天下也。巨屦小屦同贾，人岂为之哉！”（《孟子·滕文公上》）船山解释道：“孟子言物之不齐乃其自然之理，其有精粗，犹其有大小也。若大屦小屦同价，则人岂肯为其大者哉！今不论精粗，使之同价，是使天下之人皆不肯为其精者，而竞为滥恶之物以相欺耳”[3] 328。“夫物之不齐而价不一，固人情为之，而非人情为之也。用由贵贱焉，制有坚脆焉，取其材者有难得易得之分，而成其事者有难成易成之别；实有之而实不容齐之，物之情实所固然也。是以名同而实异，实同而用异。……设使巨小同价，则人必舍巨而为小，而天下无巨屦；使精粗同价，则人必舍精求粗，而天下皆粗屦”[3] 342。事实上，这段话有如下伦理意蕴：基于“平等”的伦理价值，每个人都希望得到同他人一样多的分配，但如果每个人不管干得多与少、好与坏，都能确信得到与他人一样的分配，那么他就会丧失为获取更多财富而努力劳动的“内在动机”；如果社会中的每个人都丧失了这样的动机，那么整个社会的经济就无法发展，社会财富也就无法获得持续增长，就会形成“共船漏，共马瘦”共同贫穷的局面，这种分配方式既不符合增进个人福利的价值之维，也不符合促进社会发展的价值之维。因此，为了不断提高人们生活水平，促进社会经济持续发展，应该采取适当的手段以激励人们努力劳动。而能够激励人们努力劳动的最有效的方式，就是给予人们以物质上的奖励，使人们的劳动效率与收入息息相关，但如果这样，人们得到的分配量就必然会变得“不平等”。

“申韩之儒”如赵广汉者采取的“鸷击富强”的方式，只不过是为“刻核得民誉”而实行的一种“罢民”陋政，对此，船山有深刻的批判：

> 赵广汉，虔矫刻核之吏也，怀私怨以杀荣畜而动摇宰相，国有此臣，以剥丧国脉而坏民风俗也，不可复救。乃下狱而吏民守阙号泣者数万人。流俗趋小喜而昧大体，蜂涌相煽以群迷，诚乱世之风哉！小民之无知也，贫疾富，弱疾强，忌人之盈而乐其祸，古者谓之罢民。夫富且强者之不恤贫弱，而以气凌之，诚有罪矣。乃骄以横，求以忮，互相妨而相怨，其恶惟均。循吏拊其弱而教其强，勉贫者以自存，而富者之势自戢，岂无道哉？然治定俗移而民不见德。酷吏起而乐持之以示威福，鸷击富强，而贫弱不自力之罢民为之一快。广汉得是术也。任无藉之少年，遇事蜂起，敢于杀戮，以取罢民之祝颂。于是而民且以贫弱为安荣，而不知其幸灾乐祸，偷以即于疲慵，而不救其死亡。其黠者，抑习为阴惨，伺人之过而龁啮之，相仇相杀，不至于大乱而不止。愚民何知焉，酷吏之饵，酷吏之阱也。而鼓动竞起，若恃之以为父母。非父母也，是其嗾以噬人之猛犬而已矣。[7] 161-162

船山指出，扰乱社会、蛊惑人心的人有两种：一种是“罢民”。“罢民”有疾富疾强、幸灾乐祸、企图杀富以均天下的不劳而获的心理，他们不利于社会发展与和谐。另一种就是“富民”。富民常常“为富不仁”“以气凌人”，也影响社会和谐。但就罢民与富民对社会的危害程度而言，富民是“诚有罪”，而二者交恶，“其恶维均”，因为罢民的疾富疾强、要求绝对齐平的心理对社会的恶更甚于富民的为富不仁。

由以上可见，王船山认为，分配的“差异性”是分配正义中的“效率原则”起作用的结果。像赵广汉那样采取打击富强，“敢于杀戮”，只不过是为了“取罢民之祝颂”的沽名钓誉之伪善行径，只能养成全社会以“以贫弱为安荣”的病态心理，进而使罢民把精力放到与富民“相仇相杀”上，最终导致社会“不至于大乱而不止”。正是从这个意义上，船山提出了“国无富人，民不足以殖”[7]89“大贾富民，国之司命”[8]530的伟大命题。

另一方面，船山认为，分配正义同样要求遵守“应得”原则。有学者指出，所谓分配正义是指“社会资源在社会成员中间的分配应该最大限度地体现公正性”[9]。那么，何谓公正分配？船山认为它取决于历史性原则即“过去的状况和人们的行为”，依靠自身各种条件或者优势，多劳者多得，符合分配正义中“应得原则”。而那种“鸷击富强”“裒多益寡”等填平补齐的方式恰好违背了“应得”原则，王船山从经济学角度直截了当地批判其谬误之处：“此尤割肥人之肉置瘠人之身，瘠者不能受之以肥，而肥者毙。”[6]277船山指出，此种“乃欲芟夷天下之智力，均之于柔愚”之法，不过“仁义中正为帝王桎梏天下之具”而已。[7]194

船山从事理与经验事实双重层面驳斥传统“高抑下亢”“设政驱之以齐”的陈腐观点，认为这是违背经济规律与分配正义的下策。

三、差异性与平等性并存：分配正义实现的价值维度

在批判传统“高抑下亢”、寻求“齐平”分配理论的基础上，王船山认为分配存在差异或者不平等，正是“均天下”的常态强调的是一种动态平衡，而且这种“不平等”恰恰是通向平等之“路”。事实上，王船山所主张的正义分配模式，是一种按自由竞争原则的市场分配与按平等原则的社会制度分配合理结合的分配模式。

首先，王船山主张按“自由竞争”原则进行市场分配，体现分配的差异性。对此，王船山探讨了两个问题：一是哪些因素导致了分配不平等；二是其中哪些因素具有道德的合理性，而哪些又不具备道德合理性，它是实现分配正义的理论基础。王船山认为，导致人们分配差距的因素大致有四个：首先，家庭出身，继承祖先之多寡而导致贫富之不均。民富与否虽说不是先天注定的，但却与“祖先之藏”有很大关系，所以说“其富者必其贵者也，且非能自富，而受之天子、受之先祖者也。上以各足之道导天下，而天下安之”[7]194。在封建社会，富人的财产都来源于天子或者先祖，但凡富有者都是政治地位尊贵者，并不是富有者自己能够

富有，“贵而富”是封建社会财富分配的基本法则。其次，贪官墨吏盘剥导致农民贫困。在《诗广传·论硕鼠》中，船山严厉地指出，暴君污吏“朘削其民”“樵苏其民”而导致百姓“草食露处，质子鬻妻，圜土经年而偶一逸，无所往也”[4] 362。由此可见，贪官污吏的残酷剥削是导致贫富分化、社会不公的一个非常重要的因素。再次，人们智力天赋存在差别而导致贫富不均。“降及于秦，封建废而富贵擅于一人。其擅之也，以智力屈天下也。智力屈天下而擅天下，智力屈一郡而擅一郡，智力屈一乡而擅一乡，莫之教而心自生、习自成。”[7] 194秦之前的封建社会，社会贫穷富贵与不公平的权力世袭有紧密关系，但至秦以后，却变成以“智力”曲天下的“强肉弱食”的社会。智力之差异，导致了社会尊贵贫富不均的现象存在，且贫富不均现象会相沿很久。最后，勤惰与愿诈导致分配存在差异性，勤劳者和有抱负者往往比较容易获得更多的财富。

在导致分配不平等的四个因素中，王船山认为，依靠智力天赋因素，以及因为勤劳与抱负等原因而获得更多的财富，符合道德上的“应得”原则，这是任何一个阶级都不会反对的分配原则。船山说：

> 人有强、羸之不齐，勤、惰之不等，愿、诈之不一，天定之矣，虽圣人在上，亦恶能取而壹之乎！如使圣人能使其民人己心力之大同而无间，则并此井田疆界可以不设，而任其交相养矣。[10] 44-45。

认为由于“强羸”“勤惰”“愿诈”等原因而导致的贫富有别，就是圣人也没有办法使之齐一，“莫之教而心自生、习自成”，甚至连被沉重剥削的农民也“且甘心焉。”[7] 194这说明它们符合分配正义原则。正如有学者所言，“一种不平等的分配只有在能够得到弱势群体同意的情况下，才能被看作是正义的”[11] 107。王夫之把人凭借自己的天赋聪明、勤劳等个人因素并通过自由竞争获取财富的方式看作是一种公平的方式或者手段，这是非常深刻而又极具挑战性的思想观点。这一观点是对传统贫富命定论的否定。但这观点的给出，并不完全出于王船山之理论设想，而是有着经验验证和理性主义的特质。自秦以后，尽管仍有世袭之富贵，但是以秦始皇、刘邦等为代表的人物所创造的历史功绩完全可以证明，富贵是可以通过强力或者努力而争取的，即证明了船山“贫富无根”之说。王船山的这一观点给予了水深火热中的普通民众一丝向上生存的曙光，无疑具有破块启蒙的精神特质。而且这一观点与黑格尔的分配观点竟不谋而合。黑格尔说，“分享普遍财富的可能性，即特殊财富，一方面受到自己的直接基础的制约，另一方面受到技能的制约，而技能本身又转而受到资本，而且也受到偶然情况的制约；后者的多样性产生了原来不平等的禀赋和体质在发展上的差异。这种差异在特殊性的领域中表现在一切方面和一切阶段，并且连同其他偶然性和任性，产生了各个人的财富和技能的不平等为其必然后果”[12] 211。黑格尔认同贫富分化和不平等具有必然性与合理性，因为“自然就是不平等的始基”[12] 211，这种“自然”包括禀赋、体质、技能、财富、理智教养和道德教养上的不平等，其合理性与必然性的根源在于人们所拥有的资本以及自身的技能不同以及一些偶然情况。什么是偶然情况，黑格尔并没有明确指出，但可以将之归结为一切可能影响生产积极性的禀赋如勤惰、体质强弱，因此“提出平等的要求来对抗这种法，是空洞的理智的勾当，这种理智把它这种抽象的平等和它这种应然看做实在的和合理的东西”[12] 211。由此可见，贫富差距不但没有必要消除也是不可能消除的，主要是因为人有智愚、强弱、巧拙、勤惰之别。王船山与黑格尔这些观点几乎相同，彰显了王夫之高度的理论思维水平和不同于传统的思维模式，使得其理论极具近代特色。

对于前面两个因素即家庭的社会身份地位以及酷吏的盘剥而导致分配不平等现象，船山认为是不合理的，因而需要政府采取行政手段进行纠正，实现分配正义。在船山看来，家庭出身的尊贵卑贱是偶然性的，没有人天生应该出生在卑贱的家庭，而且这种依靠贵而富的等级分配制度容易导致“阶级固化”：“士之子恒为士，农之子恒为农，而天之生才也无择，则士有顽而农有秀；秀不能终屈于顽，而相乘以兴，又势所必激也。”[7] 67-68 士人的子孙世代都是士人，地位尊贵，经济富庶，而出身于农民家庭的子孙则世代为农，地位卑贱，经济贫乏。王船山指出，这种依靠世袭制度而得来的“尊与富”，在以“智力擅天下”的时代，没有道德的合理性，因为，出生于士族之家的人不一定优秀，而农民之子也有优秀者，因而不凭借能力而仅仅依靠出身而获得更多的财富，在分配上违背了“得之应得”的原则。另外，对于贪官墨吏的盘剥所导致的贫富分化，王船山直接把它评判为道德之恶，“狡者日富而拙者日瘠，盖中国之陋壤也”[7]146。

由以上所述可见，船山主张的分配模式既要体现出“合理的差异”，这种合理差异正是市场经济所要求的具有激励作用的因素，又要兼顾这种差异的存在不会导致社会情绪失衡，使之在弱势群体如农民“同意”的范围内。也就是说，一种“不平等”的分配要符合正义合理原则，只有这种“不平等分配得到社会弱势群体的同意”，才被认为是合理的、可取的。

其次，王船山又主张按平等原则进行调节分配，体现分配的平等性。那么社会制度应该从何种维度来调整按市场原则分配而导致的差距呢？对此，他提出通过社会制度安排来实现分配正义的价值维度：“山外乃地之不足，可增而不可损。”即采取增加或者改善弱势群体或者贫者福利的方式，而不是采取“裒多益寡”的取长补短的方式，使贫富差距保持在一定的范围内。这一思想体现在他对《周易》“谦”卦的疏解中。《周易》“谦”卦曰：“象曰：地中有山，谦，君子以裒多益寡，称物平施。”船山注解曰：“地中有山者，谓于地之中有山也。山者，地之高也，非地之外别有山也。……人见山之余于地，而不知山外乃地之不足，可增而不可损也。”[13]171人们往往只是看到了高者之“高”，故想削平高者以共“下”，但它不符合经济发展的原则，而应该换个角度看到“下者”之“不足”，因而想办法“增益”“不足者”。船山又说：“地道周行于天以下，时有所施化，多者裒聚之而益多，寡者益之使不乏，固不厚高而薄下，抑不损高以补下，各称其本然而无容私焉。故高者自高，卑者自卑，而要之均平。君子施惠于民，务大德，不市小恩。不知治道者，徇疲惰之贫民，而铲削富民以快其妒忌，酿乱之道也。故救荒者有蠲赈而无可平之粟价；定赋者有宽贷而无可均之徭役。虽有不齐，其物情之固然也。不然，则为王莽之限田，徒乱而已矣。”[13]171按照“地道”法则，多者会越积越多，而贫乏者也有办法使之不断丰富而不至于堕于贫瘠，所以自然界固然不会“厚高而薄下”，但也绝不会“损高以补下”，而是要不断增进弱势者利益，使彼此保持一种“高者自高，卑者自卑”的动态均衡。由此段话可见，船山称“高者自高，卑者自卑”之“本然”状况为“均平”。船山的“均平”并不是传统的绝对“平等”，而是有差异性的不均之均，即一个动态的平衡状态。如果这个动态平衡被打破，造成严重的差距，那么解决这个差距的好的方法不是削平高者，而是采取措施使弱者不断受益，即补不足而不是剪有余，只有这样，社会经济整体才会发展进步，人们的生活水平和福利才会得到实质性的提高。而且这种分配方法会得到任何阶级的同意，这就说明，这种“可增而不可损”的分配方式是实现分配正义的正确价值取向和路径选择。事实上，一个公正社会应该保护强势群体的利益，更应该增进弱势群体的利益。总之，应该保护和增进所有社会成员的分配利益。[9] 106–124

四、“无所大损于民，而天下固已大均”：通向分配正义之路

那么如何从差异性与平等性并存的价值维度实现分配正义，既增进社会弱势群体的利益，又不打击富人，促进社会经济整体利益长足发展呢？船山公开宣称，“约略其凡，无所大损于民，而天下固已大均矣。均之者，非齐之者也”[6] 277。所谓“无所大损于民”是指不要对人民的经济活动过多干预，允许人们凭借天赋、智力、勤奋等自由竞争，天下就会自然而然地保持一定的动态均衡。这个结论，基于如下理由：“天之生才也无择，则士有顽而农有秀。”[7] 68无论是达官贵人，还是布衣庶民，才智是天赋的，优秀和劣质的概率是相同的，因此，如果排除行政有偏向性的干预，把人们的经济活动置于“自由竞争”的状态，社会就会大致平等，人们依自身能力得所当得便是分配正义，正所谓“不言而一任其自然，此齐物之术也”[2] 471。

那么，如何“无所大损于民”？首先，“上唯无以夺其治生之力，宽之于公，而天地之大，山泽之富，有余力以营之，而无不可以养人”[7] 710。这是强调经济活动的“自由原则”。而自由与差异性分配原则存在紧密的内在之关系：自由以劳动者个体差异性存在为前提，而认同自由原则，则必然认同分配的差异性原则。船山认为，由自由而导致分

配的差异性有两个特点：从理论上讲，如果没有行政干预，这种差异性不可能非常严重；同时，排除行政干预的自由竞争是能够被弱势群体阶级同意的。按照斯坎伦提出的关于“正义”的观念：人们就正义原则达成一致，不是因为每个人都有理由接受它，而是因为任何人都没有理由拒绝它。从这个意义上讲，由自由竞争而导致的分配差异性具有正义的特质。

其次，改革不合理的赋税制度，做到“善取民者虑民”。所谓“取民”即是取财于百姓的制度，也即是政府通过税收等方式既增加国家财政收入，也包括灵活运用多种政策调节社会财富初次分配，避免差距过大；所谓“虑民”，是指从民生角度出发，考虑税收征收方式、额度等，使百姓生存得到保障。

贤明的君主一定会做到“取于民有制”[3] 305，即“取民有度”，也就是说，要有一定的规范约束，不能无限制地取之于民，做到“恭俭”，“恭则能以礼接下，俭则能取民以制”[3] 305。为什么呢？因为民的财产是有限的，必须保证百姓拥有一定的恒产，有恒产才有恒心，“是故欲求民心而使之有恒，必先取民产而定其恒制”[3] 305。那么这个“取民之恒制”如何制定？一个总体的原则就是“早计其所自出”，即考虑百姓每年生产的产品及数量情况，量力而征，反之，如果不考虑老百姓的实际情况而盲目制定征收种类和标准，就会使“堕者散”“勤者怨”“国不可为”[3] 312。

那么，政府调节收入时该如何“虑民”呢？下面这段话比较全面地反映了王夫之在再次分配问题上的基本观点和价值取向：

> 善取民者，视民之丰，勿视国之急。民之所丰，国虽弗急，取也；虽国之急，民之弗丰，勿取也。不善取民者反是，情奔其所急，而不恤民之非丰；苟非所急，虽民可取，缓也；苟其所急，虽无可取，急也。故知取勿取之数者，乃可与虑民，乃可与虑国，不穷于取矣。顺逆者，理也，理所制者，道也；可否者，事也，事所成者，势也。以其顺成其可，以其逆成其否，理成势者也。循其可则顺，

用其否则逆，势成理者也。故善取民者之虑民，通乎理矣；其虑国，通乎势矣。[4] 420-421

从这段话我们可以看出两个问题：首先，就“虑民”的内容而言，在征收税收时，要把老百姓的实际情况摆在首位，要视老百姓的情况来确定取之数，也就是说，应根据民产之丰歉来决定征收多少，而不应根据国家所需的急与缓来征收及征收多少。它体现了王夫之对“民生问题”的高度关注。王夫之从治国之理与势的高度，探讨“取民”之道，“视民之丰，勿视国之急”。当老百姓富足时，即使国家并不急需，也要多征收；但如果民不丰，就算是国家处于急需的特殊时期也不可以取，唯有养民、裕民，民族、国家才能长治久安。而不善取民者则刚好相反，只顾国家之急，从不考虑民众之苦，这样做，不但无法实现国家财政的正常开支，百姓也会深受其害，影响社会的稳定。在某种程度上，王船山把生民个人利益放到了国家整体利益之上，颠覆了传统儒家视家国利益为至高无上的古训，把“民利”摆到了不容忽视的崇高位置，这是极富近代意义的创见。其次，从“虑民”的方式而言，政府干预社会财富再次分配，绝对不能用行政强力的方式，而应该通过平等的市场参与的方式。比如，在百姓丰收时，即使国家不匮乏，国家也要通过市场行为购买百姓的农业产品，一方面保证百姓的正常财富收入，另一方面也保证国家与百姓在荒年时有足够的消费资料；而在百姓欠收时，国家则应该减少征收以保证百姓的正常生活不受影响。

结 语

由以上论述可见，王船山有丰富的关于分配正义的思想，这也是他经济伦理思想中近代性的体现。他提出“均之者，非齐之者”的命题，是对分配正义富有创见的见解；他主张不“厚高而薄下”，也不“损高而补下”，而是以“可增而不可损”的价值维度来实现分配正义，开创了缩小贫富差距、实现分配正义的新视角；他倡导的“无大损于民，则天下固大均矣”的理论设想，固然不乏浪漫色彩，然而也道出了行政权力盲目干预是导致社会贫富悬殊的致命性因素的真相。总而言之，王船山关于分配理论的思想中有诸多新颖的问题维度和解决问题的新视域，其中以“民生为公义……把维护老百姓的利益当做公义”的伦理立场[14]129-134，更是可以成为当今中国社会实现利益再分配、再调节以构建和谐共生共赢社会的传统宝贵资源，值得深入挖掘、借鉴。

参考文献：

[1] 王夫之. 庄子解［M］//船山全书：第十三册. 长沙：岳麓书社，2011.

[2] 萧萐父，许苏民. 王夫之评传［M］. 南京：南京大学出版社，2002.

[3] 王夫之. 四书训义［M］//船山全书：第八册. 长沙：岳麓书社，2011.

[4] 王夫之. 诗广传［M］//船山全书：第三册. 长沙：岳麓书社，2011.

[5] 列宁. 两种乌托邦［M］//列宁选集：第二卷. 北京：人民出版社，1995.

[6] 王夫之. 宋论［M］//船山全书：第十一册. 长沙：岳麓书社，2011.

[7] 王夫之. 读通鉴论［M］//船山全书：第十册. 长沙：岳麓书社，2011.

[8] 王夫之. 黄书［M］//船山全书：第十二册. 长沙：岳麓书社，2011.

[9] 向玉乔. 社会制度实现分配正义的基本原则及价值维度［J］. 中国社会科学，2013（3）.

[10] 王夫之. 四书稗疏［M］//船山全书：第六册. 长沙：岳麓书社，2011.

[11] 姚大志. 分配正义：从弱势群体的观点看［J］. 哲学研究，2011（3）.

[12] 黑格尔. 法哲学原理［M］. 北京：商务印书馆，2013.

[13] 王夫之. 周易内传［M］//船山全书：第一册. 长沙：岳麓书社，2011.

[14] 谢芳，肖剑平. 王船山政治伦理的价值诉求、工具理性及其现代启示——以《读通鉴论》为文本［J］. 湘潭大学学报（哲学社会科学版），2016（4）.

（《衡阳师范学院学报》2019年第1期）

王夫之的民族意识论述之辨析

唐若严

明亡之后，船山逃于深山，栖伏林谷，随地托迹，不与外人相接。一方面固然是远离政治与军事的风暴中心，以防遭遇清廷的不测；另一方面，也是借著述以托心意，研读六经，玩索程朱，以“六经责我开生面”的使命感全面反思中国文化传统，以求解开晚明所遭逢的天崩地裂的历史变局。船山以圣人之心而兼豪杰之姿，有圣人之心，故悲心愿力深广，能立己性而通于天道，直透历史文化之本源，承续圣圣相传之道而独契于己之一身；有豪杰之姿，故气魄精神远大，对于历史错综分歧之诸种乱相，皆能挺立自我，自作真宰，发言论事，皆自肺肝中流出，一一衡评其是非对错，往往见其精彩，而绝无食古不通之弊。

一、天道论视野下的气化论

对于满清入主中原，船山与当时士大夫都严守儒家传统的夷夏之辨，然而在这当中又有新意透出而为古人所未见及，值得为之畅论。船山关于华夷大防之议论散见于诸种著述，论其大者，当以《黄书》为主，兹引其文于后而一一详为疏解：

> 夫观初始于天地者，岂不大哉！洋洋乎金以铣之，木以干之，土以敦之，火烜、风挠、水裹以烝化之，彼滋此孕以繁之，脉脉门门，泮涣搏翕以离合之，故盛德行于无疆而不知其届也。然而清其族，绝其畛，建其位，各归其屏者，则函舆之功所以为虑至防以切。

是故山禽趾疏，泽禽趾幂，乘禽力横，耕禽力纵，水耕宜南，霜耕宜北，是非忍于其泮散而使析其大宗也，亦势之不能相救而绝其祸也，……故曰“圣人与天地合德”者，岂虚构哉！[1] 101

这是从天地之始论述。天地之心只是一个生生不已，其精神下贯于气化之中则有阴阳之分类，二气流动融通则有五行之生化，相生相克则有万物之迭见。这是一个只有开始却没有终结的布满所有空间的永恒过程。这是纯然的天道，非可以人力掺杂于其间。但是天地之道生化无疆，其中也自有不可泯没之条理；万物各有自己的族类，万事各有自己的相宜，明了自己族类的特征，严格地划分其畛域，安于天理秩序观中自己的分位使之强固而互相之间不淆乱，天道就这样至防至切而万物生遂相安，摒绝乱源。

以上是船山的天道观，将宇宙论述为一种气机鼓荡的大化流行。万物就其本源处论之，即从理上说都始于一。但既然已经落到气化上而言，成为万物自己，附带有各自特殊的规定性，那便是万殊即各个不同了。因此，就其所宜，因而分之，不使强合，这不是忍心于让万物泮散而使析其大宗，而是理势如此，不得不然。如果定要杂糅牵合本来不同的各种类而强使之合一，那必然会乖其所宜而混作一团，这样反而违反了天地位育之道。万物既然以个个不同的繁杂种类出现，那也只能针对具体的种类而予以分别的治理。船山以上述天道观来论述他的华夷观：

夫人之于物，阴阳均也，食息均也，而不能绝乎物。华夏之于夷狄，骸窍均也，聚析均也，而不能绝乎夷狄。所以然者，何也？人不自畛以绝物，则天维裂矣。华夏不自畛以绝夷，则地维裂矣。天地制人以畛，人不能自畛以绝其党，则人维裂矣。是故三维者，三极之大司也。[1] 101

天、地、人称为三极，天覆地载，天生地成。天、地为两间之大者，得为二极；人是其间得其秀而最灵者，能够与天地合其德，所以人亦得立一极。而三极的实现有待于三维：三维立，则三极亦随之而立；三维裂，而三极之道亦于是乎息矣。天维指的是人、物之别。船山认为，人和物都是天道创生实体所化生，二其内部的构造是阴阳二气在自身中的氤氲，在行为方式和动作上不过是生养休息罢了。因此，从天道的视野来看，物物应当无所差别，普遍平等，但这是上道德上理想主义地说。从现实上有所差别的实在性上讲，人和物的差别在短期内是消除不了的，应当承认和尊重这种差异化，而划定两者的界限和交往的方式，其措施便是“绝乎物”。人不应当将自己视作单纯的一个物，而是应当在人道的范畴中实现人的动能。地维则涉及华、夷之别。船山认为，华夏与夷狄虽然同处于大地之上，是同一个种类，即人之类，就其生物性的物质存在上说，百骸九窍是一样的，或聚或析也是一样的，但是华夏与夷狄却仍然有其不可消泯的区别而各成其为自己。华夏之所以为华夏是以礼仪文教，夷狄之所以为夷狄是以其无礼仪文教，因此，只可以用夏变夷，不可以夷变夏。如果华夏不能够自固以隔绝乎夷狄而保礼仪文教，反为夷狄野蛮所蹂躏践辱，甚至奴颜婢膝以事夷狄，则礼仪丧而人道熄，同归于率兽食人之境而已。在这种情况下，即使地维裂，故为保住地维，华夏之人必须自觉地自畛以绝夷。

这里的问题有必要加以说明：人、物之别涉及天维，这是很好理解的，因为二者的差异非常显著，而对于地维中的夷、夏之别，有必要过于强调二者的分殊和不同吗？夷狄虽然僻居远处，文教不兴，生活方式较为原始和粗野，但是从类本质的角度来看，显然夷狄也是华夏的同类。从教化的视野来看，没有顽劣者是不能被引导而向善的，孔子不是说过“有教无类”吗？那么船山将二者的划分上升到天地之道的高度，明确要求在二者之间划分界限，不可混杂相处，理性依据何在？夷狄在入据中原之后，如果着力改造旧有传统，一心向慕归诚，汉化自身，同于华夏文明体，则夷夏之别还能够存在吗？船山所坚守的所谓“地维”还有何依据？

此中的困难可以描述为：历来儒者关于夷、夏之别的判别和划分，其学理上的依据都是简单地从文化意义上的礼教传统来作考量，然而这种文化性的礼教决定论却具有两面性，一方面，它既可以被华夏引做思想资源来塑造政权组织形式和编织遍布帝国各个层级的文教风俗，从而成就自身的正统性与合理性以区别于蒙昧的落后文明。另一方面，传统思想这种以礼教来判分夷夏之别的看法却也存在重大缺陷，即仅仅将礼教看作一套工具手段和统治手法，注重礼仪的节文度数、车马服器，完全形式化、量化了、外延化了，而忽略了这些形式背后的本质性的思想内容，这样一来也就给了以外来部族身份入主中原的夷狄以可乘之机。他们可以进行一定程度的自我改造或者外部修饰，即对应中原的文教传统也同样是量性的、外延上的、形式上的改变。比如诸种少数民族政权的政府机构、文官体系、书写语言、服色器物完全模仿华夏正统，以标榜自我向慕汉化，可以拥有与华夏正族同等的权利以继承这片土地的统治权，如历史上的孝文帝改革，甚者还打着恢复礼教与承续华夏正统的名号镇压华族自身的政权，如满清之于南明诸政权。依这种将文教传统纯然外在化的看法，同样也给汉族自身的文人武将降敌投敌大开方便之门，因为他们无须再因毁灭了华夏正统的礼教传统而顾忌到社会舆论场的重重压力与面对千百年之后来自历史的责问。原因在于，一方面蛮夷已进于华夏，另一方面礼教的真正本质与特殊性早已被淡忘。因此，晚明出现的一大批此类的无耻之徒，无疑给抗清事业带来了极大的伤害，同样也深刻地刺激了曾经积极投身于此一事业的船山的耳目，让他开始认识到对于礼教传统的本质有作一番重新思考的必要。正是在这种时代背景下，船山在他自己独特的气化论的哲学范畴下给予这一命题以崭新的阐释：

> 天以洪钧一气生长万族，而地限之以其域，天气亦随之而变，天命亦随之而殊。中国之形如箕，坤维其膺也，山两分而两迤，北自贺兰，东垂于碣石，南自岷山，东垂于五岭，而中为奥区、为神皋焉。故裔夷者，如衣之裔垂于边，而因山阻漠以自立，地形之异，即天气之分；为其性情之所便，即其生理之所存。[2] 485

> 天下之大防二：中国、夷狄也，君子、小人也。非本未有别，而先王强为之防也。夷狄之与华夏，所生异地，其地异，其气异矣；

> 气异而习异，习异而所知所行蔑不异焉。乃于其中亦自有其贵贱焉，特地界分、天气殊，而不可乱；乱则人极毁，华夏之生民亦受其吞噬而憔悴。防之于早，所以定人极而保人之生，因乎天也。[2] 372

不同于以往的儒学阐释，船山在这里是将夷夏大防纳入气化论的系统中而给予了一个新的解释。船山气化论承袭自北宋张载。从哲学史上看，张载的气化哲学作为区别于程朱理学的一大哲学流派，其突出特征便是不同于程朱理气观将理脱离于气，对于理先于气有所体认，反而认为气先于理，无形而下之气则不可得形而上之理，认为理是气的派生物。这一理气观无疑对于船山重塑华夏礼教传统构建了强大的思想资源。因为若按程朱的理气观，理一分殊，理本来是遍在而无不在的，是无关于气的，理的世界中没有夷夏之分。因为这同一个理当然可以为夷夏所共有，这当中只存在先觉后觉的时间顺序，华夏先而夷狄后罢了，这样一来，礼教传统仍然免不了可以为夷狄所攘窃。

但是在横渠—船山的气化论范畴中，时间顺序被转化为了空间秩序，先后之间的承续关系被整个否定了。既然“天以洪钧一气生长万族，而地限之以其域，天气亦随之而变，天命亦随之而殊”，在天可以说这是理一，代表了同一性，无论华夏还是夷狄都分享共同的本质；但具体落实到气化论的运作中，理一也不能不和分殊相结合起来以表达和实现自身，造成“地界分，天气殊”，每个地方地理环境不一样，所得的气也有所差别，就会造成习性的差别，由之而来的整个生产实践关系都会变更，而所谓的礼教传统无非就是这套实践所得的整合与完成而已。空间的差序必然会造就不同的种族，华夏与夷狄只能各安其位，互不相扰，夷狄不能习用华夏的礼仪，这是天理之昭彰，决不能违反。华夏和夷狄之间的界限是为天道所规定的，具有天然的合理性。

这个界限为“天文”所指引或规定，这个界限规定了一个地方独特的作为区域的天空与大地，以及由此而进入人们触觉热与冷、湿与干等的特有经验方式，当地的人们凭借这种特有经验而立身于“此”，不自觉地为之所化，以“此”应对突然的变故，以此安身立命：“人之风气习

尚，粲然殊致，而各据其所安；圣人观风施化，因其所长，济其所短，不违其刚柔之则，而反之于淳。”[3] 6

二、华夷之辨

夷夏之间的分别绝对不能简单地归纳于是否有现成的礼教，这一套形式化的架子想要加以模拟和效仿实在是易易之事。在表象之间更重要的是二者实质性的差别，华夏的风土、地貌、气候等所有气化的形式都和夷狄有所区别，两者之间有一道难以加以逾越的鸿沟。船山也正是从气化论的视野出发，对于夷狄的本性有非常苛刻的批评，说：

> 立人之道，仁智而已矣。仁显乎礼，智贞乎义。故夫禽兽者，仁智之介然或存者有矣，介然之仁弗能显诸礼，介然之智弗能贞诸义，斯以为禽心。夷狄之仁，视禽广大矣；夷狄之智，视禽通明矣，亦唯不义无礼，无以愈于禽也，斯以为狄道。虽然，义以贞智，智以立事；事以备功，功以免罪败。是故狄之免于败也，必有功矣。功必因知，知之俶叛于义，则亦以召败而堕功，其功而免于败，则其于义犹参差遇之也。若夫介然之仁，不准诸礼，而亦有以动愚贱。故狄虽假义，终必弃礼，弃礼以为功，是之谓狄。[4] 145

华夏的核心和本质并不是外在化的一套形式礼仪，根本的维度是因为能够保固本性当中的仁、智，并将之充分予以显示和客观化。仁心本体于穆不已地发挥作用，作为一个创造性的实现原理以实现人的本质，所成就的是拥有内在精神和活力的礼仪；智力的权衡与运用虽然旁斜逸出，权变无方，但是万变不能离其宗主，依然是根据心中道义而来的对于时势的判断与运用；华夏之民作为万物之灵秀者，其礼仪之具有内在合理性的根据，即在此一发心动念之微处已经判然别于万类。船山认为，夷狄虽然分享了作为类本质的人，也有其优胜于动物之处，所谓“夷狄之仁，视禽广大矣；夷狄之智，视禽通明矣”，但是这里面依然有个多少分差的量的区别。夷狄的仁义能够长久地保固自身吗？船山对此是抱持怀疑态度的。夷狄凭借着一隙之明，在生活、实践、军事斗争的日常劳作中，昭昭灵灵之偶动也许能够显现自身，暂时性地成就功业，但这种功业并没有稳固的理性上之基础和根据，保证自己免于衰亡和颓败。夷狄在智力上可以有机巧权变，因此“于义犹参差遇之也”，但是对于需要高度精神自觉和心性修养功夫的“礼”，是决然没有能力假借的，所谓“狄虽假义，终必弃礼，弃礼以为功，是之谓狄”。

夷狄与华夏有根本的区别，中原的礼仪度数、器法服色是绝对不能被僭窃的。船山对此持血统论的民族主义甚为坚决，并在著述中屡屡道及：

> 春秋之狄，荆、吴、徐、越、杞、莒者，惟其亡礼也。僭王，盗行也。亡礼，盗行也。有狄之道，则必有盗之行，狄故盗也。何也？以狄为道，则盗行而不知其盗，荡然蔑礼，斯以僭王矣……若夫夏之时，殷之辂，周之冕，虞之《韶》，且惟恐不利其介然之仁智而决去之，斯狄之所以为狄，而《春秋》之狄之以不疑也。[2] 145-146
>
> 夫百王之道，中国之统，有三纪焉：人纪者，井田、封建之所准也；天纪者，凤、麟、河《图》之所诏也；地纪者，中国夷狄之所限也。[2] 376

正是从气本论的立场出发，船山坚持认为礼仪是区别夷夏之辨的根本维度，这背后涉及的根据乃在于这是两者在理性上的差别，而这是从天道运作的角度得到保证的。区分夷夏，目的是表明夷狄不可僭越自身的限度，强行假借礼以伪饰自身，进而占据中原，窃据华夏正统。船山因此对于历史上类似孝文帝改革持有恶评：

> 视宏之所为，沐猴之冠，优俳之戏而已矣。备纪宏之伪政于史策，所以示无本而效汉儒附托之具文，则亦索虏欺人之术也，可以鉴矣。[2] 471

北魏拓跋宏的一系列改革并不能化夷狄为华夏，从野蛮而进于文明，所作所为在船山眼中不过是作伪和自欺欺人罢了。在船山眼中，少数民族王朝应该安于自己所处的地理环境，不要因艳羡中原繁华而加以进犯；

同理，中原之主也应该谨守天地之间已经设置好的界限，按照地理环境上的差别和分殊，划界而治。两者互不侵犯，将自己保持在最适合本民族的界限中，各成其为自己，所谓各美其美、美美与共，才是符合天地之间本来应有的正道。如果夷狄强力进击或中原之主贪功喜大，越出各自应有的界限，将自己民族本来所有的那一套治理方式和生活样态施之于陌生的疆域，只能不伦不类，最终交受其害：

自安其逐水草、习射猎、忘君臣、略昏宦、驰突无恒之素，而中国莫能制之。乃不知有城郭之可守，墟市之可利，田土之可耕，赋税之可纳，昏姻仕进之可荣，则且视中国为不可安之丛棘；而中国之人被掠以役于彼者，亦怨苦而不为之用。两相忘也，交相利也，此顺天之纪，因人之情，各安其所之道也。[1] 468

王者不治夷狄，谓夫非所治者也。代之北，粤之南，海之东，碛之西，非所治也。故汉之涉幕北，隋之越海东，敝已以求强于外，与王道舛而速祸。非所治而治之则自敝，所治而不治则自溃。……夷狄之蹂中国，非夷狄之有余力，亦非必有固获之心也，中国致之耳。[5] 468

因此，船山从气化论的视野出发，坚定地认为圣人、君主要有其应有的责任与作为，维护、辨别夷夏之间不可泯除的界限：

是故圣人审物之皆然而自畛其类，尸天下而为之君长。区其灵冥，湔其疑似，乘其蛊坏，峻其墉廓，所以绝其祸而使之相救，故曰“圣人与天地合德”者，岂虚构哉！

昔者，周之衰也，訾谐替，刺雅兴，镐京沦，东都徙，号祭存，纲纽佚，诅盟屡私，数圻日兼，故抱器服而思烹溉者，日恻恻然移玉之为忧。而圣人之所深长思者，或不在此，作春秋，明王道，内中夏，外戎狄，疑号者正其辜而终徕之，外会者斥其贱而等摈之。[1] 102

圣人仰观俯察，近取诸身，远譬诸物，裁成辅相以天道为准，审知万物各有自己的族类，畛域分明而不可淆乱，所以明了自身而严格划分人己、物我疆界。登天子位为天下君长的重要职责就是要固保这一定然而必然的界限，而其所以畛域其类的具体方法，则是通过“区其灵冥，湔其疑似，乘其蛊坏，峻其墉廓”四个方面。“区其灵冥”，所谓灵是指聪明俊秀，冥指冥顽不灵，即夷狄；“湔其疑似者”言洗刷其中伪托疑似者；“乘其蛊坏，峻其墉廓”是华夏针对夷狄而言，要于夷狄蛊坏之处而修治之，要用高峻城郭来防范之。不但如此严为防范，船山甚至认为对于夷狄“欺之而不为不信，杀之而不为不仁，夺之而不为不义者也”[2] 870，因为二者本不同族，华夏的仁义道德不可施用于异类。

三、对孤秦陋宋的批判

正是在这一严防夷夏界限的视野下，船山才有一古今对比之意识。船山先论述华夏在上古时代的古仪能巩固中夏之区，不使夷类相间，同时以之为思想资源鉴观后世人主之私，发现其流弊所至乃为孤秦陋宋。船山对此进行了极力抨击：

> 自昔炎裔德衰，轩辕肇纪，闵阽危，铸五兵，诛铜额，涤飞沙，弭刃于涿鹿之野，垂文鼓弦，巡瑞定鼎，来鹏梦弼，建屏万邦，而神明之胄骈武以登天位者，迄于刘汉五姓百十有七后，岂不伟与！是岂有私神器以贻曾玄之心哉！而天眖不舍，灵光来集者，盖建美意以垂家法，传流云昆，不丧初旨，群氓蒸蒸，必以得此而后足于凭依，故屡滨播弃，而卒不能舍去以外求宗主。迹其所以焘冒天下者，树屏中区，闲摈殊类而止。若乃天命去留，即彼舍此之际，无庸置心。要以衣冠舄带之伦，自相统役，奠维措命，长远丑孽者，实以为符，得人而遂授之。然而帝眷民怀，丝游胶液，纷纷延延，弥保云系者，则贸于相求而隐于相报也。[1] 104

上古时代虽然也曾经出现变乱纷纭，出现群雄并起、割裂混战的时代乱局，但是自炎黄以来华夏自古相传的古法仪度却从没有遭到破坏，最终成为华夏之家法。华夏家法的核心规定是什么？根据牟宗三的鉴别，可以概括如下：一、无私神器以贻曾玄之心；二、树屏中区，闲摒殊类；三、要以衣冠之伦自相统治，不能舍此，以外求宗主；四、天命去留，即彼舍此之际，无庸置心。[5] 175 华夏家法核心之处就在于“可禅可继可革，而不可使夷类间之”[1] 103，这是中国之所以为中国的最高文化意识所在；也是孔孟春秋王道之心法，公天下而捍卫中区就能确保华夏正统之所在。至于是哪家哪姓能够位居尊位，统领一时代之人，这是跟气数、时势相关的，并不能以人力妄加测度和把持，故船山曰“若乃天命去留，即彼舍此之际，无庸置心”。只要政权在华夏子孙的手中，就能以华夏之土善养华夏之人，充分实现此一地之人所当获得之规定性；华夏之为华夏的风土特征，也就得以保持在此一政权之范围内，所谓“要以衣冠舄带之伦，自相统役，奠维措命，长远丑孽者，实以为符，得人而遂授之”。这是上古时代为船山所称道的缘由所在。

但是牟宗三同时认为船山虽然看到了上古时代对于严防夷夏之防的重视，并对之作了极高的评价，但是此中依然有治道上的缺失而不为船山所觉察，即没有分别禅、继之区别，至使禅让之公在中国后世的历史中完全断绝，最终沦落于家天下之私，以至于后世历史的发展完全败坏了先圣的法度。历史的演变发展至船山最为厌恶的“孤秦陋宋”阶段，其中缘由何在？牟宗三分析如下：

> 要以公天下而捍卫中区，为大义之所在。至于政权之禅继，则落于第二义，未能就之以区别禅继之不同，并思所以实现禅让之公之制度基础。未能正视家天下之继之必流于私，而只以文化意识之捍卫中区所示治天下之公，支柱其间，以为准则，以夹持政权处之禅、继、革之“公”义。此亦彻头彻尾是理性之内容表现者。理性之内容表现，于文化意识之捍卫中区，固恰当而亦尽至。但于政权处，则不充足。纯以治天下之公夹持政权处禅、继、革皆无不可之公，则政权之公乃软罢而立不起者。此即显此处内容表现之不足，而须有一外延表现以确立之。此亦示“古仪”之不尽。古仪之实或即如船山之所述。然后之继者当就政权而正视之。未可轻易滑过也。

> 如此，则原初之古仪方有进一步之充实与建立，而可逐步健全其自己。若以原初之古仪为已尽至，则政权处之漏洞必随时反蚀治天下处捍卫中区之“公”意。此即示古仪中有一内在之矛盾，而终不得解决者。船山之文化意识可谓强矣。故其叙古仪，斥秦宋，皆极切至，而具大慧。惟于古仪中之漏洞，则不能摘而去之，此亦前贤之一憾也。[6] 175-176

牟氏对于船山批评的要点在于后者虽然已经根据文化意识掌握了中国规定自身的本质所在，但是对于意识和方法没有一统一的解决办法。主观的良好意愿如何在客观化的历程中实现自身呢？船山因为区别不了内容表现和外延表现，这个问题是解决不了的。公天下的用心是属于治道层面的良善政治意图和决断，这也是古先圣王所能自觉意识到的，但是政权归属问题解决不了，权源依旧被君主垄断，一转而为家天下，人主私心自用，只顾一姓之兴亡，不惜将天下沦丧于夷狄之手。这在历史上屡见不鲜：石敬瑭称儿于异姓；宋主忘父兄之仇，与金人划江而治，舍祖宗基业于不顾。此等事让神州沦丧，古仪败坏，都是因为中国历史的发展没有办法克服家天下之私的问题，而其在历史上的典型表现并为船山所极力抨击者即在于孤秦陋宋：

> 迄于孤秦，家法沦坠。胶胶然固天下于揽握。顾盼惊猜，恐强有力者旦夕崛起，效己而劫其藏。故翼者剪之，机者撞之，腴者割之。贰人主者，不能藉尺土。长亭邑者，不能橐寸金。欲以凝固鸿业，长久一姓，而愤败旋趾。由此言之，詹詹凿陋，未尝回轸神区而援立灵族，岂不左与？[1] 104

秦废分封在历史上有其积极的作用，这一点牟宗三有清醒的认识：

> 然进入政治，自政治形态本身之演进言之，则废封建，虽源于君主之自私，亦有公理为其私所带出。此即将天下自封君贵族之私有中解放出。此亦是一步公也。天下固不应隶属于君主之一人，亦不应隶属于诸多贵族而为其采地。自演进言之，以渐不以顿。先自

贵族解放，采地转而为郡县，亦是公也。此为另一系之义理，则重视政治渐由此而得客观化：君取得超然而客观之地位，为一国之元首，不为贵族所束缚；士参与政治，亦取得政治之客观地位，不为贵族之家臣。君、士、民俱得客观之意义，即示政治格局渐向客观化而趋。故法家为压抑贵族，必尊君。[6] 176

如牟宗三所揭示的那样，本来废封建有其积极的作用，但在中国这一步走得并不成功，关键之处就在于尊君之下君主势力归于膨胀，最终失去限制而成为一无限之势力，如此，牟宗三所期望的政治客观化并不能充分实现。君、士都从贵族势力中解放了出来，本来容易取得客观地位，形成敌对体而开出对列格局下的政治结构，士人依之而限制君权。但秦废分封、行郡县并不是出于公心，其完全在于人主用心之私，孤总天下之大于一身，因此，不但没有开出政治客观化的对列格局，反而破坏了先秦以上中国历代圣王相传的优良政治传统，即“天子有道，守在四夷”。古代圣王并不是不愿以己力一统天下，而是因为从自觉维护华夏道统的角度考虑，觉得有必要分封君长，使之分土而治，培植边地势力以对抗蛮夷，从而巩固华夏，唯恐华夏沦亡于夷狄之手。虽然这种形式采取的是血缘性的同族分封，但从长远的历史图景来看，这种做法强化了边地的力量，能有效地树立藩区，起了维系神皋的作用，避免了神州陆沉、宗社丘墟，正是大公无私的用心。而秦朝设计政治制度却出于把持天下私心，将天下视为一家一姓的私产，不肯将政权公共化、客观化，不能以天下人治天下，而是以朝廷之小应付天下之繁重，自然力疲不能胜任。秦朝无藩屏而君主孤悬于上，是以谓之孤秦。这种恶劣的统治手法和卑劣的私心达其顶峰于宋朝：

假杯酒以固欢，托孔云而媚下，削节镇，领宿卫，改易藩武，建置文弱，收总禁军，衰老填籍，孤立于强虏之侧，亭亭然无十世之谋。纵佚文吏，拘法牵执，一传而弱，再传而靡。[1] 106

船山认为，赵宋王朝的兴起是因为赵光胤兄弟手握中央禁军势力，有军事寡头和元勋故旧的扶持，劫持了柴氏孤儿寡母，才能够最终登上天子宝座。但是，正因为这种权谋小术，得大宝之位于不正，所以不能做到以公心对待天下，而是以怀疑、猜忌之心度量天下人，唯恐他人效法自己的作为，以其道还施其身。所以赵宋在治理天下的策略上有重大的变更，无论是杯酒释兵权，打击军事寡头，还是终宋一代全盘压抑武人，施行重文政策，又是在官僚系统内设置重重文网，将权力不断地细分和制衡……所有这一切都是为了防止大臣权力过分集中，对皇权形成威胁。但是其后果也极为严重：

是故秦私天下而力克举，宋私天下而力自诎。祸速者绝其胄，祸长者丧其维。非独自丧也，亦丧天地分建之极。呜呼！岂不哀哉！[1] 106

夫石守信、高怀德之流，非有韩、彭倔强之质也，分节旄，拥镇牙，非有齐秦百二，剖土君民之厚实也，谈笑尊豆，兵符立释，非有田承嗣、王武俊、李纳之跋扈而不可革也。使宋能优全故将，别建英贤，颠倒奔奏，星罗牙错，充实内地，树结边隅，一方溃茂，声援谷响，虽逮陵迟，取资百足。亦何至延息海滨，乞灵潮水，皋亭纳玺，涸岛沈渊，终使奇渥吞舟，乾坤霾塞，滨百年而需远复哉！惟其涂蔽万民，偷锢大器，瓦缶之量，得盈为欢；婴儿护饵，偃鼠贪河，愚夫之惑，智者哂焉。易曰：“其亡其亡，系于苞桑”，苟有系也，足以固矣，而必于苞桑焉，秦、宋之系于茗枝而不知其根之拔也。故曰“前事之失，后事之师”，其来兹之谓与！[1] 106

船山认为，赵宋王朝如果能将夷夏之辨放在政策考量的首要位置，并以之为基准来制定国策，而不是以褊狭之衷汲汲于保一家之小，也不至于将神州沦丧于夷狄之手，而自家子孙落得个丧亡殆尽的结局。

参考文献：

[1] 王夫之. 黄书 [M]. 北京：中华书局，2010.
[2] 王夫之. 船山全书：第十册 [M]. 长沙：岳麓书社，1996.
[3] 陈赟. “文”的思想及其在中国文化中的位置 [J]. 中国文化研究，

2006（4）.
［4］王夫之. 船山全书：第五册［M］. 长沙：岳麓书社，1996.
［5］王夫之. 船山全书：第十二册［M］. 长沙：岳麓书社，1996.
［6］牟宗三，吴兴文. 政道与治道［M］. 长春：吉林出版集团责任有限公司，2010.

（《衡阳师范学院学报》2019年第4期）

王夫之《诗经》学的美政理想

纳秀艳

“诗言志”是古人对《诗经》精神的评价，也是中国诗学的纲领。治《诗经》者赋予一己之“志”，为《诗经》学的一大传统。审视《诗经》学史，学者借《诗经》言志成为经学之旨，赋予《诗经》丰富的思想，“从而使‘诗言志’的命题变得更富于弹性，乃能适应后世人们丰富、复杂的生活感受的表达需要”[1]。由此，“诗言志”在《诗经》学上的内涵得到了扩大与延伸。

王夫之在《诗经》研究中依托古老的经典，依经立义，采用适合自由阐发独见的“广传”体，寄托政治抱负，精警深刻，耐人寻味。其《诗广传》，虽在探求雅志与企慕隐逸之间徘徊以寻找人生的出路，但最终都回归到“终以可生可死而不可贰”[2] 328的政治诉求上。王夫之的《诗经》学，无不显示重建秩序的美政理想与家国情怀相统一的思想。

一、批判君主专制

批判君主专制，要求政治革新，主张“工商皆本”，是在十六、十七世纪思想界兴起的一股巨浪。王夫之积极响应时代的呼唤，基于历史的深刻反思，对根深蒂固的君主专制予以最严厉的批判，“反映了中国的旧政治和旧经济向着近代转型的历史进步趋势”[3] 379。

王夫之在《诗广传·论硕鼠》中直指封建君主专制的要害：“诵《硕鼠》而知封建之仁天下无已也。”[2] 362《魏风·硕鼠》反剥削的主题众所周知，但多有附会历史之说，譬如《鲁诗》言："履亩税而《硕鼠》作。"《齐诗》云："周之末途，德惠塞而耆欲众，君奢侈而上求多，民困于下，怠于公事，是以有履亩之税，《硕鼠》之诗是也。"据《春秋谷梁传》宣公十五年记载："初税亩者，非公之取公田，而履亩十取一也。"作为改革措施，史载"初税亩"按比例从公、私田皆抽取税收。可见，齐、鲁两家不过是以诗证史而已。

而王夫之则不然，他将目光投向由来已久的君主专制，"三代之季，教衰政圮，樵苏其民，亦或棘矣"[2] 362。上古三代之末世，政教衰败，民生艰苦，为了贪利，暴君污吏对百姓压榨，使民苦不堪言，民"则负耒携帑以之于他国，犹有乐土之适我所也"。然而，无论逃之哪里，民皆为鱼肉，"故暴君污吏朘削其民者，民无死焉"[2] 362。王夫之愤慨道：

> 呜呼！秦并天下，守令浮处其上，而民非其民。君淫于上，执政秉铨者干没于廷。以法为课最，吏亡不法者矣；以赇为羔雁，吏无不赇者矣。草食露处，质子鬻妻，圜土经年而偶一逸，无所往也。旦出疆，吏符夕至，稍有逸者，亦莫与授田，而且为豪右之强食矣。将奚往哉？一日未死，一日寄命于硕鼠也。汉之小康，二帝而已。宋之小康，六十年而已。过此以往，二千年之间，一游羿之彀中，听其张弛，而又申以胡亥、石虎、高洋、宇文赟、杨广、朱温、女直、蒙古之饕噬，天地之生，几无余矣，不亦痛乎！[2] 362

集权是君主专制的特点。君主独揽大权，善于玩弄权术的官吏干谒于朝廷，汲汲于名利，以种种伪态赢得帝王的信任。所谓讲求法，然吏即法，人治大于法制。在这种体制下，有权者无所不有，人民却餐风饮露，"草食露处，质子鬻妻"，无处可逃。在王夫之看来，专制统治者对人民的禁锢与防范导致贼人觊觎、国家灭亡，尤其容易遭到异族的侵凌与侮辱。诚然，船山先生所持之民族观有其时代的局限性，但是，暴君虐政使明朝走向灭亡是不争的事实。

君主专制的建构始于周文王，后来才有"取天下之经提携于一人"的绝对君权。船山在《思问录·内篇》中指出，周文王虽设"三公论道”，然“贤以其人而不贤以其事，则虚有论道之名而政非其任矣。虽有极尊之位，与其尤贤之才，而上不敢逼天子之威，下不能侵六官之掌，随乎时而素其位”。“三公论道”形同虚设，权力则集文王一人之手。周如此，历代专制之主皆如此，明朱元璋亦然。船山将批判的矛头直指儒家理想中的圣王，其胆识非他人能及。

君主专制的弊端在于家天下，自私者统于一言，使人失去进取之心。船山指出：“岂其以唐、虞为弱，而以家天下自私者为强乎？而抑非也。”[4] 400秦并天下，虽结束了诸侯纷争的局面，然君主专制愈甚，正所谓“秦、汉以降，封建易而郡县一，万方统于一人，利病定于一言，臣民之上达难矣”[4] 401。显然，君主专制带来的危害致使臣、民失语，社会失去活力，最后，强人入侵在所难免，“欲无日偷日窳，以听封豕长蛇之吞噬，其可得邪”[4] 401？相较于秦汉之世的衰弱之情形，战国虽乱，却人才辈出，且各诸侯国得以治理。船山指出：“故齐桓公之霸犹能匡天下，是非未乱，国可用也。”[2] 357而秦汉以后的中国，“迨其末流，安所的五伯、七雄、三户而使之崛起，且将无从得莽、操、懿、裕而畀之乘权者”[4] 400。社会如一潭死水，何谈精英问世。尤为严重的是社会各阶层怒怨相生，君民相残，国家昏乱，所谓“故民之死，非民自死，上死之也；君之亡，非君自亡，民亡之也”[2] 342。

更甚的是，有的君主披着“德治”的华丽外衣，却干着阴暗苟且的勾当。君主为了实现“家天下”的私利，残害亢直的贤良，将巧言猥琐者视为心腹之臣，使他们玩弄权术于股掌之间，致使“欲销天下之才智，毁天下之廉隅，利百姓之怨大臣以偷固其位”（《读通鉴论》卷七十九）。君主专制制度的弊端之一，是坏人以其更坏的行为而攫得利益，好人却被排挤于社会的边缘，志士空有报国之志。船山在《诗广传》中对那些心无诚意，却居高位而不惜“刓万物之机，行其小智以腾口说于天下”的伪善者予以批判，他们玩弄权术，最终导致敌人入侵，江山易主。

二、以民为本的君道

基于对历史积弊的反思与对君主专制的批判，船山对症下药，首先提出君主治国之道。他强调以德治国的意义，凸显以民为本的关键所在。为政以德，与传统儒家的思想庶几一致，故不赘言，在此重点阐述其民本思想的人文精神和用人思想的现代意义。

（一）以民为本

以民为本是传统儒家治世理想的核心所在，孔子、孟子都积极倡导，《左传》《国语》等文献均有记载。传统的民本是统治思想的构成部分，治理好国家的前提是满足人民对物质的需求，解决其温饱问题，“制民之产”“使其凶年免于死亡”（《孟子·齐桓晋文之事章》）。王夫之在继承传统思想的基础上，结合时代特点，赋予“民本”现代性的思想内涵，即人文精神。

“人文精神本身并不是一个固定的专有名词，而是一个核心意义稳定、外延模糊，其蕴涵又非常深广的概念。”[5]虽然，不同的时代赋予人文精神不同的意义，但是，以人为本，即尊重人的生命和人格精神的内涵始终是一致的。人除了满足肉体所需之外，更追求精神意义，每个人都有追求精神生活的愿望，甚至把精神生活作为生命终极的意义。苏格拉底说：“人应该追求更美的生活，远过于生活本身。”然而，在传统儒家话语中，民就是芸芸众生，能满足他们衣食所需即是王道的体现，而忽视对人民精神的关怀。

王夫之倡导的“依人建极”[6]850哲学思想，把“建用人极”与“建用皇极”相对。“依人建极”本着人居于宇宙自然中心的原则，“存人道以配天地，保天心以立人极”[6]883，“自然者天地，主持者人，人者天地之心”[6]885。“依人建极”的内涵虽然十分丰富，但其核心则是肯定人在天地间的重要地位。人是万物之灵长，是宇宙的主宰，人以卓越的智慧创造人类文明，推动历史的发展与进步。另外，“依人建极”，亦指人生存的权利，包括人应该享有的生命权利和精神自由权利。因此，基于“依人建极”的哲学思想，王夫之提出以民为本的为君之道。

船山在《诗广传》中提出以民为本的为君之道，强调君要关注民众的精神需求，而不仅仅停留在满足民众生存所需的物质层面上。他说：

“是故古之王者，非遽致民也，畅民之郁，静民之躁，调其气血以善其心思，故民归之而不离。”[2] 434治民，要善于疏导人民的思想，使他们畅所欲言，排除心中之积郁。船山的这一观点与周代大臣邵公的“防民之口，甚于防川，川壅而溃，伤人必多”“为川者，决之使导，为民者，宣之使言”（《国语·周语》）的观点有本质的区别。邵公站在统治者的立场，就如何治民给厉王以忠告，而船山的“畅民之郁，静民之躁”则蕴含着超越时代的思想——从精神上对民予以引导与关怀。他说：

> 故为国者，勿俾其民有相恤之心，而乱与淫交戢矣。人之有情也，变则通，通则放，犹天之有气也。喜与乐通，怒与哀放。秋禀而冬慄，金肃而水凄。始于怒者成乎哀，犹之乎始于喜者成乎乐也。喜则见得，见得则宁，宁则戢，戢必以礼，故乐配夏而神礼。怒则见不得，见不得则激，激则悲，悲则寒，寒承秋而行水；水者，相比而流者也。寒而水燠，歆于翕比以自温，非固温也，私相温者也。私相温，是以成乎淫也，而贫与危之相恤当之。[2] 350

这一段逻辑严密且不乏生动。治理国家的关键是了解民情，即“审情之变，以夙防之”[2] 351，及时疏导民众心中的怨情，民若心怀喜悦，畅神乐志，才会自觉遵守社会秩序。“故善治心者，广居以自息；善治民者，广生以息民。民有所息，勿相恤而志凝焉。”[2] 351这里的“广居”意指使民心广，“广生”即开阔的胸襟。可见，善治民的要诀是治心，但此之谓“治心”，是对民的心灵世界和情感世界的关怀与疏导。诚然，疏导民情是治心之关键，然而，疏导之后，还要为民定其志，使其不至于有浮情，使其以天下之忧乐为忧乐，是治民之最高境界，即“古之善用其民者，定其志而无浮情，不虞其忧已之蹙、乐之已慆也，然而天下已相安于忧乐”[2] 363。

此外，王夫之认为，为君之道以民之利为重。他说：

> 古之营国者，非但城郭沟池、封畛阡陌而已也。城郭沟池以为固，守国之资，而未及于民也。封畛阡陌因天地之产，为民之利，而未及为功于天地也。镇其虚，损其盈，流其恶，取其新，裁成天

壤以相民，而后为人君者之道尽。[2] 434

历史表明，封建君主们利己者多，利民者寡。他们殚精竭虑地围地修城扩池，以最坚固的城墙作为屏障，却从未考虑人民的利益。民心积怨已久，揭竿而起，摧毁旧王朝于旦夕之间。譬如，秦王自以为固若金汤的咸阳城，最终毁于一炬。相反，善为君者，则会为民谋利，改革流弊，“以相民”，即让人民能够欣赏“江山云雾之和”[2] 434，感受生活的安逸美好。王夫之描绘出一个治世的蓝图：

> 故其民肢体得安焉，耳目得旷焉，臭味得和焉，疾眚得远焉。治地以受天之和，迓天以集民之祉。其余者，尤使登高临远之士启其遐心，湫忧拘迮之夫平其悁志，鄙吝祛，怨恶忘，而人安其土。[2] 434

这样的社会蓝图颇有桃源之乐。陶渊明笔下的桃花源是一个没有剥削、人人平等而尽享和谐的小农社会，“有良田，美池，桑竹之属。阡陌交通，鸡犬相闻。其中往来种作，男女衣著，悉如外人。黄发垂髫，并怡然自乐”。陶渊明以诗意的笔墨描画的恬美的生活图景，在当时的社会背景下不过是美好的愿望而已。而王夫之以政治家的眼光追求理想的生活，在他憧憬的治世里，人民尽享天赐之福，得精神自由；人民平其烦闷，畅神乐志；人民祛卑微，有尊严地生活；人民忘记恩怨，和谐安居。可见，陶渊明描绘的仅仅是遗世独立的世外桃源，它只能是乌托邦式的幻影，而王夫之站在时代的前沿，纵览历史进程，横观社会发展，提出了富有人文内涵的美政理想。

王夫之民本思想的另一层含义是要重视民心带来国家兴盛。他在《论黄鸟》中以比喻说明民心的重要性：

> 合天下而有君，天下离，则可以无君矣。何也？聚散之势然也。聚故合同而自求其所宗，如枝叶条茎之共为一本也。一池之萍，密茂如一，然而无所奉以宗焉者，生死去留之不相系焉耳。故王者弗急天下之亲己，而急使天下之相亲，君道存也。[2] 408

民心固然重要，然而，为君者不可要求天下民众都拥戴自己，而应该促进人民之间相互团结，这才是君道之大要。“失士者亡，失民者溃”[2]408，是亘古不变、是被历史反复证明的至道。“士相离，则廷无与协谋；民相离，则野无与协守。”[2]408民岂能不重要呢！如历史上的周厉王时期，民心消散，导致周流亡之悲剧。王夫之说：“昔者厉王之亡，非有戎狄寇盗之侵也，非有强侯僭逼之患也，民散焉耳。以天下之主，舍其故都而流死于彘。”[2]406这岂不令人痛心！

（二）用人之道

自古以来，如何用人，始终是为政者的一大难题。诸葛亮为后主刘禅提供“亲贤臣，远小人”的用人策略。但是，人心难识破，贤臣之忠和小人之奸，并没有写在脸上，若无大智慧，何以辨得呢？古代兴盛的相面之术，也无法判断一个人的内心世界。王夫之在《诗广传》中对如何用人、识人，提出了非常可贵的看法，颇具启发意义。

首先，用人期之以缓。自古有求贤若渴的明君、礼贤下士的周公，堪为典范；企慕贤才的曹操，被传为佳话。然而，王夫之认为，求得贤才，不在旦夕之迫，而在长久之计。他说：“古之求贤也迫，而期于贤也缓；期之缓，故贤得以抒其道。后之求贤也缓，而期于贤也迫；期之迫，故回遹得以徼功，而贤者隐矣。”[2]397求贤心迫切，但不可急于得到，给贤者从容思忖的时间，使他们心甘情愿地施展自己的才华。反之，期之迫，反而促使邪僻之小人乘机邀功，而贤者却因此而隐。接着，他以比喻说明求贤期之以缓的道理，即“夫贤犹粟也，不得食则馁，馁则求之也弗能一日待也。食之而充然，则意亦歆然矣，歆然之情，即在于充然之顷，而不计其余功”[2]398。贤者如粟，不得食则挨饿；粟是维持人生命的必需品，一日不可无，却不能待一日之饱食，“相养以终身，而无一旦之腴泽”。人为了一粟之饱，往往缺长久之计。求贤如求粟，不可贪一顿之欣然，而应持之以恒。不仅如此，以真情待贤，礼贤下士也是求贤之道、用人之法。他说：“古之求贤者，情注于相见之有日，而意得于相见之一日。求贤而得之，得之而相乐以有仪，则其心自此畅矣。”[2]398

求贤期之以缓，实际上是对贤者意志的尊重，不强人所难。以情待贤，以诚待贤，获得贤者的信任，方是用人之道。如果以章法约束，或以功利诱惑，则是对贤者的侮辱。王夫之认为，对贤者若“施之以秩，责之以道；施之以职，责之以功；施之以禄，责之以言，则是窃天之荣宠而以贸人之才也。贸人者，得其可贸之人而已矣”[2] 398。如此卓见，的确令人耳目一新。以功名利禄诱惑，以规章制度约束，这是在收买人才，其结果，仅买到了人而已。因此，王夫之总结道：“与其期之也迫，不如其无求之也。”[2] 398

其次，善于识人。的确，用人不易，识人尤难。不过，王夫之就臣子的品性问题在《诗广传·论候人》中举出“荟蔚”者和“婉娈”者两种人，希望为政者辨别“荟蔚”之人，亲近“婉娈”之臣。依据这两种人的行为，即可判断他们的品格。他认为“荟蔚”之人，反复无常而无固情，离合也易，他们为了取得私利，不惜“饰好以媚上”[2] 378。对这一类臣子，要明察慎防。王夫之说：

> 奚以为“荟蔚”也？歘然而兴，歘然而止，初终不相践而面相欺也；焱然而合，焱然而离，情穷于达旦而不能固也；翳乎其相蔽而困我之视听也，棘乎其遽相偪而行相夺也。有臣如此，明主之所察，尤庸主之所忌矣。[2] 378

《诗经·曹风·候人》是一首讽刺诗。《毛序》认为：“候人，刺近小人也。”这是合乎诗歌内容的解释。王夫之从其中的“荟兮蔚兮，南山朝隮。婉兮娈兮，季女斯饥”四句诗中发现了两种人臣的言行品格，进而阐发用人之道。《说文》云“荟，草多貌”；《广雅·释训》曰“蔚，茂也”；《毛传》曰“荟、蔚，云兴貌”。结合上下句，本诗中的“荟蔚”形容南山中朝虹升腾的景象，王夫之以此比喻那些善变不一的小人，非常恰当。诚然，善察“荟蔚”之人，需要智慧，然善任“婉娈”之臣，亦要胆识。他说：

> 奚以为“婉娈”也？词有切而不暴也，言色违而弗能舍也，约身自束而不踰分以相夺也，合则喜，离则忧，专一其依而唯恐不相获也。有臣如此，明主之所求，尤庸主之所宜亲矣。[2] 378-379

“婉娈”之臣，实际上就是忠心耿耿的臣子。“婉娈”本为形容人貌好。《说文》曰“婉，顺也”，即柔美之态；《广雅》曰“娈，好也”。即美丽之容。文学中多用婉娈描写女子曼妙迷人之姿。如阮籍《咏怀诗》：“交甫怀环佩，婉娈有芬芳。”陆机《于承明作与士龙》：“婉娈居人思，纡郁游子情。”明人用“婉娈”亦作文学评论的术语，比喻艺术美感，如陆时雍《诗镜总论》云：“《小雅》婉娈，能或庶几。”徐祯卿《谈艺录》评《诗经》曰：“皆曲尽情思，婉娈气辞。”王夫之《姜斋诗话》评艳诗道：“其述怨情者，在汉人则有‘青青河畔草，郁郁园中柳’，唐人则‘闺中少妇不知愁’‘西宫夜静百花香’，婉娈中自矜风轨。”可见，“婉娈”语义的广泛性和其中的美感所在。

王夫之别出心裁，用“婉娈”作贤臣之譬喻，其恰切性不言而喻，耐人寻味的是其包含着作者的细腻情思。“婉娈”比“贤臣”之委婉美好，引人遐思其人格之美与形象之美。婉娈之臣，色难而不暴，言直而情深，矜持有度，忠贞不渝。有臣如此，是明主之所求，庸主也应该向往。那么，“婉娈”之臣，是王夫之理想中的人臣典范，温婉却有原则，直言却不讥讽，其温文尔雅之风度，符合儒家思想的谦谦君子。虽然，这不过是论君主识人之法，但也映射出船山先生之为人。

除了上述用人之道，王夫之还提出了很多富有远见的用人主张。他认为，天下人才济济，但君主不可完全依赖他们而失去了自我的判断，即要做到“函天下而不宠其勇，听天下而不丧其枢机”[2] 378-379。至于王夫之其他如奖罚有度、以德裕人、张弛有别等，都是极富现代思想的用人之道，于今亦不乏借鉴意义。

三、进退有度的臣道

中国古代，如何能做一个尽职尽责、且能全身全节的臣子，的确是一门高深的学问。为人臣不仅需要忠心和热情，更需要有智慧和胆识。儒家话语中的人臣，遵循“为臣死忠，为子死孝”[7]的理念。君臣各有职分，所谓“臣以自任为能，君以用人为能。臣以能言为能，君以能听为能。臣以能行为能，君以赏罚为能”[8]。为臣须有以天下为己任的使命感和担当精神。王夫之在继承传统思想的基础上，对人臣之道、君臣关系等提出了独特见解。

（一）为臣之本：诚

王夫之一生秉持儒家思想为人处世，坚守节操，以忠恕的道德原则约束自己，以天下为公的思想要求自己，希望能做一个有所作为的臣子。这是其美政理想的重要内容。

“明清之际”与“周秦之际”有其相似之处，即都是历史上相对混乱的时期，也是思想史上相对活跃的时代：旧的思想被质疑、否定，新的思想正孕育、诞生。发轫于16世纪的启蒙思潮，至明清之际似一股洪流冲击着旧的文化，在这股洪流下，封建君主制似将倾之大厦岌岌可危。如果以历史变迁来界定思想变化的性质，那么“明清之际可以定为传统的皇权官僚专制主义社会开始了自我批判但又尚未走向全面崩溃的时代”[3] 3。处于鼎革之际的船山先生，思考着未来的人生出路。

如何做一个合格的臣子，从本质上说就是如何做一个有益于社会的人。王夫之认为，以“诚”立人，以“诚”为臣。“诚”在王夫之思想中居于重要的地位。为臣之“诚”，即出自人本心的忠诚。中国历史上，不乏被世人标榜的诚臣，如不食周粟的叔齐、伯夷，以死殉志的屈子，采菊东篱的陶潜，穷年忧黎元的杜甫，等等，他们或遭遇易代，或君臣不合，以独有的方式表达失意之悲。但在船山看来，他们的种种行为，或有矫饰之姿，缺乏真“诚”。他在《诗广传》中对伯夷、陶潜等人的行为颇有微词：

> 女有不择礼，士有不择仕。呜呼！非精诚内专而拣美无疑者，孰能与于斯乎？殷俗之未革也，凶年之杀礼也，《摽有梅》之女所以求于士也。伯夷不立于飞廉、恶来之廷，虽欲为殷之遗臣而不可得，《采薇》之怨，其尚有求心而未慊者与？殆夫拣美已疏，增疑而未专者与？陶潜、司空图之早遁，吾未能信之以诚也。[2] 312

通过这段阐述，我们可以看出王夫之将“诚”作为判断臣子的一个重要标准。他以伯夷、陶渊明、司空图为例说明“诚”的价值。伯夷虽然选择不立于商纣之廷（飞廉、恶来为商纣之死臣，王夫之以此借代为商）的为殷之遗民，但在他吟唱的《采薇》歌中却隐含着有所求之情志，疑为用情之不专；陶渊明、司空图虽选择隐遁林泉，然他们归去的目光中拂不去对仕途的眷恋和牵绊。由此可见，他们的隐居并非出自诚心。为臣之道，在无论是悲喜还是忧戚，都应有发自内心的真情实感，或者说，无论是“从”，抑或“去”，都是真情的流露，否则，“诚戚亡而臣道毁”[2] 397。

因此，只有本于“诚”，仕与不仕，为与无为，才会使自己内心无悔。他说：“士有不择死，斯无择仕。有道则仕，无道则隐；合则从，离则去。道隆而志隆，彼之所得于天者顺也。”[2] 312这段话的核心是强调人臣应持有“合则从，离则去”的姿态，其命意是对臣子个人意志的尊重，凸显士大夫人格精神的自由。与其说王夫之继承了孔子的为臣思想，不如说他更得到了孟子大丈夫精神的滋养。

“离”与“合”，是君臣关系的两端，是人臣必然面对的境遇。合则喜，离则忧，然而，合寡而离众。人臣一旦遭遇离弃，悲戚者多，而一去不顾返者少，自古有多少失意之士为此悲叹不已。屈原云“固人命兮有当，孰离合兮何为”（《九歌·大司命》）；杜甫叹“人生有离合，岂择衰盛端”（《垂老别》）；辛弃疾唱“今古恨，几千般，只应离合是悲欢”（《鹧鸪天》）；谭嗣同道“天地苟不毁，离合会有常”（《河梁吟》），不胜枚举。这些诗句都表现出作者仕途坎坷、离合难堪之悲伤，或如屈原式的寄情香草、托意男女弃妇模式，表达对君王“忍而不能舍”的缠绵情感。的确，人情难解《长门赋》，仕路君臣际会难。

王夫之则不然，他认为，合则从，处于道隆清明的时代方可有为，为才有意义，此顺应天命之为；反之，处于道衰混乱的时代，势不可为，离去则是明智选择，无须委曲求全，亦不可恋恋不舍。这是王夫之所秉持的“道不相谋，情亦不相袭”[2] 338的具体内涵。实质上，王夫之在“离”“合”所趋中隐含着他不为清廷仕的思想。他说：“国有将亡之机，君有失德之渐，忠臣诤士争之若仇，有呼天吁鬼以将之者，一旦庙社倾，山陵无主，恻恻茕茕，如丧考妣，为吾君者即吾尧舜也，而奚知其他哉？”[2] 321在此，王夫之并非想刻意表明不事二主的决心，而是要表达他钟情故国的诚挚之心，这也是他对未来人生道路的一种预设。

诚然，就为臣而言，合喜而离忧。不过，洞晓“离合”之道，体现的是从容进退、明辨存亡、知晓得失的智慧。王夫之说：“‘知进而不知退，知存而不知亡，知得而不知丧’，‘有悔’焉。不可得而无悔，斯其所以为龙与!”[2] 313这不仅是为臣之术，亦是人生的大境界。

（二）为臣之度：无枉道从

宋代陈岩肖在《庚溪诗话》（卷上）中记载了一则宋太宗和大臣苏易简之间的诗歌唱和之趣事，其中体现出来的“君臣千载遇”与“忠孝一生心”，堪称君臣遇合相浃的典范。这种君臣宴乐是后人所向往的人间胜景。的确，遇合是每一个臣子所希冀的，但是要做到合而有度难乎其难。关于如何把握为臣之度，王夫之要求为臣者不可盲从，即“无枉道之从”，保持应有的原则和距离，同时要有“无憯忘之心”，即以不过分亲密、不过于疏远为原则。他论述道：

> 君子之事君也，鸿豫以为志，危怵以为情。鸿豫以为志，故世虽降，主德虽衰，上下之交虽未孚，而无枉道之从；危怵以为情，故世虽盛，主德虽贤，上下之交虽密以迩，而无憯忘之心也。[2] 430

这是一段使人警醒的言论，在这一段言论中，王夫之对数千年来以顺为正、无违主上的为臣之道予以批判。毫无疑问，为人臣，当胸怀大志，以忧怵之情从事大业。他从两方面说明为臣之度：

首先，人臣必须遵循应有的原则：“无妄道从”。“无妄道从”，就是指不可妄自违背道义而盲目跟从。在中国历史上，那些佞臣为了媚上无所不为，不惜践踏道德、违背法度。屈原在《离骚》中怒斥那些佞臣：“背绳墨以追曲兮，竟周容以为度。”为了蒙蔽君主，他们甚至上演指鹿为马的闹剧。王夫之基于对历史的批判，提出“无妄道从”的为臣之道，具有很强的现实意义。

其次，为臣必须保持清醒的判断——“无憯忘之心”。“无憯忘之心，非僅其忧时，而戒君矣。”[2] 430王夫之的为臣之术，的确不乏卓见。传统思想要求为臣不憯忘为臣之职分、为臣之忠诚，而他强调为臣不仅要尽职尽责，更应有独立的思想。他所说的“无憯忘”“戒君之心”，意在提醒人臣应该和君王保持适当的距离，目的是更客观、更全面去观察君主的行为，进而提出良好的建议。他对君的态度不可谓不诚，但与屈原式的愚忠显然有别。

在王夫之看来，“戒君之心”是为臣的良知所在，否则，与佞臣无别。基于“无妄道从”和“无憯忘”“戒君之心”，王夫之提出，在君臣遇合中，为臣应把握最佳之度，说：“合而若离，亲而若不给，近前而不舍，退食而若不得复见。”[2] 430这样的“度”，的确很难驾驭，所谓“合而若离，亲而若不给”，就是要做到亲疏有度、远近有控。然而，至于如何能掌握度，王夫之有其独见：其一，把握“度”的依据是“乃以信其无憯忘之实也”[2] 430，换句话说，保持君臣合适之度的前提是“戒君之心”，也就是时刻勿忘臣子的职分。其二，以事父之心事君。“君子之事君，殆犹夫事亲。敬者非直敬也，爱而不忍不敬也。故曰：‘资于事父以事君而敬同。’”[2] 430事君和事亲不同，事君往往有求于君，而事亲则出自孝心。尊敬父母，不会阿谀奉承，爱父母从心底敬重他们。那么，如果以事父之心去事君，就要除去功利之心，以诚而事，敬而不媚，爱而有度，与君若即若离，却不失诚心，在适度的距离中保持清醒的思想，及时掌握时局动态并警示君主，尽臣子应尽之责，否则，国破家亡后“悲号思挽而不得，不亦晚乎”[2] 431“大命已圮，成乎终天之憾”[2] 431。

王夫之认为，自古忠臣介士为天下大义不惜牺牲自己，他们的行为被后世称颂。然而，如果他们生不逢时，所事之主为昏庸无为之辈，他们明知庸主之疏，却不忍离去，已见大势已去，却不知退，如屈原、文天祥等，他们都是忠臣。对于这些忠臣，王夫之无不惋惜地叹道：“呜呼！以屈原之《骚》，事有为之主，则无患楚之不商、周也。以文宋瑞之死，事图存之主，则无患宋之不康、宜也？”[2] 431这些忠臣们“无疚于天下而自疚于其心，惜往日之纡也”[2] 431。王夫之举这些人的事例，意在说明为臣有道亦有术。在“世道乱亡，怵乱以为恩怨，而义灭无余”[2] 321的时代，忠臣介士固然令人仰慕，但他们的命运不也值得深思吗？他们若能够审时度势，不盲目顺从，不妄道而忠，不更是值得推崇吗？

可见，王夫之遵循“终生可生可死而不可贰”的信念，反对屈原式的愚忠和文天祥式的不知权宜的妄从。他信奉传统儒家思想，却不迂腐，而是站在时代的巅峰，反思历史，洞察事态，故能提出更具超越性的见解，这些见解于今天仍不失启发意义。为臣本于“诚”而不失“度”，在情感上应有“思而不以其私恩”[2] 320的原则。

在王夫之看来，为人臣子，应有贞情。“无贞者，不恒也。”[2] 321心怀天下之情怀，并非思一君之私恩：在情感上始终保持以家国为重，不以君主个人的好恶而改变；有坚定的内心，不以他人的喜乐来转移。这是贤臣与佞臣的区别。“由贤者之异，而知贞于情者怨而不伤，慕而不暱，诽而不以其矜气，思而不以其私恩也。”[2] 321身为人臣，以国家尊严为重，以民族大义为上，以民众利益为高，而放下的则一人之情，一己之欲。一旦为臣，种种境遇都会面临，要做到宠辱不惊，“命有所不徇，召有所不往，受禄而不诬，隆礼笃爱而不惊”[2] 328，“定乎内外之分，辨乎荣辱之境”（《庄子·逍遥游》），不也是至高的境界吗？为臣，为天下苍生谋福利，非为一人谋；为臣常怀天下之情，而非思君主之恩，所谓“人臣不以非所得而奉之君”[2] 328，即谓此意。王夫之这一思想，无疑是对封建愚忠的臣子极大的嘲讽！

（三）君臣关系：相感相浃

君臣关系是一种特殊的人际关系，儒家文化倡导“君为臣纲”，也就是说，君有着至高无上的权利，对臣有绝对的管理权，甚至掌有生杀大权。在《中庸》所云天下所达的五道中，君臣关系居于第一，“曰君臣也，父子也，夫妇也，昆弟也，朋友之交也”。孔子云：“君臣之义，如之何其废之”[9]，主张以“义”来维系君臣关系。孟子亦讲“君臣有义”（《孟子·滕文公章句上》）；《礼记·礼器》将君臣关系推崇为人伦之极，云：“地之祭，宗庙之事，父子之道，君臣之义，伦也。”庄子则主张“以道观分而君臣之义明”（《庄子·天地》）；墨子高扬“君臣上下惠忠”（《墨子·天志中》）；韩非子以法家的立场审视君臣关系，提出利益是君臣关系的纽带，说：“非有骨肉之亲，正直之道可以得利，则臣尽力以事主；正直之道不可以得安，则臣行私以干上。”（《韩非子·奸劫弑臣》）上述君臣关系之论，大致可分为四类：以“义”论、以“道”论、以“忠”论、以“利”论。思想史上，关于君臣关系之论，庶几不出此四类。

然而，王夫之论君臣之关系，颇有不拘窠臼的洒脱之气。他对传统的君臣关系多有微词，甚至对被世俗推崇的贤君明相模式如唐太宗与魏徵，亦不乏批驳，说：“三代而下，有爱天子者乎，吾不得而见之矣。汲黯之诚，情未相浃也；魏徵之媚，机未忘也。”[2] 396他站在人性的角度上，将臣子有所图的心理驳斥得淋漓尽致。君臣相浃，实为利益所趋，故“天子曰：‘从吾游者，吾能显之’，是附其所自显者而已矣。士曰：‘吾幼之所学者，待君以行也’，是依其所与行者而已矣”[2] 396。君臣各有所需，难掩饰内心的虚弱，他们相互利用，相互牵制，处于无形的关系网中。王夫之借重君子之言曰：“臣之于君，无所逃于天地之间者也。”[2] 396真无所逃吗？“是循其不可逃而已矣。”[2] 396天地之间，阔而无垠，君臣之际无所逃，何其悲哀！如此紧张的君臣关系，使人望而生畏。有明一代，苛责良臣，因此，王夫之对君臣关系的构想，既有其现实意义，亦有批判力。

王夫之认为理想的君臣关系应建立在平等之上，“如父子焉，如朋友焉，如思妇之于君子焉，无求焉耳”[2] 396。这三个类比句所内含的君臣关系，与传统君臣关系具有不同内涵：“如父子”，是一种天然的亲情关系；“如朋友”，是一种同声相求而平等的关系；“如思妇之于君子也”，则强调君的德性之美。这三种类比的君臣模式，比明君贤相模式和弃妇模式，更富有人性的温暖，彰显出彼此平等的人格尊严。建立在平等之上的君臣关系，追求的是不粘连、不牵制、无挂碍，却无时不挂怀的境界。对于这种融洽相浃的君臣关系，王夫之取自然界“露”与“萧”的关系来类比，既新颖又形象：

然则三代之臣，胡为其爱天子耶？露之降也，无所择于萧，无

所择于非萧也，澹然相遇而不释，然而已厚矣。萧之于露也，无所得于露，无所失于露也，感于相即而已浃矣。[2] 396

这是一幅和谐的君臣相浃图：君与臣，犹露之于萧，不刻意却无所不及；臣与君，如萧之于露，不苛求却感其润泽。无利相求的君臣关系，澹然相遇而不释怀，动之以深情。“憺然相遇而不释”的“释”字，颇具情韵之美，最能见船山先生源自于“诚”的至情。若将其作为“择”字，则情意荡然无存，不过是说明选择的自由性而已，于情感并不相关，也就冲淡了“感于相即而已浃”中心与心相感、情与情相惜的融洽与和美关系。“释”与“择”在语义和辞情上的差异甚远，一字之差，其情意谬以千里。学界偶有人将“释”作“择”。可见，一字之风流，于诗文与经典阐释中的表情意义同样重要。

虽然，王夫之所描绘的君臣相浃图，仅是一种理想而已，但是，他对此进行的深入论述，从理论上确立这种君臣模式的合理性与可行性。他指出：

故古之君臣犹是也。诸侯之于其国，自君其人，自有其士矣。非甚有罪，天子不得而夺之；非大有功，天子不得而进之。不得而夺之，则忘乎畏；不得而进之，则忘乎求。进无所求，退无所畏，道不待之以行，功不待之以立，位不待之以崇，行其所无事，而笑语相存，燕乐相友，亶以适其相交之情。故曰：“既见君子，我心写兮。”夫孰不有笑语燕乐之情而思写，而先王之于其臣，仅用此焉，则和乐之无畛亦固然矣。[2] 396

他认为，与世俗中君臣互惠关系所不同的是，天子不以利诱臣、用臣，也不能随意惩臣、罚臣。若无利益之图，或无非法之夺，君臣之间就能笑语相存、燕乐相友。实现这种君臣关系的条件，是放下一己之私利，怀抱天下之深情，如此，臣能直言，君亦善纳。如朋友般的君臣关系，堪为天下之楷模，万世之典范。

诚然，如友般的君臣关系的确令人神往，但是，在现实生活中却难以实现，其因有二：第一，以天子之尊，“以与天下交，虽弗挟，而人疑之以挟"[2] 316，"操贵以临士而士疑，士报以亢而不亲"[2] 316。君臣地位天然的不平等，是无法逾越的屏障。第二，"天下熙熙，皆为利来，天下攘攘，皆为利往"（《史记·货殖列传》）。人生趋利，自古如此，若无利益，能有几人为臣呢？第三，君臣各有职分，所谓"臣以自任为能，君以用人为能"。君臣各有评价的标准，即臣子以能否充分发挥才能作为评价的依据（获得朝廷的奖赏），君以能否知人用人作为评价的依据（得到贤才的辅佐）。

王夫之又另辟蹊径，提出了相盛相浃的君臣关系的实现途径。即君在尚未操控天下之前，与臣结为好友。"及乎未能操贵之时，而俾与他日之臣友，友之夙而后臣之，迨其臣而已亲矣，此大学齿胄之效也。"[2] 316齿胄，指周代太子入学与公卿子依年龄为序，而不以身份为序。《礼记》："王太子王子，群后之太子，卿大夫元士之适子，凡入学以齿。"如此，待君临天下时，与臣的关系自然亲近。

以上我们从三个不同的方面，探究王夫之的政治理想。王夫之以经典阐释为阵地，表达对封建君主制的厌恶，赞美如友相浃的君臣关系，提出理想的为君之道，向往人格自由的为臣之道。这些方面，相互交融，绘成一幅理想的美政蓝图，表现出一代大儒的济世情怀和生命雅志。

生活于明清鼎革之际的船山先生，一生图志芳心苦，埋首经典寄深情。"唯有幽魂消不得，破寒深醴土膏香"[10]，是船山先生矢志不渝、追求美好政治理想和生命价值的写照。不独《诗经》学，几乎每一部先生的著作都浸润在思想的光华里，映照出一代大儒的进取精神和担当意识。

参考文献：

[1] 陈伯海．释"诗言志"——兼论中国诗学"开山的纲领"[J]．文学遗产，2005（3）．
[2] 王夫之．诗广传卷：一 [M] //船山全书：三．长沙：岳麓书社，2011.
[3] 萧萐父，许苏民．王夫之评传 [M]．南京：南京大学出版社，2002.
[4] 王夫之．尚书引义：卷五 [M] //船山全书：二.长沙：岳麓书社，2011.
[5] 葛兆光，朱永刚．人文精神 [M]．上海：上海科学技术出版社，2010.

［6］王夫之．周易外传：卷三［M］//船山全书：一．长沙：岳麓书社，2011.
［7］杨箫．古文观止通鉴：下［M］．北京：华夏出版社，2010.
［8］刘劭．人物志·材能：五［M］．刘昞．注．杨新平，张锴生．注译．郑州：中州古籍出版社，2007.
［9］杨伯峻．论语译注［M］．北京：中华书局，1980.
［10］王夫之．姜斋诗集［M］//船山全书：十五．长沙：岳麓书社，2011.

（《衡阳师范学院学报》2020年第2期）

黄仁宇与王夫之史学思想之比较

吴　戬

黄仁宇（1918—2000）与王夫之（1619—1692）虽然生活的年代悬殊、教育迥别、遭际不同，但在史学思想上颇有相通之处。二人均强调历史的连续性、逻辑性、结构性、地理基础，主张用宽宏视域审视历史的发展进程与价值得失，凸显历史的借鉴价值与社会诉求，兼具世界眼光与中国情怀。只是黄仁宇受科学思潮和欧风美雨的熏染，对中国历史传统多持批判态度，技术主义色彩更为强烈，且有着地理决定论的倾向。黄仁宇既受到黑格尔历史哲学、法国年鉴学派结构史学、剑桥学派（李约瑟等）、哈佛学派（费正清等）的影响，也受到中国史学传统的熏染，体现出中西杂糅的复合特征。王夫之对历史传统既有批判，也有同情之理解，往往辨伪意识、理性意识、主体精神、道德情感、社会责任兼备，其史学思想更具历史的厚度、锐度和张力，虽然不免受传统道德伦理与政治文化的束缚，但其洞见启人心智、惠泽深远。

一、理欲与历史的动力

黄仁宇以理想（理性、阳）、欲望（人欲、阴）为历史的发展动力，认为历史发展是二者合力的结果："即从一个读史者的眼光看来，我们的自由，无论如何也只能始自我们祖先撒手的地点。自此向空伸出的箭头表示我们理想主义之倾向。道德也能在这时候成为一种有力量的因素。大凡人类全体性的动作既有群众运动之参与，必带牺牲自我之决心，也包含着公平合理的性格。可是和这种倾向作对的有向心的力量，以较短的箭头表示。后者或称为原罪，或者如宋儒所提的人欲。弧线上的历史进程，总是以两种力量之总和，也就是阴与阳之合力。”[1] 316-317可以说，这一观点从形式而言受传统阴阳论、理欲观的影响，就其实质内容而言，则有着黑格尔历史哲学的深刻烙印。黑格尔认为理性（观念、精神）和热情（需要、本能、兴趣、欲望）两者力量的交织活动构成世界历史发展的经纬线。在黄仁宇看来，个人的能力、欲望、热情只是历史的工具，历史借英雄人物实现其目的，无论是拓跋氏、黄巢、朱元璋都是如此："拓跋氏打破了这一僵局。他们之所以能如此，不是文化程度高，而是人文条件简单，可以从最基本的事业着手，并能以原始作风来解决问题，所以不期然地做了中国再统一的工具。”[2] 70 “在这种情势之下，黄巢及其招讨，只是推进历史的工具，而不是历史发展重要节目。”[2] 132 “等到朱元璋组织明朝时，他一方面好像行动自由，全帝国由他摆布；一方面他的视界也仍受近千年来历史衍进的限制，因之他的作为，也无法超时代的发展了。”[2] 208这显然受到了黑格尔 “理性的机巧”思想的影响，因为黑格尔认为人类的热情欲望是理性展开自己、实现目的的手段。在世界历史中，个人依然只是理性运作的工具。

王夫之对宇宙本体持乾坤并建、阴阳互含的观念，在道德伦理层面强调理欲合一、继善成性，在社会历史观上强调理势合一，即民见天，均富有“两端一致”的辩证观念。王夫之一方面认识到理性、民心、公理对于历史的推动作用，提出“理即事在”“势因理成”“即民见天”的历史动力论，同时也深刻地捕捉到情感、欲望作为历史动能的方面，提出“非情则无以为功”“天假其私而行其大公”“天欲开之，圣人成之。圣人不作，则假手于时君及智力之士以启其渐”[3] 60等著名论断。

可见，黄仁宇、王夫之均认识到理欲是历史发展的动力，他们既看到了二者的区别性，也认识到二者在某些层面的一致性。只是王夫之更富哲学的思辨性，洞见非凡，表达古雅而深邃；而黄仁宇则有着历史的场境性，明白如话，更为清晰而显豁。黄仁宇更具现代意识，并淡化道德伦理色彩，而王夫之则受宋明理学的影响更深，比较强调圣王对于文明发展与历史演变的巨大贡献，不免受到圣贤思想和道德观念的束缚。

二、大视域与历史的发展逻辑

黄仁宇强调历史认识的长时段与宽视域，以此来把握历史发展的逻辑脉络。他认为，历史上一些看似不合情理的事物在长时期远视界的眼光下仍有其一贯性和合理性："最后我希望与本书读者共同保持一点检讨中国历史的心得，此即当中的结构庞大，气势磅礴，很多骤看来不合情理的事物，在长时期远视界的眼光之下，拼合前因后果，看来却仍合理。"[2] 215 "非穷究则难能了解历史中的纵深和曲折，因之也难看透中国历史长期的合理性。"[2] 176 "观光和大历史一样，可以穿透许多扭曲的诠释，带我们更接近历史的长期合理性。"[4] 375-376

黄仁宇强调要放宽历史的视域，"以长时间远距离的姿态观测"[2] 13，保持"历史的纵深"视角[1] 110，"看到古今中外的历史纵深"[2] 86。他认为，历史长期性的重要发展，很难是少数人的贤愚得失所能概括，必有其复杂的其他面相，未曾被我们认清。[5] 308短浅的眼光无法窥测历史的长期合理性，这是因为当时人物所作的判断依然受限于自己的人身经验。[1] 176人的个体生命相对于历史长河而言都是短暂的，而以短衡长只是对历史的反映，还不足以成为大历史。只有将历史的基点向后推数百年，形成历史的纵深，才能摄入大历史的轮廓，因此历史的结论应当顾远不顾近。[5] 307通过放宽历史的眼界，可以发现历史的连贯性与内在规律："个人能力有限，生命的真意义，要在历史上获得，而历史的规律性，有时在短时间尚不能看清，而需要在长时间内打开眼界，才看得出来。"[5] 307所谓的短期突进，其实是长时间演变的显性化而已。[5] 315黄仁宇的大历史涉及两个层面：一是对史实的考察，注意放宽历史的时间界域，以数百年来前推后推其时间节点，然后进行重新审视；二是注意将政治史与社会关系史和思想史相结合。[4] 433

黄仁宇检讨中国历史时发现，很多看似不合情理的事物，在长时期远视界的眼光之下，拼合其前因后果，仍有其合理性。[2] 238从历史的连续性认识出发，黄仁宇认为南宋和战问题与北宋王安石变法有着密切关联：

因为无法取得经济上的突破才导致军事上的积弱不振。[1] 151民初帝制取消后，军阀割据不可避免。[1] 296一些看似敌视、充满对立的历史人物或利益集团，从宏观历史的角度来看却体现了连续历史的不同阶段："历史家从本身的爱憎去褒贬一个现存的政权，与自己身份不符。可是他必须具备能力判断这样一个政权，尤其在它有一种群众运动在后支持时，是否在长期的历史意义里与他前任的行动相衔接。在现在的情形下，我们没有理由作否定的答复……今日之人民共和国能自由行动之处，无非自它前任而来。纵使功劳不加在领袖人物的个人头上，至少也要归功于他们所代表的群众运动。"[1] 306他认为，如果坚持短期历史的观点，则中国历史与世界历史不能衔合，但若能采用后推三五百年的长期历史视角，则可以看出中外共同的历史发展规律与趋势："从以上情形观察，以中国历史一百年或两百年的立场作基点，不能和世界历史衔合。如果坚持短期历史的观点，不仅威斯俾及的音乐不能听，即孔子的仁民爱物也是反动。假使我们把中西历史都推后三五百年，才可以看到，因为世界工商业技术的退步，所有国家都要从以前闭关自守的形势，将社会生活作彻底的改造，以期适应新的世界金融经济，中外不可避免。"[5] 315纵使事实的衍化不尽如人意甚至荒诞不经，但若将这些情事前后连贯，又以超越的眼光审视，则依然有其意义："中国的长期革命有如一个大隧道，需要100年时间才能摸索过去。当这隧道尚未被探索的时候，内外的人物都难于详细解说当中弯曲的进程。即是革命人物也会被当前困难的途径迷惑，而一时失去方向感。今日之原始资料充满着愤怒和焦躁的文字，强调事情之衍化不如理想。可是着眼于宏观历史，我们不能不以积极的目光视之。我们所说历史上的长期合理性有何意义？这就是说，纵使事实之衍化对我们个人不能如意，或者短时看来为荒谬不合理，可是把这些情事前后连贯，又从超过人身经验的角度看去，则它们有其意义；最低限度，这些事迹使我们知道我们生命旅途之原委。"[1] 282当然，黄仁宇认识到对因果关系的应用要持审慎的态度：一则，史家对历史材料的铺陈，重在检讨其发生的前因后果，而不能过度猜度未曾发生的事情[2] 163；二则，从宏观来看，世界上并无全然相同的历史事物。因此在提出因果关系时，要注意将历史事迹进行前后连贯的审视，不

能因一时一事的偶然相似即下定论。[1] 294

对于历史，王夫之强调“克念”，即念念之相续，认识到“今日”是过去、未来的枢纽，承认历史的连续性。同时王夫之主张对历史进行贯通古今的综合考量与定位。他提出要有“通古今而计之”“参万岁而一成纯”，进行长时间、宽视域的历史审视和价值评估，“以一时之利害言之，则病天下；通古今而计之，则利大而圣道以宏。天者，合往古来今而成纯者也”[3] 60。“时之未至，不能先焉。迨其气之已动，则以不令之君臣，役难堪之百姓，而即其失也以为得，即其罪也以为功，诚有不可测者矣。天之所启，人为效之，非人之能也。”[3] 61王夫之认为历史的发展充满着矛盾与偶然，但从长期而言它又是合理的、有规律的：一方面，“性命之理显于事”“理成乎势”“事以理成”，理性对于历史情势具有范导作用；另一方面，“道因时而万殊”，历史是丰富特殊的，不可立理限事，而应即事明理，处变贞常，在曲折发展中依然透显理性的光明和规律的趋向。

可见，黄仁宇、王夫之均认识到历史的连续性、逻辑性，他们均具有长距离、宽视域的恢宏视域，都对传统历史进行反思甚至批判。相对而言，黄仁宇主要运用西方视域对中国历史进行批判性审视，揭示出中国落后的根源和症结，意在引导中国实现社会转型，走向现代化征程；而王夫之对待历史虽不无求实考察与理性批判（如其对玄学史观、神学史观、正统论的批判，对三代黄金世界的质疑和打破），但也葆有着主体意识、道德情怀、忧患意识，意在救亡图存、兴灭继绝，保存和延续文化命脉，重振民族文化精神，实现民族政权的复兴。

三、历史的结构探索与技术考察

黄仁宇主张从结构、技术层面看历史，主张保持历史判断的深邃眼光，不受道德观念的障蔽。他认为滥用道德判断会导致历史的取消，因此应当放宽历史的眼界，保持历史的判断，避免肆意的道德评议，“今日我们企图放宽历史的眼界，更应当避免随便作道德的评议。因为道德是真理的最后环节，人世间最高的权威，一经提出，就再无商讨斟酌之余地，故事只好就此结束”[2] 134。

黄仁宇认识到社会制度与组织结构对于政治兴衰的关键作用。他指出，统治上层生活的奢侈腐化，并非国家覆亡的根本因素。[2] 107政权衰亡的根本因素在于组织结构和管理制度无法与时代社会相适应。宦官专权、后宫干政、外戚专政、朋党之争并非汉朝瓦解的真正原因，所谓的“纪纲败坏”是社会进化的结果，实质在于原有的法制不能适应新的时代需要。[2] 49道德纪律的败坏废弛并非唐代灭亡的原因，而是由于唐代的政治制度与组织结构未能及时调整、自我更新，“唐代之覆亡不由于道德之败坏，也不是纪律的全部废弛，而是立国之初的组织结构未能因时变化，官僚以形式为主的管制无法作适当的调整，以致朝代末年彻底的地方分权只引起军阀割据”[1] 130。传统思想只有与社会组织相接近和匹配时才能发生影响和功效。[2] 76中国传统的官僚组织与近代西方的重要差距在于前者不能用数目字管理。[1] 55

黄仁宇认为，传统学人的历史研究往往受到道德观念的拘囿和牵绊而妨碍技术性的探讨与省察。[2] 165他并非主张对道德进行否定和摒弃，但认为以道德作为标准具有危险性，因为道德名义下的真相不易把握。[2] 93因此，切不可把问题道德化，而应当从技术层面来探测历史的结构与本质。从表象上看，唐玄宗时期出现的是道德问题，而实质上是出现了严重的技术问题。[2] 108中国近现代的动荡局势，从道德情感与社会风气层面是把握不住其真正的问题所在。[2] 214

黄仁宇显然受到了法国年鉴学派的影响。年鉴学派代表人物布罗代尔关注历史的结构性因素，认为地理、生态、经济、社会、文化、心态等因素组成的结构，对人类社会发展起着长期的决定性作用。

王夫之虽然也注重道德判断，但在观念中已经认识到“事理”的独特价值，“理者，物之固然，事之所以然也”[7] 168，强调“不以理限事”，肯定历史、事象的具体性、丰富性、多变性。他在具体的历史分析中并不以道德代替历史，而是重视时代境况、内外局势、组织结构、社会制度对历史的影响，初步具有了结构化、制度化的眼光。王夫之在《读通鉴论》《宋论》中对行政制度（分封制、郡县制、察举制、九品中正制、三省六部制、立储制度、宰相制度、监察制度、谏官制度、节度使）、军事制度（府兵制、募兵制、监军制、枢密制）、法律制度、经济制度（租佣调制、两税法、货币制度）、礼仪制度（丧服制度）、文化制度（科举制）等进行考察，辨其源流，考其得失。王夫之认为，郡县制虽出自秦统治者的私心，却符合历史的发展趋势。[3] 1-2他认为将相宜分不宜合，汉文帝实行将相合一制并不符合新的时代局势。[3] 27王夫之从东晋政治中心和军事中心分离的角度揭示了桓温北伐失败的原因，认为直到谢玄创建北府兵才改变这一局面，成为江东复振的军事保障。[3] 381王夫之认为宋文帝亲临听讼虽有其现实的合理性，但非君天下之道，而应当建立有效的制度，抓大放小。[3] 419-420王夫之对租佣调制的发展流变进行考察，认为这是一种有利于国计民生的良好制度。[3] 581-583王夫之揭示了谏官制度的历史衍化，指出宋代谏官与宰臣对垒，却失去了对君主的约束和监督，导致朝政的纷争与朝局的动荡，得不偿失。有鉴于此，王夫之设计出宰相、谏官、君主循环牵制的政治结构。[6] 88-92

王夫之在审视历代兴亡时，从不就事论事，而注意从制度、结构层面去探测其兴亡得失的缘由始因。他指出，府兵制的推行加速了唐代的衰亡[3] 604；宋代统治者对武将的猜忌在相当程度上促成了宋代的积弱局面[6] 35-37，而仁宗的朝令夕改、政无定制开北宋后期之变乱[6] 79。从上述观点可以看出，王夫之在一定程度上摆脱了道德化看问题的习惯，而开始注意从结构、制度等本质架构层面去探讨历史的发展、政治的演进与管理的优化。这是其“无其器则无其道”哲学思想在历史上的延伸与开展。

黄仁宇和王夫之都注意从制度层面来探赜历史的结构秩序，表现出深宏的历史眼光。不同在于，黄仁宇更多的是用现代眼光和欧美经验来审视社会历史的变迁与传统政治文化的症结，表现出技术主义和去道德化的倾向；王夫之主要是通过历史洞察和哲学思辨对历史兴衰、制度文化做出自己的天才判断，但由于缺乏相应的社会基础，他的判断也难免会受到传统政治生态和道德伦理的限制。

四、历史的地理基础

黄仁宇非常强调自然地理对于历史的深刻影响。他认为，地理因素与历史的发展有着极为密切的关系，放宽地理的范围、延长历史的眼光时会更加凸显这一点。[1] 23他认为，历史并非全是人为，天候地理的影响极为深刻。[2] 28地缘政治因素的影响，甚至超过了所有历史人物和各朝代作为的综合。[1] 234他认为中国在秦汉以后以统一为正轨，有气候和地理因素的型塑作用。[2] 10通过治水，就可以看出中央集权在中国已成趋势，无法避免。[2] 8有自然的因素支撑战国时期的大国兼并，“而且大国控制资源愈多，对赈灾恤邻更有效，参附的越多，是以有自然的因素支持兼并”[2] 9。

地缘生态深刻影响和制约着社会历史，中国文化是亚欧大陆的产物，而美国文化深受大西洋的影响，“周发源于西安附近，为后起之强国，此后数千载，这黄土地带上的一雄给中国的影响，远超过东部平原的商。这地区自中古至近代并非中国最富庶地区，更不是最容易接近的地区。西安总揽这地带却注定要在中国历史里起决定性的作用。以一个天马行空的比喻来说，就如同让德克萨斯州和俄克拉何马州在历史上的功效超过东部的麻州或宾州。这种比喻别无他意，不过强调地理因素在历史上的重要性。中国文化为亚洲大陆产物，美国文化则离不开大西洋的传统，此中有一个深刻的差异”[1] 8。

黄仁宇认为，自然力量的驱使既造就了中国的团结[1] 23，也对中国的政治制度、政治格局、行政政策产生了深远影响。“也就是表现着自然的力量无可推避，因治水与救荒，中国即须组织大帝国对付，武帝本纪内也常有忧水患忧灾荒的叙述。而北方绵亘两千里的国防线与15英寸雨量线吻合。”[2] 28因抵抗自然灾害与国防的需要造就了秦汉的统一，形成政治上的早熟。[2] 21他认为，并非意识形态，而是地理因素与技术因素才导致中国缺乏商业革命、无法产生文艺复兴。[1] 160中国的官僚政治是亚洲大陆土体的产物。黄土、季候风和黄河是影响中国命运的三大因素，并对中国的政治形态产生了深远的影响，“易于耕种的纤细黄土，能带来丰沛雨量的季候风，和时而润泽大地、时而泛滥成灾的黄河，是影响中国命运的三大因素。它们直接或间接地促使中国采取中央集权式的、农业形态的官僚体系。而纷扰的战国能为秦所统一，无疑的，它们也是幕后的重要功臣”[1] 23。自然地理对政治军事格局的影响也极为深远，蒙古人海上征战的失败，说明缺

乏现代科技支撑的前提下，陆上强国很难成为海上强国。[1] 169

黄仁宇对地理形势与文明发展、历史演化的关联的探讨，既深受梁启超、章太炎、刘师培的影响，也有洛克、孟德斯鸠、年鉴学派、地缘政治学等西方学术思想的烙印。王夫之认识到地理、气候对于文明、种族、区域性格的塑造作用，“天气殊而生质异，地气殊而习尚异”[3] 37，“夷狄之与华夏，所生异地，其地异，其气异；气异而习异，习异而所知所行蔑不异焉”[3] 372。他从地缘角度对东晋南朝政治中心（建康）与军事中心（荆襄）的权力对峙进行了深刻剖析，揭示了五代时期西蜀、江右成为文化名区的地缘条件，还对《尚书》《春秋》《诗经》《楚辞》《礼记》等经典中的山川风物与地名沿革进行了考察。这些都可以看出王夫之对地理高度重视，并认识到地理对于政治格局、社会文化的深刻影响。黄仁宇、王夫之均认识到地理、气候对于文明的深刻影响。但相对而言，黄仁宇带有地理决定论的倾向，王夫之虽然也重视历史的地理元素，但同时强调主体意识、道德精神与社会情怀。黄仁宇受到西方社会科学、自然科学的熏陶，并有亲身的体验感受与专业训练（南开大学电机工程系的教育背景、军校的技术训练、军队的技术应用以及密歇根大学的专业习得和美国社会的科学氛围），其知识视野更为开阔，可依赖的学术资源更为丰富。王夫之则更多的只是直觉体悟和历史洞察，虽然目光如炬，但学理性、系统性、现代性难免逊色一筹。

五、历史的借鉴价值与当代启示

黄仁宇注意对中外历史的经验教训予以总结，目的在于为当代中国提供有效的借鉴。

黄仁宇认为，只有对资本主义发展流变进行历史考察，才能为当代中国提供借鉴，“如果我们要从历史里得到教训，最好还是追根看清资本主义在西欧发展的原始形貌，才能为了了解今日之中国提供一大有益借镜”[1] 294。郡县制开官僚政治之先河，造成中国政治的早熟，但由此放弃了间架性的设计，忽视实际行政效能，至今无法有效实施数目字管理。[2] 15汉代的覆亡说明，政治体系对个人私利的否定只能控制简单的社会，一旦情态复杂，就无法对社会进行有效的组织和管理。[2] 50黄仁宇认为，通过王安石变法，可以获得历史的教训是统治上层的赋敛无度并非统治者之福，而是作茧自缚、自取灭亡之路。[1] 305根据两宋的经验，当农业国家的行政系统发展成熟，对经济领域的新兴力量无法有效管理与利用之时，只有改用商业管制才有出路。经济领域的新兴力量，由于超出传统农业范畴，会逐渐引发政治上的新变与转型。宋明理学虽非导致宋明覆亡的原因，但其思想严于君子小人之分，抹杀个人私利观，巩固了封建专制的基础，同时也妨碍了现代法律观念在中国社会的确立。[2] 184由于动员组织的巨大耗费以及人民被迫生活在不习惯的领域，导致元朝的对日战争无法持久，这意味着在现代社会以前，很难出现陆上强国同时也是海上强国的情况。[2] 200由于农耕文化与游牧文化的巨大差异，在历史上也缺乏文化共通的体制，导致元世祖的极力周旋协调但并未产生真正有力的影响。[2] 200

黄仁宇认为，西方政治思想由于承认人性恶，形成政治上的监督与平衡，造就数目字管理，值得我们反省。[2] 93从历史的经验看，进入现代化的轨道，需要实现从农业型管理方式向商业型管理方式转变，而其前提条件在于对外自主开放、对内扫除影响经济公平、自由交换的各种障碍，然后才能做到数目字管理。[2] 213数目字管理即依据经济因素来管理社会，按照经济的方式进行组织、预算，提供权利保障，无须衡量个人私德及其社会风化。由于农业社会与商业社会人际关系的巨大差异，这种体制之变相当于脱胎换骨，其中不乏阵痛和代价。但一旦确立了数目字管理，则大体以技术要求为主导，而不必以意识形态为依归。“在数目字上管理亦即全民归金融及财政操纵，政府在编制预算、管理货币、厘定税则、颁发津贴、保障私人财产权利时，即已普遍执行其任务，而用不着张三挨打，李四坐牢，用清官万能的原则，去零星杂碎地去权衡各人道德，再厘定其与社会风化之影响。只是农业社会里人与人之关系为单元，商业社会里，人与人之关系为多元。这体制上之变，绝非轻而易举，通常等于脱胎换骨。大凡近世纪各国的革命和独立运动，流血不止，通常与这种改变有关。这也就是说，一旦一个国家能在数目字上管理，到底使用何种数字，尚可以随时商酌，大体上以技术上的要求作主，不必笼统地以意识形态为依归了。”[2] 214中国君主专制下，一直缺乏有效的中层机构作为上下联结沟通的枢纽。[2] 26而且由于缺乏数目字管理，无法公平有效地处理行政事务。[2] 90由于不能数目字管理，唐初规模庞大的官僚制度遇到技术上的诸多困难，迫切需要纪律，于是期盼独裁者出现，武则天便应运而生。[2] 102中国传统官僚政治由于并不遵循经济原则，无法实施数目字管理，因此表面管辖广泛，实际掌握不深，且缺乏行政效率。[2] 109由于不能在数目字上管理，缺乏中层结构的上下沟通疏导，导致结构性矛盾日益突出，形成数字上的膨胀。儒家与法家之争，也并未有效揭示此问题之实质。[2] 165-166

中国传统史学家高度强调历史的经世济用价值，孔子、孟子、司马光、顾炎武等莫不如是，王夫之亦然。王夫之非常注意历史的借鉴价值，强调史书应凸显经世之大略，“述往以为来者师”，但反对盲目机械的因袭，而应该悉其原委，躬逢代筹。可以说，王夫之史学高扬民族意识、爱国热情与文化精神。这些是欧风美雨影响下的黄仁宇所没有的。黄仁宇借镜西方，意在为中国谋出路，用心虽然良苦，但对传统多持批判态度，对历史文化缺乏必要的尊重。黄仁宇的表现，显然是1840年以来中国士人在西方政治军事威胁、经济科技优势、思想学术压力下产生的系列反应的缩影。

黄仁宇这种技术主义倾向，显然受到了现代科学主义思潮、剑桥学派（李约瑟等）、法国年鉴学派结构史学的熏染，也与中国思想传统中的新变因素有某种关联，同时，从某种程度而言，也是王夫之天下惟器论和晚清重器主义的逻辑发展与历史展开。王夫之强调道在器中，器变则道变，则意味着器具有根本基础地位，可以打破传统伦理道德、意识形态的独断，摆脱了宋明理学立理限事的思想局限。而技术本身就是一种器，一旦这种器与现代科学技术相衔接，其产生的社会势能蔚为大观，其影响难以估量。

总体而言，黄仁宇的史学既受传统思想的熏陶，也颇受黑格尔历史哲学、法国年鉴学派、英美科学思潮的影响，兼具世界视野与中国情怀。

值得一提的是，黄仁宇为湖南长沙人，其父黄震白曾参加同盟会，而清末之际，船山思想颇为流行，对维新、革命士人影响甚大。加之黄仁宇的幼年生活和基础教育均在湖南境内完成，并在长沙市一中毕业，受王夫之等湖湘区域文化传统的影响在所难免。中年时期黄仁宇转向史学，对钱穆较为推崇，且受业于余英时门下，而钱、余二人颇为推崇王夫之。由于上述种种，黄仁宇的诸多思想与王夫之的观点颇有相通之处，实在不是偶然。同时，黄仁宇既重视历史的结构性研究，又注意发现历史的纵向趋势，俨然年鉴学派轨辙。在年鉴学派的历史学家看来，伟大人物的杰出贡献只能起转瞬即逝的作用，并不能影响历史的进程，更不能决定历史的走向，能够真正影响历史进程的是那些长时段的活动因素。王夫之的史学体现了传统思想的新变，而黄仁宇的史学体现出科学思潮洗礼下现当代士人对中国传统的重省与反思。从某种程度而言，从十七世纪的王夫之到二十世纪的黄仁宇，是17世纪以来重器思想（“道在器中”“无其器则无其道”“道为器之道”“天下惟器论”）在思维逻辑和社会历史的双重展开，体现了中国社会思想的现代转型，也是中国史学走向现代、走向世界的一个缩影。

参考文献：

［1］黄仁宇. 中国大历史［M］. 北京：生活·读书·新知三联书店，2015.
［2］黄仁宇. 赫逊河畔谈中国历史［M］. 北京：生活·读书·新知三联书店，2015.
［3］王夫之. 读通鉴论［M］. 北京：中华书局，1975.
［4］黄仁宇. 黄河青山：黄仁宇回忆录［M］. 北京：生活·读书·新知三联书店，2015.
［5］黄仁宇. 万历十五年［M］. 北京：生活·读书·新知三联书店，2015.
［6］王夫之. 宋论［M］. 北京：中华书局，1964.
［7］王夫之. 张子正蒙注［M］. 北京：中华书局，1975.

（《衡阳师范学院学报》2021年第1期）

第三编

船山伦理思想研究

船山人道思想探微

陈力祥

中国哲学讲求人伦道德，并把它作为核心话语，“人道”因此成为中国古代哲学的高频范畴。学术界一般将中国古代哲学称之为“人”的哲学，这种哲学是以何以为人、如何修身养性以成人、如何安身立命以立人为基本价值观的。这种以“人”为中心的、以人伦道德为核心的思想，从本质上来说就是我们常说的人道思想。概而言之，人道思想就是人之所以为人所应该遵循的道德原则、道德标准以及由此而产生的道德理性。在中国哲学史上，人道思想有着明显的赓续与发展变化的历史脉络与历史根基，可以说，人道思想的历史变化，均是在历代哲人人道思想发展变化的基础之上的继承与发展。

一、船山对传统人道含义之秉承与价值开新

中国哲学以探寻人道、追求人伦道德境界为价值中心，人道的历史产生与赓续发展，伴随着中国哲学的不断赓续与发展。传统中国哲学是以“人”为中心的哲学思想，不同的哲学家，对人道思想的把握与诠释呈现出历史性变化。那么，船山视域下的人道究竟是什么？人道之来源是什么？人道之具体内容及其特点是什么？船山人道思想又是如何接续传统人道思想的？下文围绕船山人道思想的这几个层面展开。

在中国哲学史上，“道”是宇宙万物得以运行的规律、法则、规则以及秩序等。“道”有天道、地道、人道之内蕴。《周易》曰：“昔者圣人之

作《易》也，将以顺性命之理。是以立天之道，曰阴与阳；立地之道，曰柔与刚；立人之道，曰仁与义。兼三才而两之，故《易》六画而成卦；分阴分阳，迭用柔刚，故《易》六位而成章。”[1] 475《周易正义》亦表达了这一观点：“易之为书也，广大悉备：有天道焉，有人道焉，有地道焉，兼三材而两之，故六。六者非它也，三材之道也。”[2] 188《周易》奠定了天道、地道与人道的基本格局，尤其是在人道方面，认为仁义为人道之根本。仁义之道衍生出“孝”。周敦颐在《易经》中对阴阳之道进行了深入阐发，曰：

> 阴阳成象，天道之所以立也；刚柔成质，地道之所以立也；仁义成德，人道之所以立也。道一而已，随事著见，故有三才之别，而于其中又各有体用之分焉，其实则一太极也。阳也，刚也，仁也，物之始也；阴也，柔也，义也，物之终也。能原其始而知所以生，则反其终而知所以死矣。此天地之间，纲纪造化流行，古今不言之妙，圣人作《易》，其大意盖不出此，故引之以证其说。[3] 8

在周敦颐看来，天地人三才各有特点，但三才之道落脚点都在人。人之存有，以人道为依托，人道是人之所以为人的本质性存在。人禽之别，其差分也在人道，人道是人之所以为人的本质性存在，也即人之德，而人之德又在于人有仁义等基本的人伦道德。周敦颐从《周易》之阴阳、刚柔的视角说明天道与地道以及人道之所以立的原因：阴阳成象而为天道，刚柔成质而成地道，仁义成德则为人道。天道、地道、人道并立为三，实则归为一太极。人道与人之仁义等伦理道德息息相关。作为周敦颐的思想接续者，二程子对人道有了新的赓续与发展：“言语必正者，非是道独善其身，要人道如何，只是天理合如此，本无私意，只是个循理而已。”[4] 34人道需合乎天理，二程子对人道的道德合理性提出了更为根本的看法，并从天理的角度阐明了人道的合理性与合法性，进而坚定了人道的至善性，也为船山关于人道思想之至善性奠定了理论上的根基与方向。因此，从本质上来说，船山关于人道思想的观点来源于二程子。陆九渊接续了周敦颐关于天道、地道、人道的基本看法，曰：“儒者以人生天地之间，灵于万物，贵于万物，与天地并而为三极。天有天道，地有地道，人有人道。人而不尽人道，不足与天地并。”[5] 17陆九渊从人与天地并立的角度阐释了天道、地道、人道，并由此抬升了人道的地位。他虽然没有给“人道”一个明确的界定，但却清晰地说明了人必须尽人道以合天德，即不尽人道则不足以与天地并立。就道落实到人世间而言，道即为人道。人道是人之所以为人所必循的道德秩序、道德法则、道德原则等系列道德规范。作为陆王心学的集大成者，王阳明也重视人道与天道的天人合一，并从天人合一的角度阐明了人道的来源，说“大抵道无天人之别，在天则为天道，在人则为人道，其分虽殊，其理则一也”。在《周易》中，天道、地道以及人道，从最初的“三足鼎立”，到后来的天道与人道的合一，充分彰显了人道与天道的相通约性，同时也说明了人道在伦理道德层面的纯善性、至善性。值得肯定的是，宋明以降，天道与人道合一的思想一以贯之。作为明末清初的硕儒，王船山在人道观上接续了历代专家、学者的基本阐释，尤其是在人道与天道合一的思想方面，他更是接续了这一基本观点。人有人之道，物有物之则，人道是以表现道德伦理规范、道德伦理法则为基本特色的。船山对人道的基本看法表现在：以人伦道德的方式说明人道，并从个人安身立命、安道成性的角度阐发人道。船山曰：“人道，立人之道。”[6] 1183又曰：“人道，立人之道，即性也。”[7] 494船山此处所说的“性”，是人之所以为人、区分其他宇宙万物的道德本质存在。人道即为性，“天命之谓性”，性即为天理，由此推断人道至善。船山曰：“以贯于心德而为性之实者焉，皆人道也。”[8] 172即是说，人道是人之本质存在，是人所固有的道德伦理品质，是人之所以为人的道德底线。关于人道的基本含义，船山是从人道为性、人道至善的角度阐发的。他认为，人若不能止于至善之境，则要学习教化或以修养工夫而为之。船山曰：“达德而亦人道也。”[7] 521“达德”也即“大德”，人通过学习或者是其他途径以达德。船山主张从人之人伦道德品质来定义人道，并从人伦理道德品质所彰显的人之道德底线来凸显人道的基本含义。天德流行而派生人道，天德固善，因此人道亦善，“且人生之初，所以生者，天德也；既生之后，所以尽其生之事而持其生之气者，人道也”[7] 684。一方面，船山认为人道乃本然之天德，本该是纯善的；另一方面，船山又认为人是有差分的，即气质之偏之人与圣人的区别。气质之偏之人，可能偏离道德轨道，偏离道德底线，进而偏离人道，使人道不存不立。而圣人继天立极，乃是道德品质美善的化身，是道德伦理高尚的表征，因此，圣人便是表率、模范、榜样，也是人道之极，人道之圭臬，“圣人之道，人道也，君子之学，圣学也”[7] 1045。圣人内蕴人道，而君子必然要通过学习才能达圣人之道，最终实现人道。

人道即人之所以为人的至善之性。船山视域中的人道之起源是什么？易言之，是什么催生了人道？在西方哲学中，有道德起源于神启说等多种起源论；在中国古代哲学中，在道德起源问题上更多的是天启说。不论是在西方还是在中国，人们均从形而上层面说明人道来源问题。船山认为，天道与人道有着不可分割的内在关联，并明确地提出了人道之源，“人道本于天”[7] 533，“天道立人，即是人道”[7] 517。天道，也即天德，由天道渡越到人道，是人道得以立的原因。船山通过“天人相绍”实现由天道到人道之渡越，从而证成人道。《明儒学案》中亦谈及了由天道到人道的逻辑渡越：天道是人道之基，人道乃是天道之显。人根据天命之性而率天之命，成人之道，“天率是命而运，则谓之天道，人率是性而行，则谓之人道”[9] 605。船山接续了这种思想，从而获得了关于人道的形而上的学理证明。船山曰：“道者，人道，天之所以立人者也。有德者，尽人道而通于天矣。……人生于道，而忠孝悌慈皆性之所固有，故推其理以达之天下，而贵德、尊尊、亲亲皆率此心而为之，而天下大定矣。”[6] 1113天道乃人道之本，人道乃天道之显，天道与人道之间存在着体用关系，即天道为体、人道为用，因为“天道诚，故人道诚之，而择善固执之功起”[7] 469。天道由诚而明，人道由明而诚，天道开启人道，人道接续天道，实现天道与人道之渡越。不仅如此，船山还从动静角度阐明了天道与人道之间的体用关系，曰：“静则气为政者，天事也；动则心为政者，人道也。”[7] 1076天道贵静，并未发育流行；心之动，落实到政事上来，则彰显为人道。由此可知，在天之道为体，在人之道为用。故而，从船山所说的本体之气上说，天道是静态的、无为的，人道是动态的、有为的，于本末动静之间彰显出天道与人道之间的差分。由此，从动静之关系来说，天道与人道之间的关系可规约为“天道自然之养，夜气是也；……人道当然之养，操存是也”[9]1431。天道无为，自然之道；人道有为，凸显天道。在日常人伦生活中，人伦日用彰显人道。天道显人道，但人道不足以完整地彰显天道，因为天道属共相范畴，而人道规约为殊相范畴，一般蕴涵个别，但个别不能彰显一般。船山曰：“语只是习边事，足以明道，不足以显性；足以尽人道，不足以著天道。”[7]960可见，天道与人道之间既有联系，又有区别。

二、船山关于人道内容的逻辑推衍

人道依天道而得，凸显天道，那么，由天道而来的人道的具体内容是什么？在船山看来，人道所彰显的基本内容可分为两个方面，即仁和礼，继而展开为孝、敬等其他伦理道德德目。总体来说，船山之人道包含着人之性、情、才三个方面。船山曰：“人道者，人之所以为人，有其性，有其情，有其才，而能择能执者也。”[6]1279人道是人之所为人的道德理性，在实践层面可以选择，在道德基础层面则固定不变。人因性、情、才而进行选择，因性、情、才而进行抉择，于是人道彰显出新的道德伦理德目：仁与礼。“人道有仁，而抑有义礼，是谓条理。”[7]520船山所讲的人道既有仁也有义礼，称之为人道之理。仁礼作为儒家思想的核心，也是人道之核心，内仁、外礼，共同构筑人道。关于以仁礼为核心的人道，荀子有言：“规矩者，方圆之至；礼者，人道之极也。”[10]421荀子认为，儒家思想的核心主旨是人道，人道即仁道，人道之礼是人之所以为人的最高范畴。后来，《明儒学案》也明确了人道即为仁义之用，也即人道之用，“仁义之用，万殊焉，皆人道之用也”[9]143。如果说人道为根本，那么人道之用就表现为仁的基本道德规范与道德原则。船山将仁义礼作为人道思想的核心，乃是对先秦以来关于人道之极的赓续与发展。船山曰：“仁义礼是天所立人之道，知仁勇是人所受才于天而可以修道之人道。”[7]145天所授者乃天所立人之道，知仁勇乃续天之修道的人道。船山视域中的人道，是以仁礼尤其是以礼为核心的人道。荀子与船山都将礼规约为“人道之极”。船山曰：“自古帝王之所以治教天下者，唯礼。则后之述先王之道以定人道之极者，亦唯礼。”[8] 329人道作为一般性的范畴，衍生出更多的人道道德德目。而仁作为人道思想最基本的范畴，内仁外礼，仁、义、礼系人道思想的一条主线。“是故舍仁而不求者，昧其本心，不可立人道于天地之间”[9] 975，“天地人物，止是一理，然而语天道则曰阴阳，语地道则曰刚柔，语人道则曰仁义”[9] 1122，“君子之用以修道之仁，即天道之所以立人者也”[7] 517。《明儒学案》延续了孔子以来的儒家人道思想的分殊，也即仁义礼。船山也将仁礼认定为人道思想之核心，特别是礼为人道之核心。船山曰：“仁义智信之心，人得其全，而物亦得其一曲。其为人所独有而鸟兽之所必无者，礼而已矣。故礼者，人道也。礼隐于心而不能著之于外，则仁义知信之心虽或偶发，亦因天机之乍动，与虎狼之父子、蜂蚁之君臣无别，而人道毁矣。君子遭时之不造，礼教坠，文物圮，人将胥沦于禽兽，如之，何其不惧邪?”[6] 18船山关于人道思想之阐释，与荀子“礼者，人道之极”如出一辙。故此，船山与荀子均将礼作为人道思想的核心，人道即礼。当然，谈礼固不可离仁，亦不可离义，故此，说人道即是仁义礼。在仁义礼的关照之下，人道还可以进一步展开为其他的道德德目：

> “仁”字说得来深阔，引来归之于人，又引而归之于“亲亲”，乃要归到人道上。“亲亲”“尊贤”，自然不可泯灭，与自然不颠倒之节文者，人道也；而尊亲在此，等杀在此，修道修身者以此，故知人道之敏政也。[7] 518

在船山这里，仁义礼系人之所为人的最为关键的道德伦理德目。仁义礼的展开，具体表现为中国古代社会的修齐治平的教化之道。在船山看来，人道彰显为亲亲，与孝文化直接关联，故此，人道的展开，可具体引申为孝道，移孝作忠，因忠而王，因悌而霸；由亲亲而仁民，仁民而爱物，最终可规约为修齐治平之道也。船山曰：“是故至孝近乎王。至弟近乎霸。至孝近乎王，虽天子必有父。至弟近乎霸。虽诸侯必有兄。先王之教，因而弗改，所以领天下国家也。”[6] 1113孝文化在古代社会占据非常重要的地位，孝文化直接关涉修身齐家治国平天下，价值大矣。人道之展开，也即人道之分殊，这就明确了仁义礼孝等最基本伦理道德规范之起源问题。

人道分殊而彰显其具体的伦理道德规范，成就其具体的道德德目，其特点表现在以下几方面：首先，人道之善不可损伤。在船山看来，人道来自天道、天德，而天道、天德本善、纯善，人继善而成性，故而人道之纯善无恶。船山曰："气充满于有生之后，则健顺充满于形色之中；而变合无恒，以流乎情而效乎才者亦无恒也，故情之可以为不善，才之有善有不善，无伤于人道之善。"[7] 1056天道与人道之间存在着必然逻辑关系，气善，也即天善，天道善而人道亦然。在船山这里，天即气也，因此，由天道所分殊的人道，必然也是善的，不论情如何变化，才如何变化，人道之善不可损伤。其次，人道合天道。天道分殊人道，所以人道合乎天道。船山所说的人道，其实就是我们所说的天道在人世间的流行，也即是说，人道乃天道之所成，乃天道之分殊。其实，先秦时期的荀子就认为人道与天道之间存在着必然的联系，人道与天道是一体两面。荀子曰："大抵道无天人之别，在天则为天道，在人则为人道，其分虽殊，其理则一也。"[10] 93荀子认为天人无别，因为有天道，所以也就有人道；人道乃天道之派生与延续，故此天人之间没有差别。船山也接续与发展了荀子的这种天人合一的观点。船山曰：

> 中庸诚身之旨，以人道合天道之全。[7] 1122
>
> 天道者，在人之天道，要皆敏政之人道尔。[7] 521
>
> 故天道人道相间而言之，言其合也，大指则归重人道。[7] 148

在船山看来，天道与人道之间本相合，没有任何差分，只有理一与分殊之别、静与动之别。在形而上层面，分殊之人道仍然内蕴着天道的根本属性，即天道分殊人道，人道彰显天道。在形而下世界，在人德人伦日常生活中，天道远、人道迩，人道更切合人与人之人伦生活。即是说，天道是人之天道，天道与人道相合，其落脚点在人道。与庄子将天道与人道相分不同，船山主张天人在道德伦理层面的相合。《庄子》云：

“眇乎小哉，以属诸人；敖乎大哉，独游于天。”又曰：“天道之于人道也相远矣。”[11] 228此分明是裂天人而为二也。船山则反对庄子天人为二观点，主张天人为一，具体来说，就是天道与人道既一又二，这实现了天与人之间的和合与辩证统一，“继善成性，是天命合人的道理，继志述事，是人道合天的道理”[9] 1354。人道合天道，纯善无恶，因此，人道的展开，可归因于天道的展开；天道的展开，即是人道之延续，“天道，命也；人道，性也。天道，命之理；人道，性之德也。命之理者，知、仁、勇，凝乎性矣。性之德者”[6] 1291。天道与人道既一又二，既相互联系，又相互区分，既和合一体，又相互对待，但人道与天道终归是合一的。

三、船山关于人道沉沦的伦理反思

船山重视人道，进而据人道而存孝道。人道存，则孝道举；人道晦，则孝道坠。船山非常重视人道，因为人道是孝道思想逻辑展开的大前提，人道涵盖了孝道。船山之所以立人道之孝，主要源于当时人道不立，“鬼道显，人道晦，古今有识所忧也”[9] 93。作为明末清初有识之士，船山有着强烈的责任担当意识。“六经责我开生面，七尺从天乞活埋”，他尽力挽救沦丧之人道，以立人道、举孝、笃孝。

武力反清无望之后，船山转向以文救国。船山所生活的明末清初时期，文化面临着极大危机：一是国民内部之道德伦理危机。由于常年战乱，民不聊生，道德伦理面临着前所未有的挑战。物质生活是人伦道德产生的前提与基础，而当时萧条的社会经济状况与人们对丰裕的物质生活的仰慕形成强烈的反差。物质决定着精神，物质生活的缺失，也导致了当时人们无暇顾及精神层面的社会伦理道德，因而人道圮坏，人道滑坡，孝道淡薄。二是清朝新政权带来的文化危机。文化具有民族性、地域性、时代性等特点，清朝文化亦具有自己的特色，出现了与华夏民族文化相悖的文化现象。为挽救文化危机，船山主张文化救国，并以“六经责我开生面”之文化担当，秉烛夜战，著书立说，以挽救当时日渐衰微之人道。他说：

> 夫之生际晦冥，遘闵幽怨，悼大礼之已斩，惧人道之不立，欲乘未死之暇，上溯三礼，下迄汉、晋、五季、唐、宋以及昭代之典礼，折衷得失，立之定断，以存先王之精意，征诸实用，远俟后哲，而见闻交诎，年力不遑，姑取戴氏所记，先为章句，疏其滞塞，虽于微言未知或逮，而人禽之辩、夷夏之分、君子小人之别，未尝不三致意焉。[6] 10

船山所生活的时代，大礼（人道）已斩，人道不立，他作为一名有识之士，以文化复兴为己任，诠三礼、救人道，以俟后哲。具体来说，他以挽救民族危亡为己任，力挽狂澜，挽救人道，笃孝道，促公序，成良俗，救政治，图存亡。船山所持的这些观点，本质上与陈亮的基本观点相似。陈亮有言："孔子伤宗周之无主，痛人道之将绝，而作春秋。其书天王之义严矣：书其出入之地者，示天王之不可置中国于度外也；书其有所求者，明天王之不可失其柄也。"[12] 12陈亮认为，孔子所生活的时代乃是礼崩乐坏之时代，也即人道将绝之时代，面对此种情形，孔子著诗书，以挽救当时的人道危机及由人道危机引发的政治危机。船山之处境本质上与陈亮所说的孔子的处境相类似。在这种情形之下，船山亦以著述为本，从文化上力挽狂澜，挽救人道，也即挽救仁义礼、挽救孝道，成就社会之公序良俗。

船山所处的时代，从个人到家庭，再到整个社会，人道低迷，人道衰微，人道沦落。船山说，人道衰微，必将造成家庭、社会乃至整个国家之衰微。船山曰："夫率子之道，幼且失其本心之敬，长且同于草木之无知，老且不知天命之不可违，而人纪废，人道裂矣。以贼道也，即以贼天下也，罪奚辞焉！于以杖叩其胫。知痛知痒之形，其可忘乎？放恣自便之小体，其可从乎？壤其尚有省哉！"[8] 822身之不修，家之不齐，国之不国，人道何存？人道无时无刻不存，它存于个人，存于家庭，存于社会，存于国家。就个人而言，人道不失，则不失其本心，不失其孝心，不失其忠心；人道废，家庭晦，社会废，国家坠。就齐家而言，人道即家庭的孝道，否则，人道不得其明。船山曰："生则抱之而不嫌于私，没则依之而不失其列，孝子之事亲也以道；生所不得抱，死不得以为尸。所以殊君子于小人，尊亲之至也。以此为教，后世犹有慈子以陷于恶者，则人道之不明久矣。”[6] 64就家庭而言，孝道即是最大的人道，将孝道发扬光大，是最大的人道，如果脱离孝道，则人道不明。船山曰：“其避兄离母，不食君禄，无人道之大伦，罪莫大焉。”[13] 885在家违背人伦道德，不讲求儒家之礼，不尽孝道，就是无人道的表现，罪过大矣。就国家而言，船山曰：

> 臣弑君，子弑父，凡民罔弗憝者，人之大伦存焉耳。而非我类者不入我伦，不入我伦，人伦之善败，非所治也。非伦者而治人之伦，人道息矣。[14] 318
>
> 世乱道亡，怵乱以为恩怨，而义灭无余矣。臣弑其君，子无怼焉。子弑其父，臣无尤焉。戴贼以为君，引领以觊其生我，弗得而后怨及之，而人道亡矣。[14] 318

船山认为，历史上臣杀君、子杀父等人伦道德败坏现象比比皆是，这些都是泯灭人伦的表现。社会若没有主持公道、正义之人，社会出现颠倒黑白，错乱是非，此乃典型的人道亡、人道息的表现。没有公道，没有正义，没有良知，人道之不存，焉谈国家存亡与兴旺。人道对于国家的公平与正义是何其重要。船山列举出关于人道之不存之典型，反衬出当时社会人与人之间关系的不和谐、家庭内部关系的不和谐、人与社会关系的不和谐以及整个国家的不和谐、不稳定。人道之不存，则仁义不存，大礼不存，孝之不举，其害大矣。船山曰：“大礼终不可复，而人道且沦胥以亡，守先以待后者，能无忧惧乎！”[6] 643船山认为，人道内容展开的仁义礼孝等人伦道德文化沦丧之后，人之身不修，家不齐，国不治。从上述种种来看，船山忧患之心天地可鉴。

在船山看来，导致人道衰亡的重要原因有两个方面：其一是“厚利而薄德”“人道圮坏”。义利关系问题一直以来是儒家哲人们讨论的热点问题，未曾停止过。但是，由于人道的堕落，世人见利忘义、忘恩负义，大大挫伤了传统的伦理道德仁义礼忠孝等。此外，逐利情结的存在，“其为世害固非浅鲜也”[6] 1090。其二，为政者祸害人道。自从清政权夺取了大明朝政权以后，统治者之人伦道德与正统的儒家文化有相抵牾之处，其治国理念、治国策略、治国方略等核心价值观，均与大明朝之核心价值观格格不入。在船山看来，清朝的核心价值观不合理亦不合乎礼，必将导致人道沉沦，为此，船山说了一句比较激进的话：清朝“率天下以祸人道也有余”[15] 449。这充分展示了船山对为政者祸害人道的不满：祸害了人之人之间的伦理道德，祸害了家庭伦理，祸害了国家和谐与社会的安宁。在《船山全书》中，船山对人道的沦丧与泯灭极其焦虑，多次提及人道衰亡与泯灭：“人道澌灭”[8] 698，“人道以灭”[7] 914，“人道以息”[16] 924，“人道圮”[15] 340 “人道不足”[16] 341，“人道之不废鲜矣”[15] 354。“人道之忧”[15] 420成为船山对人道焦虑的主旋律，并多次表达了这种焦虑，说世人“则徒苦而人道废矣”[16] 475，“人道之薄亟矣”[15] 338。船山对人道之衰亡与圮坏，同情式悲悯为其基本特点。

鉴于人道已泯灭，若要走出人道坎陷之“泥潭”，则需重振儒家人伦之道，这是船山的自觉担当。“天道极微，难得不思不勉，只要人涵养，渐到从容田地，使微者自弘。人道极危，难得便精便一，只要人择执，渐到诚明去处，使危者自平。”[9] 1354在船山看来，人作为宇宙这个大生命场中的道德主体，有能力通过知识、意识去管控自己的行为，“人当尽人道”[7] 374。作为不同于宇宙间其他的事物，人是万物之灵，因此，人必须尽人之道。尽人道，珍生死，此乃船山本体视域下人的本质存在。“人道亡，则乾坤之法象亡矣”[16] 1038，即是说，人道亡，则人道之仁义礼孝忠等道德伦理德目无法彰显。就礼而言，船山曰：“动不以礼，则辱身以及其亲，而人道不立，动罹凶咎矣。”[6] 1187即是说，如果人道坍塌，那么人伦生活世界里必将出现违背人伦道德之行为，也就不可能有尽孝、尽忠行为的发生。总之，人道包含了儒家“三达德”，包含了儒家最根本的道德伦理规范，人道若沦丧，一切必将枉然。船山曰：“立人道之大端也，盖可忽乎哉!”[6] 52船山之孝道的逻辑展开，也必须在人道的框架下方可实现，人道行，孝为大。船山曰：“孝者，人道之大，教之本也。”[6] 1017船山之孝道的展开，还必须以人道为基本前提，没有人道，也就没有孝道。

可以说，船山之孝道的产生，系人道之分殊而已。因此，探讨船山笃孝思想，不能脱离人道思想。同理，船山之孝文化的展开，亦是以人道为核心而展开的。船山将人之一生分为尽孝、笃孝、举孝几个阶段，这些阶段与人道的展开息息相关：

> 故生而敍之为伦，殁而为之制服，重、轻、降、杀各有差等，所以立人道之大也。[6] 796
>
> 亲、丧尊尊、长长、男女之有别，人道之大者也。[6] 795
>
> 送死者，人道之大，不吊，则不徒行以营他务可知。非然者，是老而不知止也。[6] 221

在船山看来，孝道的展开，也即从生之尽孝到尊长，再到孝悌以及丧葬尽孝，均是人道作用彰显使然。如果人道陷溺，则笃孝、尽孝必将成为空中楼阁，因为人道衰微是孝道坎陷的重要原因之一。船山认为，必须重振人道，方可实现孝道，“所以立人道而为治教之则”[13] 966。可见，笃孝思想的展开，最大的障碍在于人道之不立。立人道，则正孝道；人道陷，则孝道远。因此，尽人道，尊孝道势在必行。

四、结语

中国哲学从一开始就关注人的问题，并由此形成了独具特色的人道思想。“人道”二字在《周易》当中彰显为天道、地道以及人道三者并列的三个逻辑层次，但本质上并非如此，尤其是到了宋代以后，天道与人道逐渐有合一的趋势与可能性。这种可能性为人道之形而上奠定了扎实的哲学基础，同时也为人道作为一种伦理道德的至善性、纯真性提供了哲学根基，能够保证人道思想的纯道德性、正能量性，进而倡导人们践行人道，确保社会的公序良俗。总之，船山的人道思想在其基本哲学内蕴上赓续与发展了传统的人道思想，但在人道之内涵、人道的形而上学基础层面，都有着独特的思考：人道思想的展开，主要彰显为仁义礼等，最终落脚点在于人伦之孝。为了保障人道的顺利实施，船山提出人道沉沦的原因为“厚利而薄德”，并因“厚利而薄德”而导致“人道圮坏”，故此，欲恢复人道、回归人性，最根本的是在义利层面下功夫，在理欲层面做调适，唯其如此，才能切实恢复人性，重振人道。

参考文献：

[1] 郭嵩.周易内传笺［M］.长沙：岳麓书社，2012.
[2] 周易正义［M］//十三经注疏.阮元，校刻.北京：中华书局，2009.
[3] 周敦颐.周敦颐集［M］.长沙：岳麓书社，2007.
[4] 程颢，程颐.二程集［M］.北京：中华书局，2004.
[5] 陆九渊.陆九渊集［M］.北京：中华书局，1980.
[6] 王夫之.船山全书：第四册［M］.长沙：岳麓书社，2011.
[7] 王夫之.船山全书：第六册［M］.长沙：岳麓书社，2011.
[8] 王夫之.船山全书：第七册［M］.长沙：岳麓书社，2011.
[9] 黄宗羲.明儒学案［M］.北京：中华书局，2008.
[10] 王先谦.荀子集解［M］.北京：中华书局，2013.
[11] 南华真经注疏［M］.郭象，注.成玄英，疏.北京：中华书局，1998.
[12] 陈亮.陈亮集［M］.北京：中华书局，1987.
[13] 王夫之.船山全书：第八册［M］.长沙：岳麓书社，2011.
[14] 王夫之.船山全书：第五册［M］.长沙：岳麓书社，2011.
[15] 王夫之.船山全书：第三册［M］.长沙：岳麓书社，2011.
[16] 王夫之.船山全书：第一册［M］.长沙：岳麓书社，2011.
[17] 王夫之.船山全书：第二册［M］.长沙：岳麓书社，2011.

（《衡阳师范学院学报》2022年第5期）

王船山忠孝思想探析

陈佳文

习近平总书记指出："在家尽孝、为国尽忠是中华民族的优良传统。没有国家繁荣发展，就没有家庭幸福美满。同样，没有千千万万家庭幸福美满，就没有国家繁荣发展。"[1]忠、孝是中华道德伦理体系中的核心范畴，忠孝伦理是中华民族道德伦理的集中体现，"在家尽孝，为国尽忠"是几千年来中华儿女一直遵循的伦理要义，展现了中华民族对家与国的独有情愫和道德伦理精神追求以及"修、齐、治、平"兼济天下的政治抱负。

自19世纪中叶以来，船山思想研究呈现出"遍地开花"的繁荣景象，印证了船山自己所说的"吾书二百年后始显""五百年后吾道大昌"的论断，充分彰显了其高度的学术自信。经过一百多年来对船山思想的研究，学术界取得了众多的研究成果，但很少有人对船山的忠孝思想进行专门系统的研究，更多的只是将它穿插在其他主题之中略有阐发。忠孝问题，不论是在中国古典政治哲学中，还是在社会伦常道德中，一直都是一个重要话题，是各个时代的思想家们无可回避的焦点问题。船山身处政治动荡、社会变迁的明末清初，程朱理学的理论范式此时逐渐丧失了对政治、社会等现实问题的解释能力和应对能力，遂出现了以"孝悌慈"动员庶民、自下而上地重建政治秩序的泰州学派，但泰州学派的努力方向与解决问题的方式依然存在许多问题。[2] 84在这样的时代背景下，船山开始对传统忠孝思想进行阐发与建构。

一、船山对传统忠孝思想的批判与继承

忠孝思想是儒家伦理思想体系中的重要一环，也是中华民族传统伦理文化的集中展现。中华民族的“忠”德思想最早起始于周朝，当时“忠”德就已纳入到周礼之中，与“知、仁、圣、义、和”合称六德。“忠”字的金文字形是上“中”下“心”，即“”，象形字，有不偏不倚、尽心竭力之意。孔子把“忠”与“信”连用，旨在突出“忠”作为与人相处的伦理准则的规范作用。他在《论语》中多次强调“主忠信”，提倡为人待事要尽心竭力，真诚求实。这表明“忠”在孔子那里是一种真诚待人、竭力求实为事的道德品质，同时也暗含行为主体与行为对象的平等性，并突出“忠”的道德主体的主体性，即它的落脚点在于其行为主体本身，而非行为客体或对象。在儒家那里，“忠”主要是作为一种内尽其心外尽其力的道德伦理品质与行为准则，如曾子所说“吾日三省吾身：为人谋而不忠乎？与朋友交而不信乎？传不习乎”[3] 48中的“忠”，《左传》“公家之利，知无不为，忠也”“临患不忘国，忠也”中的“忠”，皆指尽心、尽己、尽力之意。而到了汉代，“忠”被赋予了浓厚的政治色彩，极大地突出了“事君”之忠的内涵，一跃成为重要的政治伦理范畴。许慎在《说文解字》中对“忠”字加上了事君之“敬”一义，认为“忠，敬也，尽心曰忠”。“敬”字无论是写作金文的“”（敬），还是写作小篆的“”（敬），都是口、棒左右相加以使之警之形，可知“敬”字原始之义中应含有约束自我以服从之义，同样也暗含着一种主客体不对等关系，即行为主体约束自我，服从于外在某种无形的力量，以表达恭肃之意。“忠”字“敬”意的阐发表明“忠”开始转变成尽心事君之“忠”，由此，“忠”的道德主体性被削弱，而呈现出一种主客体不对等的关系。经后儒的进一步阐发与高扬，“忠”的政治服从之义得到了无限放大，并迎合了君主之意，一跃成为传统社会的最高道德。

中华民族的孝道可以追溯到以血缘关系为纽带的氏族社会。“孝”最开始的内涵与祖先崇拜和生殖崇拜有关，具有浓烈的宗族祭祀色彩。后来，“孝”从宗族之中转到家庭之中，变成子女对父母的责任与义务。

“孝”以文字的形式出现是在西周时期，即金文中的“孝”（孝），以“子承老”的象形形体文字出现，因此许慎把“孝”解释为“善事父母者。从老省，从子，子承孝也”。这种解读表明了当时“孝”的含义开始由对祖先的崇拜向善事父母转变。到了春秋战国时期，先秦儒家对孝的观念进行了一番“扬弃”，确立了以家庭道德伦理规范“孝”为核心的现世意义，并把仁与孝结合起来，如“孝弟也者，其为仁之本与”[3]48，充分展现了儒家以血缘亲亲之爱为始基的仁孝思想。后来，又经《孝经》的进一步扩充与政治化，孝由私人的家庭伦理领域拓展到了公共的政治伦理领域，孝不再只是“事亲”一事，而多了“事君”一事，“夫孝，始于事亲，中于事君，终于立身”，这样就把家庭事亲之孝直接嫁接到了国家层面事君上，忠孝由此被牢固地绑定在一起，朔成后来“移孝作忠”的忠孝观，即以事亲之事事君。如此一来，“君”与“父”便成为不可分割的一体。“君父”的连称使得君主的地位大大提高，巩固了君主专制的结构，且助长了日后君主专制的气焰。“移孝作忠”的忠孝观把人伦范畴的孝道与治国安邦的政治直接联系了起来，再加上统治者为了巩固其统治往往曲解原始儒家“孝”的观念，为其专制统治张目，这便造成了“孝”的“伦理异化”，使得孝的伦理真义缺失并被扭曲。

孝，最开始是社会最高的也是最基本的道德德目，维系着整个社会的和谐与稳定，后经君主专制的高度强化，忠的政治需求显著上升，而忠的地位不断被拔高，引起了忠孝两德的冲突，造成了忠孝两难全的矛盾，在家尽孝与为国尽忠难以调和，故用“移孝作忠”来调节二者的矛盾，力求使在家尽孝与为国尽忠相和合。但是，“移孝作忠”的忠孝观只是在形式上使得忠孝结合在一起，表面上解决了忠孝的冲突，但忠孝冲突的本质在于尽孝与尽忠谁优先的问题，即在家尽孝与为国尽忠的抉择问题，“移孝作忠”的忠孝观并没有对此做出实质性的回答。同时“移孝作忠”的忠孝观对忠孝的融合也是非义理的融合，只是简单地把忠孝糅合在一起，以事父之事事君，父成为君，君为其父，把君父绑定在一起，实现忠孝的贯通，使得君父的地位得到极大的强化，进一步加剧了忠孝的“异化”弊端：君不为其君，父不为其父，子臣之道扭曲。这样一来，忠孝的政治化色彩日益浓厚，忠孝也从健康的人伦道德规范沦落为统治阶级教化的工具，渐渐丧失了其本来的“尽己合义，立身爱人”的真义。政治化的忠孝观具有严格的等级秩序内涵，臣子与君父处于一个严重失调的等级关系之中，臣子从属于君父，唯君父之命是从，失去了自我的独立性与主体性，沦为附庸与工具，丧失了作为道德主体所应有的自我成就的伦理内涵。

船山对先儒“移孝作忠”的做法持鲜明的批判态度，强烈抨击忠与孝的“伦理异化”现象，力图恢复忠孝的原始本义，释放忠孝的内在活力。船山反对把事亲与事君二事直接等同起来，认为既不能以事父的态度事君，也不能以事君的态度事父，指出“‘不以舜之所以事尧事君，不敬其君者也’，而岂得以舜之所以事瞽瞍者事君乎？”[4] 1015在船山看来，孝德萌生于家庭领域的血缘关系，自然天性的亲亲之爱是孝德的情感来源；忠德萌生于公共领域的政治关系，出于人为之礼的敬是忠德的情感基础。由此可知，忠、孝之间存在明显的情感基础的差异，同样由此而衍生出来的子道与臣道也有着不同的内涵：“原于天之仁，则不可无父子；原于天之义，则不可无君臣。”[5] 416子道源于“天之仁”，是天之大德“生生不息”的产物，子道之中充盈着血缘亲亲之爱，故主爱；臣道源于“天之义”，“义之体敬，故为臣道”[5] 1334，取法于天地之秩序，故主敬。“‘资于事父以事君而敬同’。但言敬也，则以臣之事君者事父焉可矣。乃抑曰‘资于事父以事母而爱同’。爱同于母，奚徒道之必尽，抑亦志之必从，饮食男女，非所得间也，岂容以事君者事父乎？责难于君，敬之大者也；责善贼恩，伤爱之尤者也；至于此，则以臣之事君者事父，陷于不孝，以伤天性，辱死及身而不足以赎其愆矣。”[6] 860船山认为，子道与臣道内涵的情感差异决定了事亲、事君态度的不同。事父与事君虽然在“敬”上有相同的要求，但其内涵有着很大的差别，事父之敬是发自于心中亲亲之爱，而事君之敬来自忠信之义。爱与义的差别决定了在具体事亲、事君的实践过程中所呈现出来的要求有着根本的差异，船山认为这种根本的差异在于全恩与明义的区别。因此，船山对袁宏的“仁者爱人，施之君谓之忠，施之亲谓之孝”忠孝不分的论调做出了反驳，认为“君父均也，而事之之道异。《礼》曰：‘事亲有隐无犯，事君有犯无隐。’隐者，知其恶而讳之也。有隐以全恩，无隐以明义，道之准也”[6] 359。事亲主爱，有隐无犯，即对父母不能苛求，要包容父母的过错，切忌冒犯父母，不可以“责善贼恩”，否则就会伤害到亲子之间的感情；事君主敬，有犯无隐，即侍奉君主要敢于责难，不要害怕冒犯君主，要勇于指出并纠正君主所存在的问题与不足，明大义。基于此，船山明确反对事亲之道与事君之道的共通互用，认为子以事君之道事父，就会伤害到对于父母的天性之爱，陷于不孝之中；臣以事亲之道事君，则会违背天地之大义，产生“天下无不是的君”的错误论断，使国家陷入危险之中。船山通过事亲与事君之道的对比分析，厘清了忠孝之间存在的显著差异，斩断了君与父的“政治联盟”，为臣与子从“异化”的忠孝关系之中解脱出来奠定了基础，同时也给忠孝恢复原始的本义创造了良好的理论环境。

船山虽然强烈地批判“移孝作忠”的做法，但并不是全盘否定“移孝作忠”中的忠孝观的全部精神，而对于其中所蕴含的传统儒家由孝到忠、由家及国的积极入世的济世精神与家国同构的家国情怀的伦理特质予以了肯定，并积极吸收了其中的伦理精义，创造性地提出了自己“由孝及忠”的忠孝观。船山的忠孝观同样也着眼于“和”，但这种“和”是忠孝在义理上的和合，与“移孝作忠”忠孝观有着本质的不同。船山认为，忠、孝虽然在“事”之上存在着较大的差异，但忠、孝内部存在着道德情感的共通性，即孝作为为仁之本、诸德之始，孝是一种源发性的道德情感，可以为忠德的践行提供道德情感的支撑与保障。船山指出，“教家者教国之本，孝弟慈者事君、事长、使众之本也”[4] 427，“本者，枝叶之所自生”[6] 1003。“本”是枝叶生长的根基，支撑着枝叶的繁茂生长，具有源发性的含义。孝对于忠也是如此，孝是忠的道德情感支撑与保障，忠孝之间有着本源性的联系。接着船山又进一步指出，“孝弟慈者事君、事长、使众之本也。唯其不假强为，则同命于天，同率于性，天理流行，性命各正，非仅可通于家而不可行于国也”[4] 427。忠与孝在“性、理、命”上是相通的，有着形而上层面的一致性，但“性命各正”，因此，

"君子所必明者，莫大于伦。而伦有大焉者，内而子事父，外而臣事君，尊亲一也。乃父子则主恩，而情重于礼；君臣则主敬，而礼重于情"[7] 243。忠孝的具体实践之道虽然存在着差异，但二者内在之理是相通的，忠孝和合有着内在的机理。船山赓续了原始儒家的道义精神与伦理特质，对传统的忠孝思想进行了启蒙性反思与批判性继承，提出了基于道德情感忠孝和合的"由孝及忠"推进式的忠孝观，与先儒基于政治目的"移孝作忠"等同式的忠孝观有着本质区别。

二、船山忠孝观的内容与特质

王船山对中国古代忠孝思想作出了创造性的阐释和发展，使得其忠孝思想具有很强的批判性与启蒙性。船山主要是从行为道德主体出发，深度挖掘忠、孝内部中"诚心""尽己"之义，强调行为道德主体的道德主体性与道德自觉性，力求恢复人作为道德主体在伦理道德中所应有的主体地位。传统忠孝观的狭隘性与绝对性致使其弊端日显，而船山对忠孝思想的构建立乎其大、着眼于和、致力于远，旨在克服其狭隘性与绝对性，突破传统忠孝观所带来的对人与社会的束缚，重新树立起符合人性、满足社会健康发展的忠孝观。

（一）尽己合义的忠德思想

船山忠德思想从忠的原始本义出发，阐发其所蕴含的"尽己合义"的伦理特质。船山把忠从狭隘的君臣关系中抽离出来，上升到为民族大义献身尽己的高度，彰显出了其忠德思想立乎其大、致力于远的伦理神韵。

船山在忠德思想上反对愚忠的"忠顺"观点，力图伸张原始儒家"忠"的本义，以求把"忠"从单向度且极度不对等的关系之中解救出来。船山认为，"忠也者，发己自尽之谓"[6] 779。"发己自尽"就是"尽己"的意思，即"尽己之谓忠"。船山对"发己自尽"四字予以了详细的阐发，充分体现了"忠"所含有的道德主体性的确立与自我的确证的价值意蕴，"'己'者，言乎己之所存也"[4] 447。"己之所存"就是指自己的一种真实的本然状态，即是与天之义相合、不被私欲所遮蔽的本性，“‘发己’者，发其所存也”[4] 447。船山认为“发”字有“由体生用之意”与“散所藏以行于众之意”[4] 447。由此可知“发己”即是尽本心以显其用之意，是对真实本我的呈现。①而“自尽”与“发”字义相近，是无伪本心的涌现，“凡己学之所得，知之所及，思之所通，心之所信，遇其所当发，沛然出之而无所吝”[4] 447。因此，船山指出，“在己之无虚无伪者”就是做到了“自尽”，也就是“尽己”。“忠”已然包含着真实无伪之义，尽忠即是对本心的确证。同时，船山的“发己自尽”之忠存有“大义”在其中，“所发之己，非私欲私意，而自尽者非违道以干誉矣”[4] 447，故“尽己之所可为，尽己之所宜为，尽己之所不为而弗为，而后可以其不欲者推于物而无施”[6] 779。“尽己”是与“大义”相合、不违道，即“忠”是忠于“义”，忠于自我之“本义”与天下之“大义”。忠的“尽己合义”的阐发充分凸显出了忠的行为道德主体的主体性与自觉性，突破了传统忠德思想中不平等的压迫关系，释放出了“忠”所固有的内在活力。

“忠”在船山这里有着对自我无妄之本心的呈现与“尽己合义”之义理。而本心、本性是与天道同源的，“天道之本然是命，在人之天道是性”[4] 532。由此，船山继续深挖“忠”所蕴含的伦理特质，认为“忠”是对自我的确证，是对自身修养的提高与完善，蕴涵着“学达性天”自我成就的修身路径。船山认为，人是有路可循以上达“合乎天”，而这条路径就是“学、才、性、命”的逻辑进路，“天道之本然是命，在人之天道是性。性者命也，命不仅性也。……才者性之才也，性不仅才也。唯有才，故可学”[4] 532。船山认为，“学、才、性、命”四者在逻辑层面上具有阶梯进级式的层层包含关系，是人得以拾阶而上“学达性天”之路的逻辑展开，但在实际的修身养性层面并不需要完成具体的“三步走”（即学→才→性→命），只需由“学”尽“才”而尽“性”再达“命”即可，“人非无路以合乎天也”“有是性固有是才”“有是才必有是学，而后能尽其才，人之所当率循是路以合乎天也”[4] 532。在船山这里，“忠”就是开启这条“学达性天”路径的钥匙，由忠可以尽性达天。船山指出，“‘择善而固执之’，学也。其以择善而善可得而择，固执而善可得而执者，才也”[4] 532。“学”就是尽其“才”，是对“择善固执”能力的“还原”恢复式的学习。而“忠”则是“尽择执之功”“尽己以实之功”。“择执”就是“择善固执”，即选择与自己本性相符合、与天道相切合的“善事”，并“弗能弗措，而己百己千”地去执行与完成。由此可知，“忠”就是尽“学”之功，是“人之可以尽其才而至于诚者”[4] 533，“诚者，天之道”。“忠”以“学”之功尽其“才”而至于“诚”合乎天。这是船山对于“忠”所内含的自我修养、自我完善、自我成就之路的揭示。船山把“忠”纳入“学、才、性、命”的逻辑进路中，赋予了“忠”“尽己合天”的使命，扩充了“忠”的内涵意蕴，克服了传统忠德观的狭隘性。由此可以看出，船山忠德思想有着“立乎其大”的价值追求。

既然“忠”的核心要义是“尽己”“合义”与“合天”，那么在“事君”一事上自然不会是简单的“无违上之意”的忠顺。船山认为，事君尽忠应是出于为实现“天下之大义”而兼济天下的政治抱负，进而履行“人臣之义”的职责，而非求之于功名利禄、畏之于鞭笞刑罚的外在“诱导”。“人臣之义，忧国如家，性之节也；社稷之任在己而不可辞，道之任也。”[6] 877在船山看来，臣道在于“有犯无隐”以明义，为人臣应诚于自己本心的道德感召与角色职责，克己奉公以利天下。船山的忠德思想表面虽有两义，事君之私忠与为国之公忠，但究其深处，其实只有一义，即忠于民族、忠于国家、忠于天下的“公忠”理想。船山的私忠之中蕴涵着公忠。船山认为，忠于君主的“私忠”并非只是忠于君主一人之私利，而是忠于君主这一位置背后所代表的国家与人民。船山指出，君主的位置是为服务天下而设立的，是“可禅、可继、可革”的存在，如果君主违背“古今之通义”，损害了国家与民族的根本利益，臣子就可以维护天下之大义，取而代之。就如当年恒温和岳飞，如果能北伐成功，恢复失地，即使他们取东晋、南宋的帝位而代之，在船山看来亦未尝不可。可见船山的“忠”突破了传统忠孝观对君主盲目服从的绝对性，展现为行为道德主体的自我确证，是对自身的心中大义与自身人格、责任抱负的自我实现。可以看出，船山之“忠”是忠于天下之大义，它立足于国家、民族的根本利益、整体利益、长远利益之上，“弗能弗措，而己百己千”地择善固执。

（二）诚心爱亲的孝道思想

船山赓续了原始儒家的仁孝思想，即基于亲子之间的血缘关系，以天性之中的亲亲之爱为理论内核，构建其“不舍闺庭之爱敬，致中和、位天地、育万物”的孝道思想。船山的孝道思想具有很强的启蒙意义。船山孝道思想一方面在扎根于传统忠孝观的基础上克服了传统孝道思想束缚与泯灭人性的弊端，高扬人作为道德主体的主体性与自觉性，把“爱”作为血液重新注入孝之中，唤醒孝的生机与活力；另一方面，船山在深耕家庭领域的同时，还从传统孝道观狭隘的亲子关系中跳了出来，把“爱”扩充至天地万物，追求“仁民爱物”的至高道义，展现出“基于小家，致于大家”的伦理特质。

孝的本义是基于亲亲之爱的善事父母，亲亲之爱作为孝的核心要义，是孝得以真正践行的情感支撑，同时也是孝的理论基础。孝行的具体规范要求都是基于亲子之间的亲亲之情而产生的，缺乏亲亲之爱的孝道孝德就会如同无源之水、无本之木，丧失其真义而僵化成束缚、残害人的伦理教条。船山牢牢地把握住了孝的内核，把亲亲之爱作为孝道的最本质、最核心的要义进行论述与阐发。儒家伦理思想的核心是“仁”，“仁”的内核就是“爱”，“爱莫大于爱亲”，一切的“爱”都是要由爱亲开始，可以说，亲亲之爱是儒家伦理体系构建的核心基础与情感支撑。在船山看来，亲亲之爱发自于“纯乎天性，无一丝毫之私欲遮蔽”的人心，孝要从心中生发，发于纯然爱亲之心，事亲尽孝皆要“诚于心”。而生发亲亲之爱的人子之心，不仅是孝产生的情感源泉，同时也是诸德得以展开的情感基础，因此孝是诸德之首、众德之始，具有“为仁之本”的德本地位。船山指出，“仁首四端而孝先百行”[8] 1049，“孝为百行之源，孝道尽则人事咸顺”[4] 604。孝不仅充当着教化的功能，而且还有着尽人事、明世理的意义。

基于亲亲之爱而构建的孝道观，必然是内求式的践行之道，即尽孝事亲要向内求“诚于心”，诚于无私欲遮蔽的爱亲之本心，一切对孝道的践行都是围绕着这颗本心而展开，“性不足以尽教之理，而教必著于行，故孝自养亲始”[5] 1130。在“养亲”一事上，船山认为，养亲不只是“养”一义，而应有“爱敬”在其中，即要向内求一个爱敬之心，“乃中心爱敬，即可自喻，而事亲之际，不但礼文之繁，即其恰得乎心而应乎理”[4] 708。一旦心中存有爱敬之心，养亲事亲之事即变得非常自然与简单，不会被外部烦琐的礼节规范所束缚，一切都是自然而然地从乎心、合乎孝理。由此可知，孝行是“诚于本心”的发显而非畏谴责之行，“畏谴责而孝者，子之谊衰”[9] 106。船山虽然极度强调事亲要“诚于心”，心中有爱敬之意，就可摆脱礼节繁文的束缚，但并不否定礼在事亲之中的重要性。在船山看来，孝应是内外兼修，内存爱敬之心，外修事亲之礼。船山说：“内无爱敬之实，而外修其礼，固是里不成；内有爱敬之实，而外略其礼，则是表不诚。事亲之礼，皆爱敬之实所形；而爱敬之实，必于事亲之礼而著。爱敬之实，不可见、不可闻者也。事亲之礼，体物而不可遗也。”[4] 528爱敬之心与事亲之礼是孝的一体两面，二者相辅相成、相得益彰，“孝者根于心，敬者尽其理”[5] 682。“根于心”即是内主爱，以爱亲之心行事亲之事；“敬”则是内涵其心、外合其礼，以发尽孝之理，尽孝需要两者兼具，内主爱敬、外合乎礼。船山对家庭内部事亲之孝的阐发旨在重新确立起孝子作为道德行为主体所应具有的出于道德本心的自觉性与主动性，彰显孝子的道德主体性，使子女行孝是由内而发，出于爱亲之本心而事亲。船山孝道观在一定程度上克服了传统孝道观“愚孝”的偏激与狭隘，虽然也认为子道“主恩”“有隐无犯”，但却不是违背道义地盲目无视与服从，而是“谕于道而不怙其恶”地“见微而谏”[4] 1002，也就是说，子女对父母所存在可能使自己陷入不义的危险境地的问题要及时指出并劝谏父母改之，而不可放任，使父母坠入“恶”之中。可见，船山之孝蕴含着道义，与船山“大义”相和合，突破了传统忠孝观强调绝对服从的桎梏，充分展现了船山的道义精神。

在船山这里，孝不仅是“闺庭之爱敬”，同时还有着“仁民爱物”的至高价值追求，“推仁孝而有兄弟之恩、夫妇之义、君臣之道、朋友之交，则所以体天地而仁民爱物者在是”[8] 349。由家庭亲亲之小爱上升至仁民爱物之大爱，把孝从家庭之中升华出来，把孝道的精神推行至天地之中，以天地为父母，行“仁民爱物”之孝。船山以生生之德把天地与父母联系、统一起来，推崇天亲合一的孝道观，由事父母而事天地，基于家庭之爱敬，而以仁民爱物事天，不仅彰显出船山孝道思想浓烈的现实关怀，而且突显出了船山孝道思想还存在着“性达天”的至高价值追求。由此可见，船山的孝道思想在强调与推崇“闺庭之爱敬”尽心事亲的同时，也包含着船山想要通过孝道来尽穷神知化以上达“致中和、位天地、育万物”的价值追求与伦理建构。

（三）“由孝及忠”忠孝和合的忠孝观

船山忠孝观立乎其大、着眼于和、致力于远，突破了传统忠孝观狭隘性与绝对性的桎梏，赋予了忠孝更高、更广的道义，使忠孝和合，携手为民族大义、国家富强而献力。船山忠孝观是基于道德情感“由孝及忠”推进式的忠孝和合。孝德到忠德转换是通过天性中所蕴含的“仁爱”道德情感共通而实现的，孝给忠提供道德情感的保障与支撑，忠则是孝的扩充与升华。船山的忠孝观由家庭领域的亲亲之爱扩充与升华至天地之间的仁民爱物，即是从“闺庭之爱敬”的小孝上达到忠于天下的公忠理想，不仅蕴含着船山由家及国、家国兼顾的家国情怀，而且还展现了船山特有的忠孝递进的伦理关系。“孝衰而忠亦薄矣”[5] 1235，忠孝虽“事之道异”，但却是相辅相成、紧密相连在一起的道德伦理规范。船山的忠孝思想区别于他人的忠孝思想的特质，在于船山的忠孝观具有很强的批判性与启蒙性，对忠孝皆是在“诚心”“尽己”层面进行论述，强调行为道德主体的道德主体性与道德自觉性，力求恢复人作为道德主体在伦理道德中所应有的主体地位，旨在把人从传统扭曲的忠孝关系中解放出来，彰显人作为道德主体的尊严。

船山认为，忠孝是人天性之中所固有之义，是天立人、使人立于天地之人道，“道者，人道，天之所以立人者也。有德者，尽人道而通于天矣。贵，尊也。贵贵，尊有爵者。人生于道，而忠孝悌慈皆性之所固有，故推其理以达之天下，而贵德、尊尊、亲亲皆率此心而为之，而天下大定矣”[5] 1112。天以人道立人，人以尽人道与天相通，忠孝是天立于人性、人心之中的人道。忠之尊尊、孝之亲亲皆同源于心而由心所发，故“忠臣以事其君，孝子以事其亲，其本一也。上则顺于鬼神，外则顺于君长，内则以孝于亲”[5] 1146。忠、孝虽“事”不同，而内在之“心”与“理”相同，“本一者，爱敬同原于至性也”[5] 1146。得其理而于其心尽忠孝，故无所不顺，忠孝之道显。船山对忠孝思想的阐发主要着重于对忠、孝内部所蕴涵的道德主体性进行凸显，强调伦理道德当中尽己、修身、成性、济世之义。忠孝皆有诚心尽己之义，是由内而发的道德自觉，而非由外而内的伦理束缚。在船山看来，忠孝是纯粹诚于道德本心之真，而非追求名利之伪，一旦杂糅了名与利，忠孝就会追逐名利之伪而丧失义之真与实，“举世骛于名，而忠孝之诚薄；举世趋利以舍名，而君臣父子之秩叙，遂永绝于人心”[6] 351。忠孝是非功利主义的诚于心之举，非为忠孝之名而忠孝，以忠孝谋名与利不但不是忠孝，而且有损于忠孝之道，故船山提出“惟澹与静，以养廉耻之心，以明取舍之节，以昭忠孝之志，纯一于天性，终远于利名”[6] 157。也就是说，人要以澹泊宁静、远名利来养心、明心、昭志，达到诚于心、与天性合一，按照纯然“天性”行忠孝。

忠、孝在形而上的“性”与“理”上有着同源性和一致性，而在形而下的具体“事”上有着情感与态度的差异，即由己而发的道德情感随着伦理对象的不同而必然有所区别，这就决定了忠、孝在具体事君、事亲上不可简单地混同。但同时值得注意的是，这种差异与区别是忠孝在“事”上的外显与表达的不同，而究其内在修养的本质，皆是对“身”的道德义理完整性的强调，故而有《孝经》“始于事亲，中于事君，终于立身”之说。作为尽忠、尽孝之主体，“身”的完整是忠孝伦理关系得以开展的最为根本的道德基础。为君父尽忠孝皆是以“身”为本，“为君也忠而死，为父也孝而死，非为君父而忠孝也，吾臣吾子不忍自废者也，岂忍以忠臣孝子为可猎取之浮名乎？失身于异类，则已无身矣，无身而君谁之君，父谁之父，遑及忠孝哉且！”[6]673-674忠孝之中包含着“身”的完整性，“不忍自废”即是对“身”的保全，不忍失“身”而丧忠孝之义。“身”的道德义理的完善是尽忠行孝的基础，“身”的缺失会使得忠孝失去立根之基，事君事父也难以真正落实。船山把“身”纳入到忠孝之中进行阐发，旨在突出忠孝伦理中“己”的道德主体的主体性与重要性。“身”的完满有着“尽己”之义，是对道德主体的道德意识与道德自觉的补全，使“人伦之道”充盈其身，进而开展“君不能以礼使我而我自忠，则君不备臣而我备君；父不欲以慈养我而我自孝，则父不备子而我备父”[4]1120的纯乎天性的道德活动。

三、船山忠孝观的当代价值

王船山对中国古代忠孝思想作出了创造性的阐释和发展，把忠孝看作是道德行为主体的道德本心生发出来的道德自觉，力求恢复忠孝内部的道德主体性，发挥忠孝“以身载道”的伦理精神与价值追求。船山忠孝思想不仅在当时具有很强的批判性与启蒙性，而且于今也有很强的借鉴价值。

孝作为“百德之先”，孝德的广泛推行对于新时代中国特色社会主义道德体系的建设有着筑本夯基的作用。自新文化运动以后，随着儒家在政治思想文化领域丧失了统治力而被强烈批判，再加上改革开放以后人们的观念受到来自市场经济条件下强烈物欲的冲击，孝逐渐减弱社会影响力，孝很难再发挥其对家庭成员强有力的控制力与约束力，早已一步步地失去了其核心精神要义而沦落为“能养”。把孝简单地等同于“能养”，不仅仅表明孝中“诚、敬”精神的缺失，更反映出社会对孝的标准在不断下降以及孝道的影响力明显不足。因此，大力挖掘和弘扬中国传统孝德思想具有很强的现实意义。船山忠孝思想中所展现出来的孝德观反对功利主义的孝，批判把孝简单地当成为“能养”，认为孝是发自天性之中的爱亲之心并具体体现为对父母无微不至的照顾且流露出诚挚的敬爱之情。行孝德最重要的是有一颗爱亲、敬亲的孝心，而不是简单地赡养父母而已，因为只要具有了诚敬的爱亲之心，养亲、事亲等具体之行动皆会水到渠成，而无需刻意强求。“培植德本”必须从培植孝心、弘扬孝道、践行孝德入手。在弘扬、培育和构建中国特色社会主义新时代孝道观时应加强对爱亲、敬亲之孝心的培养，激发人们内心深处“不学而知、不虑而能”的思亲、爱亲之情，并纠正社会上“以养为孝”的错误风气，提高全民对孝德的认识水平，形成一种自然和谐融洽温馨的家庭关系，促进社会和谐幸福发展。船山忠孝思想中的孝源于家庭，它同时也是由家及国的情感纽带。“小家”与“大家”的圆融相通是以孝的情感进路为基础，具体体现在爱亲之孝是爱国之心的根源上，即对生我养我的祖国的热爱发根于对父母的天性之爱以及对家庭、故乡的眷恋之情。因此，家国情怀的培养与爱国主义的教育也要加强对孝的关注度，注重对孝的培养和实践，以亲亲之孝的教育带动爱国主义精神的培养，充分发挥孝的教化作用。

在船山忠孝观中，忠孝的关系既不是“移孝作忠”的等同式，也不是忠孝各异的分离式，而是“由孝及忠”忠孝和合的推进式。忠孝虽然在“事”之道上有着显著的差异，但忠孝之间存在着道德情感的相通性，孝是忠的道德基础与情感保障，而忠是孝的扩充与升华。船山“由孝及忠”的忠孝观中蕴涵着由小家到大家的伦理价值路径，是船山由家及国、家国兼顾的家国情怀的理论基础。深度挖掘与呈现船山忠孝观的伦理特质，不仅能为新时代中国特色社会主义道德体系建设提供很好的启发，更加准确地把握忠孝的核心义理，构建符合新时代要求的忠孝观，而且还能为新时代家国情怀的培养提供很好的思路，即以忠孝为核心，大力弘扬爱家爱国相统一的家国情怀。

注释：

① 这里的本我并非指弗洛伊德的拥有原始欲望与冲动的意识，而是指无一丝毫之私欲所遮蔽、与天相符、与理相合、与义相切的真实本心，而本我的呈现即是对自我的确证。

参考文献:

[1] 习近平.在2019年春节团拜会上的讲话［N］.人民日报，2019-02-04（1）.
[2] 沟口雄三.中国前近代思想的曲折与展开［M］.龚颖，译.上海：三联书店，2011.
[3] 朱熹.四书章句集注［M］.北京：中华书局，2012.
[4] 王夫之.读四书大全说［M］//船山全书：第六册.长沙：岳麓书社，2011.
[5] 王夫之.礼记章句［M］//船山全书：第四册.长沙：岳麓书社，2011.
[6] 王夫之.读通鉴论［M］//船山全书：第十册.长沙：岳麓书社，2011.
[7] 王夫之.四书训义［M］//船山全书：第八册.长沙：岳麓书社，2011.
[8] 王夫之.张子正蒙注［M］//船山全书：第十二册.长沙：岳麓书社，2011.
[9] 王夫之.春秋家说［M］//船山全书：第五册.长沙：岳麓书社，2011.

（《衡阳师范学院学报》2022年第5期）

王夫之之历史语境与现实语境中的君子小人之辨

朱迪光

王夫之是明末清初与顾炎武、黄宗羲齐名的大思想家，他在其许多著作中反复论说了君子小人之辨。这些论说都很重要，但《读通鉴论》中的君子小人之辨是最富有特色的。这个特色就是在三重的语境之中论说君子小人之辨。王夫之通过历史事件辨君子小人，同时又在明代语境下辨君子小人，当代读者通过阅读又在当代的语境下产生新的理解，从而对当下产生影响。

一、王夫之对君子小人的认知

（一）王夫之对君子的期许

王夫之在《读通鉴论》中并没有特意给“君子”下定义，但对“君子”的特质做了一些阐述。王夫之认为君子能做到“周”。王夫之在《读通鉴论》卷二中说：“诚以安君之谓忠，直以正友之谓信，忠信为周。君子周而上下睦，天下宁矣。”[1] 94所谓周，就是要忠信。这就是王夫之所认知的“君子”的重要特点。

王夫之在《读通鉴论》卷二又说：

易曰：“谦，亨。君子有终。”君子而后有终，非君子而谦，未有能终者也。故“㧑”也、“鸣”也、“劳”也，而终之以“侵伐”。

虽吉无不利，而固非以君子之道终矣。君子之谦，诚也。虽帝王不能不下丘民以守位，虽圣人不能不下刍荛以取善。理之诚然者，殚心于此，而诚致之天下。见为谦而非有谦也，而后可以有终。故让，诚也；任，亦诚也。尧为天下求贤，授之舜而不私丹朱；与禹之授启、汤之授太甲、武王之授成王，一也，皆诚也。舜受于尧，启受于禹；与泰伯之去句吴、伯夷之逃孤竹，一也，皆诚也。若夫据谦为柄，而“捴”之，而“鸣”之，而“劳”之；则姑以此谢天下而不自居于盈，则早已有填压天下之心，而祸机伏而必发，故他日侵伐而无不利。黄、老之术，离诚而用伪久矣。取其“鸣谦”之辞，验其“侵伐”之事，心迹违，初终贸，抑将何以自解哉!故非君子，未有能终其谦者也。[1] 95-96

在此，王夫之引用《易经》及其《易传》阐释“谦，亨。君子有终”。虽然论述的文字不少，但其关键之处在“君子之谦，诚也”。只有“诚”，尤其是君子之谦示其诚，才能无往不利，才能有终。因此，王夫之认为“诚”是君子的重要特质。

相对来说，小人无诚，有诚也是伪诚。王夫之说：“天下相师于伪，不但伪以迹也，并其心亦移而诚于伪，故小人之诚，不如其无诚也。”[1] 205

王夫之还说：“君子之立身，期于洁己；其出而事君也，期于靖国；恩怨去就，非有定也。”[1] 326君子立身要洁，出仕就是为了使国家稳固安定。君子也不能争名。王夫之说：“乱天下者，托于名以逞其志；故君子立诚以居正，而不竞以名，则托于名者之伪露以败，而君子伸。乱天下者，并其名而去之不忌，则能顾名以立事者，虽非其诚而志欲伸，无可为名者，莫能胜也。”[1] 350君子要戒“谀”。王夫之说：“好谀者，大恶在躬而犹以为善，大辱加身而犹以为荣，大祸临前而犹以为福；君子以之丧德，小人以之速亡，可不戒哉!”[1] 460

王夫之还特别强调君子要重学：

管宁在辽东，专讲诗书、习俎豆，非学者勿见，或以宁为全身之善术，岂知宁者哉?王烈为商贾以自秽，而逃公孙度长史之辟命，斯则全身之术，而宁不为也。天下不可一日废者，道也；天下废之，而存之者在我。故君子一日不可废者，学也；舜、禹不以三苗为忧，而急于傅精一；周公不以商、奄为忧，而慎于践笾豆。见之功业者，虽广而短；存之人心风俗者，虽狭而长。一日行之习之，而天地之心，昭垂于一日；一人闻之信之，而人禽之辨，立达于一人。其用之也隐，而搏捖清刚粹美之气于两间，阴以为功于造化。君子自竭其才以尽人道之极致者，唯此为务焉。有明王起，而因之敷其大用。即其不然，而天下分崩、人心晦否之日，独握天枢以争剥复，功亦大矣。

由此言之，则汉末三国之天下，非刘、孙、曹氏之所能持，亦非荀悦、诸葛孔明之所能持，而宁持之也。宁之自命大矣，岂仅以此为祸福所不及而利用乎：邴原持清议，而宁戒之曰："潜龙以不见成德。"不见而德成，有密用也；区区当世之得失，其所矜而不忍责，略而不足论者也。白日之耀，非灯烛之光也。宁诚潜而有龙德矣，岂仅曰全身而已乎?[1] 346

王夫之由管宁之事而提出"天下不可一日废者，道也；天下废之，而存之者在我。君子一日不可废者，学也"。存学即存道，存道即存天下："见之功业者，虽广而短；存之人心风俗者，虽狭而长。一日行之习之，而天地之心，昭垂于一日；一人闻之信之，而人禽之辨，立达于一人。其用之也隐，而搏捖清刚粹美之气于两间，阴以为功于造化。君子自竭其才以尽人道之极致者，唯此为务焉。"[1] 君子从一人的工作做起，总能将天下之事做好。关于君子要如何才能保其初心，王夫之说：

呜呼!人莫急于自全其初心，而不可任者一往之意气。欲为君子，势屈而不遂其志，抑还问吾所自居者何等也。情之所流，气之所激，势之所迫，倒行逆施，则陷于大恶而不知，而初心违矣。故迫难两全之际，捐小以全大，乃与其初心小异而不伤于大同。故管仲事仇

> 而夫子许之为仁，以其知小大公私之辨也。使怀子纠之怨，忿戾以去其故国，北走戎，南走楚，必与桓公为难，而雪其悁悁之忿，则抑匹夫匹妇之不若，禽兽而已矣。君子之称管仲曰“徙义”，徙而不伤君子之素，则合异于同，而无愧于天下。详曰“本效忠节”，大正而固不昧其初也。[1] 589

保其初心，王夫之称之“自全其初心”，不能拘泥，必须考虑“小大公私之辨”，捐小以全大，与初心稍不同是可以的。

（二）王夫之关于小人的认知

王夫之有着所有朴素唯物论者都会有的毛病，就是机械地看待君子与小人的区别。王夫之说：

> 君子之与小人，所生异种，异种者，其质异也；质异而习异，习异而所知所行蔑不异焉。乃于其中亦自有其巧拙焉，特所产殊类、所尚殊方，而不可乱；乱则人理悖，贫弱之民亦受其吞噬而憔悴。防之于滥，所以存人理而裕人之生，因乎天也。呜呼!小人之乱君子，无殊于夷狄之乱华夏，或且玩焉，而孰知其害之烈也!
>
> 小人之巧拙自以类分，拙者安拙而以自困，巧者炫巧而以贼人。拙者，农圃也，自困而害未及人者也。然夫子未尝轻以小人斥人，而特斥樊迟，恶之甚、辨之严矣。汉等力田于孝弟以取士，而礼教凌迟，故曰三代以下无盛治。夫以农圃乱君子，而弊且如此，况商贾乎?商贾者，于小人之类为巧，而蔑人之性、贼人之生为已亟者也。乃其气恒与夷狄而相取，其质恒与夷狄而相得，故夷狄兴而商贾贵。许衡者，窃附于君子者也，且曰：“士大夫居官而为商，可以养廉。”呜呼!日狎于金帛货贿盈虚子母之筹量，则耳为之聩，目为之荧，心为之奔，气为之荡。衡之于小人也，尤其巧而贼者也，而能溷厕君子之林乎?[1] 502-503

王夫之竟认为君子与小人异种。这是从人种学方面区分君子与小人，显然是不正确的，有着血统论印记，也犯了机械唯物论的毛病。对商人的极端仇视，或许亡国之痛隐寓在其中，但王船山的偏见是毋庸置疑的。王夫之的君子小人的区分并不只是着眼于统治者与被统治者的阶级划分，认为即使是儒者，也有是小人的。王夫之说：

> 子曰："无为小人儒。"儒而小人，则天下无君子；故龚胜、邴汉、梅福之贞，而无能以死卫社稷，非畏祸也，畏公议之以悖道违天加己也。小人而儒，则有所缘饰以无忌惮；故孔光诸奸，施施于明堂辟雍之上而不惭。[1] 203

小人有些什么危害呢？在王夫之的认知中，小人是能亡国的。王夫之说："故怨在敌国，而敌国或有所不能；怨在百姓，而百姓或有所不忍；狎及小人，而祸必发于小人。"[1] 73他又说："小人之心，智者弗能测也，刚者弗能制也。料其必不能，而或能之矣；料其必不欲，而或欲之矣。"[1] 73小人而儒，使天下风气大坏，君子也手足无措。

二、历史与现实语境中的君子小人之辨

在《读通鉴论》中，王夫之结合历史事件论述君子小人之辨，也就是说，王夫之的君子小人之辨是有其历史语境的。

君子与小人之辨的根本之处在哪里?王夫之也如前代的理学家一样，强调义利之别。王夫之说："以要言之，天下之大防二，而其归一也。一者，何也?义、利之分也。"[1] 503但是，如果停留在这一认知上，那表明王夫之是承袭前人之旧说，显然他不是这样的。王夫之在讨论政治问题时，都有着深刻的哲学分析。在君子小人之辨中，他特别强调了"诚"这一范畴的重要性。前面在引述王夫之在《读通鉴论》中关于"诚"论述时，指出他是引用《易经》及《易传》之辞进行阐述的。这只是一方面，另一方面，王夫之是结合历史事件进行论说的。《易经》云："谦，亨。君子有终。"在此，王夫之强调两点：一是必须是君子才有终；二是君子之谦为诚。合起来说，只有君子做到了"谦"即"诚"才能有终。王夫之在这里引用汉文帝与周勃的君臣猜忌之事进行论说。《史记·袁盎传》云：

> 绛侯为丞相，朝罢趋出，意得甚。上礼之恭，常自送之。袁盎进曰："陛下以丞相何如人?"上曰："社稷臣。"盎曰："绛侯所谓功臣，非社稷臣，社稷臣主在与在，主亡与亡。方吕后时，诸吕用事，擅相王，刘氏不绝如带。是时绛侯为太尉，主兵柄，弗能正。吕后崩，大臣相与共畔诸吕，太尉主兵，适会其成功，所谓功臣，非社稷臣。丞相如有骄主色。陛下谦让，臣主失礼，窃为陛下不取也。"后朝，上益庄，丞相益畏。已而绛侯望袁盎曰："吾与而兄善，今儿廷毁我!"盎遂不谢。

王夫之分析此事说：

> 帝之谦，非失德也，尊有功而礼大臣，亦何非太甲、成王之盛心；而导之以猜刻，此之谓不忠。谅其心之无他，弗与规正，而行其谗间，此之谓不信。盎之险诐，推刃晁错而夺之权，于勃先之矣。小人之可畏如此夫!
>
> 乃抑有奸不如盎者，浅而躁，褊迫而不知大体，击于目即腾于口，贻祸臣主，追悔而弗及，非盎类而害与盎等。故人主之宜远躁人，犹其远奸人也。则亲亲尊贤之道，其全矣乎![1] 95

王夫之在此批评袁盎为小人，因为他离间君臣关系，使皇帝生猜忌之心，因此，王夫之要求君臣都必须有"诚"。关于这一点，王夫之并不只是批判汉文帝朝，实际也暗指明朝当代的现实。明朝君臣之间无诚可言，尤其是负有救危存亡之重任的崇祯皇帝所为，直接造成了明朝覆亡，其教训也深刻。在此，王夫之没有明言，但在字里行间再三致意。王夫之在《黄书》中说："不以一人疑天下，不以天下私一人。"[2] 519由君臣的猜疑进而到通过制度性解决问题，那就是天下为天下人的天下："天下者，非一姓之私也"[1] 416，"置天子于有无之外，以虚静而统天下"[1] 474。

重视"诚"就是重视君子之道。何谓君子之道，王夫之说："君子之道，如天地之生物，各肖其质而使安其分，斯以为尽人物之性而已矣。"[1] 170 "尽人物之性"为"君子之道"的核心，而核心中的核心就是"君子自竭其才以尽人道之极致者"[1] 346。用今天的话来说，就是要按照人道和自然规律进行管理，充分发挥人性与科学之长，使世界充满人道，满足人类的需要。

重视君子之道，就要重视学。王夫之关于君子重学之论在前面已有所论及，但王夫之不仅推出了管宁这一个正面典型，而且结合历史事件分析“学”是如何被小人伪托的。王夫之说：

> 邪说之行于天下，必托于君子之道。释氏之言心性，亦君子之言也；老氏之言道德，亦君子之言也；天下以其为君子之雅言，遂谓其有当于治与道而信之。故六经之支说，皆以破道而有余，焦延寿、京房之于易是已。[1] 178

君子之学言心性、道德，释、道也言心性、道德，这就使人们产生混乱，以为是君子之道。而儒者在释经时又有一些支说，同样也乱了君子之道。所有这些，对国家的安危造成了极大的危害。对此，王夫之便以西汉末年史实进行论说。王夫之说：

> 元寿二年六月，哀帝崩，明年正月，益州贡白雉，群臣陈莽功德，号安汉公，天下即移于莽。以全盛无缺之天下，未浃岁而迁，何其速也!上有暗主而未即亡，故桓、灵相踵而不绝；下有权奸而未即亡，故曹操终于魏王；司马懿杀曹爽、夺魏权，历师、昭迄炎而始篡天下者，待一人以安危，而一人又待天下以兴废者也。唯至于天下之风俗波流簧鼓而不可遏，国家之势，乃如大堤之决，不终旦溃以无余。故莽之篡如是其速者，合天下奉之以篡，莽且不自意其能然，而早已然也。
>
> 莽之初起，人即仰之矣；折丁、傅，而讼之者满公车矣；元后拔之废置之中，而天下翕然戴之矣。固不知莽之何以得此于天下，而天下糜烂而无余，如疫疠之中人，无能免也。环四海以狂奔，泛滥滔天，而孰从挽之哉?夫失天下之人心者，成、哀之淫悖为之，而蛊天下之风俗者不在此。宣、元之季，士大夫以鄙夫之心，挟儒术以饰其贪顽。故莽自以为周公，则周公矣；自以为舜，则舜矣；周公矣，舜矣，无惑乎其相鹜如狂而戴之也。

> 当伪之初起也，匡衡、贡禹不度德，不相时，舍本逐末，兴明堂、辟雍，仿《周官》饰学校于衰淫之世；孔光继起为伪之魁，而刘歆诸人鼓吹以播其淫响。而且经术之变，溢为五行灾祥之说；阳九百六之数，易姓受命之符，甘忠可虽死而言传，天下翕然信天命而废人事，乃至走传王母之筹而禁不能止。故莽可以白雉、黄龙、哀章铜匮惑天下，而愚民畏天以媚莽。则刘向实为之俑，而京房、李寻益导之以浸灌人心，使疾化于妖也。子曰："无为小人儒。"儒而小人，则天下无君子；故龚胜、邴汉、梅福之贞，而无能以死卫社稷，非畏祸也，畏公议之以悖道违天加己也。小人而儒，则有所缘饰以无忌惮；故孔光诸奸，施施于明堂、辟雍之上而不惭。莽之将授首于汉兵，且以孔子自拟，愚昧以为万世笑而不疑。传曰："国有道，听于人；国无道，听于神。"古之圣人，绝地天通以立经世之大法，而后儒称天称鬼以疑天下，虽警世主以矫之使正，而人气迷于恍惚有无之中以自乱。即令上无暗主，下无奸邪，人免于饥寒死亡，而大乱必起。风俗淫，则祸眚生于不测，亦孰察其所自始哉？[1] 202-203

西汉末年，王莽窜起之速、亡汉之快是出人意料的。王夫之分析其根本原因就在于君子之学被伪托：宣、元之季，士大夫以鄙夫之心，挟儒术以饰其贪顽，故莽自以为周公，则周公矣；自以为舜，则舜矣；周公矣，舜矣，无惑乎其相骛如狂而戴之也。这种教训是惨痛的。在分析了汉代历史事件后，王夫之结合明末的现实对阳明学进行了批判：

> 汉之伪儒，诡其文而昧其真，其淫于异端也，巫史也，其效亦既章章矣。近世小人之窃儒者，不淫于鬼而淫于释，释者，鬼之精者也。以良知为门庭，以无忌惮为蹊径，以堕廉耻、捐君亲为大公无我。故上鲜失德，下无权奸，而萍散波靡，不数月而奉宗社以贻人，较汉之亡为尤亟焉。小人无惮之儒，害风俗以陆沈天下，祸烈于蛇龙猛兽，而幸逸其诛。有心者，能勿伸斧钺于定论乎？[1] 203

阳明学导致儒者无忌惮，心中无君亲、无廉耻，造成国家亡民族危。

在君子小人之辨中，王夫之在《读通鉴论》中对于朋党之争进行了多次讨论。他说：

> 朋党之兴，始于元帝之世，流风所染，千载不息，士得虚名获实祸，而国受其败，可哀也夫!萧望之、周堪、张猛、刘更生，固雅意欲为君子者也。其攻史高、弘恭、石显，以弼主于正，固君子之道也。夫君子者，岂徒由其道而遂以胜天下之邪哉?君子所秉以匡君而靖国者，蹇蹇之躬，可生可死，可贵可贱，可行非常之事，可定众论之归，而不倚人以为援。若夫进贤以卫主，而公其善于天下，则进之在已，而举错一归之君。且必待之身安交定之余，而不急试之危疑之日。然且避其名而弗居，以使贤士大夫感知遇于吾君，而勉思报礼。身已安，交已定，道已行，小人已远，则善士之进，自拔以其彙，而不肖者不敢饰说以干。于身为君子，于国为大臣，恃此道也。
>
> 今萧、周二子者，奉遗诏，秉国政，辅柔弱之主，甫期年耳。元帝浮慕之而未尝知之。使二子果以抑群小、清政本为远图，身任之，以死继之，其孰敢不震叠焉?乃其所为有异是者，郑朋欲附之，望之受之，周堪听之，华龙闻其风而欲附焉。……而杨兴、诸葛丰之徒，皆仰望而欲攀倚。以此思之，则此数子者，必县朝廷之禄位以引躁进喜事之人，而望其援，讼其直以击恭、显。身为大臣，国是不决，乃借资于浮薄之徒，或激或叛，以成不可解之祸。呜呼!四子者，果捐躯以报上，独立不惧，而奚以此闻声附和之宵人为哉?县汲引以诱人，利则从，害则叛，固其常也。况乎风相煽，讹相传，一时之气焰，小民之视听且骇，而况孱主孤立于群小之间乎!
>
> 故朋党之兴，必有败类以相附，而贻小人之口实。使为君子者，远爵赏之权，泯交游之迹，不歆便佞之推戴，不假新进以攻排，无瑕可求，孤立自任，则败类恶得而乘之?狄仁杰且以制诸武之凶，李沆终不受梅询、曾致尧之惑，大臣之道，当如此矣。四子而能然也，元帝虽孱，恭、显虽横，亦孰与相激，而令宣帝之业隳于一朝乎?

申屠嘉之困邓通，困之而已；韩魏公之逐内竖，逐之而已；何所藉于群不逞而为之羽翼?司马温公任二苏以抑王安石，而秦观、张耒以狭邪匪人缘之，以忝清流之选，故终绌于绍述之党。[1] 172-173

王夫之并没有如一般史学家那样指责小人为害，而是客观地分析其内在的原因。首先，王夫之指出朋党之争的危害：士得虚名获实祸，而国家因此而亡。其次，指出君子不能仅凭君子之道致胜，而要采取正确的措施，不能倚人以为援。再次，远爵赏之权，泯交游之迹，不歆便佞之推戴，不假新进以攻排，无瑕可求，孤立自任。在朋党之争中所谓君子常常与小人进行意气之争："君子以之穷治小人，小人即以之反噬君子"[1] 291。最后，王夫之联系明末党争之事说：

杨、左广结台谏以抗魏忠贤，而汪文言以无赖赀郎窃附以召祸。浮薄之徒，一得当于君子，而使酒狂歌、呼卢谑傲以嗣萧艾、兰茝之音，其气膻，其焰绿。为君子者，可勿豫戒之哉![1] 173

在以法行政方面，君子与小人之辨亦是非常明显。王夫之说：

法严而任宽仁之吏，则民重犯法，而多所矜全。法宽而任鸷击之吏，则民轻犯法，而无辜者卒罹血不可活。景帝诏有司谳不能决，移谳廷尉，谳而后谳不当，谳者不为失，立法宽矣。乃郅都、宁成相继为中尉，则假法于残忍之小人，姑宽为之法，以使愚民轻于蹈阱，而幸其能出而终不免也。且也谳不当而不为罪，无论失入之憯也，即数失出而弗谴，亦以导赇吏之鬻狱，而淫威之逞，冤民且无如之何也。于是而高帝宽大之意斩，武帝严酷之风起矣。严之于法而无可移，则民知怀刑；宽之以其人而不相尚以杀，则民无滥死。故先王乐进长者以司刑狱，而使守画一之法，雷电章于上，雨露润于下，斯以合天理而容保天下与![1] 120-121

君子与小人不能相混淆，不能将君子视为小人。王夫之说：

若夫荀悦三游之说，等学问志节之士于仪、秦、剧、郭之流，诬民启乱，师申、商之小智，而沿汉末嫉害党锢诸贤之余习尔。曹操师之以杀孔融、夺汉室；朱温师之以歼清流、移唐祚；流波曼衍，小人以之乱国是而祸延宗社。韩侂胄之禁伪学，张居正、沈一贯之毁书院，皆承其支流余裔以横行者也。

虽然，郭解族而游侠不复然于后世。若夫学问志节之士，上失教，君子起而教之，人之不沦胥于禽兽者赖此也。前祸虽烈，后起复盛，天视之在人心，岂悦辈小人所能终揜之乎!游行之讥，只见其不知量而已矣。[1] 134-135

三、君子小人之辨的当代意义

王夫之的君子小人之辨是结合历史面对现实，围绕着如何解开国家存亡密码提出自己的解决方案，就是必须做一个“诚”的君子，要重“学”，避免“学”被小人儒所坏，要懂得国家治理的措施并付诸行动，不要陷入与小人纠缠不清的朋党之争。这些在今天还有着重要的现实意义。

第一，王夫之所说的君子及君子之道就是“诚”，就是忠信，就是要注意义利之别。那么，我们今天的共产党人尤其是共产党的干部就是要加强修养，使自己具有坚定的信念、忠诚的脾性、廉洁的品德。毛泽东在《反对自由主义》中说：“一个共产党员应该是襟怀坦白，忠实积极，以革命利益为第一生命。”

第二，王夫之强调君子不要陷入朋党之争，要守其本心，远离利权。那么，在今天，共产党人就不能搞团团伙伙，不能陷入无原则的派别争斗。毛泽东同志在《反对主观主义和宗派主义》中说：“宗派主义现在也有。……在延安，首长才吃得开，许多科学家、文学家都被人看不起。……宗派主义是排挤非党干部的一种风气，即排外主义。……同时也排内。……闹独立性、不服从决议、没有纪律的现象，必须整顿。”[3] 374在新时期，宗派主义又出现了新的情况，但其影响仍然是有害的。习近平总书记说：“同学、同行、同乡、同事等小圈子聚会也值得警惕，搞不好就会形成宗派主义、山头主义、小圈子。……到党校学习一段时间，同学之间很自然会形成比较好的关系，但如果刻意说我们是党校第几期、是一个班的，称兄道弟，甚至政治上形成一种互相支持的关系，那就不正常了。……我们经常讲，党的干部都是来自五湖四海，为了一个共同的革命目标走到一起来的。……党内不允许这种不良风气蔓延，宗派主义必须处理，山头主义必须铲除。”[4] 76–77

王船山强调“本心”和“君子之道”的重要性，而习近平总书记更是说：“中国共产党人的初心和使命，就是为中国人民谋幸福，为中华民族谋复兴。”[5] 这是当代中国共产党的领导人在继承中华优秀传统文化上的新发展。

第三，王夫之特别赞赏重学的君子、有节操的君子。因此，在今天，我们由此可明白共产党人为什么要重视学习，重视自身修养的提高，这都是中华优秀传统文化的一种内在的要求。毛泽东在《改造我们的学习》中说：“我们走过了许多弯路。……但是错误常常是正确的先导。……在如此生动丰富的中国革命环境和世界革命环境中，我们在学习问题上的这一改造，我相信一定会有好的结果。”在文章中，毛泽东同志提出要研究现状、研究中国历史，学习国际的革命经验，学习马克思列宁主义的普遍真理。[6] 800

第四，王夫之对卖官鬻爵深恶痛绝。他说：“乱政不一，至于卖官而未有不亡者也，国纪尽，民之生理亦尽也。”[1] 312为什么卖官鬻爵会导致国家覆亡呢?王夫之说：“卖官之令行，则富者探囊而得，狡者称贷以营，旦市井而夕庙堂。然则天子者，亦何不可以意计营求于天而幸获之也?而立国之纪，扫地而无余。”[1] 313买官卖官的现象在新时期也同样出现，以习近平同志为核心的党中央看到这些现象并采取了有效的措施，即全面从严治党。习近平同志说：“一些地方和单位的干部跑官要官、买官卖官，搞权色交易、权钱交易，有的严重超编制超职数配干部。……从巡视看问题，再次印证了党中央对反腐败斗争形势依然严峻复杂的判断，党要管党、从严治党十分紧迫。”[4] 20

第五，君子不能没有法度，没有敬畏之心。君子之道可以伪托，因此，就出现了篡权乱当的王莽，出现了无忌惮之儒。王夫之说："小人无惮之儒，害风俗以陆沈天下，祸烈于蛇龙猛兽，而幸逸其诛。"[1]203近些年，在担任领导干部的中共党员中也有极少部分人身上出现了无敬畏之心的毛病，将党纪国法视若无物，更不知共产党人的宗旨是什么，胡作非为。习近平总书记说："有的党员干部想说什么说什么，想干什么干什么。……有的还专门挑那些党已经明确规定的政治原则来说事，口无遮拦，毫无顾忌，以显示自己所谓'能耐'，受到敌对势力追捧，对此他们不以为耻、反以为荣。……这些问题在党内和社会上造成恶劣影响，给党的事业造成严重损害。"[4]

综上所述，王夫之的君子小人之辨在今天还有着重要的现实意义，可使我们明了共产党人一定要加强学习，注重个人的品性修养，做一个新时代的君子——优秀共产党人。

参考文献：

[1] 王夫之. 船山全书：第十册［M］. 长沙：岳麓书社，1996.

[2] 王夫之. 船山全书：第十二册［M］. 长沙：岳麓书社，1996.

[3] 毛泽东. 毛泽东文集：第二卷［M］. 北京：人民出版社，1993.

[4] 中共中央纪律检查委员会，中共中央文献研究室. 习近平关于党风廉政建设和反腐败斗争论述摘编［G］. 北京：中央文献出版社，2015.

[5] 习近平. 在中国共产党第十九次全国大会作报告［EB/OL］. http://www.Xinhuanet.com/2017G10/27/c_1121867529.htm.2017G10G27.

[6] 毛泽东. 毛泽东选集［M］. 北京：人民出版社，1991.

（《衡阳师范学院学报》2019年第2期）

论王船山的家训思想

陈　杨

家训是人类社会发展到较高文明程度的结果，是社会生产、经济文化发展到一定水平的产物。家庭教育是社会教化的基础，家训是家庭教育的重要形式和载体。以“整齐门内，提撕子孙”为宗旨的传统家训是中国传统文化的重要组成部分，对中国社会发展和文化传承产生了重要而深远的影响。王船山一生博览群书，怀着“六经责我开生面，七尺从天乞活埋”的责任感和使命感勤于著述，自觉肩负起复兴中华文化的重任。他非常重视家族子孙的教育，留下了《家世节录》《示子侄》《传家十四戒》等家训相关作品，这些作品集中体现了其家训思想。

一、船山家训思想的形成

船山家训思想的形成绝非无源之水、无本之木，是多方因素综合作用的结果。船山家训思想的形成既受到社会现实环境的触发，也受到邗江王氏家族家风家训的影响，同时还受到明代家谱编修风气的影响。

船山家训思想的形成受到明清鼎革的社会现实环境的触发。明朝末年，政治腐败，皇帝昏庸无能，宦官专权，奸臣当道，统治阶级内部腐朽，官场风气堕落，阶级矛盾空前尖锐，社会危机进一步加重。经济上，土地兼并严重，达官显贵和地方缙绅通过各种手段兼并大量土地。土地的高度集中不仅使得大批农民流离失所，而且破坏了军屯制度，削弱了明朝的军事力量，破坏了封建生产关系的稳定性。思想文化上，封建道德走向衰落，旧有的理学教条已经不能解决现实的社会危机，占据统治地位的宋明理学开始分化解体。社会矛盾的复杂尖锐，最终导致了声势浩大的农民起义。在农民起义席卷明朝之际，早在一旁虎视眈眈的满清少数民族政权趁机兴师讨伐明朝，最终入主中原，取代明朝，建立了大一统的政权。在明末严重的社会危机中，一批有识之士开始进行反思和总结，寻求救国图强的良策，王船山便是其中一员。王船山直面明末内忧外患的社会现实，怀着“六经责我开生面，七尺从天乞活埋”的担当和责任，深入思考，寻找社会问题的根源和破解困局的方法。船山家训思想即是他基于明清鼎革社会现实对修身、齐家、处世等方面进行的思考和总结，并借之以传达给家族子弟。

船山家训思想的形成也受到了邗江王氏家族家风家训的影响。“天下之本在国，国之本在家”，无论是在家国同构的古代封建社会，还是在追求和谐发展的当代中国，家庭始终是人安身立命之所，是构成社会最小的细胞，是社会的重要基石。《礼记·大学》曰：“古之欲明明德于天下者，先治其国；欲治其国者，先齐其家。”[1] 661因此，从古至今，中国的家庭历来都有重视家族子孙教育的优良传统，家训文化便成为极具中国特色的宝贵文化遗产。这些家训是家族先辈宝贵人生经验的结晶和总结，凝结了家族先辈们大量的心血，倾注了家族先辈对后代子孙的热切希望。在社会实践中，家训有效地指引了家族后人规避风险走向成功，延续了家族的昌盛和辉煌。邗江王氏家族是衡州的世家大族，历来重视子弟的教育和家风家训的建设。王氏先辈的家风家教不仅受到了家族父老的认同，而且也受到了亲友乡邻的称赞。王船山在《耐园家训跋》中不无自豪地写道：“吾家自骁骑公从邗上来宅于衡，十四世矣。废兴凡几而仅延世泽，吾子孙当知其故：醇谨也，勤敏也。乃所以能然者何也？自少峰公而上，家教之严，不但吾宗父老能言之，凡内外姻表交游邻里，而皆能言之。”[2] 139王船山也认识到遵从先人家训不仅能够继承先人精神，还能启发家族后辈。长兄王介之《耐园家训》刊行后，王船山指出：“奉伯兄之训，父兄立德威以敬其子弟，子弟凛祗载以敬其父兄，嗃嗃乎礼行其间，庶几哉，可以嗣先，可以启后。”[2] 140正是在这样的家风家训熏陶下，王船山有了自己的思考和认识，形成了自己的家训思想。

船山家训思想的形成还受到明代家谱编修风气的影响。为了巩固统治，在立国之初，朱元璋秉持“治国以教化为先”的理念，倡导推行“以孝治天下”的政策，强调家族的重要性，重视以“孝”为核心重新建立社会秩序，重视血缘宗法关系。随着政权的稳固、经济的恢复和发展，以“尊祖、敬宗、收族”为目的的家谱编修活动被越来越多的家族所接受，编修家谱开始在全国各地普及流行开来。有明一代，家谱的编修数量大幅度上升，编修规模进一步扩大，更为重要的是，明代家谱的体例更加完善，内容更为丰富，作为家谱重要组成部分的家训都强调纲常伦理等程朱理学的内容。在家谱编修风气的影响下，有着浓厚家族观念的王船山，也非常重视家族的传承，关心家族族谱的编修。他自告奋勇，愿意分担族谱编修的部分工作，在《与我文侄》信中云：“族谱事，愚但能任撰次督责之劳。”[2] 143他催促族谱撰修早日开展，在《与幼重侄》信中云：“族谱事何如？只恐成画饼耳。”[2] 144他还亲自动手执笔官房世系，在《又与幼重侄》中云：“近草一官房世系，觉有次第。”[2] 145船山重视族谱撰修，自然关注作为族谱重要组成部分的家训撰写。《家世节录》便是他对家族父祖家风的回顾和总结，《示子侄》《传家十四戒》等则是他对王氏家族家训进行思考的直接成果。

二、船山家训思想的体现

船山家训思想是在衡州王氏家族优良家风的影响下形成的，是船山人生经验的提炼和总结。船山家训思想主要包括以和为贵的家庭伦理观、志存高远的立人观和重视操守的治生观三部分。

（一）以和为贵的家庭伦理观

家庭伦理道德指调整家庭成员之间关系的原则与规范。在中国传统社会中，人是在家庭教化的熏陶下成长起来的，人的社会化主要是在家庭内部进行的。船山秉承儒家思想，以父慈子孝、兄友弟恭、夫义妇顺的家庭伦理观处理家庭关系，保持家庭的和谐稳定。

父慈子孝。在中国古代家国同构的组织模式下，家长对家庭成员的期许和统治者对子民的期许具有同一性。《论语·颜渊》云："齐景公问政于孔子。孔子对曰：'君君，臣臣，父父，子子。'"[1]40君君、臣臣的君臣观念维持着国家的政治秩序，父父、子子的长幼观念维持着家庭的伦理秩序，对君王的忠和对父母的孝都是对权威的绝对服从。由此，统治者将忠和孝也同等看待，"求忠臣于孝子之门"，认为在家能尽孝，为国就能尽忠。封建时代"父慈子孝"的观念成为家庭观念的核心，不仅为当时的人们普遍认可，而且也作为一种居家处世的原则被肯定下来，为历代家训著作所接受。大儒王夫之对父慈子孝也十分推崇，认为孝是万字之本。他在《示侄我文》中写道："古人云，读书须要识字。一字为万字之本，识得此字，六经总括在内。一字者何？孝是也。如木有根，万紫千红，迎风笑日，骀荡春光，累垂秋实，都从此发去。怡情下气，培植德本，愿吾宗英勉之。"[2]146在父兄和子弟关系的处理上，王夫之认为，如果教育和相处方式不当，就会使家族陷入危险的境地，"为父兄者，以便佞善柔教其子弟；为子弟者，以谐臣媚子望其父兄。求世之永也，岌岌乎危矣哉"[2]139。那么，该怎样处理父兄和子弟之间的关系呢？王夫之认为，要做到爱敬两字，即父慈子孝，"礼之本无他，爱与敬而已矣。亲亲者，爱至矣，而何以益之？以敬。夫子曰：'子也者，亲之后也，敢不敬与！'为父兄者，不以谐臣媚子自居，而陷子弟于便佞善柔之损，敬之至也。尊以礼莅卑，卑以礼事尊"[2]140。为人父兄，既要亲爱子弟，还要正确教育子弟；为人子弟，既要孝顺父兄，更要尊敬父兄。怎样做到父慈子孝呢？王夫之认为，父慈，就是做父亲的要以宏慈行德威，"先君子以宏慈行德威，而粹养简靖，尚不言之教。虽不孝兄弟之顽愚奉教也，不能默喻，终不征色发声，以施挞戒。每有颠覆违道之行，但正容不语，倚立经旬，不垂眄睐。不孝兄弟顽愚实甚，怅惘莫知所自获咎，刊心欲改而不知所从。太孺人乃探先君子之志，而戒不孝兄弟以意之未先，志之未承也；详擿其动之即咎，复之终迷，而祸至之亡日也；申之以长敖从欲之不可终日，而不勤则匮之必仆以陨也。发隐慝以针砭之而述先君子之暗修，以昭涤其昏習，既危责之，抑涕泗将之，然后终之以笑语而慰安之"[2]116。王夫之还用长兄王介之心系父母、在母亲病床前尽孝不辞劳苦的事例，说明子孝就是言行孝顺，“念先君子之留滞燕邸，苦寒善病，岁时晨夕，无欢笑之容。尝记庚午除夜，侍先妣拜影堂后，独行步廊下，悲吟‘长安一片月’之诗，宛转欷歔，流涕被面。……先妣有心痛疾，举发则弥旬不瘳，夫之既羸且惰，仲兄亦多病，扶掖按摩，寒暑昼夜局曲于床褥间，十余夕不寐，两三日粒米不入口以为恒”[2] 101-102。

兄友弟恭。兄弟关系的亲近是与生俱来的。兄弟亲近和睦是家庭稳定与发展的前提和基础。中国传统家庭伦理文化既重视代际人伦规范，提倡父慈子孝，同时也强调代内人伦规范，主张兄友弟恭。兄弟之情，血浓于水，生死相依。《诗经·小雅·棠棣》表达了兄弟之间应该友爱：“常棣之华，鄂不韡韡。凡今之人，莫如兄弟。死丧之威，兄弟孔怀。原隰裒矣，兄弟求矣。”[1] 349荀子则明确地指出，兄长应该爱护弟弟，弟弟则应当敬爱兄长。《荀子·君道》曰：“请问为人兄？曰：慈爱而见友。请问为人弟？曰：敬诎而不苟。”[3] 192兄弟团结友爱，和睦相处，是由兄弟之间的血缘关系和亲情关系决定的。兄弟同根同源，兄弟之间相互伴随成长，既有着深厚的情感基础，也有着共同的生活经历，由此便能生发团结友爱、相互扶持的道德情感。船山一生也非常重视兄友弟恭。他对家族中兄友弟恭的传统引以为豪，并津津乐道。他的父辈兄弟之间感情深厚，相处和谐，他说，“（先君子）与仲父牧石翁，白首欢笑如童年，每相对晏坐，神怡心泰，疾病忧患，一无变容。季父才性旷达，颇事嬉游，畏先君子如严父，而终不以辞色相诘诫”[2] 111，又说“（仲父）与先考同赴省试，先考中涂病作，遽谢同辈，掖扶归里。小艇炎蒸，篝灯搔抑，目不定睫者五昼夜，因慨然曰：‘幸全三乐，复何有于浮云哉！’”[2] 125。王夫之与长兄王介之、仲兄王参之也感情深厚，相处和谐：“仲兄病几痿，兄调护扶掖，啮指以受针艾，仲兄赖以愈。而卒以文章名南楚，无一非兄曲意怡声，亹亹讲说以成之者。若夫之狂媟无度，而檠括弛弓，闲勒逸马，夏楚无虚旬，面命无虚日者，又不待言。”[2] 101王夫之还教育两个儿子王敔、王攽要兄友弟恭。他在写给王攽的信中苦口婆心地劝导说：“汝兄弟二人，正如我两足，虽左右异向，正以相成而不相戾。况本可无争，但以一往之气，遂各挟所怀，相为疑忌。先人孝友之风坠，则家必不长。天下人无限，逆者顺者，且付之无可如何，而徒于兄弟一言不平，一色不令，必藏之宿之乎？试俯首思之。”[2] 230王夫之在写给堂侄王元修的信中也谆谆告诫兄弟之间不要相互嫉妒，更不能相互欺凌，要同心同德，和睦相处，“愿家族受和平之福以贻子孙，敢以直言为吾宗劝戒。此尔弼、指日二弟居尊长之位，所宜同心以修家教者也。和睦之道，勿以言语之失，礼节之失，心生芥蒂。如有不是，何妨面责，慎勿藏之于心，以积怨恨。天下甚大，天下人甚多，富似我者，贫似我者，强似我者，弱似我者，千千万万，尚然弱者不可妒忌强者，强者不可欺陵弱者，何况自己骨肉!……不能于千人万人中出头出色，只寻著自家骨肉中相陵相忌，只便是不成人。戒之，戒之!”[2] 142。

夫义妇顺。夫妻关系是一个家庭中最基本和最核心的关系。《颜氏家训》云：“夫有人民而后有夫妇，有夫妇而后有父子，有父子而后有兄弟。”[4] 7夫妻关系是由婚姻关系而缔结，是家庭所有关系的基础，因它而生发出父子关系、兄弟关系及相应的一些亲属关系。《礼记·昏义》云:“昏礼者，将合二姓之好，上以事宗庙，而下以继后世也，故君子重之。”[1] 665-666婚姻使得两个家族结合在一起，既可以祭祀祖先又可以延续家世。但是，若想达到婚姻的目的，实现家庭和谐，就必须保持良好的夫妻关系和夫妻恩爱的和谐氛围。这样的关系和氛围又要怎样才能形成呢？石成金《传家宝》云：“夫以义为良，妇以顺为令，和乐祯祥来，乖戾灾祸应。举案必齐眉，如宾互相敬。”[5] 388传统的观念认为，夫义妇顺是理想的夫妻关系，夫唱妇随是家族的福气。在夫义妇德的两性关系中，丈夫有事业追求，对妻子要有恩义；妻子具有妇德，勤劳能干，要大力支持丈夫的事业。王船山赞赏和提倡夫义妇顺，在《显妣谭太孺人行状》中对父母之间的夫义妇顺进行了回顾和描述：“佐先君子之襄大事也，太孺人自不忍言之，无敢问者。但家徒壁立，时先君子勤素业，慎交游，薄田不给饘粥，而慎终之厚，倍蓰素封，称贷繁猥，一皆酬偿。斥衣袂，销簪珥，固不待言。抑数米指薪，甘荼如饴，以成先君子之孝，又不俟有缕言之者而后知矣。不孝兄弟所见者，先君子十年燕赵，聚子妇，搆堂室，终不孝兄弟读书之事；且润及宗姻，无干糇之失，类出于太孺人之撙节，则襄大事之时心专力竭，宵旦不遑，从可知矣。”[2] 117船山在《家世节录》中也记录了父母之间的夫义妇顺：“对先君子如承严宾。先君夙有痰疾，煮药调食，必躬亲执事，不以属之子妇及委僮婢。先君疾革时，先孺人新自病起，羸弱不振，顾早起晏息，篝火亲事，一如其素焉。”[2] 225船山夫妇也秉持夫义妇顺，两人相敬如宾、甘苦与共。船山在《姜斋诗剩稿·悼亡四首》中写道：“读书帷底夜闻鸡，茶灶松声月影西。”[2] 564这两句诗道出了船山读书到深夜，妻子陶孺人陪伴在旁照顾茶水的情形。另外两句诗“记向寒门彻骨迂，收书不惜典金珠”[2] 564，则回忆了妻子为了支持自己读书买书，典卖首饰也在所不惜的过往。由此可见，船山悼亡妻子的诗句是船山夫妇夫义妇顺的最好证明和体现。船山有事业追求，孜孜不倦，刻苦钻研，妻子陶孺人不仅无微不至地照顾其饮食起居，而且深明大义，不惜一切支持丈夫的事业。

（二）志存高远的立人观

指引家族子孙成人和成才是传统家训教化的重要内容。人们重视子孙的立人教育，这和个人在古代社会的角色有关。在儒家传统伦理支配下的古代社会，个人是组成家族的基本因子，但是个人在社会中并不是孤立的存在，他的一举一动不仅体现着自身的品性，还影响着个人所在家族的声誉或名望，更对其所属家族的名誉和声望有着直接影响。儒家文化主张“入世”的人生态度，追求修身立人、齐家治国的人生理想。在这一理想中，修身立人是齐家治国的基础，占据着非常重要的位置。倘若子孙道德败坏，律己不严，就会累及整个家族。因此，历代文化家族都重视子孙后代修身立人的教诫与养成，希望子孙后代能够光耀门楣。《世说新语·言语》云：“谢太傅问诸子侄：‘子弟亦何预人事，而正欲使其佳？’诸人莫有言者。车骑答曰：‘譬如芝兰玉树，欲使其生于阶庭耳。’”[6] 157芝兰玉树生于阶庭，人才济济，满门光彩荣耀，成为人们对家族门庭的最高期待，体现了家族长辈对晚辈成人成才的殷切希望。王船山以儒家思想为指导，把家族子弟的立人教育放在首位，给予了高度重视。

立人先立志。志即志向、志趣，立志是人生的基础，是成才的前提，更是激励个人努力奋斗、实现理想的动力和精神支撑。孔子很早就认识到志在个人成长和发展过程中的重要作用。他说："吾十有五而志于学，三十而立，四十而不惑，五十而知天命，六十而耳顺，七十而从心所欲不逾矩。"[1] 18孔子把人的一生分为六个阶段，立志于学是人生的基础，亦是人生的起点。立志是个人成长和发展的基础，立志对于个人成长发展极其重要。孔子曾经曾感叹道："三军可夺帅也，匹夫不可夺志也。"[1] 34为了实现人生目标，人们都会立志，树立理想，下定决心，确立人生的发展方向。伴随着满清入关，大明政权岌岌可危，船山将挽救民族危亡作为自己的志向。王船山深刻认识到立人先立志对人的发展所具有的重要作用。就治学方面来说，如果不立志，治学就会漫无目的，唯有立下志向，读书治学才能有所收获。船山在《张子正蒙注》中曰："志立则学思从之，故才日益而聪明日盛，成乎富有；志之笃，则气从其志，以不倦而日新。盖言学者德业之始终， 一以志为大小久暂之区量。故《大学》教人，必以知止为始，孔子之圣，唯志学之异于人也。"[2] 210立志有助于坚定理想信念，指引前行的方向。立志是传家的重要内容，他告诫子弟要树立远大的志向："传家一卷书，唯在汝立志。凤飞九千仞，燕雀独相视……汝年正英妙，高远何难企。"[2] 137年轻人要敢于立下雄心壮志，不必担心高远难企。

船山指出，立志除了要高远，还要远离庸俗之气。庸俗之气会迷住人的心窍，使人眼光狭隘，"俗气如糨糊，封令心窍闭。俗气如岚疟，寒往热又至。俗气如炎蒸，而往依坑厕。俗气如游蜂，痴迷投窗纸。堂堂大丈夫，如古人何异"[7] 136。人在立志之初就要除去庸俗习气，就要慎重择友，要和志向远大的人做朋友，远离那些追名逐利的人，"立志之始，在脱习气。习气熏人，不醪而醉。其始无端，其终无谓。袖中挥拳，针尖竞利。狂在须臾，九牛莫制。岂有丈夫，忍以身试……焉有骐驹，随行逐队？无尽之财，岂吾之积。目前之人，皆吾之治，特不屑耳，岂为我累。潇洒安康，天君无系。亭亭鼎鼎，风光月霁"[2] 145。怎样除去俗气呢？船山指出，“识字识得真，俗气自远避……医俗无良方，唯有读书是”[7] 137。船山出生在书香门第，由于家庭氛围的熏陶，他将读书学习作为传家之正途，认为人只有读书学习，提高学识修养，才能让人远离俗气。事实上，船山的父兄和子弟都重视立志和读书，都成为对社会有用的人，例如王夫之的两个叔叔都成为郡文学；他的父亲王朝聘也博览群书，知识广博；王夫之在十六岁应试即夺得衡郡一等第一名，二十四岁登湖广壬午科《春秋》第一；王夫之的儿子王敔也富有文才，有诸文存世。

（三）重视操守的治生观

治生，即“治家人生产”“治家人生业”，是指通过从事一定的工作或者职业，谋取家庭财富。治生之学最早产生在先秦时期，司马迁在《史记·货殖列传》中说：“盖天下言治生祖白圭。”白圭是先秦时期商业理论的集大成者，被司马迁誉为“治生之祖”。自此，“治生”一词开始为历代所采用并开始出现在家训之中。“仓廪实而知礼节，衣食足而知荣辱”，人只有解决了基本的生存问题之后，才会进一步追求道德上的完善。一般而言，士人治生的目的是为了解决个人和家庭的生计问题，如果生计问题解决不好，人就会为了生存而忽略道德和礼节的要求与限制。船山家族本是衡阳的名门望族，但是经历了明清易代的战乱，家道日趋败落。船山忠于明朝，不仕清朝，而不仕清朝，意味着王夫之没有来自朝廷的物质帮助。“达则兼济天下，穷则独善其身”，船山安贫乐道，在子孙后代如何治生的问题上，重视人格操守，对子孙治生职业有先后和侧重以及品格和人格方面的要求。

船山对子孙治生职业有先后和侧重的要求。他一方面要求子孙根据自身的力量禀赋并结合机会选择适合自己的职业，另一方面也希望子孙在选择职业时有先后和侧重。《管子·小匡》云：“士农工商四民者，国之石民也。”[8] 134在中国传统社会中，士农工商四业也是人们最常从事的治生手段，它们既是人的职业，也代表着人的身份。在传统的等级社会中，士农工商四民具有稳定性，他们不会轻易改变自己的职业，尤其是居于四民之首的士，在业儒、力农之外一般不会从事其他职业。其中原因，一方面是统治者为稳固统治而采取的政策导向。封建社会是农业社会，通过政策引导农民以务农为本，减少了社会流动，有利于社会稳定。另一方面是士人受到了儒家思想的影响。“君子喻于义，小人喻以利”，传统士人秉持“君子谋道不谋食”的价值观，重道而轻食，不屑于从事其他职业。船山在《传家十四戒》中云：“能士者士，其次医，次则农工商贾，各惟其力与其时。”[2] 367船山受传统价值观的影响，希望子弟最好能够诗书传家，继承家族的优良传统，将“士”作为首要之选。但他对其他职业也并不排斥，告诫子弟也可以根据时机和个人实际做出选择，也就是说，子孙后代在不能成为读书人的情况下，也可以在医生、农民、工匠和商人几种职业中依次选择。

船山对子孙治生职业有品格和人格的要求。治生是一个家族维持存在和发展的基本要求，但在治生的职业选择上，船山也不是来者不拒，不加选择。他对子孙治生职业的选择有品格和人格的要求，在《传家十四戒》中要求子孙“勿作胥隶”。胥隶又称胥吏，指官府中的小吏和差役。传统观念认为，人一旦进入公门做了胥隶，就成了官家奴婢，其所作所为就全和利益有关，再加上胥隶为官员驱使如同鹰犬，便容易滋生不良习气，影响道德品格，于是，在衙门当差做胥隶就被认为是丧名败节的行为。加之船山自己为明朝遗老，忠君守礼，不和清朝合作，便更不允许子孙后代与清朝合作，因此，他告诫子孙“勿作胥隶”。“勿为乡团之魁”是船山“勿作胥隶”训诫的延伸。“乡团之魁”是地方乡兵、团练的首领，虽然不属于胥隶之列，但却服务于清朝。加之“乡团之魁”在日常生活中也常横行霸道，欺压乡邻，不得人心。由于上述原因，船山特别训诫子孙“勿为乡团之魁”。船山还要求子孙“勿为僧道”。僧道避世修行，以成佛成仙作为理想，这是一种消极避世的思想，不符合人们传统的价值观。船山是儒家礼教道统的代表人物，当僧做道无疑不符合船山的价值理念。因此，他就明文告诫子弟不可从事僧道等职业，以免家族蒙羞，“勿作师巫及鼓吹人”。“师巫”即巫师，指替人祈祷的装神弄鬼的人。“鼓吹人”即鼓吹手，指在婚礼或丧礼中吹奏乐器的人。巫师和鼓吹手在封建时代都属于“下九流”，从事这些职业的人社会地位低下，被人看不起。船山家族是衡州的世家望族，先祖是军功世家，后来由武转文，成为书香门第。在明清易代的天崩地裂之时，虽然王氏家族走向衰落，但“君子固穷”，船山对子孙从事的职业也有着底线和原则要求，讲求品格和人格，不让后代儿孙从事“下九流”的职业。

三、船山家训思想的当代价值

教育改变人生，知识决定未来。家庭是子女的第一所学校，而父母则是子女的第一任老师。一个人在幼年时期接受的教育和影响往往会伴随和影响他一生。因此，古往今来，人们一直都很重视家庭教育。我们研究船山家训的目的就是要古为今用，用船山家训中的精华思想指导我们今天的教育。

首先，家庭教育要以德为先，重视道德教育。《礼记·大学》云：“德者本也。”作为家族所共同遵循的意志信条和道德行为准则，船山家训将儒家“尊祖宗、重人伦、崇道德”的文化精神和道德规范渗透到家族生活的各个方面，其中所包括的从修身治家到治生等内容，对家族成员的人格和道德观念的形成起着积极的促进作用。船山家训注重子孙的孝悌之道，强调长幼有序，和睦相处；鼓励子孙树立远大理想，培养积极进取、诚实守信的品格；注重治生职业，强调原则和品格；等等。在当代社会，面对着越来越大的升学压力和激烈的就业竞争形势，学校和家庭教育都深陷应试教育的泥潭不能自拔。为了能让孩子学习更多的知识，获得更好的成绩，许多家长更重视子女的知识学习和技能训练，而忽视子女道德品质的教育。这种选择虽然在短期内能够收到一定的成效，但是随着时间的推移，忽视道德教育的弊端就逐渐显现。一些缺少道德教育的人即使成年之后也仍然缺乏责任意识、辨别能力、承受能力和实践能力等，严重者甚至成为心理仍然滞留在婴儿阶段的超级巨婴。面对青少年在道德方面出现的缺失，我们要把道德教育作为家庭教育的起点和基础，向船山家训文化寻找智慧和方法，培养既有健全的知识结构，又有高尚的道德人格的德才兼备的子孙后代。

其次，家庭教育要传承优良家风传统，发扬光大传统文化。家风包括家族生活方式、传统习惯、道德行为、生活作风等内容，家风的好坏直接影响着家族的兴衰。船山家训中有许多内容都关系着家风的形成和传承，如家族成员之间的关系处理中要做到“父慈子孝”“兄友弟恭”“夫义妇顺”。船山家训中尽管也含有一些封建糟粕思想，但是其注重家庭和睦、家庭成员互敬互爱等精髓都是形成良好家风的基础。变化的是时代，不变的是情理，在社会主义现代化建设新时期，我们虽然提倡与时俱进、勇于开拓、敢于创新，但是船山家风中的孝顺父母、兄弟友爱、夫妻互爱、和宗睦族等“老理儿”仍是我们不可缺少的价值坐标。不论生活格局发生多大变化，不论社会观念如何多元，我们都需要教育好子孙后代协调好家庭关系，把优良传统家风中的“老理儿”发扬好。优良家风的传承对协调人际关系、促进家族成员的成长、保持家族的繁盛等都具有十分重要的现实意义。因此，我们要传承优良家风传统，把培养和传承优良家风作为生活、工作的重要内容。

最后，家庭教育要力求多方覆盖，不能只顾一端。古代社会缺少以学校为核心的教育机制，家庭事实上是儿童社会化最重要的场所，在这样的背景下，制定一套成熟完善而又行之有效的家庭教育规范，使家庭教育和社会相适应，对教育出符合长辈和家族期望的子弟，帮助家族成员更好地走向社会，具有重要的意义。船山家训既有着在传统家训中处理家庭关系、重视道德教化、学业发展等方面的内容，同时也有关于如何治生、立人等方面的内容。船山家训在内容上的发展和变化，不仅丰富了传统家训的内容，而且为家训的发展指引了新的方向，在家族教育中发挥着重要的作用。反观当今社会，有些家长在家庭教育中片面重视孩子的学习成绩，却忽视对孩子的道德完善、立身处世等方面的教育，造成孩子发展失调，得不偿失。因此，我们要从船山家训中汲取营养和方法，对孩子的教育不能只顾一端，要力求多方覆盖，为国家培养出全面发展、人格健全的建设者和接班人。

参考文献：

［1］四书五经［M］．陈戍国，点校．长沙：岳麓书社，1991.

［2］王夫之．船山全书：第十五册［M］．长沙：岳麓书社，1996.

［3］荀子［M］．方勇，李波，译注．北京：中华书局，2011.

［4］颜之推．颜氏家训［M］．西安：三秦出版社，2013.

［5］石成金．传家宝［M］．天津：天津社会科学院出版社，1992.

［6］蒋凡．全评新注世说新语［M］．北京：人民文学出版社，2009.

［7］阳建雄．《姜斋文集》校注［M］．湘潭：湘潭大学出版社，2013.

［8］管子［M］．李山，译注．北京：中华书局，2016.

（《衡阳师范学院学报》2021年第5期）

第四编

船山诗学研究

王夫之的宋诗观及其形成缘由

王友胜　廖婷婷

王夫之（1619—1692），字而农，号姜斋，晚年隐居衡阳石船山麓，世称船山先生，明末清初著名的思想家和诗学理论家。船山一生识见广博，志节皎然，以“六经责我开生面”的治学态度和避世守节的遗民情怀，潜心著述，成果甚伙。他的诗学著作以《姜斋诗话》为代表，辅之以《古诗评选》《唐诗评选》《明诗评选》三部诗歌选本，体现出极具特色的诗学主张。关于王夫之诗歌美学观念的研究虽已起步，然专论其宋诗观的论文却比较鲜见。由于船山没有系统论述宋诗的著作，所以本文主要通过分析《姜斋诗话》《古诗评选》《唐诗评选》《明诗评选》中关涉宋诗的评论，拟对其宋诗观及其形成缘由加以重新思考。

一

经笔者粗略统计，王夫之在《姜斋诗话》《古诗评选》《唐诗评选》《明诗评选》中提及宋人或宋诗约126处，对宋诗基本持否定态度，认为其“除却书本子，则更无诗”[1] 120，甚至称宋“一代无诗”[1] 104。具体如下：

> 二首为七言初祖，条达谐和，已自尔尔，始知蹇促拘缠如宋人七言，定为魔业。（曹丕《燕歌行二首·其二》评语）[2] 19
>
> 宋人排律，有极意学此者，时复一似，乃必闲枝乱叶，横出其中，不得如其纯朗。（徐陵《山斋》评语）[2] 295

重响不犯粗豪，笔峰之下一留一回，乃以居胜。宋诗大有直重而尽者，几与张燕公同为老笔，不登蓺圃。（宋之问《汉江宴别》评语）[3] 100

宋人不知比赋，句句为之牵合，乃章惇一派舞文，陷人机智。（杜甫《野望》评语）[3] 123

中、晚佳构，去宋人劖削自高百尺。（盛鸣世《送毛广文之云中》评语）[4] 223

日吟此等诗，不知宋人魔气何往消亡。（张昱《七夕》评语）[4] 298

由上可知，王夫之对宋诗的批评严苛至极：既不满其七言、排律，又反对其"直重而尽"、发兴无端；既认为其"蹇促拘缰"、"劖削"、峭拔，又批驳其"不知比赋"、句句牵合，甚至斥之为"魔业""魔气"。与此同时，他还将宋诗与异代诗歌一同批判。如他对唐诗、宋诗同驳：

全从变雅来，规恢不如，而密静倍之。吟此则唐、宋人不敢问四言之津，宜矣。（陆云《失题六首·其六》评语）[2] 96

句无停意，笔无转迹！东京以下，不能有此，奚况六代？又奚况唐宋之续蜂腰，曳蚓尾者哉？（李陵《与苏武诗三首·其三》评语）[2] 142

弘、正间，希哲、子畏、九逵领袖大雅，起唐、宋之衰，一扫韩、苏淫诐之响。千秋绝学，一缕系之。（祝允明《述行言情诗三首·其一》评语）[4] 120

此则唐、宋人能之，妙在不作啼眉涕鼻态。通首皆比，是以高唐、宋人一等。（高启《征妇怨》评语）[4] 12

王夫之反对宋诗，对唐诗的五古、歌行、律诗也多有不满，多次在诗论和诗评中称"唐无五言古诗"。在他看来，盛唐以后的诗歌遗弃古风、凋敝已极，"唐、宋以下，有法吏而无诗人"[2] 7。他宋诗、元诗连斥：

不倚唐人刻画，乃为此体元音。唐且不用，况宋、元乎！又况俗劣如吴宽、沈周者乎！（唐寅《侠客》评语）[4] 180

有直而不激，有曲而不烦，有亮而不浮，有质而不亢。国初人留意古裁，起宋、元之衰者如此。历下搏激张拳，何为也哉？（周砥《赠叶秀才》评语）[4] 88

诗莫贱于用字，自汉、魏至宋、元以及成、弘，虽恶劣之尤，亦不屑此。（袁宏道《和萃芳馆主人鲁印山韵》评语）[4] 286

船山以为，初唐诗歌尚且有未失古意之作，因此胜过宋、元诗歌。而明初诗人“留意古裁”，复归风雅，诗歌“直而不激”“曲而不烦”“亮而不浮”“质而不亢”，从而挽救了宋、元以来的诗坛倾颓。王夫之对宋代名家也常有讥评：

自是以降，唐宋人以巉峭孤欹者为四言，而四言永亡矣。如萧颖士《江有枫》、苏子瞻《和陶》之类是也。（牛弘《诫夏》评语）[2] 108

如此方得和陶《饮酒》，苏子瞻酸溜杀人，何况余子！（祝允明《和陶饮酒二首·其二》评语）[4] 121

此等下字法，乃子美早年未醇处，从阴铿、何逊来，向后脱卸乃尽，岂黄鲁直所知耶？（《夕堂永日绪论·内编》）[1] 124

不许文人，不许理人；文人无此心宇，理人无此心旌也。只“水光流素寒”五字，令黄山谷、陈无已无处挂羚羊之角。（许继《拟远游篇》评语）[4] 108

唐人刻画立意，不恤其言之不逮，是以竭意求工，而去古人愈远。欧阳永叔、梅圣俞乃推以为至极，如食稻种，适以得饥，亦为不善学矣。（孟浩然《鹦鹉洲送王九之江左》评语）[3] 12

亮甚、切甚！然可嗣此音者，微许太白，高、岑已差三十里，何况圣俞、永叔？怀次自别，不但齿舌之间也。（阮籍《咏怀二十首·其十八》）[2] 163

无论是宋诗的代表苏轼，还是江西诗派之宗主黄庭坚，抑或是开一代宋诗之风的欧、梅，都遭到王夫之毫不留情地指斥。此外，对“后七子”领袖王世贞，王夫之亦颇有微词。王世贞在诗学思想上“衰年变法”，推崇宋诗，倾心苏轼。船山对此屏斥甚厉：

何、李首排长沙，而何下移于晚唐；李、王继法空同，而王下移于东坡；钟、谭以帖括为诗，求媚经生，而谭颇以风味上溯古人。此六子自相轩轾之致也。以品言之，于鳞最上，献吉次，元美次，友夏次，仲默次，伯敬最下。（何景明《大祀》评语）[4] 186

王元美讥公诗晚攻钱、刘，正皮相此等诗耳。且白石即攻钱、刘，亦踞钱、刘上，不至如弇州屈膝苏子瞻、陆务观檐下也。（蔡汝楠《晚过施子》评语）[4] 209

目中无大历以下，正不规步开、天。流俗斥文长为外道，弇州偏以宋人弱调登坛，弟子舆师，俱陷王难。（徐渭《驾幸月坛群望西街》评语）[4] 283

王夫之不满王世贞“屈膝”苏轼，进而批驳其诗。“元美末年以苏子瞻自任，时人亦誉为‘长公再来’。子瞻诗文虽多灭裂，而以元美拟之，则辱子瞻太甚。子瞻野狐禅也，元美则吹螺、摇铃、演《梁皇忏》一应付僧耳。‘为报邻鸡莫惊觉，更容残梦到江南。’元美竭尽生平，能作此两句不？”[1] 119在他看来，苏诗“多灭裂”，但犹有一股“禅”味，而王诗“吹螺摇铃”，已寥无可观。王夫之评王世贞《闺怨》诗云：

弇州却胎乳宋，寝食宋，甚且滥入兔园千家纤鄙形似处。则王、李公标一宗，王已叛李，不知其又何以为宗也？弇州既浑身入宋，乃宋人所长者思致耳，弇州生平所最短者莫如思致，一切差排只是局面上架过，甚至赠王必粲，酬李即白，拈梅说玉，看柳言金，登高疑天，人都近日，一套劣应付老明经换府县节下炭金腔料，为宋人所尤诋呵者，以身犯之而不恤。故余不知弇州之以自命者果何等邪？[4] 306

船山认为，王世贞入宋，诗格已低，而对于宋诗思理透析的优长又未学到，反落入模拟套用的复古窠臼，如赠诗王姓者必用王粲的典故，酬答李姓者即取李白的典故，因而比宋诗尚不如。

二

王夫之不喜宋诗，将宋诗与晋诗、元诗视同一律，甚至认为宋诗比不上齐梁诗和明诗，其在诗论诗评中也经常抨击宋诗的种种弊端。具体而言，他对宋诗的批判主要体现在以下三个层面：

（一）以文为诗，混淆文体

王夫之严格区分诗与其他文体，认为“文章必有体”[1] 206。他在徐渭《严先生祠》后评云：“诗以道性情，道性之情也。性中尽有天德、王道、事功、节义、礼乐、文章，却分派与《易》《书》《礼》《春秋》去，彼不能代《诗》而言性之情，《诗》亦不能代彼也。”[4] 219他从诗歌本体论出发，认为以抒情为特征的诗歌与哲学、历史等学术著作以及其他实用性文体都有本质的区别，不可混淆也无法替代。他评庾信《咏怀》曰：

> 如可穷六合、亘万汇，而一之于诗，则言天不必《易》，言王不必《书》，权衡王道不必《春秋》，旁通不必《尔雅》，断狱不必律，敷陈不必笺奏，传经不必注疏，弹劾不必章案，问罪不必符檄，称述不必记序，但一诗而已足。既已有彼数者，则又何用夫诗？[2] 271

王夫之认为诗与其他文体各有其职，互不干涉，因而对宋人混淆诗文的做法深恶痛绝。赵翼在《瓯北诗话》说：“以文为诗，自昌黎始；至东坡益大放厥词，别开生面，成一代之大观。”[5] 56对于这两位“以文为诗”的代表人物，王夫之极为不满，多次指谪“韩、苏”，如《明诗评选》中称宋濂“未免为韩、苏所困，泛滥时不能自已”，“一为韩、苏所引，舍其恒度而从之也，遂成荑稗”[4] 100，又称祝允明等人“起唐、宋之衰，一扫韩、苏淫诐之响”[4] 120。

船山尤其注意界分诗与史。他说：“诗有诗笔，犹史有史笔。”[4] 199明确指出诗与史是两种不同的文体，有各自的营垒，互不侵扰。他评《古诗·上山采蘼芜》曰：“诗有叙事叙语者，较史尤不易。史才固以檃栝生色，而从实著笔自易；诗则即事生情，即语绘状。一用史法，则相感不在永言和声之中，诗道废矣。”[2]139认为诗歌也可用来叙事和记言，但不同于实录直写的史著，诗歌以“即事生情，即语绘状”为特征，如果用史书的创作手法来写诗，就不足为诗了。他在《姜斋诗话》中也说：“夫诗之不可以史为，若口与目之不相为代也，久矣。”[1]24他认为，就像嘴巴和眼睛无法互相替代一样，写诗亦不可用史笔，因而他对“诗史”类作品多有不满，认为模糊了诗与史的界限，削弱了诗歌的抒情功能，“足知以‘诗史’称杜陵，定罚而非赏”[2]24，“学杜以为诗史者，乃脱脱《宋史》材耳”[4]58，并认为杜甫的名篇《石壕吏》“每于刻画处犹以逼写见真，终觉于史有余，于诗不足”[2]139。

（二）以理入诗，泯灭诗情

王夫之论诗以情为主，但并非全盘否定诗歌说理。他评陆机《赠潘尼》云：“诗源情，理源性。斯二者岂分辕反驾者哉？不因自得，则花鸟禽鱼累情尤甚，不徒理也。”[2]89诗歌源于人的情，理语源自人的性，性与情本为一体，理与情也应是有机统一的。但是他在评司马彪《杂诗》时又曰：“王敬美谓：‘诗有妙悟，非关理也。’非谓无理有诗，正不得以名言之理相求耳。”[2]166评鲍照《登黄鹤矶》曰：“故经生之理，不关诗理；犹浪子之情，无当诗情。”[2]218可知，王夫之并非反对经过审美化的、与情感相融洽的诗理，而是反对有悖于艺术思维规律、纯写理而不涉情的“名言之理”与“经生之理”，反对“不因自得”、生搬硬套，落入说理窠臼。对此，他在诗论中多次斥责：

> 诗固不以奇理为高。唐、宋人于理求奇，有议论而无歌咏，则胡不废诗而著论辨也？（江淹《清思二首·其二》评语）[2]245
>
> 一丝密运，不立经纬而自成文章，唯晋、宋人能之。此及远公诗说理而无理臼，所以足入风雅。唐、宋人一说理，眉间早有三斗醋气。（庐山道人《游石门诗》评语）[2]195
>
> 唐、宋则又不然，以章疏入讽咏，殊无诗理。（周弘正《名都一

何绮》评语）[2] 294

王夫之极其反感唐宋人“于理求奇”的做法，认为过度的说理化倾向会损害诗歌的审美特性，使诗歌沦为义理的讲义，毫无生气。宋诗崇尚理趣，好发议论。他对宋诗“以议论为诗”的特点也颇为不满，说：“节目愈显，议论愈多，则凌杂靡薄，益不足观矣”[2] 188，“指事发议论一入唐、宋人铺序格中，则但一篇陈便宜文字，强令入韵，更不足以感人深念矣”[4] 140，甚至称“则有议论而无风雅”[4] 103，“足知议论立而无诗，允矣”[2] 179。由此可知，他认为议论这种说理方式是不适合诗歌表达的，议论入诗会导致风雅扫地、诗味荡尽。

与王夫之对“理”的态度相关联的是对“意”的态度。“意”其实是一个高度浓缩、内涵丰富的诗学命题，但他对“意”的论述似乎存在自相抵牾之处。一方面，他在《夕堂永日绪论·内编》中强调“意”的重要性，高扬“以意为主”说，“无论诗歌与长行文字，俱以意为主。意犹帅也”[1] 44，“以意为主，势次之”[1] 48；另一方面，他又在诗选中指摘“意”的消极性，反对“以意为主”。他说：

> 诗之深远广大与夫舍旧趋新也，俱不在意。唐人以意为古诗，宋人以意为律诗绝句，而诗遂亡。如以意，则直须赞《易》、陈《书》，无待诗也。（高启《凉州词》评语）[4] 324
>
> 宋人论诗以意为主，如此类直用意相标榜，则与村黄冠盲女子所弹唱，亦何异哉？（鲍照《拟行路难九首·其八》评语）[2] 47
>
> 学我者拙，似我者死，此之谓也。宋人以意求之，宜其愚也夫！（鲍照《中兴歌》评语）[2] 115

很显然，船山诗学中“意”的含义具有双重性。前一种“意”带有审美性，指的是诗歌的思想内容，并渗入自然意象中，与作者的情感相融洽，统摄诗歌的主脑，是作品的灵魂。后一种“意”不带审美性，指的是抽象的理念、道理、观点，与上文所说的“经生之理”“名言之理”类似。他反对宋人在诗歌中讲道理、发议论，认为宋诗忽视创作主体情、意的抒发，会削弱诗歌的艺术感染力，于是批驳宋人“以意为主”，如同村野盲女自弹自唱，生硬呕哑，枯燥乏味。

(三）以学为诗，颠倒源流

王夫之论诗歌创作重灵感、举兴会，认为诗人的才与情相统一更能即景会心、著手成春。他将诗人的才情天赋也看作评价标准，常以“无才”来攻讦诗人缺少天赋，如称贾岛“无才而为有才，欺天乎?”[3] 60，又评韩愈“终年大声疾呼，何曾道得此一句在？故知人不可以无才”[3] 36。同时，他也主张诗歌创作要以生活实践为基础，即“身之所历，目之所见，是铁门限”[1] 55，强调诗人的亲身经历与切身体会是诗歌的创作源泉。船山对天赋灵感的推崇，对生活实践的重视，必然会导致对师法前人、闭门造车的反感，因而他在诗论中反复驳斥以学问为诗、以文字为诗的宋诗也就不足为怪了。

首先，王夫之十分不满宋诗好用古人成句：

宋人则又集古句为对偶，要亦就彼法中改头换面，其陋一尔。(《夕堂永日绪论·外编》)[1] 204

人讥西昆体为獭祭鱼，苏子瞻、黄鲁直亦獭耳。彼所祭者肥油江豚，此所祭者吹沙跳浪之鲿鲨也：除却书本子，则更无诗。(《夕堂永日绪论·内编》)[1] 120

靠古人成语，人间较量，东支西补而已。宋人诗最为诗蠹在此。(王思任《薄雨》评语)[4] 228

作为宋代最大最重要的诗歌流派，江西诗派崇尚黄庭坚的“点铁成金”说和“夺胎换骨”说，即或师承前人之辞，或师承前人之意。船山则认为宋诗苦心孤诣地在古人的成句中寻词觅句、“东支西补”，写出的诗句没有真情实意，只是空洞的文字堆积，是“诗蠹”。

其次，王夫之不喜宋诗雕琢文字：

宋、元以来，矜尚巧凑。有成字而无成句。(杨维桢《送贡尚书入闽》评语)[4] 239

顾其他作者皆为宋诗所掩，拈题弄字，真趣不属，所以可惜。

(陆釴《三月十八日与亨父归自城西并玉河而北见宫树参差山日隐映时已薄暮无人声独二骑云》评语)[4] 336

若韩退之以险韵、奇字、古句、方言，矜其饾饤之巧；巧诚巧矣，而于心情兴会一无所涉，适可为酒令而已。黄鲁直、米元章益堕此障中。(《夕堂永日绪论·内编》)[1] 95

江西诗派追求瘦硬的诗风，重视文字的推敲，讲究出处，争新求奇。王夫之则反对作诗将过多的精力放在钻研句法、诗法等形式技巧上，而忽视了诗歌内容的完整和充实。他认为，作诗若像韩愈、黄庭坚、米芾等人一样咬文嚼字、斟字酌句，就会“有成字而无成句”，有成句而无成篇。王夫之认为，诗歌若不关涉性情，不标榜兴会，就和生意索然的酒令文字无二般。

由上可知，王夫之对宋诗存在诸多不满，对宋人的评价也尖锐异常。宋诗虽存在议论过重而失于情韵、理性太强而伤于枯燥、蹈袭过多而落入形式主义窠臼等种种流弊，但其也以议论精警、思理透辟、气骨瘦劲的独特美感和生新之处创造出与唐音相辉映的宋调，使得唐诗和宋诗成为中国古典诗歌史上双峰并峙的两大范式。船山对宋诗的全面否定，显然有失公允。

三

王夫之诗学批评中对宋诗的否定态度并非无源之水、无本之木，而是源于他对明朝灭亡的文化与学术反思，也与他一以贯之的诗论主张若合符契。

船山半生颠沛流离，晚年隐居避世、潜心著述。他对国破家亡的深重悲痛和复国无望的无限苦闷，促使其深刻反思明廷灭亡的深刻历史教训，以挽救当时诗坛的弊端。关于明朝覆灭的原因，首先，王夫之将矛头指向明后期以心学末流为代表的异端思想。晚明时期，商品经济加速发展，社会矛盾日趋尖锐，思想文化也出现巨大变动。此时，程朱理学的权威地位逐渐丧失，心学倡导的个性之风逐渐吹起，尤其是以李贽

“童心说”为代表的异端思想，反对儒家经典和孔孟之学对人的精神的束缚，主张个性解放和思想自由。王夫之认为，明末的异端邪说对维护封建统治的儒家思想文化造成了巨大的冲击，士人思想和社会风气在个人私欲的张扬中走向放纵和颓废，引起社会动荡，最终导致了明朝的灭亡。其次，王夫之把明亡症结归于竟陵派错误的诗学主张，即由标举性灵、追求“幽深孤峭”的诗风所致。他认为，竟陵派虽然推重性灵，但实则不知性灵为何物，一味放纵个性，结果只能使诗歌走向柔靡纤弱，同时又片面倡导“幽情单绪”，刻意追求字意深奥，导致题材狭窄、语言艰涩。王夫之评佚名《子夜春歌》云：“竟陵灭裂风雅、登进淫靡之罪，诚为戎首。”[2] 113他对竟陵派诗歌中充斥的淫情极度不满，认为其背离了风雅之道，破坏了封建礼教，使淫靡之风盛行，遂成“亡国之音”[2] 113。

最后，王夫之认识到明末文坛的不良之风也是导致明亡的祸根。一方面，他十分痛恨明朝复古主义盛行下的模拟剽窃之风。有明一代充斥着复古与反复古的论争，总体来说复古主义仍占据上风。但由于过分注重形式上的模拟和风格上的因袭，明代拟古出现了生搬硬套而缺乏真情实感的硬伤。另一方面，船山怒斥建门庭、立宗派。明代文坛拉帮结派、党同伐异的恶劣之风盛行。在《夕堂永日绪论·内编》中，他以六则文字抨击门庭之弊，可见其厌恶之深。王夫之对建立门庭的排斥，主要是认为其标举一成不变的“死法”，桎梏了诗人的个性和真情，导致公式化和概念化，作品千篇一律，毫无生气。他认为，立门庭的弊端还体现在文坛上的追名逐利和打压异己。自古以来，文人相轻，若建立门庭，各执一端，则极易滋生门户之见与党派心理。明末文坛上的分门别派与政坛中党同伐异愈演愈烈，最终酿至亡国恶果。“建立门庭，已绝望风雅”[1] 137，因此，王夫之不加区分地否定自建安至明清以来的所有诗歌流派。有宋一朝，诗歌门庭林立，从宋初三体到北宋后期江西诗派再至南宋后期的永嘉四灵、江湖诗派。王夫之看来，“沿及宋人，始争疆垒。欧阳永叔亟反杨亿、刘筠之靡丽，而矫枉已迫，还入于枉，遂使一代无诗，掇拾夸新，殆同觞令”[1] 104，对当时影响最大的江西诗派更是痛下针砭。他既不满其师法前人、化用成句的复古之风，也反对其在文字技巧、声韵格律上雕琢的形式主义流弊。他在诗论中对江西诗派代表的黄庭坚、陈师道均有指斥。

有感于明朝灭亡的惨痛教训，王夫之的诗论体系建立在对宋、明以来诗学种种弊端的反拨上。为了纠正晚明诗坛背离经典的倾向，他坚守传统文化、儒家思想，力图重振儒家正统诗学，其诗论主张主要有为主情和崇古两大方面。

王夫之继承了主情的诗学传统和儒家诗言志、诗缘情的思想，并加以补充、完善，提出了“诗道性情”说。他评李陵《与苏武诗》云：“诗以道情，道之为言路也。情之所至，诗无不至；诗之所至，情以之至。”[2] 142“情”是诗歌的灵魂与核心，是诗歌最本质的特征，贯穿于诗歌创作的全过程：凡情感所到之处，必定有诗相伴，而诗所在之地，情感也如影随形。船山对“情”也提出了具体的要求，首先强调情需真。诗人应摒弃伪情，抒写自己的真情实感，情必己出是诗歌创作的第一要义。同时，诗人的情需贞。王夫之认为“情”有“贞情”和“淫情”之分，主张诗情纯贞，合乎传统之雅正。“淫情”指的是囿于个人的悲喜无法自拔，自私自利、目光短浅，缺乏社会责任感的一类情感，而“贞情”是诗人不计个人荣辱，不论私人得失，以天下为己任，以天下的忧乐为忧乐的一类情感。王夫之从诗歌主情的角度出发，对宋诗展开严苛的批评。他既不满宋人“以文为诗”，弱化诗歌的抒情功能，混淆诗歌与其他文体的界限，也不喜宋诗议论化倾向严重，带有浓厚的理学色彩，削弱诗歌的审美特性，还反对宋人以学问为诗，缺乏真情实感，讥之为“皆欺心以炫巧”[1] 55-56。

王夫之论诗体现出鲜明的厚古薄今倾向。一方面，在诗歌审美取向上，他重汉魏轻唐宋、重古诗轻近体。他以《诗三百》作为诗歌最高典范，认为《古诗十九首》继承了《诗经》的风雅精神，是第二个诗歌范式。基于此种态度，王夫之在评诗时总是以风雅为标的、以古诗为圭臬。他将《诗经》、《古诗十九首》、齐梁诗奉为四言、五言、七言诗之最高标准，经常以此来品评诗歌：

词浅意深，铺排中即为诽刺。此道自《三百篇》来，至唐而微，至宋而绝。（高适《燕歌行》评语）[3] 13

终始咏牛、女耳！可赋、可比、可理、可事、可情，此以为《十九首》。（《古诗十九首·其十》评语）[2] 136

作七言而忌齐、梁，犹作四言而忌《三百篇》，作五言而忌《十九首》也。（唐寅《登吴王郊台作》）评语）[4] 43

在船山看来，汉魏直承古音，风雅犹存，是诗歌主流，而唐宋诗背离经典，灭裂风雅，是诗歌末流。由于对古风的推崇，他提出宋不如唐、唐不如六代、六代不如汉魏的观点，如“唐之不逮陈、隋，犹宋之不逮唐也”[2] 296，“浅人视此，亦当云起衰之作。讵知六代人率尔之吟，正自如此，特不屑频作耳。安得起六代人于地人，一拯唐人之衰也”[2] 115，“矜气中自有朴气。故知齐梁虽靡于汉晋，而生理自固。开元以降，雕琢苛细，靡乃已甚；降及元和，剥削一无生气，况生理邪？俗论不以为然，总牵臂入鬼录”[3] 7，认为开元以降的诗歌比齐梁诗尚且不如，对宋诗的批评不可谓不偏激。

另一方面，王夫之也体现在对“温柔敦厚”的儒家诗教观的尊崇上。王夫之将温柔敦厚作为选诗评诗的重要标准，在具体的诗歌批评中经常以“平”进行评价。“平”，既指风格的平正典雅，如欣赏曹丕、阮籍、“沈宋”、刘基等的诗歌，又指情感的平和温润和气度上的从容不迫、娓娓道来，给人以柔和的美感，如评刘基《思悲翁》诗曰“平静”[4] 3，还指谋篇布局上的平顺舒缓，忌回环往复的结构和凌乱杂糅的章法，如评杨巨源《长安春游》曰“只平叙去，可以广通诸情”[3] 215。因此，船山对于宋诗喜用冷僻典故、追求散文章法、崇尚瘦硬诗风极为不悦，如评刘基《旅兴》曰：“平之一言，乃五言至极处。尽唐、宋作者，止解出声，不解内声，凄紧唐突，唯不平耳。”[4] 80

王夫之在强调诗歌在内容方面要符合温柔敦厚的同时，也要求诗歌在艺术表现上要含蓄蕴藉。他认为诗歌中的情感宣泄应含蓄委婉，有所节制，才能体现温柔敦厚的诗教精神，便提倡诗歌情感应“悲而不伤”

“怨而有节”。他评刘基《感春》云：“悲而不伤，雅人之悲故尔。古人胜人，定在此许，终不如杜子美愁贫怯死，双眉作层峦色像。”[4] 84他不满情感宣泄不留余地的作品，反对在诗中表现个人的悲惨遭遇，嘲笑杜甫“愁贫怯死”、愁云满面。他又评陆厥《中山孺子妾歌》曰：“可以群者，非狎笑也。可以怨者，非诅咒也。”[2] 50他认为群怨都应有度，留有余地，才能“群而贞，怨而节”。因此，船山对宋诗好发议论、直露无余的特点颇为不悦，在《夕堂永日绪论·内编》中评苏轼诗歌说“萎花败叶，随流而漾，胸次局促，乱节狂兴，所必然也”[1] 66，批评苏诗情感空泛、发而无端，不符合含蓄蕴藉的诗歌表达。他对于宋人描写民瘼或抨击时弊的政治讽刺诗也多有微言，“杜陵败笔有‘李瑱死歧阳，来瑱赐自尽’，‘朱门酒肉臭，路有冻死骨’一种诗，为宋人谩骂之祖，定是风雅一厄”[3] 65。他认为，诗歌过于直露地揭示不合理的社会现实会加重民众对上层统治的不满，进而引起社会动乱，破坏国家安定。因此，宋人作诗攻击、谩骂朝廷的风气，只会使风雅坠地、斯文无存。

王夫之一生出入经史、学贯古今，具有精深的涵养和渊博的学识，其对宋诗的批评颇具独创性，令人耳目一新，文字锋芒毕露，一针见血。但因他力求维护诗歌的抒情本位，执意复归儒家的诗教传统，导致其宋诗观亦存在局限性。一方面，王夫之评诗论诗存在主观性和偏激性。对于符合他诗学观点的诗人作品，他极具溢美之词，如对直承汉魏的明初诗人给予不遗余力的颂扬：他评张宇初《旅怀》谓“正令唐、宋区区者望洋侧目”[4] 112，称唐寅《出塞》诗“起齐、梁、隋、唐、宋、元六代之衰”[4] 119，赞颂杨慎为“千古第一诗人”[4] 193，显然这些都有过分拔高之嫌。而对于违背其诗学观念的诗人，他就进行极端的否定和无情的抨击，如对苏轼、黄庭坚、欧阳修、梅尧臣等人贬抑过甚，显得过于严苛，其对宋诗的整体评价也莫不如此。另一方面，王夫之出于对“温柔敦厚”的诗教观的维护，反对宋诗过度地宣泄情感和直白地揭露社会弊端，主张虽有怨情但要有所节制，也体现出其封建士大夫的卫道思想，自然带有封建正统观念的局限性。

参考文献：

[1] 戴鸿森. 姜斋诗话笺注［M］. 北京：人民文学出版社，1981.
[2] 王夫之. 古诗评选［M］. 上海：上海古籍出版社，2011.
[3] 王夫之. 唐诗评选［M］. 上海：上海古籍出版社，2011.
[4] 王夫之. 明诗评选［M］. 上海：上海古籍出版社，2011.
[5] 赵翼. 瓯北诗话［M］. 北京：人民文学出版社，1963.

（《衡阳师范学院学报》2019年第5期）

诗史意识与船山诗学话语的独特性

杨兴华

船山诗论因理论建树而备受赞誉的同时，又被人指摘为“偏颇”“武断”。船山诗学话语往往疏离主流诗论，迥异于诗家通行之说，具有非常显著的独特性，如他评魏晋诗歌时极贬曹植，评六朝诗歌时推崇宫体，论唐代诗歌时贬抑杜甫，论历代诗歌的诗史地位时认为唐代不如六朝、六朝不如汉代、盛唐不如初唐，等等。鉴于船山诗论多为散在的点评式批评，一般不做铺陈、演绎，其内在理路和话语逻辑往往隐而不现，让人难以索解，故而学界对船山诗学话语的独特性现象颇感疑惑，船山诗论亦因此而屡受诟病，甚至有人将其归因于船山审美判断力和诗学修养的缺失。[1] 487事实上，如果我们对贯穿于船山诗论中的诗史意识予以重视，就不难发现，船山诗学话语之所以特别，在于其不同于一般诗论者的就事论事的对点评述，而是将作家、作品置于诗史流程中进行历史考察，重点关注作家、作品的诗史影响而非其诗本身。在这一诗史意识的干预下，船山的视角和旨归常异于世人，故其诗学话语具有十分突出的独特性。

一、诗史意识与船山诗学话语独特性现象的生成

船山诗论多为点评式批评，不讲究系统性和完整性，缺少铺陈和演绎，因而其诗论中的许多诗学话语，呈现出散漫无稽、随性而发的表象。但是，如果我们对贯穿于船山诗论中的诗史意识予以重视，顺循其在诗

史流程中考察作家、作品诗史影响的致思路径并进行梳理辨析的话，则可透过散漫无稽的表象觅见船山理性、明晰的内在理路和话语逻辑。这在王船山对曹植的评价中表现得最为典型。

曹植享有“建安之杰”的美誉，在中国诗歌史上久负盛名，是历代文人学士公认的杰出诗人，而船山却认为曹植“横得大名”[2] 664，对其大加贬斥。船山认为，曹植的诗歌或“拖沓如肥人度暑”“识趣卑下”[2] 664，或“累垂郎当，如蠹桃苦李”[2] 511，或如“行尸视肉”[2] 503，了无生气。至于曹植“情乍近而终远，词在苦而如甘”的无可挑剔之诗，船山则疑其为代庖之作。[2] 665于是，船山由诗及人，斥责曹植曰：“子建横得大名，酌其定品，当在陈琳、阮瑀之下。……其父篡祚，其子篡名，无将之诛，当不下于阿瞒。”[2] 664

船山何以要极力贬抑曹植？从船山的以下论说中，我们大抵可寻其话语逻辑：

> 建立门庭，自建安始。曹子建铺排整饰，立阶级以赚人升堂，用此致诸趋赴之客，容易成名，伸纸挥毫，雷同一律。……降而萧梁宫体，降而王、杨、卢、骆，降而大历十才子，降而温、李、杨、刘，降而江西宗派，降而北地、信阳、琅邪、历下，降而竟陵，所翕然从之者，皆一时和哄汉耳。[3] 832

从上述引文可以看出，在船山的认识中，曹植“立阶级以赚人升堂”，始开诗坛“建立门庭”之风，后人“翕然从之”，相沿成习。王船山对诗坛门庭之风深恶痛绝，而曹植是这一诗坛陋习的始作俑者。既如此，船山贬斥曹植也就不难理解了。关于这一点，从船山对曹植《七哀诗》的点评中我们亦可看出。

> 情乍近而终远，词在苦而如甘。“入室”之誉，以此当之，庶几无愧。乃以植驵才，奈何一旦顿造斯品？意其谲冒家传，豪华固有，门多赋客，或代其庖，如曹洪托笔孔璋以欺子桓，则未卜斯篇之定为植作也。[2] 665

船山高度赞许曹植《七哀诗》，但却推断其为伪托之作，而理由仅为“门多赋客”。仅凭曹植门庭鼎盛，“门多赋客”，就推论其名下佳作为代庖之作，可见船山对曹植“建立门庭”是何等的耿耿于怀。倘若曹植没有始立门庭之过，船山笔下的曹植和曹植诗歌或许就是另一种景况了。

王船山贬斥曹植，不仅仅是因为其肇启诗坛门庭之风，还认为诗坛鄙俗之风亦源于曹植。如船山评曹植《赠王粲》诗云：

> 《公燕》《侍坐》拖沓如肥人度暑，一令旁观者眉重，而识趣卑下，往往以流俗语入吟咏，几为方干、杜荀鹤一流人作俑，而潘尼、沈约、骆宾王、李欣等皆其嫡系。如“良田无晚岁，膏泽多丰年。亮怀璠玙美，积久德弥宣”，以腐重之辞，写鄙秽之情，风雅至此扫地尽矣。又如“积善有余度，荣枯立可须”，居然一乡约老叟壁上语。至云“肴来不虚归，觞至反无余”，馋涎喷人，止堪为悲田院作谱耳。古今人瞳眬双眼，生为此儿埋没。[2] 664

在船山看来，曹植的宴游酬答诗“识趣卑下，往往以流俗语入吟咏”，“以腐重之辞，写鄙秽之情”。船山认为，曹植开诗坛鄙俗之风，影响及于西晋之潘尼、六朝之沈约、初唐之骆宾王，并经晚唐方干、杜荀鹤相沿而下，致使后世鄙俗之诗泛滥于诗坛。

由上可知，船山贬抑曹植虽不合于公识，但亦有其符合逻辑的内在理由，即曹植开创诗坛“建立门庭”之习和掀起诗歌鄙俗之风，这在诗歌发展史上产生了极其恶劣的影响。也就是说，船山考察曹植，聚焦于曹植在诗史上产生的影响，而不太在意一般诗论者所瞩目的曹植的才情与诗歌艺术，故而其评价迥异于世人。

再如船山对杜甫的评价。杜甫是公认的唐代最杰出的诗人之一，被尊为“诗圣”，在中国诗歌史上拥有崇高的地位。而享有“诗圣”之誉的杜甫，却屡遭船山近乎刻薄的贬损，如其称杜甫为“风雅罪魁”[4] 1440，指斥杜甫“朱门酒肉臭，路有冻死骨”等诗句为“宋人谩骂之祖”“风雅一厄”[5] 958，认为历代对杜甫的赞誉为“不虞之誉”，尤“紫之夺朱”[5] 1021，等等。

船山为什么要不讳公识，如此贬损杜甫呢？从船山在《诗广传》卷一《论北门》中的借题发挥可看出其原因之一：

> 恤妻子之饥寒，悲居食之俭陋，愤交游之炎凉，呼天责鬼，如衔父母之恤，昌言而无忌，非殚失其本心者，孰忍为此哉！二雅之变，无有也，十二国之风，不数有也。汉、魏、六代、唐之初，犹未多见也。夫以李陵之逆，息夫躬之窒，潘安、陆机之险，沈约、江总之猥，沈佺期、宋之问之邪，犹有忌焉。《诗》之教，导人于清贞而蠲其顽鄙，施及小人而廉隅未刓，其亦效矣。若夫贷财之不给，居食之不腆，妻妾之奉不谐，游乞之求不厌，长言之，磋叹之，缘饰之为文章，自绘其渴于金帛，设于醉饱之情，腼然而不知有讥非者，唯杜甫耳。
>
> 呜呼！甫之诞于言志也，将以为游乞之津也……。甫失其心，亦无足道耳。韩愈承之，孟郊师之，曹邺传之，而诗遂永亡于天下。是何甫之遽为其魁哉？[6] 326

在船山看来，以琐屑俗事和卑俗私情入诗，不见于二雅，在国风中少有，汉、魏、六代、初唐亦不多见，李陵、息夫躬、潘安、陆机、沈约、江总、沈佺期、宋之问之流均有所顾忌，唯有杜甫“腼然而不知有讥非”，恣意为之。杜诗之俚俗，若只是事关杜甫个人声誉的孤立事件，“亦于足道耳”，不值得过多关注，然“韩愈承之，孟郊师之，曹邺传之”，致使鄙俗之诗前承后继，造成“诗遂永亡于天下”的严重后果，如此，杜甫之过不可以不深究。以诗史影响论，不贬杜甫，无以纠诗坛鄙俗之风，此为船山贬杜的内在理由。

同样的观点，亦见于船山《夕堂永日绪论·内编》。船山在《夕堂永日绪论·内编》中认为，记针钱蔬笋之琐事，抒数米量盐之俗情的“恶诗”，始于《卫风》《北门》，陶潜承之，杜甫不为始作俑者，但杜甫有推波助澜之过，致使其后啼饥号寒的丑秽之诗大行其道，学诗者若染此陋习，如“白练受污，终不可复白”[3] 840。因此，船山在评杜甫《漫成》一诗中说“学之者拙，似之者死”[5] 1021。所以，要革除诗歌鄙俗之风，必须剥夺杜甫享有的“不虞之誉”，削弱杜甫的诗学影响。

船山贬斥杜甫，不只是因为其鼓动了诗歌的鄙俗之风，还因为杜甫“以史为诗”，疏离了诗歌的抒情特质，致使后世诗歌文体驳杂，“诗道废矣”。船山在《古诗评选》卷四中借评《上山采蘼芜》说：

> 诗有叙事叙语者，较史尤不易。史才固以隐括生色，而从实著笔自易；诗则即事生情，即语绘状，一用史法，则相感不在永言和声之中，诗道废矣。此《上山采蘼芜》一诗所以妙夺天工也。杜子美放之，作《石壕吏》，亦将酷肖，而每于刻画处犹以逼写见真，终觉于史有余，于诗不足。论者乃以“诗史”誉杜。见驼则恨马背之不肿，是则名为可怜闵者。[2] 651

船山在《诗译》中又说：

> “赐名大国虢与秦”，与“美孟姜矣”、“美孟弋矣”“美孟庸矣”一辙，古有不讳之言也，乃《国风》之怨而诽，直而绞者也。夫子存而弗删，以见卫之政散民离，人诬其上；而子美以得“诗史”之誉。夫诗之不可以史为，若口与目之不相为代也，久矣。[3] 812

船山在《古诗评选》卷一中也说：

> 咏古诗下语秀善，乃可歌可弦，而不犯史垒。足知以诗史称杜陵，定罚而非赏。[2] 509

从上述三段诗评可以看出，船山对以史法作诗十分反感，但相较于杜甫以史为诗的行为本身，船山似乎更在意杜甫因此获得的“诗史”之誉。因为“诗史”之誉是对“以史为诗”的标榜，其诗学影响甚于以史为诗的行为本身，也就是说，让船山耿耿于怀的，其实是杜甫以史为诗产生的诗学影响。关于这一点，船山在《明诗评选》卷五中有更明确的表述：

> 诗以道性情，道性之情也。性中尽有天德、王道、事功、节义、礼乐、文章，却分派与《易》《书》《礼》《春秋》去，彼不能代

《诗》而言性之情，《诗》亦不能代彼也。决破此疆界，自杜甫始。桎梏人情，以掩性之光辉；风雅罪魁，非杜其谁邪？[4] 1440

以史为诗者不在少数，以文为诗、以学问为诗、以议论为诗者更是为数众多，船山为什么要揪住杜甫不放呢？因为“诗之不可以史为，若口与目之不相为代也，久矣”，诗与史历来界线分明。船山认为，“决破此疆界，自杜甫始”，换句话说，推源祸始，诗歌驳杂不纯、“泛滥杂沓”[2] 821之风始于杜甫。船山认为以不良诗学影响论，无人能及杜甫，故愤然质问：“风雅罪魁，非杜其谁邪?”

概而言之，船山贬抑杜甫，是因为杜甫“诞于言志”[6] 326，鼓动诗歌鄙俗之风，又首逾史、诗界限，为诗歌“泛滥杂沓”之渊源，经后世学杜拟杜风尚的传导，在诗坛产生了极其严重的不良影响。也就是说，船山贬杜之由，主要在于杜甫的诗史影响，而杜甫与杜诗的本体存在状况，退而居其次。

再如船山对齐梁诗人的评价。南朝齐梁时期，诗坛流行以轻艳柔靡为特征的宫体诗，齐梁诗人因此而声名狼藉，齐梁诗歌亦因之而屡受诟病。但王船山却高度评价徐陵、萧纲、萧绎等宫体诗人，并予以齐梁诗歌以较高的诗史地位。船山在《古诗评选》卷六中评萧纲《长安道》云：“简文为宫体渠帅，谈艺者莫不置之卑不足数，乃取此等诗置初唐近体诗中，高华雄浑又在沈、宋之上。‘落花依度幰，垂柳拂行轮’，唯杜子美早年足构此句，太白、摩诘时差参近之，余子望风而靡久矣。”[2] 835沈佺期、宋之问是船山最欣赏的初唐诗人，其《唐诗评选》选沈佺期诗歌14首，为初唐诗人诗作之最，其次为宋之问，选诗11首，并且《唐诗评选》推沈、宋为“以五言长篇居胜”的“名家”[5] 1052。而在船山看来，萧纲《长安道》若置之初唐，则连沈佺期、宋之问亦无以及之；若置之盛唐，则唯有杜甫早年可与之颉颃，李白、王维也只能偶有近似之作，其他诗人则只能望风而靡。船山对萧纲的评价之高于此可见一斑。至于萧绎，船山则赋予了他“七言小诗之祖”的诗学地位。船山在《古诗评选》卷三中评魏收《扶琴歌》云：“与梁元帝同为七言小诗之祖。”[2] 642船山对徐陵的评价更是高于对萧纲、萧绎的评价，如其在《古诗评选》卷六中评徐陵《春情》云：“尽唐一代，能如此高朗冲秀有余韵者，千不得一二，何况宋人？唐之不逮陈、隋，犹宋之不逮唐也。”[2] 856又如其在《古诗评选》卷六中评徐陵《关山月》云：“高、岑何得有此开爽悲健？故云‘春晴始旦’。唐人正在秋冬之间矣。”[2] 855也就是说，徐陵的诗歌，置于唐诗之中，也是千里挑一的佳作，即便是唐代名家之作，亦有所不及。

王船山为什么要一反公识，褒扬齐梁诗人，高度评价齐梁诗歌呢？船山《古诗评选》中关于萧子显诗歌《乌栖曲》的评语可以说是对其理由的直接陈述：“唐人佳句，无不从齐梁得也。”[2] 547也就是说，船山肯定齐梁诗人、诗作，是基于齐梁诗歌推动律诗发展、促成唐诗繁荣的历史功绩来说的。关于这一点，船山在《唐诗评选》卷三中评唐太宗《赋得浮桥》时说得更明白：“五言近体既不得不以唐为鼻祖，要当溯源寻声，以戒其滥。汉、魏、宋苦于邈不相亲，则其流止初终，安能舍徐、庾、柳、吴，被以陈、隋遗响之名，而弃冠毁冕，拔本塞源也哉？”[5] 980意思是说，五言近体虽盛于唐代，但溯源寻声，则绕不开徐陵、庾肩吾、柳恽、吴均等齐梁诗人这一环节，舍此，则是“弃冠毁冕”“拔本塞源”。又如船山在《明诗评选》卷二中评唐寅《登吴王郊台作》曰：“七言之制何所始？唐人七言何所祖？人特有目不视，有心不考耳。作七言忌齐、梁，犹作四言忌《三百篇》，作五言而忌《十九首》。”[4] 1201也就是说，齐梁诗之所以值得肯定，在于其不仅滋养了唐人五言，更是唐人七言之渊薮。

船山对齐梁诗人、诗作的个体评价，亦多从诗学影响的角度切入。如船山评徐陵《折杨柳》说：“孝穆于诗，疎宕以成其韵度，纳之古诗中则如落日余光，置之近体中则如春晴始旦矣。”[2] 854意思是说，徐陵的诗于古诗而言，已是日暮西山的没落之作，但于近体诗而言，则为开启春色的先驱之作。在此，船山充分肯定了徐陵继往开来、辞旧更新的历史地位。又如船山评萧绎《春别应令》云：“元帝二诗，恰与刘梦得浪淘沙、白乐天竹枝词合辙。盖中唐人于此一体殊胜盛唐，中唐以兴会为主，雅得元音故也。元帝五言，于诗家最为卑下，而于此体则为元音。”[2] 642意思是说，刘禹锡“浪淘沙”、白居易“竹枝词”等七言绝句体，与梁元帝萧绎《春别应令》如出一辙，若推源论始，则可溯源至元帝五言诗。再如船山评简文帝萧纲《乌栖曲》说："深思逸韵，为太白《横江词》所祖。"[2] 548船山认为，李白的组诗《横江词》想象奇伟，境界开阔，语言流丽，是唐诗中的上乘之作，但它脱胎于萧纲《乌栖曲》。

从上文的分析可以看出，船山肯定齐梁诗人、诗作的依据在于其具有积极意义的诗史影响。

上述以诗学影响论作家、作品的现象，在船山诗论中具有一定的普遍性。如陈子昂是公认的初唐杰出诗人，而船山在《唐诗评选》中仅选其诗四首，并且对其评价不高，理由在于陈子昂的诗不以和平蕴藉为度，"为褊急率滞之词""似说，似狱词，似讲义，乃不复似诗"，在诗史上造成了"五言古自是而亡"的严重影响[5] 929–930。白居易是中唐诗歌大家，在诗史上拥有公认的崇高地位，而船山在《唐诗评选》中仅录其七律三首，对其新乐府诗全部弃而不录，同时对白居易的总体评价也不高。造成这一结果的一个重要原因在于船山认为白居易的诗歌"徒用谩骂"，违背了温柔敦厚的诗教原则，造成了"诗教无存"的严重后果。[5] 976

概而言之，船山在论诗过程中往往伴随着强烈的诗史意识。他无意于对作家、作品进行静态的、微观的事实评述，而是注重将诗人、诗作置于诗史流程中进行瞻前顾后的动态考察，并把作家、作品的诗史影响作为褒贬扬抑的依据。在诗史意识的干预下，船山论诗聚焦于诗史影响，而不像一般诗论者那样注目于批评对象的诗学显现并以之作为评价依据，船山诗学话语因此而显得非常特别。

二、诗史意识的思维原点羁勒与船山诗学话语独特性的凸显

船山《古诗评选》卷五评江洪《游泊》云："看古人文字，须有通明眼力，作一色参勘，胸中铢两乃定；不尔，必为流俗驱扇，横分皂白矣。"[2] 802的确，船山具有史学家通观古今的通明眼力，往往能不为流俗驱扇，在复杂的诗史流程中寻溯作家、作品的诗学贡献和诗史影响。但船山论作家、作品的诗学贡献和诗史影响，却并不像史家惯常治史那样讲究全面、客观，而是明显地有所挑捡、有所偏好，如船山对于曹植史

诗影响的认定，就有偏于一隅之嫌。曹植是第一位大力创作五言诗的文人，并致力于五言诗艺术技巧的探索，实现了乐府民歌向文人五言诗的转变。曹植在五言诗发展史上的贡献不言而喻，正如林庚《中国文学简史》所言："这是一个时代的事业，却通过曹植才获得完成。"[7] 120对曹植在诗歌发展史上影响深远的这一重大贡献，船山却避而不谈，只论曹植的"始立门庭"之过和其宴游酬答诗的"识趣卑下"之失，并以偏概全，断定"子建横得大名"。又如船山对杜甫的评价。大家知道，杜甫是一位兼取多家之所长，兼备多种诗歌风格，集前代诗歌之大成的诗人。这样一位诗人，其诗史影响自然也是多方面的，而船山却无意对杜甫的诗史影响进行全面评价，选择性忽略了杜甫在诗史上的诸多贡献和积极影响，眦目于杜甫"啼饥号寒"的"恶诗"，和"以史为诗"等部分诗学行为，并以之为据让杜甫为"诗遂永亡于天下"担责，定杜甫为"风雅罪魁"。

再如船山对齐梁宫体诗的态度。宫体诗承接了永明体对诗歌艺术的探索，发展了南朝民歌的艺术形式，对律诗的形成有重要的推动作用，也为隋、唐诗人提供了可资借鉴的艺术经验。但是，宫体诗毕竟有内容卑俗佻薄、风格轻艳柔靡的一面，在一定程度上消解了文学的人文精神，促成了靡丽浮艳的形式主义文风，以至于到隋代和初唐，诗坛仍弥漫着一股柔靡缓弱的宫体气息。船山对宫体诗的这些负面影响采取了回避的态度，单论宫体诗在诗体演变和诗歌艺术发展方面的正面影响，于是，在船山的选择性评价中，齐梁宫体诗人大多成为褒扬的对象。

从上文的分析可以看出，船山对作家、作品诗史影响的评价的确有所偏狭。但船山诗史影响评价偏狭现象的产生，绝非由于"诗学修养和判断能力的缺失"[1] 487所致，也不能简单地归之于"批评策略"[8] 32，而是由船山诗学活动的思维原点所决定的。王船山在经历了举兵抗清失败和辅佐南明王朝复国无果等事件后，被迫遁迹山野，放弃了反清复明的武装斗争，潜心于学术研究和文化传承，走上了文化救亡的漫漫长路，他的诗学活动就是其文化救亡事业的重要组成部分。船山极力维护儒家诗教的政教功利原则，高度认同诗歌的政治教化功能，因为在船山看来，诗风与国家社稷的兴衰存亡息息相关：

> 东周之季，大历之末，刻露下躁之言兴，而周、唐衰亟矣。[6] 345
>
> 周、唐之衰如此，明朝之亡尤然：
>
> 《子夜》、《读曲》等篇……历代艺林，莫之或采。自竟陵乘闰位以登坛，奖之使厕于风雅，乃其可读者一二篇而已。其他媟者如青楼哑谜，黠者如市井局话，蹇者如闽夷鸟语，恶者如酒肆拇声，涩陋秽恶，稍有须眉人见欲哕。而竟陵唱之，文士之无行者相与敩之，诬上行私，以成亡国之音，而国遂亡矣。竟陵灭裂风雅，登进淫靡之罪，诚为戎首。[2] 617

意即明朝之亡与竟陵派所倡诗风有关，竟陵派“灭裂风雅，登进淫靡”“成亡国之音”，造成了“国遂亡矣”的严重后果。因此，船山在论诗过程中，总是以纠明代诗坛之弊、振兴民族诗学为思维原点。船山在论诗过程中有强烈的诗史意识，善于纵观古今、通览诗史，但其诗史意识始终为上述思维原点所羁勒。纠明代诗坛之弊以振兴民族诗学成为船山诗学的思维出发点和归宿，凡是与此无关或关系不大的，他尽可能略而不论，反之则尽可能刨根问底、痛陈利弊。

王船山痛恨的明朝诗坛之弊，大体可分为以下几类：一是“建立门庭”之习，以及与之相关的诗歌模拟之风；二是诗歌鄙俗之风，包括内容上的低俗浅陋和表达上的疾言遽色、情绪下躁；三是模糊诗歌的文体特征，以史为诗、以文为诗、以学问为诗。基于纠明代诗坛之弊以振兴民族诗学这一思维原点，船山在论诗过程中，往往从明代诗坛的上述弊病出发，溯源寻流，以求拨出病根，截断毒流。而与明代诗坛之弊无关的诗学现象，船山则往往有意无意地忽略或者淡化。于是，曹植纵然有首推文人五言之功，但因其与明代诗坛现状没有直接关联，船山无心探究，无意评价。而曹植“建立门庭”之举和“以腐重之辞、写鄙秽之情”的宴游酬答之诗，经船山的诗史考察，被认定为明代诗坛“门庭”之习和鄙俗之风的渊源，便不能不耿耿于怀，乃至揪住不放，如此，他贬抑曹植也就成为必然。

从船山对杜甫的评价更可看出思维原点对船山诗史意识的干预、羁勒。船山虽然对杜甫和杜诗整体评价不高，并以“风雅罪魁”定性杜甫的诗史地位，但对杜甫和杜诗亦时有赞赏，仍评杜甫为“大家”：“李、杜则内极才情，外周物理，言必有意，意有繇衷；或雕或率，或丽或清，或放或敛，兼该驰骋，唯意所适，而神气随御而行，如未央、建章，千门万户，玲珑轩豁，无所窒碍：此谓大家。”[3] 843可见，在对杜甫和杜诗的评价问题上，船山的内心是矛盾和纠结的。一方面，杜甫的诗歌成就是一种真实的客观存在，洞悉诗史的船山，自然认同杜甫在诗史上的“大家”地位；另一方面，在船山的认识中，杜甫毕竟是诗与其他文体疆界的首破者和诗歌鄙俗之风的鼓动者。杜甫虽然本身“未尝党同伐异，画疆墨守”[3] 832，但事实上却成为诗坛的最大门庭，拟杜学杜诗蔚然成风，促长了明代诗坛的模拟之习。可以说，明代诗坛之弊大多与杜甫有着瓜葛。因此，不贬抑杜甫，推倒杜甫这尊偶像，就无以纠明代诗坛之弊。于是，在纠明代诗坛之弊以振兴民族诗学这一思维原点的羁勒下，船山选择了杜诗“以史为诗”和“啼饥号寒”等现象予以渲染、批判，以破杜诗门户，抑鄙俗之风和模拟之习。而对那些奠定杜甫“大家”地位的诗歌成就，船山则予以淡化，只是偶尔情不自禁地奉上几句赞语。

船山对齐梁诗人的评价，亦表现出船山考察诗史的思维原点对其诗评的影响。齐梁宫体诗存在内容卑俗佻薄、风格轻艳柔靡之弊，对后世诗坛产生过严重的不良影响，但由于宫体诗早已被公认为是靡靡之音、亡国之音，宫体诗人亦因之而声名狼藉，人们避之若浼，宫体诗的内容和风格鲜有人标榜、仿效，因此，于明朝诗坛而言，它并没有产生实质性的直接影响。于是，船山在对齐梁诗人作诗史考察时，淡化了齐梁诗人宫体之过的一面，重点关注齐梁诗人对古诗艺术传统的继承和发扬的一面。在船山看来，齐梁诗人的诗歌或“疏宕以成其韵度”[2] 854，或“远思逸韵”[2] 548，或“丽而不淫”[2] 547，继承并发扬了古诗温厚和平、舒缓从容的艺术传统，而这正是纠明代诗坛“赪面张拳”[3] 860“竞气躁情”[4] 1285的粗鄙之风所需要的。因此，他一反前人成见，对齐梁诗人在艺术表现上的成就刻意渲染，并据此充分肯定齐梁诗人在诗歌发展史上的贡献。

其他如船山以“徒用谩骂”讥毁白居易[5]976、以“狷急险躁”责难韩愈[5]967、以“一色佻薄”贬斥《子夜》曲[2]616等，均非基于他对评价对象的全面考察而得出的结论，而是从明代诗坛的词遽音促、竞气躁情、俚俗轻薄等诗歌鄙俗现象出发，在史诗流程中溯源寻流，对评价对象的某一现象驻足审视，聚力以攻，以求警省世人，达到纠明代诗坛之弊的目的。

总之，船山在论诗过程中具有强烈的诗史意识，注重在复杂的诗史流程中寻溯作家作品的诗学贡献和诗史影响。但船山的诗史意识往往受到纠明代诗坛之弊以振兴民族诗学这一思维原点的羁勒，以至于他在论作家、作品时有意无意地淡化甚至忽略对明代诗坛没有直接影响的诗学现象，却刻意渲染被其认定为与明代诗坛弊端有源流关系的诗学现象，以期拔根截流，革除明代诗坛之弊，重振民族诗学。于是，基于史诗意识而生成的船山诗学话语的独特性进一步凸显，以至于涉嫌“偏颇”。

三、诗史意识干预下的船山独特性诗学话语之得失

如前文所述，船山在论诗过程中具有强烈的诗史意识，注重在诗史流程中考察作家、作品的诗学影响，同时辨析诗学现象的渊源流变，在历史反思中探寻民族诗学的振兴之路。在诗史意识的干预下，船山论诗的视角和旨归常异于世人，其诗论呈现出独特的话语现象。在船山历史观的规定下，其诗论中渗透着诗史意识的独特性诗学话语，颇有别开生面的诗学建树，但亦难免有所缺失，可谓得失并存。

船山独特性诗学话语之得，首先表现在对诗歌发展历史轨迹的追寻和诗学规律的揭示上。船山认为，历史发展既不为人意所左右，也不是神意的体现，而是由“理”和“势”所决定的。“理”即“物之固然，事之所以然”[9]194，也就是事物发展的内在法则、必然规律；“势”即“一动而不可止者”[10]582，也就是事物发展的必然趋势。“理”与“势”，“合而名之曰天”[11]995，“理势合一”乃历史演进之“天道”。王船山这一理势合一的历史发展观，反映在其诗史意识中，则表现为对体现诗歌发展之“势”的诗学现象源流通变轨迹的执着追寻，借此以求“在势之必然处见

理”[12] 94，揭示诗歌发展的内在规律。鉴于中国古代诗论多局限于就诗论诗，少有通论历代诗歌的情况，那么，船山这种逾越本事寻“势”现“理”的诗论方式可以说疏离了诗学主流，故其诗学话语显得非常特别。船山诗学话语的独特性，给世人留下了“偏颇”的口实，然其独特性诗学话语在展现诗歌演进的历史轨迹、揭示诗歌发展内在规律方面所取得的成就，却是前代无人所及的。如关于诗体流变，长期以来诗学界“罕能考核源委”（《四库全书总目提要》），而船山则对四言诗、五言古诗、五言近体、七言诗等诗体的源起流变都进行了通代考察，勾勒出了它们各自的发展演变轨迹，如他对五言古诗演变轨迹的勾勒：以古诗十九首为代表的汉魏古诗“诗教良然”[2] 644，是“风雅正系”[2] 650，为五言古诗之宗；齐梁“声偶既盛，古诗已绝”[2] 814，“五言之制，衰于齐，几绝于梁”[4] 1271；至唐，诗律、诗法禁严，五言古诗“大裂于唐”[4] 1271，“唐无五言古诗”[4] 1181。

又如船山对诗坛“建立门庭”这一现象的历史追踪：

> 建立门庭，自建安始。……降而萧梁宫体，降而王、杨、卢、骆，降而大历十才子，降而温、李、杨、刘，降而江西宗派，降而北地、信阳、琅邪、历下，降而竟陵，所以翕然从之者，皆一时和哄汉耳。[3] 832

在这段论述中，船山简明扼要地勾勒出了诗坛“建立门庭”之风的轨迹。自建安而至齐梁，降至唐代的初唐四杰、大历十才子，又到宋代西昆诗人、江西诗派，然后到明代前七子、后七子、景泰十才子，再至竟陵派的整个历史行程。在诗学史上，船山第一次比较完整地疏埋出了“建立门庭”这一诗学现象的诗史流程。

船山追踪诗学现象的源流通变，总不忘“在势之必然处见理”，揭示诗歌发展的内在规律。如船山在追寻诗体演变轨迹过程中对诗歌由简至繁演变规律的揭示：“四言之制，实维《诗》始。……自汉以降，凡诸作者，神韵易穷，以辞补之。故引之而五，伸之而七，藏者不足，显者有余，亦势之自然，非有变也。”[2] 590 再如船山对诗体盛极而衰规律的揭示：

"五言之制，衰于齐，几绝于梁，而大裂于唐。历下之云，非过激也。顾衰之自生，恒乘乎极盛。"[4] 1271意思是说，五言古诗在齐代已显颓势，至梁代几乎陷于绝境，到唐代已消失殆尽，李攀龙"唐无五言古诗"之说并非过激之言。五言古诗的衰落源于其自身，就像上弦月趋于盈满达到极盛而不得不亏一样。

船山对诗风与政治风尚之关系的揭示，亦属于诗史规律总结。"汉唐都周秦之故壤，其民一也。汉教近周，唐教近秦，而声诗之作亦异焉。西京之制，夷犹婉娩，虽以李陵之轻，息躬夫之戾，犹然其无促绞也。三唐之作，迫娇而无余思，虽北里南部之淫媟，且有杀伐之气焉。"[6] 370意思是说，汉唐都以周秦故地为都，民情类似。汉代的政治教化近似推重"情欲"的周代，唐代的政治教化近似崇尚"杀伐"的秦代。受政治风尚的影响，汉、唐诗风迥异。汉代政风从容和顺，故即使骁悍如李陵、暴戾如息躬夫，其诗歌仍然没有狂躁之气。唐代像秦朝一样尚"杀伐"，故即使民风淫逸，其诗歌作品仍免不了"杀伐"之气。概而言之，诗歌风格往往为其时的政治风尚所左右。王船山这种基于诗史考察的诗学规律总结，富于思辨色彩，在一定程度上突破了传统诗论直观、感性的诗话模式，具有别开生面的启示意义。

船山独特性诗学话语之得，还表现在鲜明的现实针对性上。船山十分重视历史研究，明确提出了"有尊史者存，而史乃立"的"尊史"主张。[13] 211但船山"尊史"，不仅仅是为了探求历史真相，更在于寻求历史的经验教训，把它作为治世的借鉴，即"述往以为来者师"[10] 225，也就是治史以致用。所以船山治史时，注重"读古人书，以揣当世之务"[10] 798，以达到"求安于心，求顺于理，求适于用"[10] 1179的目的。船山的"尊史"思想，致使其注重在诗史流程中考察作家、作品，有别于传统诗论就事论事的直观点评，成就了其诗学话语的独特品质。而船山治史以致用史学观念的影响所及，体现在其诗学批评始终从纠明代诗坛之弊以振兴民族诗学这一思维原点出发，故其诗学话语具有鲜明的现实针对性。船山诗史批评的对象，往往是关乎明代诗坛的重大诗学现象，如前文所述，船山从明代诗坛弊病出发，对诗坛"建立门庭"之习、诗歌鄙俗之风和诗歌文体驳杂现象的推源祸始等。船山诗论中的诗学论题也大多源自明代诗坛的重大诗学论争，如船山抑唐尊古诗学宗尚观的提出，就是对明末清初弥漫于诗坛的诗学宗尚之争的回应。明朝末年，诗学界掀起了以宋诗为宗的思潮，在这一思潮的冲击下，唐诗的独尊地位开始动摇。自明末至清初，诗学界以尊唐与尚宋两种主张为核心，展开了激烈的诗学宗尚论争，其间夹杂着尊崇古诗的呼声。船山通过诗史考察，认定尊唐与宗宋都有违诗教精神，都不能革除诗坛之弊以振兴民族诗学，认为唯有尊崇古诗方能弘扬诗教精神，护持儒家正统观念以振兴民族诗学。因此，船山反对以宗宋替代尊唐，明确提出了抑唐尊古的诗学崇尚观，借此以回应明末清初的这场诗学宗尚之争。

诚然，由于时代政治环境、船山生存境况和学术环境等方面的原因，船山诗学著作成书之后长期湮没不彰，其诗论在当时诗学界的影响也十分有限，诗学批判的即时效应并没有真正发挥出来。但是，鉴于船山所针对的明代诗坛之弊并没有随着时代的变迁而全然消失，并且所论亦多有跨越时代的诗学共性论题。所以，其诗论在历经沧桑而彰显于世之后，对诗坛仍有振聋发聩的作用，仍然发挥出“述往以为来者师”的“致用”效果。

船山独特性诗学话语之失，主要表现为：在英雄史观的影响下，高估或夸大了诗人个体的诗史影响。船山蕴含着朴素唯物主义思想的历史观是存在内在矛盾的。一方面，船山认为历史发展有其不以人的意志为转移的必然规律，即“理”；另一方面，船山又认为，“君相可以造命”，圣人“可以造万物之命”[14] 88，甚至“一介之士莫不有造焉”[10] 934，明显夸大了个人主观能动性的历史作用，体现了其英雄造时势的英雄史观思想。受英雄史观的影响，船山往往将政治经济环境、社会心理、文化传统、文学自身发展状况等多种因素综合作用形成的诗学现象归因于某些作家、作品，让作家个体承担起难以承受的历史之重，有意无意地拔高或迁怒于某些作家、作品。如其将诗坛“建立门庭”现象归因于曹植，就明显地夸大了曹植个人的诗史影响。文人结群立户，是一种复杂的社会现象，绝非个人凭一己之力所引发的偶发事件，“建立门庭”在曹植之前早已有之。如汉代《诗》学有鲁、齐、韩、毛四家，各家门下门徒众多，他们谨守师法，相互援引，党同伐异，它们实际上就是四大诗学门庭。再如西汉时期以梁孝王刘武、司马相如为中心的梁园文学群体，聚集了枚乘、邹阳、严忌、公孙诡、羊胜等众多文士，可以说是汉代风靡一时的赋坛门庭。倘若汉代诗歌能如辞赋般兴旺发达，诗坛门庭的出现也就在所难免。由此可以说，曹植固然有“立阶级以赚人升堂”之过，但倘若历史上没有曹植，诗坛门庭仍然会顺势而立，只是门面不同而已。再如船山让杜甫承担诗歌鄙俗之风的历史责任，把诗人缚于诗法诗律之咎归于皎然等，这些都有夸大个人在诗史中的作用之嫌。总之，在英雄史观的影响下，船山“客观地指出了个别作家及其作品在诗歌发展史上的重要地位，揭示了客观必然性与个人的主观能动精神的关系，却又过分强调了他们的作用，把个别作家作品的出现当做客观规律本身而不是当做客观规律推动下的结果”[15] 40。

综上所述，船山诗论中多有疏离主流诗论而非常独特的诗学话语，这一现象的出现，与船山的诗史意识有着直接的关联。在诗史意识的干预下，船山无意于就事论事地评述作家、作品，这在一定程度上淡化了其对诗学存在本身的微观关注，而注重将诗人、诗作置于诗史流程中进行动态考察，聚焦于作家、作品的诗史影响并以诗史影响作为褒贬扬抑的依据，但一般诗论者多注目于批评对象的诗学存在本身并以之为评价依据，故船山诗学话语往往游离于诗坛主流之外，显得非常特别。由于船山的诗史意识受到纠明代诗坛之弊以振兴民族诗学这一思维原点的羁勒，因而他有意无意地淡化甚至忽略了对明代诗坛没有直接影响的诗学现象，却刻意渲染被其认定为与明代诗坛弊端有渊源关系的诗学现象，这使得其诗学话语的独特性进一步凸显。诗史意识影响下的船山诗学话语可谓得失并存：其成就主要表现在对诗歌发展历史轨迹的追寻和诗学规律的揭示，以及鲜明的现实针对性等方面；其缺失主要表现为他在英雄史观的影响下，高估或夸大了诗人个体的诗史影响，让作家个体承担起难以承受的历史之重。

参考文献：

[1] 蒋寅. 清代诗学史：第一卷 [M]. 北京：中国社会科学出版社，2012.
[2] 王夫之. 古诗评选 [M] //船山全书：第十四册 [M]. 长沙：岳麓书社，1996.
[3] 王夫之. 姜斋诗话 [M] //船山全书：第十五册 [M]. 长沙：岳麓书社，1996.
[4] 王夫之. 明诗评选 [M] //船山全书：第十四册 [M]. 长沙：岳麓书社，1996.
[5] 王夫之. 唐诗评选 [M] //船山全书：第十四册 [M]. 长沙：岳麓书社，1996.
[6] 王夫之. 诗广传 [M] //船山全书：第三册 [M]. 长沙：岳麓书社，1996.
[7] 林庚. 中国文学简史 [M]. 北京：北京大学出版社，1988.
[8] 涂波. 王夫之诗学研究 [M]. 武汉：湖北人民出版社，2006.
[9] 王夫之. 张子正蒙注 [M] //船山全书：第十二册 [M]. 长沙：岳麓书社，1996.
[10] 王夫之. 读通鉴论 [M] //船山全书：第十册 [M]. 长沙：岳麓书社，1996.
[11] 王夫之. 读四书大全说 [M] //船山全书：第六册 [M]. 长沙：岳麓书社，1996.
[12] 王夫之. 四书稗疏 [M] //船山全书：第六册 [M]. 长沙：岳麓书社，1996.
[13] 王夫之. 春秋家说 [M] //船山全书：第五册 [M]. 长沙：岳麓书社，1996.
[14] 王夫之. 姜斋文集 [M] //船山全书：第十五册 [M]. 长沙：岳麓书社，1996.
[15] 陈建生. 知始则知化——评船山诗论及其历史观 [J]，徐州师范学院学报（哲学社会科学版），1989（3）.

（《衡阳师范学院学报》2022年第2期）

王船山诗歌评选的批评范畴

陈　勇

王船山对《古诗评选》《唐诗评选》《明诗评选》的评语，少则一二字，多则上千言，形式灵活，不拘一格。评语中有的推源溯流，论述诗歌的发展变化；有的纵横对比，衡鉴诗人的优劣得失；有的直接品赏诗作，评论诗艺高低。所有评语中品赏诗作类的评语所占篇幅最多，涉及古典诗歌批评许多重要范畴。

一、用字炼句

三部评选涉及字法、句法的评语虽然不多，却也能反映船山诗学的批评观念，如《古诗评选》有云：

> “进”“上”二字，急递入“双阙”“三台”，撰句之妙，乃使一篇大节目，密运入化。江南自沈约以降，皆以炼句归句、炼段归段为工，而真诗亡，俗韵起。（裴纳之《邺馆公宴南使》评）[1] 818

诗有云：“朝云驾马进，晓日乘龙上。双阙表皇居，三台映仙掌。当阶篁筱密，约岸荷蕖长。束带尽欣娱，谁言鹜归两。”诗写于南北通好结盟之际，北齐在邺馆设宴款待梁国使臣，气氛友好，情调欢愉。诗中五、六句用动词“进”“上”，之后顺势变换视角，从盟会场合的述说转入皇都景物的描写：皇宫之外的双阙高大巍峨，三台如仙掌般矗立，宫阙对面是青青竹林，弯曲的河岸两边长满了茂盛的荷花。船山用“密运如化”

形容此诗用字的微妙，是从全诗的结撰着眼的，而对沈约之后南人以“炼句归句、炼段归段”为工而不顾及全篇的做法，则斥之为“俗韵”，并认为是真诗败亡的开始。《唐诗评选》云：

“里”字、“深”字拗。“有”字重用。且如此诗，讵可以拗与重用，讥其不炼。（储光羲《汉阳即事》评）[2] 1000

诗云：“楚国千里远，孰知方寸违。春游欢有客，夕寝赋无衣。江水带冰绿，桃花随雨飞。九歌有深意，捐佩乃言归。”第一句“里”字仄声，但所处位置应为平声，方可与第二句仄声的“寸”字相对；第七句“深”字平声，但所处位置应为仄声，方可与第八句平声的“言”字相对；第三句和第七句“有”字出现两次。船山虽以“明媚深妍”称之，但也指出了此诗平仄失对和用字重复的瑕疵。他又评唐人诗云：

大历诸子拔本塞源，自矜独得，夸俊于一句之安，取新于一字之别，得己自雄，不思其反，或掇拾以成章，抑乖离之不恤，故五言之体丧于大历。（钱起《早下江宁》评）[2] 1028

也就是说，钱起等“大历十才子”写诗技巧熟练，尤其擅长律诗，格律归整、字精句工是他们诗作的特点，秀句名联在其诗中俯拾皆是，但他们作品也往往有句无篇。

由两则评语对照可知，船山不是不重视诗歌字句的锤炼，并对诸诗微小的瑕疵亦不放过，但他认为用字炼句要从全篇着眼，孤立地追求字句的精巧便是死法；用字炼句得当，全篇便意脉顺适、浑然一体，此乃字法、句法所追求的化境。

二、取事用典

凡诗文中引用历史上或传说中的人、地、事、物，或综采古人、古籍之名言佳句，均可称为用典。三部评选中有关用典的评论，与船山全部的诗学思想是一贯的，如《唐诗评选》云：

裂尽古今人心脾，不能得此四十字，真可谓泣鬼神矣。“人间世”“日暮云”，用古入化。凡用事、用成语、用景语不能尔者，无

劳驱役。(杜甫《琴台》评)[2] 1024

此诗是杜甫在成都凭吊司马相如的遗迹时所作。诗中有云:“酒肆人间世,琴台日暮云。”相如、文君杂居“酒肆”,藐视世俗的冷眼。《庄子》中有《人间世》一篇,表达了“知其不可奈何而安之若命”的处世哲学。“酒肆”即相如文君夫妻的“人间世”;“日暮云”语出江淹“日暮碧云合,佳人殊未来”之句,描述诗人徘徊于琴台遗迹,眺望暮霭碧云,追怀古人,无限思慕。结语云:“归凤求凰意,寥寥不复闻。”相如、文君对抗世俗,相知相爱,非后世轻薄之士艳羡的风流。诗人真正了解古人,知道琴声不可再闻,后世知音者亦稀。诗中的“人间世”化用古人之意,“日暮云”借古人之句,如同己出,不着痕迹,使思古之情愈加绵邈。船山以“泣鬼神”来赞赏全诗,并以之为诗歌用典的范式。《明诗评选》选入朱曰藩诗并评曰:

> 楟花落尽鹧鸪飞,吉甫台边春事稀。锦水繁华添丽藻,禺山金碧有光辉。僰中僮隶传书至,湔上人家沽酒归。笑挈一壶江浦去,轻红刚值荔枝肥。用事言情,如灵云桃花,瞥然一见。(朱曰藩《寄杨升庵书》评)[3] 1514

朱、杨之交是明代文坛有意味的话题。朱对杨的学行十分仰慕,他在《寄升庵书》中云:“曰藩陋劣童时侍先君子,即知海内有升庵公,迄今三十年余,忝承余业,不敢失坠。研求之余,益觉斯文正脉有在。”[4]他还寄诗作一卷以求教。杨慎《答朱射陂二则》中云:“新诗一卷,展玩手之而不释,吟号口之而不置,千里神交,平生奇遇也,荷何可言。信一代之奇作,诗林之振秀也。……反复佳什,出于《文选》、乐府而铸以伟辞。新律效于六朝、初唐而溯之左晋郧中,盖艳而有骨,丽而有则。”[5]朱不为七子派时风所囿,效法六朝初唐,与杨的诗学观念相契合。杨对朱的诗作十分欣赏,朱也因杨的奖掖而蜚声诗坛。杨放逐滇南三十多年,其间往返于四川、云南等地,与朱时有书信往来,晚年侨居江阳期间,以画像寄朱曰藩。此诗为朱收到画像后与何良俊、吴伯仁、黄姬水、郭第、盛时泰、顾应祥等人相聚时所赋。第一句中的“楟花”即有所寓意。杨慎的《丹铅总录》有樗花条，云：“《孝子传》：‘尹伯奇采樗花以为食’。”[6]“樗花”象征孝子，但此诗以孝子拟忠臣，也是对杨慎因“大礼议”事件而遭致流放的理解和同情。第二句中“吉甫台”即泸州古迹“琴台霜操”。《乐府诗集》中有《履霜操》一诗，其解题云：“《琴操》曰：‘尹吉甫之子伯奇所作也。伯奇无罪，为后母谗而见逐，乃集芰荷以为衣，采樗花以为食。晨朝履霜，自伤见放，于是援琴鼓之而作此操。曲终，投河而死。’”[7]“春事”即亲朋相会之事。诗人因与朋友相会而想到远在泸州的升庵先生无法返乡，也就无缘和先生相见，所以有“春事稀”的说法。第三句中的“锦水”，相传蜀人织锦濯洗其中，则锦色鲜艳，濯于他水，则锦色暗淡。左思《蜀都赋》云：“贝锦斐成，濯色江波。”[8]185第四句中“禺山”即禺同山。《水经注·淹水》说：“东南至蜻蛉县，其有禺同山，其山神有金马、碧鸡，光景倏忽，民多见之。”[9]杨慎流放滇南后，自号“金马碧鸡老兵”。第五至第八句说到川滇的风物，滇南为“僰人”聚居之地。《太平御览》引《郡国志》云：“古所谓僰僮之富，多以荔枝为业。”[10]诗中的“轻红”就是荔枝的别称。杜甫《宴戎州杨使君东楼》一诗云：“重碧拈春酒，轻红擘荔枝”。“湔水”是沱江的支流；泸州古称江阳，位于长江和沱江的交汇处，以盛产美酒闻名。诗人想象自己倾慕的先生有荔枝可啖，有美酒可酌，蕴含着深深的祝福。此诗句句有典，无一句直接言情，却无一句不关乎情。船山以禅家“灵云桃花”的典故形象地说明了此诗典故运用的微妙。唐末灵云志勤禅师有开悟偈语云：

> 三十年来寻剑客，几逢花发几抽枝。自从一见桃花后，直至如今更不疑。[11]

灵云初入沩山门下，不能彻悟，因此日夜焦虑，某日偶然看见桃花，心扉猛然洞彻，随即诵出此偈。灵云因桃花悟道，迥出思议之表，只有内心与之契悟。此诗中所用的典故，常人不易察觉，其中表达的情谊也许只有他们二人心领神会了。

由以上分析可知，船山认为关情是雅俗鸿沟，诗品优劣不在于用典与不用典，也不在少用典与多用典，而在于典故是否起到了言情达意的作用，是否与诗歌整体的情境相互融恰。

三、章法结构

船山云："异色成彩之谓文，一色昭著之谓章。文以异色，显条理之别；章以一色，见远而不离。"[12] 此观念跟他的诗学具有一贯性。《古诗评选》选入阮籍四言诗并评曰：

> 月明星稀，天高气寒。桂旗翠旌，佩玉鸣鸾。濯缨醴泉，被服蕙兰。思从二女，适彼湘沅。灵幽听微，谁观玉颜？灼灼春华，绿叶含丹。日月逝矣，惜尔华繁。章法奇绝。兴比开合，总以一色成之，遂觉天衣无缝。(《咏怀》评)[1] 585

此诗借曹操诗句"月明星稀"起兴，对之以"天高气寒"；第二至八句化用《九歌》为托寓，写诗人备车鸾、服蕙兰，南下湘沅追寻娥皇、女英，可是神女邈然难求；之后又以《诗经·桃夭》之句写鲜艳的春花，感叹韶华易逝，回到不如意的现实世界。这首诗场景几经转换，虚实多次变化，但无有意接续的痕迹，有"条理之别"而"见远不离"。所谓"一色"，即诗歌章法的完整和结构的细密。"一色"的观念不仅适合于单首诗作，也适用于组诗。《唐诗评选》评杜甫《秋兴》八首云：

> 八首如正变，七音旋相为宫而自成一章，或为割裂，则神态尽失矣。(《秋兴·玉露凋伤枫树林》评)[2] 726

船山以乐律术语来喻指《秋兴》八首的结构。《礼记·礼运》："五声、六律十二管，旋相为宫。"旋宫指十二律轮流作宫音，以构成不同调高的五声或七声音阶。八首诗如古乐中的旋宫转调，调高和调式轮番变换，却能组成一曲完美的乐章，其中任何一首诗均是乐章的有机组成部分。李攀龙的《古今诗删》选入《玉露凋伤枫树林》《蓬莱宫阙对南山》《昆明池水汉时功》三首[13]，竟陵派的《诗归》选入《昆明池水汉时功》

一首[14]，是因为他们无法体认到《秋兴》组诗结构的整体性，以致肆意割裂。船山虽然强调完整性，却认为无一定之则，如“月明星稀”句，位于曹操《短歌行》倒数四八句，阮籍却借以发端起兴，章法亦称“奇绝”。《明诗评选》云：

> 只起二句叙事已竟，向后但游衍耳。不为章法谋，乃成章法。所谓章法者，一章有一章之法也。千章一法，则不必名章法矣。事自有初终，意自有起止。更天然一定之则，所谓范围而不过者也。（杨慎《近归有寄》评）[3] 726

杨慎诗首联“禄品宵征路，堂川瞑两津”，叙述从深夜至次日黄昏，由禄品县到堂川河的整个行程；颔联、颈联“凉风吹远思，新月照归人。未醒鸡边路，犹惊马上身”，描写路途中的所见所思，所闻所感；尾联“明朝携手地，先醉雪梅春”，想象次日的行程中景色。一般而言，诗歌写作总是一边叙述征程，一边描写途中景物，且常以写景之句起兴，杨慎却打破了此惯例。通过对这首诗作的品读，船山得出“一章有一章之法”的看法，即一首诗的章法要与所叙之事的初始、所言之意的起止相吻合，而不可立一定之准来规范所有诗作的创作。因而可知，船山诗学的结构理论既包含不变的因素，即追求章法的浑然一体，也强调唯变所适，就是谋篇布局要符合一首诗具体的写作情境。

四、写景言情

情与景这对范畴在船山诗论中十分重要，但因著述体例的不同，其论说的指向有所差异，例如，《夕堂永日绪论·内编》基本上是从思想理论层面出发，而三部评选则从诗艺操作层面着眼。《古诗评选》云：

> 枫林暧似画，沙岸净如扫。空笼望悬石，回斜见危岛。绿草闲游蜂，青葭集轻鸨。徘徊洞初月，浸淫溃春潦。非愿岁物华，徒用风光好。平叙八句，微点入情。取景不哗，名士风流未坠。（王僧孺《至牛渚忆魏少卿》评）[1] 794

此诗前八句在“平叙”中取景，枫林、沙岸、悬石、危岛、绿草、青葭、游蜂、轻鸲、初月、春潦等，次第排开，繁而不杂，有远有近，或大或小，明与暗、动与静、高峻与秀丽之间参伍错综，相互映衬，即所谓“不哗”；后两句“微点入情”，似乎能感受到诗人对朋友的怀念，以及无缘同游山水的些许惆怅，却也似有似无。可以说，取景的纯净不杂，言情的含而不露，皆是船山判断诗艺高低、诗品优劣的重要标准。《唐诗评选》云：

回风度雨渭城西，细草新花踏作泥，秦女峰头雪未尽，胡公陂上日初低。愁窥白发羞微禄，悔别青山忆旧溪。闻道辋川多胜事，玉壶春酒正堪携。起束入化。景中生情，情中含景，故曰，景者情之景，情者景之情。高达夫则不然，如山家村筵席，一荤一素。（岑参《首春渭西郊行呈蓝田张二主簿》评）[2] 1083

此诗前二联写渭城西郊早春的景色，后二联写宦游之情。所谓“景中生情”，是诗人由游赏春景而产生厌倦宦游、醉酒山林的情怀；而“情中含景”，即诗人追忆当初因追求功名而告别乡关，如今白发皤然、垂垂老矣，家乡逶迤的青山、潺湲的溪流时时浮现眼前，闻道主簿所居辋川多风景名胜，而生携酒从游之想。此诗情景相互融合、相互生发。而高适之诗存在情景彼此疆界、互相游离的情形。故船山评前者以“起束入化”，讥嘲后者为“一荤一素”。然而，他又认为情景能否融为一片，却不在刻意地安排，云：“‘良苗亦怀新’，乃生入语。杜陵得此，遂以无私之德，横被花鸟；不竞之心，武断流水。”[1] 719 陶潜的“良苗亦怀新”，杜甫的“花柳更无私”“水流心不竞”等诗句，是移情入景，以一己一时之心境看待自然景物。所谓“生入语”的批评意义，就是提倡情景交融，不能以人力进行强制安排，而应有待两者之间自然地生发与运化。《唐诗评选》云：

起联即自然是登襄阳城语，不景之景，非情之情，知者希矣。（杜审言《登襄阳城》评）[2] 988

此诗起联云“旅客三秋至，层城四望开”，直写登楼即目所见，自然流露出羁旅之思。写景言情皆不待刻意而为，即所谓“不景之景，非情之情”。总之，船山诗学的情景关系是辩证的，它们既是相互依存、不可分离的，又不能生拉硬凑、貌合神离，所谓“景中生情，情中含景”，其妙处在于有意无意之间。

五、遣意取势

与“情”“景”类似，“意”“势”是两个相对应的范畴，船山对这两组范畴的思考具有一贯性。《夕堂永日绪论·内编》云“势者，意中之神理也”[15]；《周易·系辞》云“阴阳不测之谓”。“神”字指出了意势无有成规、变动不居的特点。《古诗评选》云“平者取势不杂；淡者，遣意不烦”[1] 716。“不杂”“不烦”，强调取势遣意要力戒杂沓冗长，贵在纯净洗炼。上述两种观念看似冲突，实则是辩证统一的。《古诗评选》云：

> 长句长篇，斯为开山第一祖。……盖势远则意不得杂，气昌则词不待毕，故虽波兴峰立，而尤以纯俭为宗。其与短歌微吟，会归初无二致。（曹丕《大墙上蒿行》评）[1] 506

这首诗是《古诗评选》中最长的一篇乐府，开首以草木春盛秋衰起兴，发出“人生居天壤间，忽如飞鸟栖枯枝”的悲叹，接着极力铺排宝剑冠服之美、金铺玉堂之胜，篇末云“为乐常苦迟，岁月逝，忽若飞。何为自苦，使我心悲”。全诗文辞恣肆，长短错落，滔滔汩汩，但人生苦短的悲叹始终回旋往复，即所谓“势远则意不得杂，气昌则词不待毕”。其中的“纯俭为宗”，是船山衡量诗歌遣意取势的主要标准，且不管是鸿篇巨制，还是短歌微吟。《古诗评选》又云：“陶诗恒有率意一往，或篇多数句，或句多数字，正惟恐愚蒙者不知其意，故以乐以哀，如闻其哭笑。”[1] 717船山认为，由于陶潜的“率意”，即为了取称于田舍翁妪，放而不归，炼意不精，导致了其诗“篇多数句，句多数字”的瑕疵。由此可知船山所说的“遣意不杂”，不仅在于诗艺的高低，更关乎诗人的品性修养。

“遣意”，是指诗中情意的展开，有待于诗人对“势”的把握，这有各种不同的情形：

二章往复养势。（嵇康《杂事》“鸳鸯于飞”评）[1] 579

此篇心有密理，笔有忍势。（江总《长相思》评）[1] 566

一往驶健中自有留势。（陆厥《奉答内兄顾希叔》评）[1] 766

顾笔端间全用止势。（刘基《旅兴》“倦鸟冀安巢”评）[3] 1250

笔底全有收势。（僧洪恩《经衲头庵忆法秀禅师》评）[3] 1458

只叙一事，就中如势写尽。（范泰《鸾鸟诗》评）[1] 748

虽转势趋下，而相承不更作意。（李白《拟古西北有高楼》评）[2] 981

“罗家得雀喜”二语偷势设色，尤妙在平叙中入转。（曹植《野田黄雀行》评）[1] 511

如前所引，“一章有一章之法”，同理，一诗有一诗之意，一诗有一诗之势。“意”因人、因时、因地而异，取“势”也不可蹈袭前人轨辙。因创作当下“意”的不同，可采取不同方法：有一往欲尽之“势”，则“养”“忍”“留”“止”“收”，务使“意”往复郑重；有因利乘便之“势”，则“如”“转”“偷”，进而曲尽其意。于作者而言，“势”是行文过程中的内在驱动力；于读者而言，“势”又是作品本身散发于外的感染力。船山云：

“南登霸陵岸”一转，取势平远。（王粲《七哀诗》评）[1] 667

短章有万里之势。（刘桢《赠从弟》评）[1] 672

偶句必有流势。（卢思道《听蝉鸣篇》评）[1] 568

句里字外俱有引曳蹇飞之势。（王绩《北山》评）[2] 885

以“平远”“万里”“流”“引曳蹇飞”等语形容“势”，揭示上述诗作所具有的灵动性和内在张力，诚如萧驰所指出的那样：“诗因是一种活动，一受内在生命力驱遣的行文过程，势强调‘从静止想象动态’，即以诗境虚涵宇宙的众动之化。”[16]

六、气度神韵

“气”“神”“韵”是三部评选中出现十分频繁的字眼，有时单独运用，有时并列出现，有与它字组合成词使用，如神气、气度、气致、气韵、元气、神韵、神情、神光、神行等。这些词会因评论角度与语境的变化而有所差异，均非严格的概念术语，其间的畛域不是十分确定。《明诗评选》云：

> 炼气得神，则晋、宋以下吾未之见也。林屋神气霏微，了无离合，定谁取晋、宋以下人相拟……杜家只用一钝斧子死斫见血，便令仁戕生夭。（蔡羽《钱孔周席上话文衡山王履吉金元宾》评）[3] 1312

蔡羽尝云，“吾辛苦作诗，求出魏、晋之上”[17]，“少陵不足法”[18]。上则评语所论的这首五言古诗，有汉魏古雅之风，情思深婉，语脉和缓，浑融自然。船山十分赞赏蔡羽取法魏、晋之上，不以杜甫为宗法的学诗主张。杜甫《江上值水如海势聊短述》一诗云：“为人性僻耽佳句，语不惊人死不休。”为追求诗歌惊人的审美效果，杜甫十分重视用字琢句，极意求工，誓死不休，这种严苛创作态度多为后人所称道。但船山说：“若故欲惊人，早已狂怪；达人视之，蝘蜓而已。杜陵乃至以‘死不休’为誓。以何着此死紧？”[1] 767即是说诗歌多一分雕琢损一分气度，多一分矫饰损一分神韵。船山云：

> 昔人论书，谓过务遒劲，则俗气未除。谢客以上人，必不肯作此种语。雅俗渐移，作者方自矜胜地，不知其已降也。（吴迈远《长相思》评）[1] 538
>
> 王江宁七言小诗，非不雄深奇丽，而以原始揆之，终觉霸气逼人，如管仲之治国，过为精密，但此便与王道背驰，况宋襄之烦扰桩腔者乎！（梁元帝《春别应令》评）[1] 642
>
> 开合平顺，唐人作古诗者，眉棱如铁，肩骨如峰，皆鬼气也此，独有生人之理。（虎丘鬼《题虎丘山石壁二首·神仙不可学》评）[1] 975

“俗气”是“过务遒劲”的结果；“霸气”是“过为精密”所致；雄健至“如铁”“如峰”的地步，则无生人之理，就是凌厉的“鬼气”了。在船山看来，诗歌要达到“炼气得神”的境界，绝非刻意追求所能达到。《古诗评选》云：

> 神韵所不待论。三句三意，不须承传；一比一赋，脱然自致，绝不入文士映带，岂亦非天授也哉！（汉高帝《大风歌》评）[1] 483

高帝击败反叛的淮南王英布后，经过家乡沛县，召故人父老子弟佐酒，击筑即兴而吟《大风歌》。该诗首句“大风起兮云飞扬”，以风云暗喻战争；第二句“威加海内兮归故乡”，写自己荡平四方、臣服各路诸侯之后，衣锦还乡后的威武气概；第三句“安得猛士兮守四方”，言天下初平，流露出猛士难得、守业不易的忧虑。唐李善注曰：“风起、云飞，以喻群雄竞逐，而天下乱也。威加海内，言已静也。夫安不忘危，故思猛士以镇之。”[8] 1338此诗每一句的场景与心境均不相同，无后世文人的承转启合、照应关联之法，但全诗神情高远、气度恢宏，故以“天授”评之。由此可知，船山诗学所追求的“气”“神”是超越于法度之外的，其融摄的思想包含庄子哲学、丹道理论、宋明心性学等，渊源甚为深广，已非本文所能尽述。

以上诸目，越靠前越近于实，属于外在的、技法层面的因素越多；越靠后越近于虚，属于内在的、理论层面的因素越多。船山论诗能内外结合，谈字法、句法、章法、用典等技术层面的问题，然后总以诗歌整体的气度神韵为依归；当涉及理论层面的问题，一般会以诗歌具体的问题为出发点。就总体而言，船山更注重诗歌内在的因素，善于站在更高的审美层次评骘古今诗作。

参考文献：

[1] 王夫之. 古诗评选 [M] //船山全书：第14册. 长沙：岳麓书社，1996.
[2] 王夫之. 唐诗评选 [M] //船山全书：第14册. 长沙：岳麓书社，1996.
[3] 王夫之. 明诗评选 [M] //船山全书：第14册. 长沙：岳麓书社，1996.

［4］朱曰藩．山带阁集［M］//四库全书存目丛书：集部第110册．济南：齐鲁书社，1997.
［5］杨慎．杨升庵丛书：第4册［M］．王文才，万光治．主编．成都：天地出版社，2002.
［6］杨慎．丹铅总录笺证：上册［M］．王大淳．笺证．杭州：浙江古籍出版社，2008.
［7］郭茂倩．乐府诗集：第3册［M］．北京：中华书局，1979.
［8］萧统．文选：第1册［M］．李善，注．上海：上海古籍出版社，1986.
［9］郦道元．水经注校证［M］．陈桥驿，校证．北京：中华书局，2007.
［10］李昉．太平御览：第1册［M］．北京：中华书局，1966.
［11］静筠．祖堂集：下册［M］．北京：中华书局，2007.
［12］王夫之．读四书大全说［M］//船山全书：第6册．长沙：岳麓书社，1996.
［13］李攀龙．古今诗删［M］//景印文渊阁四库全书：第1382册．台北：台北商务印书馆，2008.
［14］钟惺，谭元春．诗归：下册［M］．武汉：湖北人民出版社，1985.
［15］王夫之．夕堂永日绪论内编［M］//船山全书：第15册．长沙：岳麓书社，1996.
［16］萧驰．抒情传统与中国思想——王夫之诗学发微［M］．上海：上海古籍出版社，2003.
［17］文征明．翰林蔡先生墓志［M］//文征明集．上海：上海古籍出版社，1987.
［18］钱谦益．列朝诗集小传［M］．上海：上海古籍出版社，1959.

（《衡阳师范学院学报》2020年第4期）

王船山诗学中的文体要求探析

石朝辉

德国姚斯在《走向接受美学》中说："文学的形式与类型既不是作家主观的创造，也不仅是反思性的有序概念，而主要是一种社会现象。类型与形式的存在依赖于它们在现实世界中的功能。"[1] 126 文体研究有助于我们从社会功能的深层次层面来阐释文学的形式与类型。早在魏晋时期，曹丕就关注了"文体"问题，他在《典论·论文》中提出"夫文本同而末异，盖奏议宜雅，书论宜理，铭诔尚实，诗赋欲丽"[2] 158。"所谓本，大致是指基本的规则而言，这是一切文章共同的；所谓末，是各种不同的文体的特点。"[3] 163 陆机在《文赋》中也说："诗缘情而绮靡。赋体物而浏亮……虽区分之在兹，亦禁邪而制放。要辞达而理举，故无取乎冗长。"[4] 171-172 刘勰的《文心雕龙》将文体分为二十种，并用二十篇文论对它们进行了分析论述，说明"论文叙笔，则囿别区分"，将各种文体的特点作为文体写作的重要参考标准，具有无法取代的意义。莱辛在《汉堡剧评》中也说："各种体裁的诗歌不可能改善一切，至少说两种体裁不可能产生完全相同的完美效果；但是每一种体裁可以尽其所能做到最好的改善，而且在其范围之内做得比其他体裁更好——那才是它的特定目的。"[5] 230-231 王船山对文体的要求十分严格，认为"万物自有其贞形，万事自有其贞则"[6] 923，它们必须各尽其能、各得其所。同时，船山还认为各种文体之间有着不能随意跨越的鸿沟，更不能互相替代，"要之，文章必有体。体者，自体也"[7] 848。

一、“诗”与“非诗”的区别

王船山严格区分“诗”与“非诗”，强调“诗”和“非诗”之间的界限，认为诗作为独立的文体，不同于其他文体，不能与其他文体相混淆。

王夫之说：“陶冶性情，别有风旨，不可以典册、简牍、训诂之学与焉也。”[7] 807诗歌作为一种独立的文体，“它饱和着丰富的想象和感情，常常以直接抒情的方式来表现，而且精炼与和谐的程度上，特别是在节奏的鲜明上，它的语言有别于散文的语言”[8] 27。诗歌与性情相关联，抒发真情实感。诗歌有着特有的风格旨趣，不同于典册、简牍这类记载典章制度等的书籍、书简，也不同于训诂这类对古书字句作解释的文体。各种文体的功用存在差异，因此文体的要求也不尽相同。从文体角度而言，诗歌不同于训诂之学，也区别于“六经”中的其他“五经”。

“诗以道性情，道性之情也。性中尽有天德、王道、事功、节义、礼乐、文章，却分派与《易》《书》《礼》《春秋》去，彼不能代《诗》而言性之情，《诗》亦不能代彼也。决破此疆界，自杜甫始。桎梏人情，以掩性之光辉；风雅罪魁，非杜其谁耶？”[9] 1440–1441《易》《书》《礼》《春秋》对应天德、王道、事功、节义、礼乐、文章，“《大易》赞幽之书，《春秋》明刑之典”[10] 590。诗歌为言性之情的文体，这一特点是其他文体所不具备的，因此不能彼此代替。如高启《凉州词》中“只有黄河入海流”一句表现了豪迈、振奋的情感，力道强劲，难以通过其他文体形式达到同等效果。如果只是抒发议论，则用《易》《书》等文体更为合适。但诗歌内容丰富、情感厚重，不能通过议论来完成，如果在诗歌中表达纯粹的议论，则会违背诗歌自身的特色，使诗歌失去美的意象与情感。在《诗广传・论驷》中，王船山再次强调《书》“意必尽而俭于辞”，《诗》“辞必尽而俭于意”，《书》要“简而直”，《诗》则要“至而和”，《诗》与《书》各有其尺度，不能偏废，所以说“故《诗》者，与《书》异垒而不相入者也”[11] 506。王船山还从反面对此进行了论证：“如可穷六合，亘万汇，而一之于诗，则言天不必《易》，言王不必《书》，权衡王道不必《春秋》，旁通不必《尔雅》，断狱不必律，敷陈不必笺奏，传经不必注疏，弹劾不必章案，问罪不必符檄，称述不必记序，但一诗而已足。既已有彼数者，则又何用夫诗?”[10] 821也就是说，如果诗歌可以替代律、笺奏、注疏、章案、符檄、记序等文体，那么其他文体就没有存在的意义了，“文章之道，自各有宜。典册檄命，固不得不以爽厉动人于俄顷，若夫絜音使圆，引声为永者，自偕和远幽微，动人欣戚之性”[12] 1008。文体之间不能随意替代，否则某种文体就将变得多余。

在强调诗歌不同于其他文体时，王船山阐述最多、批判也最强烈的是混淆“诗”和“史”界限的“诗史”说。他认为，文体之间不能够相互代替，并且“诗”和“史”是两种不同的文体，有着各自不同的功用和表达要求，不能混而并用。“诗史”说最早由晚唐孟棨在其《本事诗·高逸第三》中提出，“杜逢禄山之难，流离陇蜀，毕陈于诗，推见至隐，殆无遗事，故当时号为‘诗史’”[13] 15。自此之后，“诗史”说逐渐被人们接受。明朝杨慎在《升庵诗话》卷十一中说“六经各有体”，认为各种文体具有不同的功能作用，“《易》以道阴阳，《书》以道政事，《诗》以道性情，《春秋》以道名分”[14] 868。也就是说，各种文体因其自身要求和独特性，不能互相杂糅。由此可知，杨慎也认为“诗”“史”不能混同。由之，我们可以清晰地认识到，虽然“诗”与“史”之间有所重合，但不能等同，否则会改变不同文体应有的属性，也让不同文体失去各自存在的基础。

王船山在分析《上山采靡芜》一诗时指出，该诗共描绘了三个人物，即夫、新人、故人，故人和夫之间的简短对话，虽然包含叙事的成分，却不以叙事取胜，而是要借此营造出一种与人物感同身受的意境，这正是这首诗歌“妙夺天工”之处。王船山认为“诗”中的叙事比“史”中的叙事更难写作：“史”讲究实录、剪裁、修改，真实记录历史事件；“诗”是即事生情、即语绘状，需要“直寻”，凭借诗人当下性的体验对眼前发生的事情生发自己的情感，讲究当时、当下之感；如果把“从实著笔”用在诗歌写作之中，则背离了诗歌的特点，违背了协和、吟咏的要求。

在此基础上，王船山对杜甫的诗歌创作进行了分析，还对后世的学杜之人予以了评价。他认为，杜甫的《石壕吏》把“诗”与“史”的写作手法相杂糅，给人的感觉是“于史有余，于诗不足”[10] 650–651，就像“见驼则恨马背之不肿”一样，背离了诗与史两种文体各自的特色，无法实现两种文体的统一。诗歌讲究审美直觉，情景交融，而历史追求客观逼真的实录，两者无法达到共通、交融。中国古典诗歌虽然有直陈其事、褒贬美刺的传统，但其不能成为“以史代诗”的理由，也不能成为“以诗叙史”的借口。过分强调诗歌的“实录”精神，势必会破坏诗歌自身的功能和作用，“夫诗之不可以史为，若口与目之不相为代也，久矣”[7] 812，“杜歌行但以古童谣及无名字人所作《焦仲卿》《木兰诗》与俗笔赝作蔡琰《胡笳词》为宗主，此即是置身失所处。高者为散圣，孤者为庵僧，卑者为野狐”[12] 915。这些论说，对杜诗来说，虽然有点过于贬低，显得偏激，但由此我们也可以看出王船山对诗的独特性的强调，同时也体现出他对诗的文体要求的严格和执着。

与此相反，王船山高度赞扬李白的《登高丘而望远海》：“后人称杜陵为诗史，乃不知其九十一字中有一部开元天宝本纪在内。俗子非出像则不省。几欲卖陈寿《三国志》以雇说书人打匾鼓，夸赤壁鏖兵。可悲可笑，大都如此。”[12] 909李白的这首咏史诗，通过想象抒发自己对历史的感慨。王船山认为，“此九十一字中有一部开元天宝本纪在内”，将史用诗的形式恰当地表达出来了。该诗的叙事不是完全的写实，而是与抒情紧密联系，抒情中包含叙事成分，更能引发读者对历史的思考。诗与史融合的最高境界应该是“句句序事，乃令人不知其序事”，甚至不能察觉叙事的存在。总之，“诗有诗笔”，“犹史有史笔”，不能混同。

“诗”与“史”结合的形式还有咏史诗，即以史事为题材的诗歌。东汉时期班固的《咏史》，是中国诗歌史上第一首真正意义上的咏史诗。此后，“以史为鉴”的传统得以延续。“诗”作为一种文学形式之一，自然不能与“史”的“实录”相同，也不必与“史”的书写方式一致。《贞一斋诗说》中有言：“咏史诗不必凿凿指事实，看古人名作可见。”这个观点与王船山的思想具有相似之处，“咏古诗下语秀善，乃可歌可弦，而不犯史垒。足知以诗史称杜陵，定罚而非赏”[10] 509。在《煌煌京洛行》这首咏史诗中，作者曹丕通过评价历史人物来表明自己的立场和观点。该诗可以吟诵可以配乐，因为诗人遵循的是诗的创作规律，而非“史”的创作规律，“咏史诗以史为咏，正当于唱叹写神理，听闻者之生其哀乐。一加论赞，则不复有诗用，何配其体？‘子房未虎啸’一篇，如弋阳杂剧人妆大净、偏入俗眼，而此诗不显。大音希声，其来久矣”[12] 952-953。咏史诗以历史为歌咏的对象，着力描写神理而非实录，能触发读者情感，引发读者感悟，如此，“以史为咏”的诗歌才能真正将“诗”和“史”完美结合，否则只会破坏诗歌文体的特点和功能。对于后世的学杜之人，王船山批判道：“但能不学杜，即可间道林屋，虽不得仙，足以豪矣。诗有生气，如性之有仁也。杜家只用一钝斧子死斫见血，便令仁戕生夭。”[9] 1310他认为杜甫很多诗破坏了诗歌的本色，“指事发议诗一入唐、宋人铺序格中，则但一篇陈便宜文字，强令入韵，更不足以感人深念矣。此法至杜而裂，至学杜者而荡尽”[9] 1330-1331。也就是说，许多诗歌的传统特征在杜诗中没有得到继承，甚至遭到了破坏，那么学习杜诗的人自然也不可能学到诗歌的“正法”。

王船山严格区分“诗”与“非诗”的界限，提倡诗歌应该着力于表达情感，“诗以道性情，道性之情也”“诗言志，非言意也；诗达情，非达欲也”，肯定“情”在诗歌创作中的重要性，但他也认为，不是所有的情感都适合在诗歌中表达，对于某些情感必须进行限制。这种观念符合王船山对不同文体的准确定位。

二、诗歌中的经典体裁

诗歌有不同体裁。王船山认为古体诗更为经典，最符合自己的审美标准，于是将其奉为圭臬。在具体探讨王船山的理想诗歌体裁之前，我们可以先了解一下王船山在《古诗评选》《唐诗评选》《明诗评选》中所涉及的诗歌体裁。在上述三大诗歌评选中，入选的诗歌体裁有：乐府、歌行、四言诗、五言古诗、五言律诗、七言律诗、五言绝句、七言绝句。

《诗经》是四言诗最典型的代表作品。四言诗滥觞于上古歌谣，定型于《诗经》，对后世产生了深远影响。王船山在《诗广传》中专门阐释了四言诗丰富的意蕴。王船山虽然并没有直接表明他对四言诗体裁的态度，但从其对《诗经》的推崇中我们可以看出，他是极其肯定四言诗这一体裁的。这里存在一个奇怪的现象：虽然后世对《诗经》都十分推崇，却再也没有出现四言诗的创作高潮，所以王船山也没有花费更多的篇幅来论述四言诗。

随着诗歌内容的逐渐丰富，其艺术表现形式也更趋多元化，到汉代，出现了新的诗歌体裁——五言古诗。《古诗十九首》是五言古诗的重要代表作品之一。汉代五言古诗总体风格平白自然、温柔朴实，虽然也运用对偶、叠字、比兴等修辞手法，但总的来看，顺乎自然、简单淳朴是其主要特点。钟嵘在《诗品》中说："文温以丽，意悲而远，惊心动魄，可谓几乎一字千金！……人代冥灭，而清音独远，悲夫！"[15] 27刘勰将五言古诗的特点概括为："观其结体散文，直而不野，婉转附物，怊怅切情，实五言之冠冕也。"[16] 66《古诗十九首》构思极其巧妙，内容情景交融，语言平淡自然，风格委婉动人。

到了唐代，诗人虽然仍旧创作古体诗，但其时的古体诗已缺少之前五言古诗温婉自然的特点，只留下汉代古体诗的规矩法度，风格趋于粗豪霸气。王船山在《唐诗评选》中评陈子昂的《送客》时说"历下谓子昂以其古诗为古诗，非古也。若非占而犹然为诗，亦何妨风以世移。正字《感遇》诗似诵、似说、似狱词、似讲义，乃今不复似诗，何有于古？故曰五言古自是而亡。然千百什一，则前有供奉，后有苏州，固不为衰音乱竹所移，又不得以正字而概言唐无五言古诗也"[12] 929-930。王船山认为，陈子昂的古诗已经没有《古诗十九首》中那种自然流畅、和平温厚之意，而更像是诵、说、狱词、讲义之类的体裁，给人以直白、急促之感，已经不像是诗歌，更不用说古诗了。王船山还认为，李白《经下邪》、杜甫《玉华宫》这类诗对五言古诗也造成了灾难性的破坏，说"唐无五言古诗""五言之制，衰于齐、几绝于梁"。但王船山也并没有完全否定唐代的五言古诗，认为储光羲、韦应物的作品还是值得称赞的，具有"闳博深远"的特点，"韦于五言古，汉、晋之大宗也"[12] 970，"盛唐之储太祝、中唐之韦苏州，于五言已入圣证。'唐无五言古诗'，岂可为两公道哉！乃其昭质敷文之妙，俱自《西京》、《十九首》来，是以绝伦”[12] 937。

近体诗包括五言和七言。从五言到五律的演变是一个缓慢的过程，在这一过程中，格律化起了重要作用。五言律诗的出现和五言古诗之间有着密切的关系，两者的区别主要在于“以比偶谐音，差为近体”[12] 1027–102。五言律诗注重音律，尤其是大历年间的五言律诗，大多注重音律而忽视了五言古诗的“和平温厚之意”，缺乏温和敦厚的情感之美。

梁、陈时期的诗歌，是近体诗的源头。这一时期，虽已是五言古诗的最后阶段，但诗歌依旧保持了五言古诗朴实、蕴藉、郑重的特征。新出现的五言律诗这一体裁，应继承五言古诗的传统，否则容易导致“轻狷下迫、淫泛委沓之气”[12] 979。过渡阶段的梁、陈时期的诗歌有着双重特点，“物必有所始，知始则知化，化而失其故，雅之所以郑也。梁、陈于古诗则失故而郑，于近体则始化而雅”[12] 979。雅、郑（主）的双重转化为五言律诗提供了更大的发展空间。

六代时期的七言律诗是唐代律诗的先声，也是七言歌行的变体，其声律要求对仗精贴、声韵协和，“对仗起束固自精贴，声韵亦务协和，乃神韵骏发，则固可歌可行，或可入乐府”[12] 885，给人以大气磅礴、不拘谨小节之感。“初唐人于七言不昧宗旨，无复以歌行近体为别。大历以降，画地为牢，有近体而无七言，縶威凤使司晨，亦可哀已”[12] 891。王船山对初唐的七律较为赏识，认为那时的歌行与近体没有严格差异。

此后，绝句成为中国古典诗歌的重要体裁，“小诗之制，盛于唐人，非唐人之独造也。汉、晋以来所可传者，迄于陈、隋，亦云富矣。世或谓之绝句；绝者谓选句极简，必造其绝云尔”[10] 613。绝句这一体裁是逐步形成的，并非一蹴而就。五言绝句、七言绝句分别源自于五言古诗、七言古诗，王船山认为它们在审美特征上保留着五言古诗和七言古诗的特征，“自五言古诗来者，就一意中圆净成章，字外含远神，以使人思。自歌行来者，就一气中骀宕灵通，句中有余韵，以感人情。修短虽殊，而不可杂冗滞累则一也”[7] 839。王船山认为，五言绝句、七言绝句要以少胜多、以简见富，应追求字外之意、韵味之旨，而忌讳冗沓滞累，“七言绝句，初盛唐既饶有之，稍以郑重，故损其风神。至刘梦得而后宏放出于天然，于以扬扢性情，馺娑景物，无不宛尔成章，诚小诗之圣证矣”[7] 836-837。七言绝句兴起之时，体裁还不够成熟，表现过于郑重，一定程度上破坏了诗歌的文采神韵。刘禹锡之后，七言绝句才真正发挥其宏放的本色：即景抒情，更显七绝之真切。在七言绝句作品中，王船山推崇王昌龄，认为“唯王江宁能无疵颣”[7] 837。但对被后人称为唐人绝句压卷之作的“秦时明月汉时关”，王船山认为其存在头重之缺点，且诗歌前后不协调、不匀称。由此可知，王船山欣赏简洁而非滞累、简而有余味的诗作。

此外，王船山认为，五言、七言绝句应该看作为一个完整整体，不可切割，并不是一些人所说的“绝句绝去律诗之半也，或绝前四句，或绝后四句，或绝其首尾，或绝其中幅”[10] 613。也就是说，绝句应一气呵成，有气贯之，“绝”是“选句极简，必造其绝”[10] 613，而不是断绝之意。诗歌讲究既能抒发性情，也能荡人情怀。这些诗歌体裁一脉相承，“知古诗歌行近体之相为一贯者，大历以还七百余年，其人邈绝”[12] 885。

从上面的分析中我们可以看出，各种诗歌体裁都有自己的发展高峰，如四言诗中的《诗经》、五言古诗中的《古诗十九首》。就唐诗来说，盛唐不及初唐，中、晚唐不及盛唐，宋诗则基本上置而不论了，而到了明代，其诗歌凡具出彩之处，都来自对古诗的继承。“王船山在评论文章和诗歌时，总是表现出一个基本倾向，即仰慕魏晋而贬斥唐宋，喜欢和平蕴藉、含蓄的文章或诗歌，而不喜欢激昂慷慨、激烈豪壮的诗歌。”[17] 22 可以说，在评述的众多诗歌体裁中，王船山真正赞赏并符合其诗歌理想的是古体诗。

王船山赞赏古诗“文不弱，质不沉，韬束不迫，骀宕不奔”[9] 1298，认为古诗含蓄蕴藉，值得后世学习借鉴。他认为好的诗歌作品都是从古诗中吸取营养，“近体不从古诗来，真成孟浪”[10] 716，“无限无穷，天流神动，全从《十九首》来。以古诗为近体者，唯太白间能之，尚有未纯处。至用修而水乳妙合，即谓之千古第一诗人可也”[9] 1402。到了明代，虽有许多诗人模仿古诗，但并没有得到古诗的精髓，“今人胡乱作古诗，只是冲喉出气”。王船山对古体诗与近体诗进行了比较，认为古体诗高于近体诗。例如，他评价徐陵的诗时说："纳之古诗中则如落日余光，置之近体中则如春晴始旦矣。近体之视古诗，高下难易，于此可想。"[10] 854

总体来说，王船山提倡古体诗的同时反对严于诗法和技巧的诗歌，但并非反对一切诗法，而是认为人们在开始创作诗歌的时候，必须有法可依，"无法无脉，不复成文字""岂尝无法哉"。"法"是进行创作的基本要求，如果不了解作诗的方法，就无从下笔，难以为诗。不同的诗歌体裁有着不同的诗法，诗法之间也具有传承性，"古诗及歌行换韵者，必须韵、意不双转。自《三百篇》以至庾、鲍七言，皆不待钩锁，自然蝉连不绝。此法可通于时文，使股法相承，股中换气"[6] 823。当诗人掌握基本的技法之后，由于各自不同的人生经历、审美习惯、艺术修养，就不能再继续用诗法来约束诗人，否则只会泯灭诗人的创作个性，与其性情相违背。诗人要根据自己的个性进行创作，而不应处处以法量之，否则只会画地为牢，破坏诗歌的审美。王船山在对情景关系的分析中提出，情与景的写法应该重视，但不能只是按照"近体中二联，一情一景，一法也"的方法进行，否则就存在像他所列举的诗歌中存在的弊病一样，让人觉得可笑。

诗人进行诗歌创作时要选择合适的体裁，也需要采取恰当的表达方式，追求"活法"而不是"死法"，因为"足见凡言法者，皆非法也"[7] 827。如果一味地追求诗法之类的技巧，就会导致"言格局、言提喝、言关锁者，总无下口分在"，出现"桎梏人情"的诗歌作品，无法达到诗歌的自然境界。诗需要"真脉理、真局法"[9] 1286，而不是局限在规范、技巧之中。王船山把符合"天然之则"作为诗歌创作的最高标准。

王船山在鉴赏、评述诗歌时，坚持自己的标准，带有强烈的个人主观色彩。他认为古体诗要表现真情实感的内容，要"道性之情"，温柔敦厚，要运用蕴藉、中和、含蓄的表现手法，追求个人情感的表现。他崇尚自然，反对诗法，批评过于雕琢、严于技巧的诗歌。他还认为随着文学的发展，诗歌中所保留的传统的积淀越来越少，所以后来的诗歌无法与古体诗相提并论，这也是他推崇古体诗的原因。虽然上述观点存在偏颇之处，但它们都源于王船山的整体诗学观念，符合其个人诗学的理想境界，体现了他在诗歌内容和抒情方式上的追求，为后世研究和分析诗歌提供了重要参考。

参考文献：

[1] 姚斯，霍拉勃．接受美学与接受理论［M］．周宁，金元浦，译．沈阳：辽宁人民出版社，1987.
[2] 曹丕．典论：论文［M］//郭绍虞．中国历代文论选：第1册．上海：上海古籍出版社，1979.
[3] 郭绍虞．中国历代文论选：第1册［M］．上海：上海古籍出版社，1979.
[4] 陆机．文赋［M］//郭绍虞．中国历代文论选：第1册．上海：上海古籍出版社，1979.
[5] 韦勒克．近代文学批评史：第1卷［M］．杨岂深，杨自伍，译．上海：上海译文出版社，1987.
[6] 王夫之．读四书大全说［M］//船山全书：第6册．长沙：岳麓书社，1996.
[7] 王夫之．姜斋诗话［M］//船山全书：第15册．长沙：岳麓书社，1996.
[8] 何其芳．关于写诗和读诗［M］．北京：作家出版社，1956.
[9] 王夫之．明诗评选［M］//船山全书：第14册．长沙：岳麓书社，1996.
[10] 王夫之．古诗评选［M］//船山全书：第14册．长沙：岳麓书社，1996.
[11] 王夫之．诗广传［M］//船山全书：第3册．长沙：岳麓书社，1996.
[12] 王夫之．唐诗评选［M］//船山全书：第14册．长沙：岳麓书社，1996.
[13] 孟棨．本事诗：高逸第三［M］//丁福保．历代诗话续编：上．北京：中华书局，1983.
[14] 杨慎．升菴诗话［M］//丁福保．历代诗话续编：中．北京：中华书局，1983.
[15] 钟嵘．诗品译注［M］．周振甫，译注．南京：江苏教育出版社，2005.
[16] 刘勰．文心雕龙注［M］．范文澜，注．北京：人民文学出版社，1958.
[17] 谭承耕．王船山诗论及创作研究［M］．长沙：湖南出版社，1992.

（《衡阳师范学院学报》2021年第4期）

情之功夫

——王船山《诗广传》的诠释核心

颜清辉

《诗广传》真正面对或处理的问题是“情”，因缘有二：一是船山个人特殊的历史际遇，迫使其不得不对经典、传统与天道气运进行深刻的反思，不得不积极探寻个体生命之意义。船山在五十岁时（1668年）完成《春秋》三说，正如潘雨廷先生所说，船山以此“探赜索隐于人情之蕴”[1] 248，即人当从封闭的个体中走出，与他人、时代乃至历史同情共感。若人再往前推进一步，能以圣人之道对“同情共感”进行裁成取用，那么天下将既能同其情，又可得其大贞、大常，最终实现先圣的王道政治。这便是《诗广传》所担负的任务。①正如潘雨廷先生所云：“通观《春秋》与《诗》始见人情之真。”[1] 248二是“情”本属于有明一代的时代话题。从明代开始，“情”的地位及作用被凸显、放大，甚至出现“情本论”②之说。船山内在于这一历史风气之中，自然受其浸润，是以，船山的《诗广传》《姜斋诗话》《古诗评选》《唐诗评选》《明诗评选》等专门的诗学著作，都对“情”进行了深刻的阐述与反思。袁愈宗认为：“王夫之的‘诗情论’是对儒家‘温柔敦厚’诗学思想在理论上的一次全面总结。”[2] 127《诗广传》恰恰是“船山诗学的理论根本”[3] 10。

一、任情之害

在明末思潮中，理学末流“以理窒情”，僵化的理学气氛固化了情的生气流通；而反理学者如李贽等，则以情为世界之本源、为人事行动之根据，其云“氤氲化物，天下亦只有一个情字”[4] 224，主张任情之流行。船山对于上述两端，都保持着敏锐的警觉。如果按照理学传统，关于“性”与“情”的讨论，本当从“已发”“未发”的角度切入，通常认为“已发”为“情”，“未发”为“性”。船山在《读四书大全说》中同样也依照理学传统，不过思考得更为精深与圆融罢了。他认为，“情”不仅是“已发”，同时也是“未发”之体，因为“已发”是“未发”的发用流行，“未发”是“已发”之未发存养，两者原本便不当断作两截。[5] 450–451但在《诗广传》中，船山却并非按照理学传统的阐释思路，而是直接从“情”开始论述。他说：

> 欻然情动而意随，孰使之然邪？天也。天者，君子之所弗怙，以其非人之职也。物至而事起，事至而心起，心至而道起。虽其善者，亦物至知知，而与之化也。化于善，莫之有适，未见其歆喜之情，异于狎不善也。[6] 309

这段引文有两层含义：一是情之兴动是天使之然，超出人的认知能力，故曰：“情者，阴阳之几。”[6] 323是以，情动之前不容讨论，也无法讨论，因其已超出人之尺度，为非人之职，亦即“未发”一段实不必妄测，姑且悬置。二是物、事、心、道四者乃感通并生，此有则彼有，此无则彼无。情正是心在与物事相摩相荡、相激相感之际顿然发生。人总是处在且必须处在物、事、心、道的相互牵缠与摩荡之中，亦即总处于情的荡漾之中，所以不可无情，也不可能无情。若无情则性与理皆无法呈现，则势必导致人性的异化而沦为异端。正是因为这个原因，船山对佛教的“无情论”批判道：“闭情自怙，矜其无咎，盖有咎而不自知矣，誉恶从而至乎？”[6] 316

既然情无时不在流行发用之中，那么，是不是就可以任情而行了呢？船山的回答是否定的，因为他认为情无方所、无定向，而善恶不定，本身并不可靠，所以情更需要被正视，需要人恰如其当地安置、调节，使之总能“化于善”[6] 309。这才是人之为人的必修功夫与必经之道，是人之为人所必当担荷的职能。船山在《论草虫》中说：

有与天地同情者，有与禽鱼草木同情者，有与女子小人同情者，有与道同情者。[6] 310

对于引文中所述的“草虫之情”，船山持批判态度，因为这不过是俟天以动、逐物而走罢了，最终很有可能出现以下几种类型的情。

1.浮情，亦称为流情，即无法沉潜、涵养，总是浮之于表的无根之情。它刹那即变，无法持存。《论芣苢》曰：“夫苟浮情以往，几幸以求，盈目皆是而触手旋非，取物已勤而服躬不审，则违掇捋之绪，乱袺襭之容，道旁小草且觌面而非吾所据，又况其大焉者乎？”[6] 305果如此，人便只能浮沉于世，终究无所凭借，无处寄身，如何能兴起人世大制作，又遑论崇德广业呢？此浮情之一害也。二害在于“浮情害气”[7] 226。浮情最终会耗散或销铄原本充实于人间的元气，导致民族精神的萎靡与衰颓，是以政教制度的根本任务应当是“定其志而无浮情”[6] 363。三害在于浮情会诱人趋利。船山谓：“天下之工于趋利而避害，必竟是浮情嚣气，趁著者耳目之官，拣肥择软。”[5] 659正如孔子所说：“君子喻于义，小人喻于利。”当“浮情嚣气”弥漫于世间，即意味着世间已小人当道。安乐哲说：“小人不是对社会或政治上做出贡献，而是为自私自利的动机所支配，破坏社群中富有成效的协作。”[8] 258总之，浮情最终导致德性的败坏与政治、社会秩序的混乱。

2.淫情。它当然“并非专门指向男女之情”[3] 72，确切地说是因发用失节而不得其正的一种情，亦可谓之“留情”，即停留于某种情之中，胶执不化，郁结不运。吊诡的是，淫情看似是过度之情，但在实质上恰恰却是无情。船山称：“淫者，非谓其志于燕媟之私也，情极于一往，泛荡而不能自戢也。”[6] 433执念于此必将遗忘于彼，因为当过份地胶执沉溺于某一种情之时，必然会与此情之外的其他事物隔绝，将更广阔的物事遗忘，最终将存在整体遗忘。简言之，淫情最终导致人与世界的隔绝与疏离，淫情之害，此其一也。其二，淫情会附带生出遽迫、急促之情，这或许会使得淫情转换成自身的反面——浮情。所以，如《草虫》之“未见君子，我心伤悲”，《采葛》之“一日不见，如三岁兮”，《氓》之“不见复关，泣涕涟涟”，因其中心无主，故瞬间即转而成“亦既见止，亦既觏止，我心则夷”“既见复关，载笑载言”。《论采葛》曰：

> 《采葛》之情，淫情也；……天不能为之正其时，人不能为之副其望，耳荧而不聪，目瞀而不明，心眩而不戢，自非淫于情者，未有如是之亟亟也。此无所不庸其亟亟，终不能得彼之亟亟，彼不与此偕亟亟焉，而此之情益迫矣。[6] 344

当此浮躁激切的气息进入世界，它便化成“戾气”。船山认为，“戾气”会使得“天下相杀于无已”，销铄天地之和气，破坏存在整体之意义。所以船山说：“身心无主而不足以长言，国奚而不敝，俗奚而不颓邪？”[7] 226淫情其害之烈，可谓极矣！

3.欲。“理欲之辨”原本是宋明理学着重讨论的论题，但《诗广传》并未从这个角度切入。先需交代，此处所论之“欲”并非指称意志、理想，而是指某种类似动物本能般的难以自控的情，正所谓“动焉而不自待者，欲也”[6] 325。在这个意义上欲也属于某种情，是情的极度沉沦与执泥，本质上仍属淫情一类。船山曰：“欲之迷，货利为尤，声色次之。”[6] 325然而，如果“沉溺天下于货利而铄其本心”，则最终必然导致“人理亡也”的局面出现。[6] 326

但“情”与“欲”又需分合着看，是以船山强调“诗达情，非达欲也”[6] 326。《论静女》云：

> 情乃生欲，故情上受性，下授欲。受有所依，授有所放，上下背行而各亲其生，东西流之势也。[6] 327

“情”自“性”而来又分生出“欲”，三者呈现为“性-情-欲”的结构，由此，“情”的意义也就显得极为重要：居于结构中的中间位置，正是着力处，上可复归于性，下则可安放、归置着欲。“情”与“欲”若不分开来看，在“克欲”之时难免将“情”亦一并克除，以至理失其情的感通兴起之能，终将沦为否绝不通之“死理”。事实上，理学后期便已走上“以理桎情”之路。在《诗广传》中呈现出的“情”与“欲”之辨，既是理学“理欲之辨”的深密化，亦是对理学的纠偏③，同时更是对明末如李贽之流“以欲为情”的隐秘批判。

二、“情有止”之辨析

既然情可能会呈现出上述诸多恶的面相，那么如何保证情始终适其时、适其事地发生，即确保情总能趋向于善？《诗广传》给出的答案是“情有止”。然而，情本身只是感通兴起，永恒地处于“已发”之中。那么，船山所说的“止”究竟是什么意思呢？难道是要通过某种压抑机制阻绝感通的发生吗？果真如此，那么所谓的“止情”不过是某种变相的无情，本质上仍旧是对情的消除，只是“以理遏情”的变形。但《诗广传》已经挑明：“一朝之忿，一念之欲，一意之往，驰而不反，莫知其乡，皆唯其遏之也。”[6] 439遏情必然导致精神的萎靡与人文世界的塌缩，所以这显然不是“情有止”的真实涵义。或是说，情自然蕴涵着止这一维度，使之发而自然中止呢？既然如此，那为何又有浮情、淫情乃至欲的出现呢？

“情有止”究竟是什么意思？船山曰：“发乎情，止乎理。止者，不失其发也。有无理之情，无无情之理也。”[6] 323 “止于理”④的意思并不是说用固化形态的理来抑制情的发生，不是外部力量对内在情志的暴力镇压，而是说当情兴起发生之时自有其所归止者——节度，即谓之理。需要继续追问的是，情自身内蕴节度究竟是什么意思？或许会有以下两种情形：

1.情自身氤氲的条理。“情”遵循其内在的理路而流动，如同河流总顺着河道流动。河水有时会溢出河道，但如果疏导得好，泛滥之洪亦不会成为人世之灾，并且无论如何河水最终总归与河道合一。同理，当情偶然溢出之时，适当的疏通、导引也可以使情不至于成灾。此临事之时的疏导，即“止”之一义。但更恰当的方式是，居安思危地做好水利工程，如李冰之为都江堰，这样，待洪水来时，自有其道可导而不至成灾，甚至还能发挥水于人世之大用。比而言之，平日作好相应的功夫，使“情”总能得其正而止，临事之时不至于泛滥。此“止”之二义，这或许才是根本之法。

2.情在其发用时，自有其能够推扩的边界或限度，可以看做是“情”所蕴含着的止。这里的界限，有两层意思。

一是“发乎情，止乎理”这个句式中隐藏着一个未说之物，但究竟是什么导致发乎情而止乎理？换言之，尚有某物才是那根源性的东西，正是它将情推现出来。船山曰：“情者，阴阳之几也；物者，天地之产也。阴阳之几动于心，天地之产应于外。”[6] 323 “几”作为“情”的原发动力，既有临界之义，又有未形、未著却已含其象之义，更有兴动无定之义，正如濂溪先生谓“动而未形、有无之间者，几也”[9] 16。“情”不能越过“几”——“心之几”，否则不能称之为情。

二是“情”作为某种形式的流通，虽云可与天地同情、与女子小人同情、与草木虫鱼同情，但总会有其幽闭难通与不可通之处，总有其所不到之处。《论麟之趾》曰：“天之所不可知，人与知之，妄也；天之所可知，人与知之，非妄也。天之所授，人知宜之，天之可事者也。”[6] 306 对人而言，天既有其可为人知的一面，又有不可为人知的一面。天之可与不可决定了人之知与不知，在可与不可之间就呈现出可知与不可知之间的模糊界面——“天之几”，它既划定了人的有限性，也划定了“情”的有限性。

情从“心之几”中涌出，至“天之几”而止，永恒的是其间周流变动。那么，这是否就意味着情自然能止于其限度之内呢？显然不是。

三、情之功夫

《论草虫》云：

> 君子之心，有与天地同情者，有与禽鱼草木同情者，有与女子小人同情者，有与道同情者，唯君子悉知之，悉知之则辨用之，辨用之尤必裁成之，是以取天下之情而宅天下之正。故君子之用密矣。[6] 310

《草虫》记的是女人小子之情——蕃变流转之浮情或流情，这种情根本没有停下来反身的机会。也就是说，“情”并不会主动走上它的节度，因此要有“止”之功夫。《大学》云：“知止而后有定，定而后能静，静而后能安，安而后能虑，虑而后能得。”“止”正是道德学问的入手处：止得了，庶几不远；止不了，白鹭青天。君子必须有功夫的修正与涵养，来使得“天下之情以止”[6] 310。故船山曰：“情之不可恃久矣，是以君子莫慎乎治情。”[6] 342《诗广传》中蕴含着两大类“情之功夫”。

第一类是圣人制作礼法以止情。船山曰：

> 与天地同情者，化行于不自已，用其不自已而裁之以忧，故曰“天地不与圣人同忧”，圣人不与天地同不忧也。与禽鱼草木同情者，天下之莫不贵者生也，贵其生尤不贱其死，是以贞其死而重用万物之死也。与女子小人同情者，均是人矣，情同而取，取斯好，好不即得斯忧；情异而攻，攻斯恶，所恶乍释斯乐；同异接于耳目，忧乐之应，如目击耳受之无须臾留也。用其须臾之不留者以为勇，而裁之以智；用耳目之旋相应者以不拒天下，而裁之以不欣。智以勇，君子之情以节；不拒而抑无欣焉，天下之情以止。[6] 310

只有对情进行一番知、辨、用、裁之后，情才会真正的“有止”。船山给出三种情的裁成方式：

1. 与天地同情——裁之以忧；

2. 与禽鱼草木同情——贵其生而重用其死；

3. 与女子小人同情——裁之以智与不欣。

圣人通过制作礼法，归置天下之情，使之各得以止、得以正。⑤礼在本质上并非抑制机制，安乐哲也说礼是“一种非正式的社会机制”[8] 266。所以，通过礼法止情并不是压抑情的感通发生，而是通过礼乐的节制、疏导与振奋，使得天下之情可顺行畅达，并在圣人之道中被归置、裁成，成人世之大用，这才是真正的“情有止”。止于礼，达于圣人之德，船山又谓之为“达情”。于是，情无不畅，道无不达，人世政教得以建立，人伦百物各得其所。《易》云：“各正性命，保合太和。”《论时迈》云：“万有之情，不顺之则不动；百昌之气，不动之则不振。积习因循之染，不振之则不新。人情隐，而为达之；天道堙，而为疏之。”[6] 489但这与其说是功夫，毋宁说是典章制度、教化风行由外而内的作用，是以君子不怙，故有第二类功夫。

第二类是个人通过自身的功夫修炼来止情。这是由内而外的功夫。船山给出两重功夫，第一重是“敬”。《论雍》云：“敬者，人之情也。”[6] 495《诗广传》并不是在传统理学“涵养”与“察识”的功夫论中讨论“敬”。⑥《论采蘩》曰：

> “被之僮僮，夙夜在公”，敬之豫也；“被之祁祁，薄言还归”，敬之留也。先事而豫之，事已而留之，然后当其事而不匮矣：乃可以奉祭祀，交鬼神，而人职不失，过墟墓而生哀，入宗庙而生敬，临介胄而致武，方宴享而起和。[6] 308-309

“豫”“留”的圆融时间观摆脱“已发”与“未发”的线性时间思维方式，如此，已发与未发、前际与后际皆被“敬”所纳拢。同时，“敬”以“豫”“留”的形式把时空敞开，呈现出一个“间性”⑦，让“事”得以顺遂发生。而船山所强调的“事”即人职，专指人之为人所必行之事，但人职必须通过“奉祭祀、交鬼神”来界定：人主动地将自己托付出去，与天地鬼神往来游戏，通过这样的献礼，人才得以在天地鬼神之中获得自身的生长、生存空间，不至于僭乱天地鬼神、败坏人世。

“敬”必须通过具体的功夫，才能实现。《论采蘋》谓：

> 静斯涵，涵斯微，微斯虑，虑斯孅恶审，时地叙。孅恶审，斯忌恶也严；时地叙，斯致美也尽。忌恶严，致美尽，“无不敬”焉，敬此也已。[6] 311

由持静入手，在细微中逐渐展开功夫，最终指向的是“无不敬”。这个过程必须有“敬”作为指引，否则“静”难免沦于虚静。当“敬”实现，则能信，信则能诚，诚则能实，实则中心充阔而有主，便不至于坠入虚无。如是，通过“敬”的功夫，人在与天地鬼神交互中获得自身，能够真正做得主，便不至于沦为情的傀儡。这样，情才能始终随顺人之本性而发，最终得以升华为“性之情”。[6] 384

“敬”作为功夫，其根本任务是保持“人之为人”这一维度。对儒家而言，人并非上帝所造之物，也不是静止不变的现成之物，当然也不是抽象的、可任由人自行定义的概念之物。安乐哲说：“‘人’于是被看成一个复杂事件，而不是个别的‘物体’；是个‘成为’的过程而非本质的‘存在’；是不断发展中的‘做’而非独立自治的‘是’；是一系列具体、动态关系的复杂构造而非抽象、概念化的行为者。”[8] 141人所彰显的是经典、德性及参与天地创造的真实生活与艰苦卓著的永恒的行动（修养）过程。通过“敬”的功夫，人可以克服生物性遗传所带来的堕落、固化与抑制，在承接传统典范、先人智慧的同时，又得以在当下具体、灵活的经验中生成神圣体验、审美感受、理性行动、道德标准、社会价值等诸多方面的意义。

“敬”作为功夫，或如朱子所说在理论层面可通贯涵养与省察两端，然而，事实上它更偏向于涵养一段。但是，人的日常生活、实际处境却纷繁复杂，具体而特殊，沉重而艰难，更何况人无时不在“拷问”与“拣择”之中，单纯地靠“敬”字功夫，可能远远不够。特别是具体的、有限的个人，在面对未知且多变的境遇之时，乃至进入极端处境，如船山所说的“天崩地解”之时，又当如何，又能如何？《论麟之趾》云：

> 天之所授，人不知所宜，天之无可事者也。事天于其可事，顺而吉，应天也；事天于其无可事，凶而不咎，立命也。……人之所与知，麟之所以为麟也。……呜呼！麟之所以为麟，盖有道以善此矣，非夫人之所能与知也。……天下弗能与知，而知其为麟，“于嗟麟兮”！……所不可知者鲜度晋郑，而可知者，麟也。[6] 306-307

有限的人只能知天所予之知，可问题是人怎么知道天之所可与天所不可呢？船山认为，人若以强硬之姿去揣测天之可知与不可知，不过是纯粹的虚妄与僭越。因为“知”的问题并不能靠“知”去解决，只能在具体的事中，在具体的遭遇中，去体认、省察、觉知，此即孟子讲的“必有事焉”，程子讲的“在事中体会”。事同样有其界限，如果只是“事天之可事，顺而吉”，那么，事永远在既定的界限中徘徊，无法企及天之可与不可，是以船山认为问题的关键在于“事天于其无可事”。当事已经逼临至极端之时，人在认知上或许无法知道其事是否为天所授，但仍要积极地去做事。然而，如果“事天于其无可事”，就很有可能落入“凶”（危机、极端）的生存处境中。船山认为有两种方式来应对这种情况。

一种是“咎”。《系辞》谓“咎也者，小补过也”，即以“咎悔”的回返之力，把人从极端状况中拉回来，回归到常规状态、安全界域之中。另一种是“不咎”。即贞定于极端状况之中，去触碰到存在之“极”——界限。船山曰：“虽凶而无悔，虽吝而无咎，善用之者皆可以尽天道人事之变而反其大经。”[10] 277这才是船山之自觉与自道。当大明王朝已经退出历史舞台，接下来的世界会是什么样子？船山不知，但他知道不能以命殉国，必须继续行事于世间，贞定于天崩地解的情状之中，于是最终体贴到自己的天命——“六经责我开生面”。也只有到这个时候，才有可能触碰到自身之界限——性，然后命才有可能立得起来。这正是对《说卦》“穷理尽性以至于命”的真实演绎。

既然天不可知，且天命靡常，难道就这样沉沦为虚无吗？非也，船山认为，应当从其所知处立基，从可事处下手，即贞定于经典之教诲、德性之修养，依之而行。在这一过程中，自然会催生出一种典范式的教化力量，故船山曰：“此麟之所以为麟也。”简言之，在面对未知的天命之时，只能以贞定之姿，从能够确定的文化传统与德着手，以之涵养、充阔其“性”，最终指向那不确定的、不可知的——命。

于是，另外一重“情之功夫”就被逼生出来：“贞”。孔颖达谓“贞”为：“天德刚正而气序不差，是正而信也。”[11] 242船山认为“贞”即“真”，“为正、为实、为诚、为常、为不妄”[12] 329之义。当“敬”将大体挺立出来之后，“贞”便是对此大体的看护与持守，使之能在面对大变之境，面对未知之时，不至于迷失或沉沦，依旧能挺立出大常，正如《论行露》所云：“大贞者，保己而不保物者也。……必无讼，而后以全其贞，是必天之无露，而后可无濡也。”[6] 312 “贞”亦非一蹴而就，须经历一节一节之功夫，方可达成。

首先，需要“自爱”。“自爱”不是苟且，也不是自私自利。船山在

《论关雎》中云：

> 若夫既养而犹弗若也，圣人之于天道，命也，道且弗如天何也。虽然，则必不为恨子傲弟孀妻之尤，而抑可抑其锐以徐警之，君子犹不谓命也。人而令与，未有不以名高者矣。人而不令与，未有不以实望者矣。若夫言者，相穷于名而无实者也。故《易》曰“咸其辅颊舌”，感之末矣。荣之以名以畅其魂，惠之以实以厚其魄，而后夫人自爱之心起。[6] 300

又在《论柏舟》中云：

> 古之有道者，莫爱匪身。臣之于君，委身焉，妇之于夫，委身焉，一委而勿容自已，荣辱自彼而生死与俱，成乎不可解，而即是以为命。[6] 318

船山认为，“自爱”是对自我有限性的认识，是对“性”与“命”的看护与爱惜，是对人在天地之间的意义的自觉与期待，也是对天道的敬畏，“人皆载道之器”[5] 503“贵乎道者身也”[7] 226“身本经生”[13] 631。因为“自爱”，人才有可能以身载道，才可以立命；因为“自爱”，人在未知与变动之中，特别是在极端境遇之中，才不会被其所伤；因为“自爱”，人才能“自安”，才能绽放独立且丰富的在世状态。船山曰：“独志者，自爱自贵也。……反其独志，秉天德以摇荡之于独见独闻之中，使之自动，意欲得而性亦顺。”[14] 227然而，人仅停留于“自爱”，却难免落入“意必固我”之境，封闭生命的充阔之能。

其次，需要“自饰”。“自饰”有两种理解。

1. 自我的矫饰。这一现象在明清易代之际的士大夫们中比较常见，不管是遗民心态的“自饰以掩其短”[15] 588，还是贰臣心态的“自饰其恶”[7] 229，多半是带着一种委屈襞积的微妙心态进行的自我解释或自我安慰。严格地说，这样的矫饰，本质上是违背本心本情的虚伪之情，是对世界的谄媚与妥协。船山曰：“以物之敬慢而始自饰，则其饰也伪矣。”[16] 289这样的“饰”，毋宁是一种“矫情”，恰恰是“达情”之反面，是对真情的抑制。故船山曰：“矫情之所爱而憎之，矫情之所憎而爱之，怦怦其不能堪，而附之如漆，悖甚矣。”[6] 379 一个人违背其本情，却依旧能心安理得，若其在位、在势，亦必是“孱庸之主”与“回遹之臣”，政治气氛也将被溺爱与谄媚的气息所充斥，国家终将陷入极大的混乱之中。

2. 自我的装扮。这也就是说，人踏实努力于“人之职”，文加于质，积极装扮存在的样式，并使之最终充阔于世界之中而彰显自身。船山曰：“利导之而不糅杂乎阳以自饰，至于履位以正，而遂成乎章也。”[17] 835动荡危乱之中，人依旧坚贞于先王制作之礼仪，并以之来装扮自己，在礼中获得其存在的样式。船山认为：“非是则仁道不显，而生人之理息矣。”[16] 10必有礼，仁道才有所依托，人道才能立起，最终得以超拔地在世界彰显人道的光辉与神圣。

最后，需要“自择”。若仅止于“自饰”，洋溢之生命亦难以面对世界之无定，特别是当生存的极端情状——亢呈现出来时，“性”与“命”的问题便跟着凸显出来，于是催生出最后一步功夫——“择”。《论汉广》曰：

> 饰于己而后能择于物，择于物而后亢无有悔也。弗饰于己以择于物，物乱之矣。弗择于物以亢其志，亢而趋入于衺，不知其弗亢矣。[6] 305

《论摽有梅》云：

> 女有不择礼，士有不择仕。呜呼！非精诚内专而拣美无疑者，孰能与于斯乎？[6] 312

人必经自饰而后才能做出真正的选择，即必当自身充阔、丰富，然后才有可能应对周围世界。当然，“择”不是当下具体人生道路的选择，而是“性”的内在追求，根本上是“性”与“命”之间的拣择，如孟子所说：“口之于味也，目之于色也，耳之于声也，鼻之于臭也，四肢之于安佚也，性也，有命焉，君子不谓性也。仁之于父子也，义之于君臣也，礼之于宾主也，知之于贤者也，圣人之于天道也，命也，有性焉，君子不谓命也。”观船山自身之遭遇：易代之际，天崩地解，世界已无立锥之位置，只能藏身于山洞，与麋鹿为伍，但依旧能日诵诗书，居易以俟命，笃信尧舜之气至今犹在，并通过修养自身之气，使之精纯，进而以此反哺天地，参与天地造化。于是，船山就在不死不活之际，开出新的可能：诗、他人、历史乃至天地皆已进入船山之生命，并充阔、丰富着其生命，世界虽亢，但人性的光辉却永恒照耀，此即船山所说的“亢龙无悔”。当内在之亢志与外在之亢境，两极相互能够感通之时，“亢”便不再是亢，而将创造出一个新的、更为广阔的世界。经由“自择”，“贞”便不再固执不通，而能与通变合一而又不忘其本，所以船山谓“通其变而不滞其常”[18] 538“君子之贞一，时而已矣”[6] 405。

四、结语

《诗广传》之名曰“广传”，当然可以有广泛的阐释角度，正如王孝鱼先生所说：“他（指船山）从个人存在境遇出发以哲学、历史、政治，伦理和文学，对《诗经》各篇加以引申发挥，所以称为广传。”[19] 517由是，当代学者得以从各个方面来研究《诗广传》，比如，从《诗广传》所说“诗际幽冥”的角度讨论诗的起源，或从船山诗论中所提出的“现量说”来对《诗广传》进行研究，又或从“性灵论”的角度来研究《诗广传》，等等。晚近以来，船山“诗学”的研究者，已经意识到船山《诗经》阐释及其诗学精神之本在于情，不过在具体研究中却难免落入“情本论”或“抒情传统”的窠臼之中。毋庸置疑，船山之《诗经》阐释及其诗学精神自然总归与情相关，但更为核心的是通过“情之功夫”对情裁成取用，导情以归性，最终尽《诗》之大用于世。正因有“情之功夫”这一环，人性才不至于落入“自然人性论”的先验设定之中，才能与“性日生”的“功夫人性论”一贯宗旨相契合，所以说《诗广传》的理论核心不仅是情，更是情的修养功夫。

船山通过对《诗经》的阐释，发明“情之功夫”，是其自身思想结构中极为重要的一环。简而言之，天以气化流行而生成万物，在此意义上，人也是物。只不过人与物又先天被区别，天赋命于人以“灵”，或者“真一无妄之理”，亦或“良知良能”，物却没有被赋予这些，因而是蒙昧与惰性的。但天命之性不应该被诠释为某种已经完成和终结了的先天本质。船山认为，性只是生命行动的根据，是初始处，尚有待于扩充与实现。所以，人的使命或意义，最重要的莫过于自身之实现，亦即成人，船山谓之“继天成性”或“继善成性”。

可问题在于，天命之于人还有“自然属性”或“生物属性”，即所谓身体感官，当其与外界之物相激相感之时，倘若不能贞定于天所特命赋于人的良知良能，便会被外界之物牵引而去，最终与物无别，这便是对孟子“人之所以异于禽兽者几希，庶民去之，君子存之”的演绎。只有当心之官不思物而专思“不可谓之物”的仁义之时，才可能免于逐物的沉沦，所以船山极为赞赏孟子“不动心”之旨。但是，“不动心”如果不自我封限，走上“外物”或“绝物”的寂灭之境的话，就必然会与物交接，而心物之交接便谓之情。然而，既然总是有情，那“不动心”又该如何理解？换言之，“有情而不动心”如何可能？船山认为功夫正在情上。通过“情之功夫”，本质上安顿的是心与物：一方面，心虽与物接，而能受物却又不被物所撄扰；另一方面，物不被弃绝，并在心的指引之下亦能成人世之大用，即所谓“成物”。

从思想史的角度来看，船山着重用“情之功夫”来阐释《诗》，是对理学末流“遗情”或“桎情”之拯救。世间不可能无情，因为人与物无不在气化流行中，无不在阴阳两体之交感中，是以感通恒在。同时，它也是对明代“滥情”“泛情”诸说之补正，因为这样的“情本论”不过是人随物迁、人随情迁，同样贻害无穷，必须经由“情之功夫”：一方面在世界挺立自身，进而充阔洋溢，另一方面“万物皆受其裁成”[10]69，只有这样，天下之情才能皆不爽于节，“情”才能发挥积极的效应。

从更广阔的政治社会层面来看，经由“情之功夫”对情的疏导与安顿，情便不再浮散、淫逸，能够不乱于物，于是能够无所不畅、无所不达，天地之间洋溢的是“裕情”与“道情”，真正达到“白情”之境。天地万物人事皆因情而通之如一，世界彼此感通关联成一整体，且皆内在于圣人之道中得其裁成，得其性命之指归⑧，所以船山认为“白情”能为“王化之基”。真正理想的政教制度，除了对秩序的遵照，更重要的是要疏导、安顿天下之情，成就一个“有情世界”，这才是诗教真正的意义，故船山曰：“《诗》者所以荡涤惉滞而安天下于有余者也。”[6]302

注释：

①关于《诗广传》的成书时间，尚无定论。魏春春等认为，《诗广传》的“写作时间应持续于康熙三年（1664）到康熙二十一年（1682）之间，具体完成于哪一年，由于资料的匮乏，不易揣测，阙而不定”。参见魏春春、李欢：《<诗广传>成书年代考辨》，《船山学刊》2010年第2期，第105-108页。但王孝鱼先生认为，《诗经》与《春秋》密切相关，必先待其《春秋》成，方能广论十三国之风。袁愈宗则从船山之心境与时局出，认为《诗广传》正是作于《春秋》诸说之后（1670年），《礼记章句》之前（1673年）。参见袁愈宗：《王夫之<诗广传>成书年代考》，《衡阳师范学院学报》2007年第4期，第6-8页。本文以为王、袁之说为是。

②从陈白沙开始便倡导“自适任情”，经由阳明及阳明后学的不断阐发，到李贽时，在哲学层面基本完成“情本体论”的建构。由此而又影响文学创作理论，如冯梦龙所说的“《六经》皆以情教”“天地若无情，不生一切物”，汤显祖所提倡的“世总为情”“以情抗理”。关于明代“情本论”的建构史，可参见韩伟：《论明代革新派的“情本论”建构》，载《文艺评论》2017年第5期，第104-109页。

③多数研究者在讨论船山《诗广传》中的“理欲”问题时，似乎并未就《诗广传》这一文本展开，而是跳转到船山其他著作如《读四书大全说》《四书训义》中，得出“理在欲中”的论断。参见王博：《理在欲中，公欲即理——王夫之<诗广传>中的理欲观》，载《武汉大学学报》（人文科学版）2014年第2期，第24-30页。以至于很难关注到船山对“情”与“欲”作出的精微判断。

④按：船山这里做了一个意义转换机制，即以“止乎理”替代了原本的“止乎礼”。以“理”代“礼”是思想史上的一大转变。汪晖先生以为：“作为历史视野，礼乐与制度的分化构成了北宋时代宋儒观察历史的一个普遍性的视野。”见王晖：《现代中国思想的兴起》上卷第一部，上

海：生活·读书·新知三联书店，2015年版，第214页。一方面，古典世界的全面隐退。在古典世界中，礼即是世界整体，但至于宋时，真正的“礼”或“礼”的精神早已被遗忘，剩下的只是空洞式的、碎片化的“虚假礼”。另一方面，如程子所说“吾学虽有所授，天理二字却是自家体贴出来”，标识着“新世界”的打开。“理”的意义在于：其一，一方面以“超越性”的理想为现实政治（生活）提供根据，另一方面又给现实政治（生活）划定界限；其二，（也许是最大的意义）把“人”从“非人”的深渊中引（拯救）出来，让人始终维持在“人之为人”的维度上。“礼”已经隐遁，再去讲“止乎礼”已无实际意义，而船山必须接受理学的话语，故云“止乎理”。但是关于“理”的所指，船山的表达与传统理学是有区别的。船山认为，理并不是外在的尺度，而是内在自然之节度；理亦不在世界之外，而是世界自身的展开方式，故曰：“正其本，万事理。”（《论何彼秾矣》）如此，理学家所说的“理”就获得其具体内容，故船山谓之“礼皆理”（《论昊天有成命》）。

⑤这种机制之所以能成立，是因为圣人类似于神，贯通天人：一方面他彰显着天道；另一方面他以天道带出人道。圣人之德即是天道的彰显，圣人正是据此制礼作乐，并“举而措诸天下之民”，让各层级的存在都可以在他的德性与制作中得到安顿，所以最终天下之情所安止的，其实是圣人之德。

⑥朱子曾谓：“程子提出此‘敬’字，极有功于后学，有补于圣门。”白沙先生评朱子时云：“吾道有宗主，千秋朱紫阳。说敬不离口，示我入德方。”“敬”是理学一贯的功夫法门，是内圣之基。湖湘一脉主“先察识，后存养”，即在心之已发后紧追之以“察识”之功，却缺少平时一段涵养之功。朱子认为，这是以心察心，以心识心，流于释氏之说，难免有“煮空铛”之嫌，自然导致“心动神疲”，所以平日“涵养”实为重要，云：“须是平日有涵养之功，临事方能识得。若茫然都无主宰，事至然后安排，则已缓而不及于事矣。”（《答胡广仲》）

⑦柯小刚教授认为，正因有此“间性”，和气是以能发生，而人职方得以不丧。参见柯小刚：《诗之为诗：诗经大义发微》卷一，北京：华夏

出版社，2020年版，第170–171页。

⑧成中英认为，“贞”之义即“性命的定位”，即人和物“各正性命”，各得其所。参见成中英：《占卜的诠释与贞之五义——论易占原初思想的哲学延伸》，《中国文化》1994年第2期，第34–41页。成先生虽是论《易》之“贞”，然其所得之结论却与船山相似。

参考文献：

[1] 潘雨廷. 潘雨廷学术文集［M］. 上海：上海人民出版社，2011.

[2] 袁愈宗. 王夫之《诗广传》诗学思想研究［M］. 北京：中央编译出版社，2011.

[3] 杨宁宁. 王船山“情几”诗学发微［M］. 北京：社会科学文献出版社，2020.

[4] 许苏民. 李贽评传［M］. 南京：南京大学出版社，2006.

[5] 王夫之. 读四书大全说［M］//船山全书：第六册. 长沙：岳麓书社，2011.

[6] 王夫之. 诗广传［M］//船山全书：第三册. 长沙：岳麓书社，2011.

[7] 王夫之. 读通鉴论［M］//船山全书：第十册. 长沙：岳麓书社，2011.

[8] 安乐哲. 安乐哲卷［M］//杨朝明. 孔子文化奖学术精粹丛书. 北京：华夏出版社，2015.

[9] 周敦颐. 周敦颐集［M］. 北京：中华书局，1990.

[10] 王夫之. 张子正蒙注［M］//船山全书：第一二册. 长沙：岳麓书社，2011.

[11] 孔颖达. 周易正义［M］//李学勤. 十三经注疏. 北京：北京大学出版社，1999.

[12] 王夫之. 说文广义［M］//船山全书：第九册. 长沙：岳麓书社，2011.

[13] 王夫之. 船山经义［M］//船山全书：第一三册. 长沙：岳麓书社，2011.

[14] 王夫之. 庄子解［M］//船山全书：第一三册. 长沙：岳麓书社，2011.

[15] 王夫之. 续春秋左传博议［M］//船山全书：第五册. 长沙：岳麓书社，2011.

[16] 王夫之. 礼记章句［M］//船山全书：第四册. 长沙：岳麓书社，2011.

[17] 王夫之. 周易外传 [M] //船山全书：第一册. 长沙：岳麓书社，2011.
[18] 王夫之. 黄书 [M] //船山全书：第一二册. 长沙：岳麓书社，2011.
[19] 王孝鱼.《诗广传》中华点校本说明 [M] //王夫之. 船山全书：第三册. 长沙：岳麓书社，2011.

（《衡阳师范学院学报》2021年第5期）

后　记

2024年年初，《船山思想研究——〈船山研究〉栏目（2018—2022）论文集萃》《船山思想传播研究——〈船山研究〉栏目（2018—2022）论文集萃》两本书终于面世了。它们的出版，是2018—2022年《衡阳师范学院学报》之《船山研究》栏目成果的集中呈现，也是对该时段《船山研究》栏目建设的一次小结。它们的面世，是献给船山诞辰405周年的礼物。

本次选编的两本书，之所以命名为“论文集萃”，是因为书中论文是从2018—2022年《衡阳师范学院学报》之《船山研究》栏目中精选而来，没有涵盖全部。按理说，应该将这五年间该栏目刊发的所有文章汇集成册，然而因为诸多原因，最终每本书只选择了20多篇文章。选入时综合考虑了文章的选题、学术质量和反响等。其中，被人大复印报刊资料全文转载的文章无一遗漏，如《试论牟宗三历史哲学对船山思想的融摄》《王船山“合两之道”之生死观阐释——以〈西铭〉与〈太和篇〉两篇批注为例》《王船山人本思想的三层和合逻辑确证》《王船山人本思想天道依据的三层逻辑建构》《从“无心之感”到“治心、治民之道”：王船山的感应论论析——以〈周易〉咸卦为中心》等。编入时，原打算沿用2019年出版的两本论文集的做法，以时间段予以分开而加以命名，考虑再三，最后按照船山本体研究和船山影响研究两个维度来确定两本书的选文范围。诚然，因编者水平和能力所限，在选文取舍和分类上，也许存在这样或那样的不足，不能尽如人意，不当之处，在此恳请作者和读者多多原谅。

需要说明的是，论文参考文献和注释依然保留原文置于篇末的样式，一是为了呈现原文发表样态，二是避免更改导致版面增加。

本书能够与读者见面，首先，要感谢《衡阳师范学院学报》之《船山研究》栏目文章的各位作者。没有他们对栏目的钟爱和热情，就没有栏目发展的今天；没有他们不离不弃的坚守，就没有栏目今天的荣耀。是他们给了《船山研究》栏目持续发展的动能，是他们给了本书得以编辑出版的养料。在这众多作者中，有几位专家学者让我们难忘，他们经常给栏目提供高质量稿件，值得我们铭记，他们是：蔡家和教授、李长泰教授、周广友副研究员、陈力祥教授、朱迪光教授、吴戬博士等。

其次，要感谢学报编辑部的舒易红老师、徐小凤老师。他们牺牲自己的休息时间，加班加点，将刊发过的文章再次进行认真核校，更正错漏，补充完善，包括每一个参考文献和注释都一一核实。他们兢兢业业、不计得失的精神值得赞扬。

最后，《衡阳师范学院学报》之《船山研究》栏目建设到今天，能够不断刊出精品，收获硕果，得益于衡阳师范学院校领导的关心、关爱和关怀。本书能够如期出版，与读者见面，更是与学校的大力支持分不开。在此，特向学校党委行政以及各位校领导表示最诚挚的谢意！

2023年，《衡阳师范学院学报》荣获了“中国人文社会科学期刊AMI综合评价”扩展期刊，获评了“全国高校优秀社科期刊”“湖南省社科基金资助期刊”，《船山研究》栏目获评了全国高校社科学术期刊“特色栏目”。《船山研究》精品栏目的打造迎来了更好的发展春天。我们将以此为契机，踔厉奋发，砥砺前行，不断提高栏目质量，持续推出精品文章，为进一步创新栏目品牌、全面提升期刊学术影响力和辐射力作出更大努力，为进一步繁荣和发展我国哲学社会科学作出更大贡献。

蒋　芳

2024年1月8日

图书在版编目（CIP）数据

船山思想研究 ：《船山研究》栏目（2018—2022）
论文集萃 / 蒋芳，舒易红主编. -- 湘潭 ：湘潭大学出
版社，2024.1
ISBN 978-7-5687-1294-1

Ⅰ. ①船… Ⅱ. ①蒋… ②舒… Ⅲ. ①王夫之（
1619-1692）－哲学思想－文集 Ⅳ. ①B249.25-53

中国国家版本馆 CIP 数据核字（2023）第 233142 号

船山思想研究——《船山研究》栏目（2018—2022）论文集萃

CHUANSHAN SIXIANG YANJIU

——《CHUANSHAN YANJIU》LANMU（2018—2022）LUNWEN JICUI

蒋芳 舒易红 主编

责任编辑： 李志红
封面设计： 李 平
出版发行： 湘潭大学出版社
社 址： 湖南省湘潭大学工程训练大楼
电 话： 0731-58298960 0731-58298966（传真）
邮 编： 411105
网 址： http://press.xtu.edu.cn/
印 刷： 长沙超峰印刷有限公司
经 销： 湖南省新华书店
开 本： 710 mm×1000 mm 1/16
印 张： 21.5
字 数： 364 千字
版 次： 2024 年 1 月第 1 版
印 次： 2024 年 1 月第 1 次印刷
书 号： ISBN 978-7-5687-1294-1
定 价： 96.00 元